武汉大学文科基础学科振兴行动计划资助出版

教育 士人 社会
元史新探

申万里 著

商务印书馆
2013年·北京

图书在版编目(CIP)数据

教育　士人　社会：元史新探／申万里著．—北京：商务印书馆，2013
（珞珈史学文库）
ISBN 978－7－100－10308－4

Ⅰ.①教…　Ⅱ.①申…　Ⅲ.①中国历史－元代－文集　Ⅳ.①K247.07-53

中国版本图书馆CIP数据核字(2013)第234761号

所有权利保留。

未经许可，不得以任何方式使用。

教育　士人　社会
元史新探
申万里　著

商　务　印　书　馆　出　版
（北京王府井大街36号　邮政编码 100710）
商　务　印　书　馆　发　行
三河市尚艺印装有限公司印刷
ISBN 978－7－100－10308－4

2013年11月第1版　　　开本 787×960　1/16
2013年11月北京第1次印刷　印张 24 3/4
定价：70.00元

总 序

"珞珈史学文库"是武汉大学历史学院教师学术研究成果的结集。第一批推出的是二十多位教授的文集。以后将根据情况,陆续推出新的集子。

武汉大学历史学科具有悠久而辉煌的历史。早在1913年,武汉大学的前身国立武昌高等师范学校就设置历史地理部。1930年武汉大学组建史学系,1953年改名历史学系,2003年组建历史学院。一批又一批著名学者,如李汉俊、李剑农、雷海宗、罗家伦、钱穆、吴其昌、徐中舒、陈祖源、周谱冲、郭斌佳、杨人楩、梁园东、方壮猷、谭戒甫、唐长孺、吴于廑、吴廷璆、姚薇元、彭雨新、石泉等,曾在这里辛勤耕耘,教书育人,著书立说,在推动武汉大学历史学科和中国现代史学的发展、繁荣的同时,在武汉大学和中国史学史上也留下了嘉名。其中,唐长孺、吴于廑两位大师贡献最为卓殊。

改革开放30年间,武汉大学历史学科建设成效显著。1981年,中国古代史和世界史获得全国首批博士学位授予权。1987年,历史地理学获得博士学位授予权。1988年,中国古代史被列为国家重点学科。1995年,历史系被批准为国家文科基础学科人才培养和科学研究基地。1997年,获得历史学一级学科博士学位授予权。1999年,建立历史学博士后流动站。2001年,中国古代史再次被列为国家重点学科。2007年，中国古代史第三次被评为国家重点学科，世界史新增为国家重点学科。2008年，历史学一级学科入选湖北省重点学科。2001年，以中国古代史为核心的国家"211工程"二期建设项目"中国文明进程与世界历史整体发展"启动。2008年，分别以中国古代史与世界史为中心的"211工程"三期建设项目"新资料整理与中国古代文明进程研究"与"世界历史整体发展中的社会转型与文化变迁研究"启动。目前，历史学院设有历史学、世界历史、考古学三个本科专业；史学理论及史学史、考古学及博物馆学、历史地理学、历史文献学、专门史、中国古代史、中国近现代史、世界史、中国文化史、中国经济史、国际关系与中外关系史和地区国别史等12个二级学科。在研究机构方面，设有中国3至9世纪研究所、世界史研究所、历史地理研究所、中国文化研究所、中国经济与社会史研究所、15至18世纪世界史研究所、第二次世界大战与战后世界研究所，以及简帛研究中心、科技考古研究中心。在前一辈学者奠定的基础上，经过后继者的持续努力，逐步形成了严谨的学风和优良的教风，确立了理论探讨与实证研究相结合，断代史与专门史、地区史与国别史相结合，传世文献与出土资料并重的学术特色，成为武汉大学在海内外学界具有重要影响的学科之一。

历史学院的老师，在辛勤教书育人的同时，也为科学研究倾注了大量心血，在各自从事的方向或领域，推陈出新，开拓前行，撰写了一大批有价值的专著和论文。学院决定编撰教师个人的学术文集，是希望各位老师把自己散见于海内外各种出版物上的代表性论文加以整合。这样，通过一种文集，可以约略体现教师本人的研究历程和领域；而于整体方面，也可在一定程度上展示武汉大学历史学的学科格局和学术风格。

每本文集的选篇和修订，由作者各自负责。学院教授委员会对入选文集进行遴选,并提出一些指导性的建议。

"珞珈史学文库"的出版,得到了国家"211工程"三期建设项目的支持,得到了武汉大学"基础学科振兴行动计划"的支持,得到了商务印书馆各位领导和相关编辑先生的支持。在此致以诚挚的谢意。

2010年2月

自 序

本书收录的16篇论文是我2002—2008年期间部分论文的汇编。论文内容分为三个部分：元代教育、元代士人、元代社会。

教育史的论文较多，有8篇，一些论文的篇幅也比较长，大部分为2006年以前完成，是我进入元史学界以后最早的一批研究成果。这几篇论文中的一些部分已经收入我2007年出版的学术专著《元代教育研究》，由于受到学术专著体例的影响，这些部分还不能完全反映单独的学术论文中所体现的学术观点与学术思路，因此选择这8篇文章收入本书。

可能是由于我大学读的是师范学院，毕业后又在中学工作数年，对中国教育可谓情有独钟，学习元史以后，决定将元代教育作为以后研究的首要内容。在阅读前人关于中国古代教育史和元代教育史的研究成果以后，感觉当时的中国教育史研究还存在很多明显的问题，于是决定在博士论文中以元代为例，探讨这些问题，为解决国内教育史研究中存在的这些问题提供一些思考。

2002年我到武汉大学历史学院工作，教学之余，开始对教育史问题进行全面思考，陆续写成十余篇论文，本书收录的这8篇论文，我认为是其中比较有代表性的。主要解决了下面一些问题：第一，教育史的基本概念，如"庙学"。第二，教育制度。目前国内教育史学界对教育制度的研究存在较大的问题，比如对小学到大学的二级学制问题缺乏必要的考察；学校的祭祀问题被人为地归入文化史，扼杀了中国古代实际存在的"庙学合一"的学校运行特点；游学问题分布的时间和地点都非常广泛，但缺乏必要的研究；学校的管理系统问题尽管为大多数教育史论文或专著所涉及，但缺乏系统的考察与论述；学官制度是有别于中国古代一般官制的一种特殊制度，学术界对这一制度几乎没有深入的研究和探讨。第三，学校的建筑布局问题是中国古代教育的基本问题，国内教育史学界一般对这个问题视而不见，让人费解。我在《元代教育研究》中已经提出了这些问题，目前还没有得到教育史学界的回应，希望这本论文集中收入的这些论文能引起学术界的反响。

元代士人问题是我在研究教育的过程中逐渐扩展研究领域的结果。这本论文集收录4篇关于元代士人的文章，分别对宋元更替之际士人的处境与社会角色的转变、士人社会网络、士人与乡饮酒礼以及士人与关羽崇拜等问题，在前人研究的基础上进行了探讨。值得一提的是收入本书的《宋元明时期关羽崇拜新探》一文，是我为参加"2007年海峡两岸关公及三国文化论坛"而写的，该文从长时段考察了关羽从人到神的转变过程，通过宋元明士人的造神运动，探讨了其对传统文化中"忠义"、"勇武"等因素的诉求，该文还考察了关公文化由精英向一般民众的传播过程。

元代国家与社会问题是我近年来正在思考和研究的问题，本论文集收入2篇相关论文。《元代的粉壁及其社会功能》一文以粉壁为视角，探讨了元代信息传播的特征以及官民之间的信息交流问题。《元代应昌古城新探》则是从田野考察出发，探讨元代草原城市内部多元文化的并存与发展。

最后2篇人物传记是应台湾《历史月刊》之邀而写的，由于不容易找到，故也收录到这本论文集中，供读者参考。

另外，所收论文中肯定还会有不少缺点错误，恳请学界批评指正。

目录 Contents

元代庙学考辨 1

元代江南儒学的小学与大学考 14

元代游学初探 29

元代儒学建筑布局考述 50

元代文庙祭祀初探 98

元代学官选注巡检考 136

元代庆元路书院考 151

元代江南儒学的管理系统考述 173

元初江南儒士的处境及社会角色的转变 202

宋元乡饮酒礼考 236

元代的粉壁及其社会职能 263

元代儒士许衡的社会网络 283

元代应昌古城新探 315

宋元明时期关羽崇拜新探 328

元皇太子真金的曲折命运 362

元朝末代皇后奇完者忽都 372

作者著述列表 382

后　记 385

元代庙学考辨

何谓庙学？台湾出版的《中文大辞典》解释为：设于庙内之学校。那么，这种解释是否符合元代庙学的实际情况呢？目前国内外一些学者基本上持肯定的态度。日本学者牧野修二认为："庙学（元代）即郡县学，它是以文庙（先圣庙、宣圣庙、孔子庙）为精神中枢，并依附于文庙而设置的儒学。"[①] 学者胡务也认为，庙学即儒学[②]，是依附于孔庙以传授儒家理论为宗旨的学校[③]。类似的观点在宋代教育史研究中也有反映，顾宏义在研究了宋代两浙地区的教育制度以后，就认为宋代在州县学外另设庙学的说法"大可商榷"，庙学就是当时的州县学。[④] 同时，也有一些学者提出了与此不同的意见。程方平在《辽金元教育史》中认为，元代存在着"确确实实的庙学"，它与地方学校不同，是"一种类似佛教俗讲的教育形式"，它是"以祭奠为中心的一种暂时性的教育，类似于今天的讲习班、讲座等形式"。[⑤] 欧阳周著《中国元代教育史》、陈学恂主编《中国教育史研究》也持类似的观点。[⑥] 林拓的《文化的地理过程分析》在承认元代庙

---

① 〔日〕牧野修二：《论元代庙学和书院的规模》，《齐齐哈尔师范学院学报》1988 年第 4 期。
② 胡务：《元代庙学的兴建和繁荣》，见《元史论丛》第 6 辑，中国社会科学出版社 1997 年版。
③ 胡务：《元代庙学的建筑结构》，见《元史论丛》第 8 辑，江西教育出版社 2001 年版。
④ 顾宏义：《教育政策与宋代两浙教育》，湖北教育出版社 2003 年版，第 81 页。
⑤ 程方平：《辽金元教育史》，重庆出版社 1993 年版，第 30 页。
⑥ 参见欧阳周：《中国元代教育史》，人民出版社 1994 年版；陈学恂主编：《中国教育史研究》，华东师范大学出版社 2000 年版。

学与官学合一的同时,也认为元代庙学有广义和狭义之分,狭义庙学是"以祭奠活动为中心,具有短期讲习性质"的教育形式。①毛礼锐、沈灌群主编《中国教育通史》第3卷则有专门篇幅讲述关于元代存在"与地方学校不同"的庙学的理论。②那么,元代的庙学到底是什么样的教育形式,它与儒学的关系如何?

一

元代有关庙学的史料很多,笔者仅在元人文集以及各地金石碑传中,就检索到很多处,现选出几条摘录如下。

张伯淳《处州路重修儒学教授厅记》:"余友天台童君教处学三年,废必兴,弊必革……于是庙学严整。"③

陆文圭《江阴重修学记》:"皇庆改元暨阳,庙学告成,孰成之,东平曹侯也。"④

程钜夫《大元国学先圣庙碑》:"至元四年,作都城,画地宫城之东为庙学基……成宗建庙学。"⑤

卢挚《陕西等处都转运盐使司作新孔子庙记》:"今有庙学,亦尚昭圣治哉。"⑥

翟祺《藕泽村孔庙记》:"藕泽里之有庙学,由藕塘宋思约者……

---

① 林拓:《文化的地理过程分析》,上海书店出版社2004年版,第86页。
② 毛礼锐、沈灌群主编:《中国教育通史》第3卷,山东教育出版社2005年版,第296—297页。
③ (元)张伯淳:《养蒙文集》卷3《处州路重修儒学教授厅记》,文渊阁四库全书本,集部第1194册。
④ (元)陆文圭:《墙东类稿》卷7《江阴重修学记》,丛书集成续编本,上海书店出版社1994年版,第108册,第544页上。
⑤ (元)程钜夫:《雪楼集》卷6《大元国学先圣庙碑》,文渊阁四库全书本,集部第1202册。
⑥ (清)胡聘之:《山右石刻丛编》卷28,辽金元石刻文献全编本,北京图书馆出版社2003年版,第1册,第365页上。

自输己材,创建庙学。"①

刘岳申《吉水州修学记》:"吉水乡校自至元中,县令多东鲁儒生,凡致美于庙学者,靡不毕用其至。"②

虞集《武卫新建先圣庙学碑》:"吾卫庙学未立,师弟子教学无所……乃以庙学告成请于上。"③

以上所引史料中的"庙学"分别指的是:处州路学、江阴州学、国子学、陕西等处转运盐使司儒学、藕塘里社学、吉水县学(吉水后改为州)、武卫军(元京师侍卫亲军之一部)儒学。此外,据《山左金石志》,山东东路都转运盐使司下辖的十九所盐场之一的西由盐场的儒学也称庙学。④由此可见,元代庙学的范围非常广泛,它几乎可以指元代出现的一切形式的儒学。胡务"庙学即儒学"的提法是有道理的。而程、欧二先生所提出的"与地方学校不同的""确确实实的庙学",则没有史料根据。

那么,为什么元代将儒学称为庙学?这主要归因于元代的儒学教育体制。

"庙学"一词由来已久,元代理学家许谦在《诗集传名物钞》中对蔡邕、贾逵等东汉礼学家将"庙学、明堂、灵台为一"提出批评。⑤比许谦更早的东晋杜预在《春秋释例》中《庙室例》第十八《释例》中也认为:"太庙有八名,其体一也。肃然清静谓之清庙,行禘祫、序昭穆谓之太庙,告朔行礼谓之明堂,行乡射、养国老谓之辟雍,占云物、望氛祥谓之灵台。其四门之学,谓之太学。其中室谓之太室,总谓之合宫。诸儒皆以庙学为一,郑氏以为异处。"⑥这样看来,"庙学"

---

① (清)胡聘之:《山右石刻丛编》卷39,辽金元石刻文献全编本,第1册,第606页。
② (元)刘岳申:《申斋集》卷6《吉水州修学记》,文渊阁四库全书本,集部第1204册。
③ (元)虞集:《道园学古录》卷23《武卫新建先圣庙学碑》,四部丛刊初编本。
④ (清)毕沅、阮元:《山左金石志》卷22《西由场新建庙学碑》,辽金元石刻文献全编本,北京图书馆出版社2003年版,第1册。
⑤ (元)许谦:《诗集传名物钞》卷7,文渊阁四库全书本。
⑥ (晋)杜预:《春秋释例》卷3,文渊阁四库全书本。

一词可能出现于中国上古时期，到汉代诸儒已经不能知其详，出现了一些争论。北魏宣武帝时期，司空王怿提出在京师修明堂、辟雍的建议，宣武帝召诸臣讨论，大臣封轨的奏章中有"庙学之嫌"之句。① 大臣贾思伯也提出"蔡子庙学之议、子干灵台之说、裴逸一屋之论及诸家纷纭，并无取焉"的建议。② 可见，西晋时对庙学的概念已经更加模糊。因此，庙学一词最早出现于何时，现在已经不好考证。胡务认为"庙学"一词最早出现在唐代文学家韩愈所作《处州孔子庙碑》中的"惟此庙学，邺侯所作"之句③，这显然是错误的。不过，唐代地方儒学大规模建立后，韩愈以"庙学"称当时新兴的儒学，给"庙学"一词新的含义，这一点是应该肯定的。

　　唐代以来，文献中有关庙学的记录逐步增加，据《崇仁县孔子庙碑》，唐开元年间，"定孔子为先圣，庙而衮冕南面，每岁春秋祀焉，由是庙学之礼益备，凡有学者必有庙，示其尊也"④。可见，我们今天所说的庙学之制起源于唐代，它是庙与学二位一体的有机结合。孔庙是祭祀先圣孔子的场所，学校是传授儒家经典的地方，二者的合二为一是中国古代的儒学教育与重视祭祀的传统（"天下大事，惟在祀戎"）的结合，表明了唐以来儒学教育的初步完善。这种唐代出现的庙学，至宋代逐渐增多，并成为定制。宋仁宗庆历年间诏天下皆立学，于是"凡郡邑无不有学，学无不有大成殿"⑤。上述情况，可以从宋元的方志中得到印证，宋宝庆年间，庆元府（今浙江省宁波市）所辖六县的县学均为庙学。⑥ 宋镇江府（今江苏省镇江市）所辖的三

---

① 《魏书》卷32《封懿传》。
② 《魏书》卷72《贾思伯传》。
③ 胡务：《元代庙学的建筑结构》，见《元史论丛》第8辑。
④ （元）吴澄：《吴文正集》卷50《崇仁县孔子庙碑》，文渊阁四库全书本，集部第1197册。
⑤ （元）刘壎：《水云村稿》卷3《南安路学大成殿记》，文渊阁四库全书本，集部第1195册。
⑥ （宋）胡榘：《宝庆四明志》卷2《学校》，宋元方志丛刊本，中华书局1990年版，第5册。

县县学包括府学在内也全为庙学。①

元代庙学如何？首先看一下元人对庙学制度的看法。元代著名教育家程端礼认为："孔子庙遍天下，其制度沿革多不同，然皆所以尊崇圣人而阐明其道，使君子小人有所瞻仰感化，同归于学，则一而已矣。是故殿廷庑门有常度，容貌佩服有常仪，尊垒笾豆有常数，师弟子有常员，祭祀有常礼，苟奉天子之命，司牧民之寄者，必有志于其间也。"②元著名文士，曾任国子祭酒、翰林直学士的虞集认为："夫庙无与于学也，然而道统之传在是矣，学于此者诵其诗，读其书，习礼明乐于其间，诚其道也。"③上述看法反映了元人对庙学合一认识的深入。实际上，元政府对庙学的发展可以说是比较重视的，元代曾多次下达儒户免役和禁止骚扰庙学的诏令，南宋遗留下来的学田得到承认，南宋的一套学校管理和祭祀制度也得到继承和发展。这样，元代的庙学在前代的基础上逐渐发展起来，"自国都郡县皆建学，学必有庙，以祠先圣先师，而学所以学其学也"④。而庙学之制"莫备于今，诏书屡下，风厉作成，视昔有加，可谓盛焉"⑤。

元代庙学的发展表现在庙学制度推广到更广阔的区域和范围。在以前庙学影响从未达到的边疆地区，一些庙学建立起来。如云南，在至元十三年（1276）"创建孔子庙、明伦堂，购经史，授学田"⑥。在距元上都七百里的弘吉剌部驸马封地全宁路，泰定二年（1325）"皇姑鲁国大长公主、驸马济宁王创建庙学"⑦。庙学在元代也推广到一些特

---

① （元）俞希鲁：《至顺镇江志》卷11《学校》，江苏地方文献丛书本，江苏古籍出版社1999年版。
② （元）程端礼：《畏斋集》卷5《枣强县学修饰两庑及从祀先贤像记》，丛书集成续编本，上海书店出版社1994年版，第109册，第67页下。
③ （元）虞集：《道园学古录》卷8《新昌州重修儒学宣圣庙记》，四部丛刊初编本。
④ （元）虞集：《道园学古录》卷36《南康路都昌县重修儒学记》，四部丛刊初编本。
⑤ （元）黄溍：《金华黄先生文集》卷9《义乌县学明伦堂记》，四部丛刊初编本。
⑥ 《元史》卷125《赛典赤瞻思丁传》。
⑦ 罗福颐：《满洲金石志》卷4《全宁路新建庙学记》，辽金元石刻文献全编本，北京图书馆出版社2003年版，第3册，第808页下。

殊的区域，如军队驻地、转运司治所、盐场以及乡里等等。当然，由于各地情况不同，有一些地区存在有庙无学的现象，如山西的潞城县、垣曲县等，但这些地区后来逐步建立学校，完善了庙学制度。①

二

元代庙学的结构如何？这是认识庙学的一个重要问题。可以说，元代庙学的建筑结构是比较完善的，典型的庙学是国子学和地方路、州、县的官学，由于是政府办学，学田有一定的保障，经费相对充足，因此，其庙学的各项设施也比较完备。元代庙学有三部分：庙（也称礼殿、大成殿、夫子庙、文庙等）、学宫以及其他辅助设施。"庙以观其礼，学以育其士"②，而教学辅助设施则是庙和学实现其职能的必要条件。元人虞集在其文集中将这三部分称为：礼殿、学宫和学都。③ 庙位于学校的中心，一般是前庙后学、右庙左学以示尊崇。（元人尚右，但元代也有左庙右学的例子。）庙内塑孔子像，正中南面而坐，孔子以下为四配（颜子、曾子、子思、孟子）东坐西向④，十哲分列左右。庙的东西两边有从祀廊庑，绘七十二子像（后增至一百〇五人）于其中。由于绘画时间久，易模糊不清，北方一些庙学将画像画在布帛上，祭祀时挂出，平时收藏，元中后期江南很多地方则将绘画改为塑像。学宫由明伦堂（名称不一）、学斋及尊经阁组成。明伦堂居中为讲堂。学斋位于东西二庑之中，数量为偶数，对称排列，是诸生修业诵习之

---

① （清）胡聘之：《山右石刻丛编》卷28《潞城修学记》、卷29《垣曲文庙记》，辽金元石刻文献全编本，第1册。
② （清）胡聘之：《山右石刻丛编》卷33《高平归正学田记》，辽金元石刻文献全编本，第1册，第477页下。
③ （元）虞集：《道园学古录》卷35《奉元路重修先圣庙记》，四部丛刊初编本。
④ 孔庙中四配东坐西向，最早出现于北宋，此后延续下来，元朝礼部经过讨论，仍然维持东坐西向的制度。详参申万里：《元代教育研究》第四章，武汉大学出版社2007年版。

所。也有一些学校将学斋设于学校东西两侧的僻静之处，以利于诸生修习。尊经阁在明伦堂之后，为学校藏书庋经之所。庙学的第三部分为辅助设施，包括：会食之堂、仓庾（库）、直舍（宿舍）、学官之厅、浴室（湢）、碑亭、杏坛等。庙学周围有围墙，外为棂星门，内有学门，学门里面凿湖为泮池，池上修桥通往孔子庙。关于元代庙学建筑结构，笔者有专文论及①，这里不再展开论述。

除国学及地方路、州、县庙学以外，元代还有其他形式的庙学，如社学、义塾、军队及转运司庙学等。它们有的为私人办学，有的虽是官办，但分布不广，数量较少，因此，其庙学的规模远逊于国学及地方路、州、县学。

元代社学的数量很大，至元二十三年（1286）大司农司上奏说，全国有社学20 166所。五年以后的至元二十八年（1291），社学数量增至21 300余所。②但有关元代社学的详细史料并不多见。据《藕泽村孔庙记》，该村的社学"正殿两庑轮焕翚飞，流丹耀碧，像貌俨然，门阶悉备"，其西边"文构讲堂，为弦诵之所"。此处社学虽然简陋，但是有庙有学，"春秋教以礼乐，冬夏教以诗书"，春秋二祀则"行释奠之礼"。③因此，可以说它具备了庙学的功能。

元代的京师驻军及地方驻军中，都有设置庙学的记载。据《元史·职官志》元代侍卫亲军诸卫中设置有儒学教授一职。由于"凡卫必有营，营有城郭、楼堞、门障、关禁、官治、行伍庐舍、库庾、衢巷，而特立先圣孔子之庙，儒学在焉"。驻地在涿州的武卫庙学，"广袤八十亩"，有"礼殿以奉先圣像，颜子、曾子、子思、孟子配从祀，十哲分位殿中东西乡［向］，七十二弟子绘庑下"，其"讲堂、斋庐、

---

① 参见申万里：《元代江南儒学的建筑布局考述》，《暨南史学》第2辑，暨南大学出版社2003年版，第147—172页。
② 《元史》卷14《世祖纪十一》、卷16《世祖纪十三》。
③ （清）胡聘之：《山右石刻丛编》卷39，辽金元石刻文献全编本，第1册，第606页上。

庖廪、垣墉、门术皆如常制"。① 位于湖广行省南部的武冈路儒林乡的城步寨，是元政府屯兵以镇抚苗、侗等少数民族的八十四团之一部的驻地，皇庆二年（1313）这里也建立起庙学，"正殿、讲堂、门径、斋庑、墙垣、厨壁，内外完具，先圣先师十哲从祀塑绘有严，庙貌相称"。②

义塾也是元代分布较广的一种庙学形式，它是由私人捐资修建，因为其规模不大，并大多处于州县治所以外的乡里，一般方志将其作为社学对待。义塾在教学方面与社学并不相同，它是"延儒师，招来学"③，与书院相似。义塾的建筑规模不大，如上海横溪义塾，有礼殿供奉孔子及四哲像，"设两斋栖师弟子，具祭器，严春秋二丁"④。安福州的安田义塾也是"构礼殿奉先圣先师，设堂立斋舍，门庑庖廪悉具"⑤。而嘉兴县的戴氏义塾规模较大，"广袤可二十亩"，有"先圣先师之殿峙其中，论堂踞其后，斋庐翼其旁，邃庑穹门下至庖湢库庾直舍之属，为屋四十有五间"，并且其"图史之藏，什器之须，靡悉毕备"。戴氏义塾设有围墙，并种花木、引溪水于校园，环境非常优雅。⑥

元代的都转运盐使司及其下属盐场也有创办庙学的记载。据《陕西等处都转运盐使司新作孔子庙记》，在其治所山西（属中书省辖区）运城县的路村，大德三年（1299）建立了庙学，内有礼殿，塑先圣先师之像，"置讲堂殿后以居师生"⑦。庙学有围墙和棂星门，庙学设施基本完备。

---

① （元）虞集：《道园学古录》卷23，四部丛刊初编本。
② 嘉靖《湖广图经志书》卷16《儒林书舍记》，日本藏中国罕见地方志丛刊本，书目文献出版社1991年版，第1436页下。
③ 崇祯《松江府志》卷23《学校》，日本藏中国罕见地方志丛刊本。
④ （元）戴良：《九灵山房集》卷11《上海横溪义塾记》，四部丛刊初编本。
⑤ （元）吴澄：《吴文正集》卷41《安福州安田里塾壁记》，文渊阁四库全书本，集部第1197册。
⑥ （元）黄溍：《金华黄先生文集》卷10《戴氏义塾记》，四部丛刊初编本。
⑦ （清）胡聘之：《山右石刻丛编》卷28，辽金元石刻文献全本，第1册，第364页下。

由此可见,"庙学"这一称谓与宋元以后儒学教育的庙学合一的体制有关。首先庙学化的是国学和地方官学。受其影响,元代的一些社学、义塾等也建立起孔子庙,将祭礼与教学结合起来,成为庙学的组成部分。那么,元代众多的书院算不算庙学?胡务认为,书院从广义上说应该算作庙学,但书院与庙学在元代有一些区别。这种看法是符合实际的,元代的史料中至今还没有发现将书院称作庙学的记载。

三

程、欧二先生分别在《辽金元教育史》和《中国元代教育史》中有关庙学的观点,依据的史料为《庙学典礼》卷一《官吏诣庙学烧香讲书》。现将《庙学典礼》中的这段史料摘引如下,以便分析:

> 各路遍行所属,如遇朔望,自长次以下正官同首领官,率领僚属吏员,俱诣文庙烧香。礼毕,从学官、主善诣讲堂,同诸生并民家子弟愿从学者,讲议经史,更相授受。日就月将,教化可明,人材可冀。①

这则史料非常清楚地说明朔望讲书的地点是在讲堂,而不是庙里。所谓"诣文庙烧香",实际上是到庙学中的文庙烧香,也就是到路州县学的文庙烧香,然后至讲堂(一般称明伦堂)讲书。所以说它"是在孔庙中进行的","是一种类似佛教俗讲的教育形式"②,是没有史

---

① 王颋点校:《庙学典礼》卷1《官吏诣庙学烧香讲书》,元代史料丛刊本,浙江古籍出版社1992年版,第13页。
② 程方平:《辽金元教育史》,第30页。

料根据的。为了更清楚地说明这一点,现引绍兴路学在至元二十九年（1292）订立的"学式"中的"朔望讲书"以说明之。

> （朔望）殿谒退,升明伦堂,诸司存官与乡之有齿德者列坐,诸生从其后,大小学生班立,推一人唱揖平身,鸣鼓,请讲书。朔旦教授升讲座,望日正录轮讲,别位于座之西,口演经旨,不用讲义。文字讲毕,大小学生签,讲所习《四书》,命题课口义及诗对,定其优劣,以示激厉。①

这则史料除了说明讲书是在路学中进行以外,尚有二点值得注意：第一,朔望除了讲书以外,还测试大小学生徒。第二,史料中未提民家子弟或一般老百姓听讲的问题。那么,朔望讲书是不是像程、欧二先生认为的那样,是一种具有广泛的群众性的"类似于今天讲习班或讲座"的,面向群众的教育呢？我看未必。庙学中讲堂的空间是有限的,如镇江路学讲堂（称成德堂）为五间②;庆元路奉化州讲堂（称彝训堂）为五间,鄞县为三间③。参加讲书的诸官员僚属、乡贤、学官以及大小学生员动辄百人,官员僚属、乡贤、学官要"以次列坐",大小学生只能"班立",即使这样,很多地方的生徒也不能全部容下,何况一般老百姓？况且讲书是学校教学活动的一部分,不是节日庆祝活动,它需要庄严肃穆,当时没有扩音设备,因此不适合更多的人参加。所以,元代史料中很少有关于一般百姓参加朔望讲书的例证。这样看来,元代庙学的朔望讲书不是面向一般百姓的社会教育。如果说庙学多少有点社会教育的因素,这只能表现在庙学春秋二祀这样大

---

① （清）杜春生：《越中金石记》卷7《重建绍兴庙学图·至元壬辰重定学式》,辽金元石刻文献全编本,北京图书馆出版社2003年版,第3册,第480页下。
② （元）俞希鲁：《至顺镇江志》卷11《学校》,江苏地方文献丛书本。
③ （元）袁桷：《延祐四明志》卷13《学校考》,宋元方志丛刊本,中华书局1990年版,第6册。

的祭祀活动中，老百姓可以从"四方来观"并"失喜赞叹，以为衣冠礼乐尽在是矣"①，从中得到感染，受到激励，这与"社会教育"又差之甚远。

其实，庙学的朔望讲书，每月二次，应是很平常的事情。讲书的不仅是学官，有时"所属上司官或省宪官至自教授、学官及学宾、斋谕等皆说一书"②。如定海县尹汪汝懋"旦望深衣幅巾，升堂行礼率逢掖士，召诸生亲为讲论道德性命礼乐之懿，申以孝悌揖让之义及政刑法度之详，未尝稍懈"③。由于地方官文化水平不一，能亲自讲论的不在多数，大多数只是听讲。即使这样，在听书的过程中也闹出一些笑话，甚至发生悲剧。元末松江府学的讲经就"往往迕义多矣"。泰定元年（1324）"开吴淞江，省台宪僚咸集"，当时治书侍御史刘泺源到松江府学，首谒先圣先师，然后到讲堂听讲。这一年为闰年，儒士詹肖岩讲《尧典》，"三百有六旬有六日，以闰月定四时成岁"。结果，刘御史对讲经内容非常不满，当堂申斥曰："学校讲说，虽贱夫皂隶、执鞭坠镫之人皆令通晓，今乃稽算度数，何为？"儒士讲说儒经，让贱夫皂隶之流通晓，谈何容易！经过这位御史的当堂训斥以后，詹肖岩受到很大打击，不久"悒悒而卒"。④

对一些贤能的官员来说，朔望讲书还是体察民情、交流感情的一种手段。至顺二年（1331）庐江县尹成克敬"祗谒先圣先师，退即明伦堂，教官以下以序列坐，历问风俗臧否，吏民所疾苦，今古贤士孰贵孰孝"⑤。

---

① （金）元好问：《遗山先生文集》卷33《东平府新学记》，四部丛刊初编本。
② （元）陶宗仪：《南村辍耕录》卷30《学宫讲说》，元明史料笔记丛刊本，中华书局1959年版，第377页。
③ （元）刘仁本：《羽庭集》卷6《定海县兴修儒学记》，文渊阁四库全书本，集部第1216册，第112页上。
④ （元）陶宗仪：《南村辍耕录》卷30《学宫讲说》，元明史料笔记丛刊本，第377页。
⑤ （元）揭傒斯：《揭文安公全集》卷11《庐江县学明伦堂记》，四部丛刊初编本。

另外，朔望讲书给了学官通过讲书讽议时政的机会。至元十六年（1279）有分宪老老公到某地"以复熟粮为急"，学官陆宅之讲省刑罚，薄赋敛，使老老公"色变而作"。在钱伯全做训导时，行刑官至，他讲恤刑法，讲毕，行刑官"称赏不已"。① 至正元年（1341）知府杨某锐意浚河，当时佥宪某来到府学，学官王玉岩讲禹别九州，随山浚川，他的用意是赞美知府的浚河之举。结果，佥宪认为他是借大禹的故事讽刺自己，不悦而罢。至正十七年（1357）张士诚派周仁为姑苏守，学官王可权讲君子道长，小人道消。结果，周仁以为是在讥讽他，停发所有学官及执事人员的月俸。②

最后，朔望讲书还有议事的功能，特别是有关庙学的整修或收复被侵学田、学产等大事。一方面地方官在殿谒时看到庙学圮坏，劝学官修整并商量筹集资金的办法；另一方面，学官也趁此机会向上级请求帮助和支持。这样的例子很多，此处不再列举。

元代随着庙学的推广，庙学合一的教育体制得到完善。元代中后期，庙学出现了重祭祀、轻教学的现象。为此，许多有识之士提出尖锐的批评。身为学官的朱德润认为："庙祀盖始于梁世，用浮屠之法，近代因之，恬不为异。今则典学者以修造祠像为先务，而以教养次之，是可嗟也。"③ 元辽阳行省参知政事杨仁风也对元代祭祀盛行表示忧虑，认为如果这样下去，"中人之材，三年能有成乎？"④。

然而，这些批评并没有改变元代庙学重祭祀的情况。元中期，很多地方庙学置办大成乐，设立专门的乐户或训练乐生在祭祀的时候演奏，于是庙学祭祀之风更甚。整个元代，这种情况都没有改变。明洪武三年（1370）明太祖下诏停止庙学的春秋祭祀（后来恢复），朔望

---

① （元）陶宗仪：《南村辍耕录》卷30《学宫讲说》，元明史料笔记丛刊本，第377—378页。
② 同上书，第378页。
③ （元）朱德润：《存复斋文集》卷4《送长洲教谕序》，四部丛刊续编本。
④ （清）胡聘之：《山右石刻丛编》卷29《潞州学斯文楼记》，辽金元石刻文献全本，第1册，第380页上。

讲书也改为考察学生的射箭水平①，这应该是对元代庙学重祭祀弊端的修正吧。

（原载《内蒙古大学学报》2002 年第 2 期，收入中国人民大学复印报刊资料《宋辽金元史》2002 年第 3 期，这次收录做了一些修改和补充）

---

① 嘉靖《湖广图经志书》卷 1《国初学制》，日本藏中国罕见地方志丛刊本。

元代江南儒学的小学与大学考

我国古代学校教育有小学与大学之分。学生八岁入小学，十五岁入大学，是中国古代学校教育的一个基本制度，这符合中国古代教育思想中不同情况实施不同教育的"因材施教"的原则。唐宋以后，中国地方儒学逐步建立和发展起来，形成了一套针对小学与大学的基本固定的教学内容与教学方法。元代江南虽然处在文化程度相对较低的蒙古统治之下，地方儒学仍然具备一定的发展条件和空间。

对于中国古代小学教育研究贡献较大的是法国汉学家谢和耐（Jacques Gernet），他在《童蒙教育（11—17世纪）》的长文中，对中国宋代到清代的小学教育进行过非常有价值的研究，但他的研究属于通论性的，关注的重点是小学童蒙教育的内容和形式，对元代小学教育的发展情况、教育制度并没有给予多大的关注。[①] 有关元代小学与大学的研究基本上还是空白，本文在前人研究的基础上，对元代江南儒学中小学与大学的发展情况及教学活动进行初步的考察和探讨。

---

① 文章发表在《法国汉学》第8辑，中华书局2003年版，第99—154页。

一

　　小学教育首先以正字、辨音为基本教学内容，兼及书法、诗对及儒家经典，它是大学教育的基础。由于小学教育面向基础的特点，后来也将文字的辨音、正义、训诂等为主的学问叫小学。小学与大学的分开设立，使儒学教育更能符合循序渐进、因材施教的教学原则，是中国古代教育制度的发展和完善。

　　江南地区儒学中小学最早设立于何时，已不可考，但宋代的很多儒学中已经建立小学，这一点有许多史料可以证实。宋淳熙年间，明州府学（元庆元路学）"立养正斋以处小学，诸生则分隶诸斋矣"。明州府下属的定海县在嘉定八年（1215）"辟小学斋曰求益"。鄞县"郡既有学，则县宜为小学，故以此义名斋堂，选里之未成童父兄贫而不能教者，十三岁以上为一等，十二岁以下为一等，岁养二十员，命郡学职两员各以所业训之"①。嘉兴府海盐县（元元贞元年升州）在宋绍熙年间也置小学。②此外，宋代平江府学（元平江路学）、嘉兴府学（元嘉兴路学）也有建立了小学的记载。

　　元初，由于统一战争的破坏以及改朝换代后儒学处境的恶化，各地儒学发展比较困难，小学也大多荒废。如庆元路昌国州"州庠就有小学，颓祀弗治，草蔓湮塞"③。嘉兴路在宋咸淳年间建小学，至元二十一年（1284）时却"以小学为缺"④。说明当时的小学已经荒废。

---

① （元）胡榘：《宝庆四明志》卷2《学校》，宋元方志丛刊本，第5册。
② 嘉靖《嘉兴府图记》卷5《邦制四·学校》，四库全书存目丛书本，齐鲁书社1997年版，史部第191册。
③ （元）冯福京：《大德昌国州图志》卷2《学校》，宋元方志丛刊本，中华书局1990年版，第6册。
④ （元）徐硕：《至元嘉禾志》卷7《学校》，宋元方志丛刊本，中华书局1990年版，第5册，第4460页下。

元代儒学内小学的普遍设立，是在至元二十八年（1291）以后。这一年，元世祖"令江南诸路学及各县学内，设立小学，选老成之士教之，或自愿诏师，或自受家学于父兄者，亦从其便"①。这一文件的颁布对儒学小学的设立起了明显推动作用。元贞元年（1295），庆元路昌国州判官冯福京在州学内建育德堂，专以为训蒙之所，"请乡之耆宿郭荐、应季挺任教导焉"②。至元二十九年（1292），奉化县（时未升州）尹丁济"创养正堂教育小学。至元二十八年（1291），庆元路教授吴宗彦"奉上司明文，设立小学，相副教授史复伯率族人，以本族五乡砌序拜亭，拨入本学建立，扁曰养蒙堂"③。大德五年（1301），建康路（后为集庆路）溧阳州"设小学斋"④。至元二十八年（1291），镇江路学教授昌士气"立小学"⑤。至元三十一年（1294），广州路学立养蒙堂"扁曰立教"，作为小学斋。⑥至元二十八年（1291），朱葵为太平路学教授，重建学校，新学校中有"小学之序"⑦。元贞二年（1296），太平路再次重修路学，"创小学于学门之东"⑧。另外，我们还可以在福州路、江阴州、闽县等地区发现建立小学的记载。

前面已经说明元代各地儒学中正式设立小学是在至元二十八年（1291）以后。不过，此前很多儒学就已经建立了小学，如江浙行省的嘉兴路在至元二十一年（1284）就"以小学为缺，典请于郡，增置一斋，曰蒙正，以教乡人少俊者"⑨。在《文渊阁四库全书》有关《庙

---

① 《元史》卷81《选举志一》；王颋点校：《庙学典礼》卷3《按察副使王朝请俣申请设立小学》，元代史料丛刊本，第56页。
② （元）冯福京：《大德昌国州图志》卷2《学校》，宋元方志丛刊本，第6册。
③ （元）袁桷：《延祐四明志》卷13《学校考》，宋元方志丛刊本，第6册。
④ （元）张铉：《至正金陵新志》卷9《学校志》，中国方志丛书本，台北成文出版社有限公司1983年版。
⑤ （元）俞希鲁：《至顺镇江志》卷11《学校》，江苏地方文献丛书本。
⑥ （元）陈大震：《大德南海志》卷9《学校》，宋元方志丛刊本，中华书局1990年版，第8册。
⑦ 徐乃昌：《安徽通志稿·金石古物考五·太平路修学记》，辽金元石刻文献全编本，第2册，第213页。
⑧ 徐乃昌：《安徽通志稿·金石古物考五·太平路重修儒学记》，辽金元石刻文献全编本，第2册，第214页。
⑨ （元）徐硕：《至元嘉禾志》卷7《学校》，宋元方志丛刊本，第5册。

学典礼》的提要中,《四库全书》的编辑者对元代设立小学一事进行了考订,认为世祖至元二十八年(1291)设立小学的诏令与《庙学典礼》卷六中收录的《成宗设立小学书塾》之诏令相矛盾,并认为"成宗时人记成宗时事,不应讹异如是"。于是得出结论说:"至元时虽有此议,实未及施行,至成宗,乃补定其规制,而史未及详欤?"①实际上,这种结论是错误的,这一点胡务先生早已指出。②至元二十八年(1291)各路州县儒学设立的小学与成宗时设立的"小学书塾",二者其实不同。可惜的是,"小学书塾"到底是一种什么性质的学校,胡务先生并没有明确指出。笔者认为,大德四年(1300)元成宗下诏在全国各地设立的"小学",并不是各路、府、州、县儒学中正规的小学,而是元代另外一种民间的教育形式——社学。

据《元典章·户部九·农桑·立社》,元朝每五十家立一社,作为地方基层组织,"每社设立学校一所,择通晓经书者为学师,于农隙时月各令入学"③。社学有两个特点:第一,学校设在社一级的单位;第二,教育是在农闲时间进行(因为农闲时间一般在冬季,所以社学也称为冬学)。社学的这两个特点,完全说明了元成宗时期的"小学书塾"的性质。

元成宗设立小学书塾的诏令指出:"钦奉圣旨条画内一款节该:今后每社设立学校一所……学校乃作养后进之地,除路、州、县学、书院,各设小学教谕教习生员,外据请粮耆儒人内,遴选真才实学、前辈典型、堪为师范之士,在城八隅各设小学书塾一处……如遇朔望,令各塾师儒率领诸生,前诣(儒)学、(书)院观礼,使知学校规绳,期成远大之志。其余州、县,拟于各乡每都,依上创设立小学书塾,近者每月赴学,乡村远者,不需赴学。"④

---

① 王颋点校:《庙学典礼》附录《四库全书总目提要》,元代史料丛刊本,第144页。
② 参见胡务:《元代的庙学》,南开大学硕士学位论文,1985年,第18页。
③ 《大元圣政国朝典章》23《户部九·农桑·立社·劝农立社事理》,中国广播电视出版社1998年版,第997页。
④ 王颋点校:《庙学典礼》卷6《成宗设立小学书塾》,元代史料丛刊本,第135页。

首先，元成宗设立小学书塾的诏令中指出"每社设立小学一所"，说明这种"小学书塾"与以前的社学属于同种性质的学校。其次，成宗诏令中有"除路、州、县学、书院，各设小学教谕教习生员"的内容，说明它已经明显地将各路、州、县学以及书院内设立的正规小学排除在外。再次，成宗诏令中说明了设立"小学书塾"的地点为"城八隅"、"各乡村"，这与社学设立的地点社基本一致。至元十年（1273）大司农司申各路、府、州、司、县的一则公文，就指出社学立于"各路、府、州、司、县城关厢"以及"村庄各社"。① 最后，诏令中虽未明言"小学书塾"的教学是在农闲时进行，但规定了"小学书塾"的学生要由各塾师率领，在朔望日儒学书院祭祀时前往"观礼"，说明这两种学校的学生是有明显的差别的。

综上，可以断定至元二十八年（1291）以后江南地区的正规小学已经普遍设立，元成宗时期设立"小学书塾"的诏令是对以往社学教育失败提出改进的办法，与江南儒学、书院内的小学无关。

元代小学生员的来源主要为儒户子弟。元人苏天爵记载："江南内附之初，户籍繁衍，时科目又废，所除官多贪污杂进之流。"② 受这种情况的影响，儒学发展困难，儒士地位不高，士失所养，因此，江南士人中有很多对儒学失去了兴趣。"士废学悉趋时所尚，间有不随其所趣，则群聚而缩鼻，人不韦［伟］贤经，一切扫地于祝氏矣。"③ "儒家之子弟，或制于力，弃而他习"④，或"学者仅能执笔晓书数，其父兄已命习为吏也"⑤。针对这种情况，元政府多次下令，要求儒户遣子弟入学。至元二十八年（1291）元政府要求"各处儒户子弟，于学舍

---

① 《通制条格》卷5《学令·传习差误》，见方龄贵校注：《通制条格校注》，中华书局2001年版。
② （元）苏天爵著，陈高华、孟繁清点校：《滋溪文稿》卷7《大元赠中顺大夫兵部侍郎靳公神道碑铭》，中华书局1997年版，第908页。
③ 光绪《奉化县志》卷8《学校上》，中国方志丛书本，台北成文出版社有限公司1976年版。
④ （清）杜春生：《越中金石记》卷7《重建绍兴庙学图·至元壬辰重定学式》，辽金元石刻文献全编本，第3册。
⑤ 光绪《奉化县志》卷4，中国方志丛书本。

就师读书",有"自愿招师或自从其父兄,令听其便"①。大德十年(1306)元政府再次规定:"在籍儒人,不遣子弟入学,别习他业,量事轻重,申各处提举官究治。"②除了儒户子弟以外,"民之俊秀"在八岁以上,也可以入小学。至元三十一年(1294)元政府规定了小学生员的数量,上路三十人,下路二十人③,实际人数基本与规定相符。如嘉兴路(上路)学,就"集小学三十余生"④。

二

元朝比较重视小学教育,规定学校设教师二人教之,对小学教师素质的要求也比较严格。绍兴路学规定"选才堪模范者二人"教小学。⑤昌国州选"乡之耆宿郭荐、应季挺任教导"⑥。学生要交束脩(学费),但"贫不能至者,勿强"⑦。元贞元年(1295)江南行御史台颁布了有关小学教育制度的细则,这就是现保存于《庙学典礼》的《行台坐下宪司讲究学校便宜》。这一文件在江南地区的颁布和实施,标志着元代江南小学教育的完善。根据这一文件,有关小学的教学制度如下:

(一)教室的布置

教师的座席居中,坐北向南,师席左右以次设书桌,诸生书桌

---

① 王颋点校:《庙学典礼》卷3《按察副使王朝请俣申请设立小学》,元代史料丛刊本,第56页。
② 《通制条格》卷5《学令》,见方龄贵校注:《通制条格校注》,第214页。
③ 王颋点校:《庙学典礼》卷5《行台坐下宪司讲究学校便宜》,元代史料丛刊本。
④ (元)李金吾:《嘉兴路儒学归复田租碑》,见(清)阮元:《两浙金石志》卷14,辽金元石刻文献全编,北京图书馆出版社2003年版,第2册。
⑤ (清)杜春生:《越中金石记》卷7《重建绍兴庙学图·至元壬辰重定学式·大小学》,辽金元石刻文献全编,第3册。
⑥ (元)冯福京:《大德昌国州图志》卷2《学校》,宋元方志丛刊本,第6册。
⑦ (清)杜春生:《越中金石记》卷7《重建绍兴庙学图·至元壬辰重定学式·大小学》,辽金元石刻文献全编,第3册。

东西两两相对,以诸生年龄的大小确定每一个生员的座次,以右为上。师席以南两端设值日生座位,师席的右边设钟一个,左边放诸生名牌。值日生由诸生轮流充当,掌管教室内钟、签筒、砚、水瓶、名牌等物。清晨值日生要提前到学校打扫卫生,平时则监视诸生,有不守纪者,检举之。值日生还主持平时学习中的各项仪式,如鸣钟、喝揖等。

(二)生员一天的学习生活

小学生员每日的生活分为七个部分,包括:晨参、讲书、诵书、会食、习字、试书与授书、暮归。

晨参:每天早晨,诸生到齐后,老师于师席就座,值日生鸣钟,诸生出门外,按年龄列队。第二次鸣钟,诸生从教室正门东侧入内,面北排列整齐。第三次鸣钟,喝揖,诸生一齐向师作揖,然后,班长从西面到师席前,拱手问安,退回本位。值日生喝"圆揖",诸生于是相互作揖,就座后开始讲书。

讲书:老师先讲有关小学基础(或称蒙学)书,如读音、辨字等。讲书以前,诸生将书籍、签筒等放在书桌上,面向北站立听讲。值日生鸣钟后,诸生齐揖拱立,教师要从诸生的签筒中随意抽出三四人,测试上一日讲解的内容,然后讲新课。讲毕,诸生向教师作揖,各就座位。

诵书:每日的诵书是小学生员必须进行的一课。诵书期间,未通晓讲课内容的生员,可以拱手向老师提问。

会食:小学生每日的早餐和午餐在学校会食。一般儒学有会食之堂,如镇江路学的会食堂称"渊源堂"[①]。

习字:习字之前,值日生先将砚台放在各位生员的课桌上,放上水,诸生各取笔墨写字,写字须临摹唐书法家颜真卿的字帖。写好大字一张和小字一张以后,值日生取走砚台,收集诸生所写的字让老师检查,检查后还给本人。

---

① (元)俞希鲁:《至顺镇江志》卷11《学校》,江苏地方文献丛书本。

试书与授书：诸生在学习小学书的同时，还学习儒家经典，如《论语》、《孝经》等。生员按所读经书分班，每日的试书，即测试以前所读经书。测试以后，再授以新课，谓之授书。授书以后，诸生退回座位朗诵经书，有问题可以向老师提问。

暮归：一天的学习结束后，要举行"暮归"的仪式。诸生按顺序站立，由班长到老师前，"道先生安"，然后圆揖，两两而退。

（三）学习内容及教学方法

元代对小学生员的学习内容、使用的教材都有严格规定。学习内容为：小学基础（蒙学，包括字、词、句读等基本知识）、四书、习字等。所用教材，小学基础用朱熹所订蒙学书，四书用朱熹集注本，习字用颜真卿字帖。

元代儒学在教学方法上取得明显的成就，教育家程端礼对教学方法进行总结，写成《读书分年日程》一书，被称为中国教育史上第一部教案。这本书以国子监的名义"颁示郡邑校官为学者式"[①]，影响很大。根据《读书分年日程》，元代儒学小学的教学方法有下面几种：

第一，背诵法。背诵的具体要求是：所读内容按生员不同情况分段，然后熟读和背诵。每段文字"必看读百遍，倍［背］读百遍，又通倍读二三遍"[②]。

第二，检查法。上面所引小学的教学过程中就有"试书"的内容，说明元代小学教育将学习检查作为教学的一项重要内容。程端礼也认为，学过的内容每日都要检查，以了解学生掌握情况，每日"师试倍读昨日书"，又"试说昨日已说书"。

第三，讲授法。"讲书"是元代小学教育的一项重要内容，程端礼就主张在教学过程中教师将所授书分成小段，每日讲授。讲授严格

---

① 《元史》卷190《儒学传二》。
② （元）程端礼：《读书分年日程》，文渊阁四库全书本，子部第709册。

按照朱熹所解字训、句意，然后引导学生读朱熹的注，再读正文，反复玩索，以理解其中的意义。

第四，复习法。元代小学通过每日的测试，引导学生复习以往学习的内容。另外，程端礼还主张利用晚上的时间，复习学过的内容。方法是：双日之夜"倍读凡平日已读书一遍，倍读一二卷或三四卷，随力所至，记号起止，以待后夜续读、倍读"；单日之夜则玩索最近读过的经书，"涵泳思索，以求其通"。程氏教学方法的原则是"宽着期限，紧着课程"。

元代小学的教学方法，体现了学校教育的一些基本规律。首先是循序渐进的规律。小学生先读小学书，然后再读儒家经典。读小学书时只要求背诵，但随着小学基础知识的增加，开始讲解经义，并启发学生思考。最后教以写诗、作文，这符合由易到难、由学习到运用这样一条循序渐进的规律。

其次，因材施教的原则。根据儿童的特点，小学在课程中间安排一些课间休息，让儿童"暂歇少时，复令入学"。小学并不严格规定儿童读多少经文，教师将对儿童所授经文分段，分别传授。在传授的过程中，教师也注意根据每个学生的情况传授经文的数量，这符合因材施教的教学原则。①

（四）考核与测试

大德元年（1297）江浙行省规定了小学的课试之法，除每日固定的测试以及朔望讲书以后的测试以外，每月的初三日、十六日考试，由"正录出题，教授考校，取中合格者前三名支赏"②。小学生"年及学进者，升大学；学无成而不率教者，罚，甚者，黜；进德修业者，

---

① 以上有关程端礼的内容，均见于《读书分年日程》卷1，文渊阁四库全书本，子部第709册。
② 王颋点校：《庙学典礼》卷5《行省坐下监察御史申明学校规式》，元代史料丛刊本，第110页。

视其优劣而表劝之"①。

三

在元代江南各地的儒学中，大学教育一般都占重要地位。元代教育家程端礼认为："自十五志学之年，即当尚志，为学以道为志，为人以学为志。"②这表明了大学教育的重要性。另外，由于大学教育的结果直接影响到国家对人才的需求以及学生个人的前途，所以大学教育与社会政治、经济、文化等发展情况联系紧密，国家政治、经济等因素的变化，自然也会影响到大学教育的变化。与小学教育相比，大学教育更加复杂和多变。

元代儒学大学生员由"小学生年及学进者"升转而来。元朝规定，生员"三十岁以下者，各各坐斋读书"③。说明大学生员的年龄一般在十五岁到三十岁之间。三十岁以上者称为儒士，不属生员。大学生员在儒学的学习年限，史料则没有明文规定。元代儒学大学的教师是儒学各级学官以及儒学聘请的训导。教学是元代学官的主要责任之一，学官讲学是儒学中比较平常的事情，绝大多数学官都能以教学育人为己任，在儒学教育中发挥主要作用。如教谕张恕（字如心，婺州路浦江人），"用荐者教授武陵，迁婺之东阳（县），处（州）之庆元（县）。公所至皆以兴学为己任，召集弟子员危坐堂上，列郡圣人之书，为之敷绎大义，皆充然有得"④。延平路教授刘少谌，"年七十受朝命为延平郡教授"，任职期间，"绳检诸生作古文……学务振举"。官满后，"诸

---

① （清）杜春生：《越中金石记》卷7《重建绍兴庙学图·至元壬辰重定学式》，辽金元石刻文献全编本，第3册。
② （元）程端礼：《读书分年日程》卷1，文渊阁四库全书本，子部第709册。
③ 王颋点校：《庙学典礼》卷5《行省坐下监察御史申明学校规式》，元代史料丛刊本，第110页。
④ （明）宋濂：《文宪集》卷19《故处州路庆元县儒学教谕张公墓志铭》，文渊阁四库全书本，集部第1223册。（四部丛刊初编本《宋学士文集》未收录。）

生不容其去,复留授业三年"①。此外,由于学官掌儒学大小事务,公务较多,不能承担全部的教学任务,所以,各级儒学一般都聘一些知名儒士作为专职教师。如松江府学在至正二十一年(1361)"置五经斋,聘专经之师五人以授之"②。绍兴路会稽县学"礼士之有行义文学者为之师,丰其廪,严其规"③。余姚州学在至正八年(1348)"小学有师而大学弗置,于教有缺焉",于是"以众所推,郑君彝、赵君田浩主大、小学"④。出于教学的需要,一些儒学设立了固定的训导一职,掌教学。据乾隆《绍兴府志》,元绍兴路下属州县学中,有十二人被聘任过训导。⑤由于元代学校发展水平不稳定,教师的水平也是参差不齐,使得学生对教师的依赖性增强,如教育家程端礼就记述了他与郑景尹在铅山州学任学官时,与州学学生的良好关系:"余以衰病辞去,凡余所教诸子不屑从他师,尽归景尹卒业。今年,景尹又以教浮梁去,诸生不屑从他师,至于痛哭而散。"⑥黄清老年轻时做建阳县学官,"年始逾冠,士已推服……四方之士亦有不远千里而至者"⑦。

元初江南儒学有关大学的教学内容和方法一般沿袭宋代,各自为政,比较混乱。当时在教学方面主要有两种倾向:一是受宋代科举教育的影响,一些儒学"多事章句记诵之习,或经旨未明,躬行未粹者有之"⑧。另一种是元代以后诸生习吏之风对儒学的影响,"以文墨

---

① (元)吴澄:《吴文正集》卷71《故南平路儒学教授南丰刘君墓表》,文渊阁四库全书本,集部第1197册。
② (元)周伯琦:《元至正重修庙学记》,见崇祯《松江府志》卷23《学政》,日本藏中国罕见地方志丛刊本。
③ (元)李祁:《会稽县重修儒学记》,见(清)杜春生:《越中金石记》卷9,辽金元石刻文献全编本,第3册。
④ (元)汪文璟:《余姚州儒学增造记》,见(清)杜春生:《越中金石记》卷10,辽金元石刻文献全编本,第3册。
⑤ 乾隆《绍兴府志》卷29《职官志·学官》,乾隆五十七年刊本。
⑥ (元)程端礼:《畏斋集》卷4《送教授郑君景尹赴浮梁任序》,文渊阁四库全书本,集部第1199册。
⑦ (元)苏天爵著,陈高华、孟繁清点校:《滋溪文稿》卷13《元故奉训大夫湖广等处儒学提举黄公墓碑铭》,第209、211页。
⑧ (元)刘诜:《桂隐文集》卷1《吉安兴学记》,文渊阁四库全书本,集部第1195册。

为教，弟子上者华而鲜实，下者习字画以资刀笔官司、应酬廪粟之外，无它用心"①。这两种倾向一直在元代有不小的影响。针对这两种缺陷，许衡、程端礼等一些教育家开始提倡朱熹的教学之法，重视儒家经典的教学。程端礼还亲身实践，将朱熹的教学方法与理念推行到教育中，总结出程氏分年教学法。元政府也对朱学大力提倡，并将有关教学内容和方法以学规的形式，颁行全国各儒学，使儒学"重实学，轻浮华、辞章"的风气逐渐形成。不过，从现有资料来看，江南儒学以儒家经典为主要教学内容，应该在元朝恢复科举以后。元朝规定科举内容以理学经典为主，这对江南儒学的教学产生了很大的影响。科举恢复以前，江南儒学的教学内容并不统一。

大学学习内容比较广泛，有四书、诸经、诗赋、史、通鉴等。学生初按治经、治赋分班。元中期科举恢复后，科举考试以明经为主，四书、五经成为大学生员学习的主要内容。于是，一些学校设五经师，以五经分班讲授。此外，大学生员还学习书法、诗赋、史书（《资治通鉴》）以及科举之文。延祐科举恢复之后，江南各儒学在原来重视读经的基础上加强了科举之文的教学。程端礼就"本之晦庵（朱熹）、西山（蔡元定，字季通，建宁路建阳县人，朱熹门人）教人之意，酌以今日取士之法，为书一编，以行于世，世守其辙者往往有成"②。

大德元年（1297），元政府对江南地区大学的教学，作了专门规定：生员"每日每习课业"，学校供早、晚二餐（小学生为早、午餐），早饭后"出课、习字、说书，午前读书，午后供课呈教授，脯后（下午五点以后）书名会食，课办，方许放学"③。

大学生员的教学方法除了使用小学用过的背诵、讲授、检查、复习等方法以外，更多使用下列方法。一是抄读法。主要用于学习《周易》、

---

① （明）刘基：《刘基集》卷2《沙班子中兴义塾诗序》，浙江古籍出版社1999年版，第68页。
② （元）程端学：《积斋集》卷3《送蒋远静山长序》，文渊阁四库全书本，集部第1212册。
③ 王颋点校：《庙学典礼》卷5《行省坐下监察御史申明学校规式》，元代史料丛刊本，第110页。

《尚书》、《诗经》、《礼记》、《春秋》等儒家经典。方法为:先手抄全篇正文,读之。另外分段抄正文,每段正文下低一字抄朱熹等人的注疏。低一字抄朱熹有关本段的语录、文集。低三字抄诸儒之说。通过抄读,反复思考经文含义。二是看读法。主要用于读《资治通鉴》、诸史书、文集(主要是韩愈的文集),通过看读,熟悉历代的人和事以后,再对历代治乱兴衰反复考究。对于韩愈等人的文章"需反复详看",先看主题,以认识一篇之纲领,次看叙述、抑扬轻重、运意转换、演证开合等情况,体会作者的写作方法。三是训练法。生员在大学期间读完经、史等课程以后,训练写作、准备科举考试成为大学教学的重要内容。教学方法从"学"转到了"练"。①

大学的考课制度,宋代以来趋于严密。"每岁春秋有补试,中者,教官而试能否,方许入学行供;岁有月试,校其优者升为学职;月有旬试,教官亲书批点,以示文法。"②元代继承了宋代课试的传统。有元一代,各地儒学中普遍推行考课制度。考试的方法也更加严格完备。至元年间,嘉兴路学"月有书,季有考,朔望、(初)三、(初)八有讲"③。至正初年,平江路达鲁花赤禄实"增弟子员,礼聘明师。用月书季考之法程试之"④。至正五年(1345)嘉兴路总管秃坚董阿良臣"延招有德行文学者为训导,以诲诸弟子,又礼请江浙提举学官,仿科举式以会诸郡能文之士"⑤。至正三年(1343)吉安路总管高志在路学进行改革,"立课习饮膳定规于石,使后之典教化者恪有所守"⑥。有关具体的课试之法,元政府在元贞初年作了详细的规定,具体内容如下:"每月朔日,教官预先于四书内出接题三章,揭示廊庑。听其讲究精熟,

---

① 参见(元)程端礼《读书分年日程》卷1、卷2,文渊阁四库全书本,子部第709册。
② 崇祯《松江府志》卷23《学政》,日本藏中国罕见地方志丛刊本。
③ (元)徐硕:《至元嘉禾志》卷7《学校》,宋元方志丛刊本,第5册。
④ (元)陈基:《夷白斋稿》卷12《平江路达鲁花赤西夏禄实公纪绩碑颂》,四部丛刊三编本。
⑤ (元)鲍恂:《元嘉兴路兴举学校碑》,见(清)阮元:《两浙金石志》卷17,辽金元石刻文献全编本,第2册。
⑥ (元)刘诜:《桂隐文集》卷1《吉安兴学记》,文渊阁四库全书本,集部第1195册。

置立签筒，遍写该讲生员姓名。至本月望日，候登讲堂听讲毕，请教官临时掣签，引致案前，对众将朔日题目讲说。"生员的讲说有三次文理不通者，要受到"降供（停止有关生员的物质供应）一季"的处罚。并发付本学教导训诲，降供满日复试，直至满意为止。①

元代严格课试，虽然有利于被试者努力学习，但月书季考皆背诵朱熹等人的成说，不利于学者独立思考，这一点元代就有人提出过批评，宁国路儒学教授龚璛就批评道："建学立师，国家教育之盛，夫岂月讲季试而已哉！据案而颂成说，曷若疑难答问之为益？糊名而校艺，曷若课其功而订正之为警切笃实？"②这反映了元人对这一制度的思考。

四

元代江南地区的学制最初主要承袭宋制。至元末年，随着元政府各项文教政策的推行，江南儒学制度进行了一些调整，新的儒学教育制度逐渐成型。实际上。中国古代任何朝代的儒学的教学都是以儒家思想、理念为核心的。儒学教育的指导思想及原则从根本上说是一致的，只是由于各代的政治、文化的发展特点不同，儒学教育在外表和形式上呈现出不同的特点，教学内容也有不同的侧重。元代在江南地区一方面推行儒户制度，优待儒士，鼓励儒学的发展；另一方面又对江南实行民族分化压迫政策，对南人实行多方面的限制和防范。这些情况对元代江南儒学小学与大学的教学活动都产生了重要影响，江南儒学小学与大学出现了一些不同于以往的特点。

首先，重视儒家经典、轻六艺是元代江南儒学小学与大学教学的一个突出特点。孔子主张儒士要具备六艺，即礼、乐、射、御、书、数。

---

① 王颋点校：《庙学典礼》卷5《行台坐下宪司讲究学校便宜》，元代史料丛刊本，第111页。
② （元）龚璛：《重修讲堂纪略》，见嘉庆《松江府志》卷13，日本藏中国罕见地方志丛刊本。

中国古代的儒学一般都重视六艺的教育，宋代地方儒学有射圃，明初则将每月的朔望日作为考校生员射箭、臂力的日子。元代对江南人民防范极严，不许拥有武器，儒学大、小学习射的教学内容也相应废除，射圃基本上荒废。① 大、小学生员只有读经史、习字、作文，这不利于学生的全面发展。

其次，管理的松散也是元代江南儒学大、小学教学与管理的一个重要特点。元代儒学对生员的管理相对松散，这与宋明形成鲜明的对比。从入学条件上看，宋代儒学在每年春秋举行考试，考中者还需教官面试才能入学。② 明代更加严格，生员"于民间俊秀及官员子弟选充"，地方官"必须躬亲相视，人才俊秀、容貌整齐、年及十五之上已读《论》、《孟》四书者，方许入学"。③ 元代生员入学热情不高，元政府只能硬性规定，免差儒户有余闲年少子弟的必须遣一名入学。从对生员的管理上看，明代在各儒学立卧碑，严禁生员议政，严禁游学，"有游食奔竞之徒，坐以重罪"。同时，生员只能在本地参加科举，不得游至他处。④ 元代生员则非常宽松，各儒学一般给游食之士提供食宿，生员一般可以自主选择学校、教师。从学习内容上看，元代提倡学习朱子之学，提倡读经，但对生员学习非朱子之学、攻辞赋、习吏业也不严格限制。而在其他朝代，这种情况很难发现。

另外，祭祀是元代江南儒学大、小学教学活动的一个重要方面，笔者拟专文论述，这里不再涉及。

(原载《内蒙古大学学报》2003 年第 3 期，
这次收录做了一些修改)

---

① 胡彦：《元代庙学的建筑结构》，见《元史论丛》第 8 辑，第 173—181 页。
② 崇祯《松江府志》卷 23《学政》，日本藏中国罕见地方志丛刊本。
③ 嘉靖《湖广图经志书》卷 1《国初学制》，日本藏中国罕见地方志丛刊本。
④ 同上。

元代游学初探①

游学,是中国古代比较常见的一种求学方式,尽管历代对游学的政策不同,但游学现象在先秦到清代的历代史料中都有记载。如司马迁"二十而南游江淮,上会稽,探禹穴"②。东汉经学家郑玄也是"游学周秦之都,往来幽、并、兖、豫之地"③。对一般百姓之家来说,游学成为他们使子弟做官显达的重要途径之一,如西汉丞相陈平,少时家贫,"独与兄伯居,伯常耕田,纵平使游学"④。从史料来看,游学现象在春秋战国时期就开始盛行,此后各代都不同程度地存在。北宋在部分时期对游学是坚决禁止的,但并没有杜绝游学现象,南宋时期游学又大量出现。⑤元朝是蒙古统治的王朝,在用人理念上与中原传统王朝不同,科举长期废弛,使元朝儒士依靠科举做官的途径基本断绝,于是,在大规模游仕之风盛行的同时,元代儒士的游学之风也开始盛行。蒙古政权在思想文化方面的控制比较松散,在教育管理方面亦比较宽松,对于外地的游学之士,一般官学不仅不禁止,而且慷慨地提供各种有利条件,包括饮食、住宿等,对他们的来去,也不进行限制。同时,元代的一些民间授徒的学者,条件较好的书院、义塾等,

---

① 游学有两个含义,一是指周游讲学,一是指外出求学。本文所探讨的游学,属于后一种。
② 《史记》卷130《太史公自序》。
③ 《后汉书》卷35《郑玄传》。
④ 《史记》卷56《陈丞相世家》。
⑤ 参见顾宏义:《教育政策与宋代两浙教育》,第143页。

也公开接纳游学之士。在这种情况下，元代游学之风盛行一时。

元代儒士出游，一般有两种目的：游学与游仕。关于游仕现象，台湾学者丁昆健已经有专文论述，本文不再涉及。①目前有关游学的研究还没有引起学术界重视，乔卫平《中国教育制度通史》第3卷提出游学问题②，但没有深入探讨。本文对元代有关官学和私学的游学情况、游学者的生活以及元代游学现象出现的原因等问题进行初步的探讨，请学界同仁批评指正。

一

蒙古灭金不久，就实行了编订儒户户籍、儒户免役的政策。元世祖忽必烈即位，开始制定一系列保护和支持儒学教育发展的文教政策。至元十六年（1279）元朝统一全国，元世祖在将北方实行的文教政策推行全国的同时，根据江南儒学在南宋发展的情况，制定了有关学田的政策，明确宣布前朝留下来的学田归儒学掌管，作为各地学校的办学经费。这些措施的实施，基本上保证了元代儒学教育的正常发展。在有关文教政策逐步实施的同时，元朝支持游学的政策也逐渐明确，至元二十年（1283）绍兴路学在陈述学校收支情况时说：

> 所有每岁支用项目，除春秋祭祀、修造文庙外，学官、学职月有请粮，诸斋生员日行二膳，游学之人无所归者亦日有以赡之。③

---

① 参见丁昆健：《从仕宦途径看元代的游士之风》，见萧启庆主编：《蒙元的历史与文化——蒙元史学术研讨会论文集》，台北学生书局2001年版。
② 参见乔卫平：《中国教育制度通史》第3卷，山东教育出版社2000年版。
③ 《庙学典礼》卷1《都省复还石国秀等所献四道学田》，文渊阁四库全书本，史部第648册。

这则史料说明了元初一般学校已经将游学之人的供应，纳入儒学正常开支的一部分。元世祖末年，江南很多儒学对有关游学的一些细节问题做了具体的规定，至元二十九年（1292）绍兴路学制定的学校制度——"学式"中，有下面内容：

> 远方士友及游学者，亦升堂会食，馆以斋房，寝息之具，时加点检。既不限其来，而有故迟留及贫未有依归者，去住亦从其便。①

这则史料说明，元代儒学对游学的政策是比较优厚的，既供给食宿，又不限制来去。绍兴路学把游学之人的待遇在"学式"中规定下来，说明元代有关游学的待遇已经制度化。元世祖以后，有关游学政策记载不多，不过，至正七年（1347）镇江路学制定的学校管理制度规定，生员"仕及出游再月者，罢给"②，说明这时仍有儒生到外面游学的现象。松江府学在至正二十一年（1361）"定赏格以试游士"③。说明元末的一些儒学对游士的政策已经由元初仅仅供应食宿，变为开始对游士的学业进行考核和监督。

除了官办儒学支持游学以外，一些民间力量创办的书院、义塾也同样支持游学。另外，一些知名的儒士在闲居期间，也接纳一些远方慕名而来的游士作为学生。对于大部分因为入仕无门而建立私学以谋生的一般儒士来说，他们更加愿意接受游学学生，以保证自己的生活来源。与官学及部分书院、义塾不同的是，游学之人生活费用需要自理并且需要缴纳一定数量的束脩（学费）。

---

① （清）杜春生：《越中金石记》卷7《重建绍兴庙学图·至元壬辰重定学式·客供》，辽金元石刻文献全编本，第3册。
② （清）缪荃孙：《江苏省通志稿·金石二十三·镇江路学丁亥纪实》，辽金元石刻文献全编本，北京图书馆出版社2003年版，第2册。
③ （元）周伯琦：《元至正重修庙学记》，见崇祯《松江府志》卷23《学政》，日本藏中国罕见地方志丛刊本。

元朝对游学的优惠政策,再加上南北一统、社会安定带来的客观有利条件,使游学现象在元朝盛行起来,儒士不仅通过游学增长知识,拓展见闻,一些启蒙教育也是通过游学完成,这样的例子很多,如:

永平儒士王孚,字公信,"游学洙泗之间,学益进,所至,人师礼之"①。

蒙古捏古台氏忽都达,字通叟,"幼警敏,笃孝于亲,比长,雅好儒术。游学湖湘间,从名师受经史而究其大义,肆笔成文,咸造于理。侪辈敬叹,自以为莫及"②。

余姚儒士王士毅,字子英,"天质秀敏,自幼出游学,辄与凡子殊"③。

儒士吴举,字子庸,"笃于教子,既延致名师于家,又饬礼币使之游学"④。

旷奎,吉安路安成州人,幼读父书,弱冠游学四方。⑤

荆幹臣,东营人,能折节读书,自幼年游学于燕。⑥

刘宗道,汴梁路儒士,奉亲命游学江南,肄业明道精舍。⑦

盖苗,字耘夫,大名元城人。幼聪敏好学,善记诵,及弱冠,游学四方,艺业大进。⑧

王思诚,字致道,兖州嵫阳人。天资过人,七岁从师授《孝经》、《论语》,即能成诵。家本业农,其祖王佑诒家人曰:"儿大不教力田,

---

① (元)虞集:《道园学古录》卷19《王公信墓志铭》,四部丛刊初编本。
② (元)黄溍:《金华黄先生文集》卷27《嘉议大夫婺州路总管兼管内劝农事捏古台公神道碑》,四部丛刊初编本。
③ (元)戴良:《九灵山房集》卷23《王先生墓志铭》,四部丛刊初编本。
④ (明)苏伯衡:《苏平仲文集》卷14《故庸斋吴君墓志铭》,四部丛刊初编本。
⑤ (元)王恽:《秋涧先生大全文集》卷23《送旷秀才奎东还庐陵》,四部丛刊初编本。
⑥ (元)李庭:《寓庵集》卷4《送荆幹臣诗序》,见(清)缪荃孙编:《藕香零拾》,中华书局1999年版。
⑦ (元)程端礼:《畏斋集》卷4《送刘宗道归夷门序》,丛书集成续编本,第109册。
⑧ 《元史》卷185《盖苗传》。

反教为迂儒邪!"思诚愈自力弗懈,后从汶阳曹元用游,学大进,中至治元年进士。①

吴直方,字行可,婺州路浦江人。幼年多病,有相者对他说:"子貌广贵,甚疾且亡害,何不游学以畅其怀乎?能如吾言,病不药而自已。"于是,乃入郡城,习吏事于帅阃。②

杨维祯,年幼时,其父"期以重器……俾游学甬东"③。

二

元代儒士游学,主要通过四种方式:到地方各级儒学(官学)游学,到国子学游学,到书院、义塾游学,民间拜师求学。现将这四种形式游学的情况考察如下。

(一) 元代各级儒学的游学情况

元代各级儒学,特别是江南的一些儒学,不仅规模大,教学水平高,而且教学设施完备,学校一般都有学田供应学校的日常开支。因此,到各级儒学游学不仅可以学到知识,还可以解决日常生活问题,这对游学之士的吸引力是很大的。从各级儒学来看,是否有游学之士从远方负笈而来,是衡量一个儒学办学成功与否的重要指标,当然也关系到学官和地方官的政绩问题。因此,元代一般儒学都对游学之人持欢迎态度,一些有名声的游学之士,则成为儒学争取的对象。孔子后裔孔森(字英夫)指出:"吾族人昆弟类出,游学四方,所至学校官莫

---

① 《元史》卷183《王思诚传》。
② (明)宋濂:《故集贤大学士荣禄大夫致仕吴公行状》,《宋濂全集》,浙江古籍出版社1999年版,第293页。
③ (明)宋濂:《宋学士文集》卷16《元故奉训大夫江西等处儒学提举杨君墓志铭》,四部丛刊初编本。

不折节而迎,适馆授业不敢后。"① 这里,孔氏子弟游学得到欢迎,当然与其"圣裔"的出身有关。

从史料来看,元代江南儒学的游学比较流行,很多儒学都有关于游学情况的记载。至元年间,学者张翚被延致江宁(今江苏省南京市)学官,俾子弟受业,"中州士大夫欲淑子弟以朱子《四书》者,皆遣从游……其在维扬(今江苏省扬州市),来学者尤众,远近翕然,尊为硕师"②。元贞元年(1295),浮梁州学"聘耆德为弟子师",修整学校,革新学政,出现了"编民佐吏咸竟于学"的局面,于是游学之士"来者未有止也"③。宁国路宣城县名儒魏彦明"以《春秋》之学教授诸生",至其为师,"则旁郡邻邑之秀,从之如云,而学《春秋》者,因以大振"④。元代的澄城县学也有"自远方而来者藏修息游于其中"⑤。至正四年(1344),吉安路总管高志对路儒学进行整顿,完善制度,于是"四方闻其风,深山穷谷之士,多峨缨鼓箧而来。若徐、滕、淮、扬,江浙、广海及色目公卿之子弟,为员积百二十有奇,讲诵彻旦,至正四年应乡试者,五十有奇"⑥。上述例子反映了元代各级儒学游学的盛行情况。

元代江南儒学中的游学者,既有江南士人,也有大量的北方儒士,上文提到的刘宗道就是"奉亲命游学江南"。元代科举恢复以后,为科举而游学成为北方游士到江南游学的一个重要动机。因为北方各地儒学教育水平不高,生员到江南儒学游学,再回北方参加科举,比较有利。如"艾实元晖,河南士之秀者也,去年从黄君希仲于庐陵郡(吉

---

① (明)徐一夔:《始丰稿》卷13《故元松江府儒学教授孔君墓志铭》,文渊阁四库全书本,集部第1229册。
② 《元史》卷189《儒学传一》。
③ (元)邓文原:《巴西邓先生文集·浮梁州重建庙学记》,北京图书馆古籍珍本丛刊本,书目文献出版社1991年版,第92册。
④ (元)杨翮:《佩玉斋类稿》卷3《送钱生序》,文渊阁四库全书本,集部第1220册。
⑤ 咸丰《澄城县志》卷21《金石下·元·县学讲堂记》,辽金元石刻文献全编本,北京图书馆出版社2003年版,第3册。
⑥ (元)刘诜:《桂隐文集》卷1《吉安兴学记》,文渊阁四库全书本,集部第1195册。

安路）学，娓娓日有所进。六月望，告别于其师友与常所往来者，将归河南就其乡试"①。艾实（字元晖）是河南行省儒士，他游学于江西吉安路学，后又回原籍参加乡试。上文提到的汴梁儒士刘宗道也是游学于江南明道书院，回河南参加科举。②

（二）元代国子学的游学情况

国子学是全国最高学府，不仅当时有很多知名学者在这里任教，而且又是高官显贵子弟的汇聚之所。到国子学读书，既可以学习知识，学成做官，又能交结权贵，为以后的宦业创造条件。因此，国子学成为元代游学之士向往的地方。元人陈高写道：

> 朝廷稽官以建国学，其师儒皆极天下选。下自公卿、大夫、士之子，与凡民俊秀，咸入而学焉。弦诵之教必勤，肄习经传之旨必极，讲明周旋揖逊必中规矩，祭式献酬必正仪式，月考季试必严其程度，属词角艺必课其殿最。故其入而学焉者，率有以化质而成才，由是四方英敏之士，不远数千里鼓箧而逊志焉。其出跻肬，仕立勋业者，往往而见。盖国家所以造育人才之地，而子弟之欲就其业者，不可以不游也。③

陈高的记述，反映了元代游学之士对国子学的向往。元代到国子学游学之士，既有北方儒士，也有江南儒士，见于史料记载的很多，如：

马祖谦，字元德，汪古人，马祖常之弟。少入乡校，弱冠，随

---

① （元）刘诜：《桂隐文集》卷2《送艾用济归河南就乡试》，文渊阁四库全书本，集部第1195册。
② （元）程端礼：《畏斋集》卷4《送刘宗道归夷门序》，丛书集成续编本，第109册。
③ （元）陈高：《不系舟渔集》卷11《送章氏二生游国学序》，文渊阁四库全书本，集部第1216册。

其兄来京师游学，补国子生。①

郑宜中，"奉亲命游学燕京，用近臣荐补国子生"②。

卞琛，大名人，"世为农夫，早游学京师，得补国子生"③。

尹莘，汴梁洧川人，"至治初，游学于京师"④。

武恪，字伯威，宣德路人，"初以神童游学江南，吴澄为江西儒学副提举，荐入国学肄业"⑤。

刘克宽，字仲栗，"尝吏广平之成安县，不合去。已而游学京师"⑥。

郑深，字仲几，一字浚常，婺州路浦江人，"游学京师久之，会丞相别儿怯不花公出镇南服，命君从行"⑦。

伯颜，曾拜学者程端礼为师，从其游学，后"游国学三年"⑧。

不过，国子学毕竟是全国的最高学府，员额有限，"初国子生员，汉人朝官七品以上之子，听补二百人"⑨。一般百姓进入国学，"必由三品朝官举，而后补其员，限百人"⑩。因此，到国学游学非常困难，黄溍在一篇文章里感慨地记述了饶安道父子游学国子学的遭遇：

> 天子之学，以教国之贵游子弟，而田里之秀民，亦得用举者受业其间。餐饯固不以烦县官，而满百人辄止。后至而久次者，必员有阙，乃得补其处，此今之定制也。予以非才忝预教

---

① （元）苏天爵著，陈高华、孟繁清点校：《滋溪文稿》卷19《元故奉训大夫昭功万户府知事马君墓碣铭》，第324页。
② （明）苏伯衡：《苏平仲文集》卷9《遂初堂记》，四部丛刊初编本。
③ 《元史》卷194《忠义传二》。
④ 《元史》卷197《孝友传一》。
⑤ 《元史》卷199《隐逸传》。
⑥ （元）王沂：《伊滨集》卷14《送刘仲栗序》，文渊阁四库全书本，集部第1208册。
⑦ （明）宋濂：《麟溪集》寅卷《故奉训大夫金江东建康道肃政廉访司事郑君墓志铭》，北京图书馆古籍珍本丛刊本，书目文献出版社1998年版，第114册。
⑧ （元）程端学：《积斋集》卷3《赠国学生巴（伯）颜归觐序》，丛书集成续编本，上海书店出版社1994年版，第109册。
⑨ （元）宋褧：《燕石集》卷14《国子生杜俭墓志铭》，北京图书馆古籍珍本丛刊本，书目文献出版社1991年版，第92册。
⑩ （元）王沂：《伊滨集》卷15《送张宗德序》，文渊阁四库全书本，集部第1208册。

事，饶君安道自临川携其子而来，既俾奉资堂上，以弟子礼见，顾以限于常员，未及执经就列，与诸生齿。安道告予，将与俱归家食以需次。……使之挈挈然亟往亟返，五千里不啻，何以能无销沮其志气乎？……使之旷日以俟，远者或十年，近者犹四三年，何以开发其聪明，而能蚤有知乎？国家施教导民之初意，宜不若是，予所为太息，而末如之何也。①

（三）元代书院、义塾的游学情况

元代书院得到长足的发展，不仅数量增多，一般书院的教学规模也明显扩大。义塾是元代中后期兴起的一种民间教育形式。元代儒学教育发展不平衡，一些学校管理混乱，教学效果不理想，一些地方士绅、退休官员出资建立的义塾纷纷出现。义塾的创立，受到当时很多学者的好评，知名学者吴澄就认为，"今日有路、府、州、县儒学，有旧设、新创书院不为不多……然教官例从省部注拟，何能一一得其人哉？（儒）学、（书）院之教有虚名而无实效，往往由此"；而义塾"选择师儒在己识鉴而无所牵制，虽未必有如淳古道德之师，然苟能得耆艾博硕之彦，引导有其方，熏渍有其渐，不坏之以速成，不害之以小利，亦庶几乎古焉尔"。②

书院、义塾有土地等收入来源，可以在物质供应方面支持游学，此外，不少书院、义塾还聘请名师讲学，吸引游学者，因此，元代书院和义塾的游学也比较盛行。仁宗年间，奉元（今陕西省西安市）学者同恕被任命为奉元路鲁斋书院山长，"先后来学者殆千数"③。长芦县富民高伯川创中和书院，他"又以厚币聘师儒于四方，俾专讲席，

---

① （元）黄溍：《金华黄先生文集》卷17《送饶安道序》，四部丛刊初编本。
② （元）吴澄：《梁溪义塾记》，见（元）佚名：《无锡县志》卷4下，宋元方志丛刊本，中华书局1990版，第3册，第2302页。
③ 《元史》卷189《儒学传一》。

而游学之士皆代其束脩之费而廪给之"①。儒士王德秀以经商致富，于是"创延陵书院以待四方之游士，兴义学以教育乡里子弟"②。绍兴路诸暨州人白鹿生，"其外族曰方，建塾聘贤傅，馆四方游学士"③。平江路长洲县儒士陆德阳，建立甫里义塾（后改为甫里书院），"遣重币迎儒先生为时所信重，如陆君文圭、龚君璛、柳君贯者，以为之师，户履至无所容。笔札、饮膳之物，惟所须而具。古灵陈公《制锦管见》及四明程君端礼《进学工程》，凡交游与来学者，人予一帙，曰观此亦足为仕、学之法矣"④。大德十一年（1307），嘉兴路崇德州的吴氏义塾"田为亩者三百，师生廪饩有度，讲肄有业"，因而，"同冠鼓箧而来者逾百员"⑤。这些史料说明了元代书院、义塾游学的盛况。

（四）元代民间拜师的游学情况

元代名儒在地方有较高的社会地位，他们有的在元朝中央集贤院、国子学等机构任职，有的做了地方官，有的在路、府、州、县的儒学做学官，有的曾被聘为书院、义塾的讲师。他们在卸任以后，大都以传承道统为己任，开门讲学，广收门徒，成为名师，这就为游学者投奔名师提供了条件。从名师游学，不仅能学到学术的正传，而且能通过名人的关系，交游名人名士，为以后从学、仕宦创造条件。所以，元代从名人游学之风气很盛。白珽（字廷玉）为江浙儒学副提举，致仕以后，"远近学徒檐簦相从者，殆无虚月"⑥。延祐初年，学者许谦隐居东阳八华山，"学者翕然从之，寻开门讲学，远而幽、冀、齐、鲁，

---

① （元）王旭：《兰轩集》卷12《中和书院记》，文渊阁四库全书本，集部第1202册。
② （元）陆文圭：《墙东类稿》卷13《王德秀墓志铭》，丛书集成续编本，第108册。
③ （明）宋濂：《宋学士文集》卷43《白鹿生小传》，四部丛刊初编本。
④ （元）黄溍：《元故徽州路儒学教授陆君墓志铭》，见《吴冢遗文》卷2，台北新文丰出版公司影印龙池山房秘本。四部丛刊初编本《金华黄先生文集》卷37亦收录，有缺文。
⑤ （元）邓文原：《巴西邓先生文集·吴氏义塾记》，北京图书馆古籍珍本丛刊本，第92册。
⑥ （明）宋濂：《宋学士文集》卷35《元故湛渊先生白公墓铭》，四部丛刊初编本；《宋濂全集》，浙江古籍出版社1999年版，第1043页。

近而荆、扬、吴、越，皆不惮百舍来受业焉"①。吴澄被任命为江西行省儒学提举，居三月，归于家，"士大夫皆迎请执业，而四方之士不惮数千里，蹑履负笈来学山中者，常不下数千百人"②。温州学者李孝光隐居雁荡山五峰下，"四方之士，远来受学，名誉日闻"③。哈剌鲁学者伯颜（字宗道）辞官归家，"四方来学者，至千余人。……至于异端之徒，亦往往弃其学而学焉"④。元末学者杨维桢隐居钱塘，吴复（字见心）"遂舍妻子从予（杨维桢）游学"⑤。吴师道记载了中书省参政吕思诚（1293—1357，字仲实）在退休以后，游学之人竞相从之的情况，最为典型：

  郎中吕公仲实自中书解印，归冀宁，开门授徒，来者四集，几无以容。诸生争出钱买材，以斥大其居。一时兴起甚盛，声流闻京师。崔生者，其乡人也，公为少司成时，尝留受业，闻之，欣然命车戒途，若恐弗及。夫以公之文学议论，挺挺诸公间，而至刚之气、不挠之节，四方士莫不延颈愿见，况于亲炙之者乎。⑥

  元代官学生员出路狭窄，一些人在官学肄业以后，仍需要到外地从名师游学。新安儒士杨惟肖为郡学弟子员，虽然他"月朝十五升堂会讲，进退揖让有度，发明详尽，众赏其超拔"，他肄业后仍需游学四川学者吕仁叔，从学《春秋》。泰定三年（1326）他又游学京师，"从故翰林直学士文安谢公（谢端）学《易》……君聪敏卓朗，且接贤士

---

① 《元史》卷189《儒学传一》。
② 《元史》卷171《吴澄传》。
③ 《元史》卷190《儒学传二》。
④ 同上。
⑤ （元）杨维桢：《东维子文集》卷25《吴君见心墓铭》，四部丛刊初编本。
⑥ （元）吴师道：《吴礼部文集》卷15《送崔生序》，北京图书馆古籍珍本丛刊本，书目文献出版社1998年版，第93册。

大夫多,学益恢拓庞肆"①。不仅一些汉人、南人儒士中间盛行从名士游学,一些蒙古学者亦重视这一点,曾任南台御史中丞的蒙古人月鲁不花,就曾游学知名学者韩性之门。②

以上记述,说明了元代儒士从名师游学之风的盛行。更有甚者,当老师做官以后,原来的学生不远千里追随到老师为官之地游学。如符离人刘建中就是典型的例子,其师杨某为江南行御史台御史,"建中不远数千里,实从之来,公或按部行郡,不得与建中俱,则又嘱之金陵名师,使不废其业"③。元代拜名师求学的情况很多,现举例如下:

陈旅,字众仲,兴化莆田人,"稍长,负笈至温陵,从乡先生傅古直游,声名日著"④。

陈征,字明善,庐山人,"居吴中,尝从吴澄游学,务明理,不慕荣进,一时前辈若虞集、揭傒斯,咸推重之"⑤。

谢肃,字原功,上虞人,至正八年(1348)春到杭州游学,拜知名学者贡师泰于吴山舍馆,"先生受而不拒,列于弟子员后"⑥。

章子渔,"生而家贫,业卜筮以为养,壮始游学,登诸先达之门。若蜀郡虞公、武夷庄君本,皆器重之,既而以诗从东鲁黄君复圭游,有得焉"⑦。

民间拜师游学一般要求游学者向老师缴纳束脩,因为大部分老师是靠教书维持生计的。此外,除了从名儒游学以外,元代一般在民间教书的儒士也接受外来的学生作为学徒,由于学问和名气有限,只能充当乡学师的角色,教授童子。宋濂就记述了他幼年在诸暨州游学的情况:

---

① (元)宋褧:《燕石集》卷14《乡贡进士翰林书写杨君墓志铭》,北京图书馆古籍珍本丛刊本,第92册。
② 《元史》卷190《儒学传二》。
③ (元)杨翮:《佩玉斋类稿》卷3《送刘建中归觐序》,文渊阁四库全书本,集部第1220册。
④ 《元史》卷190《儒学传二》。
⑤ 雍正《江西通志》卷91《人物二十六·南康府》,文渊阁四库全书本,史部第516册。
⑥ (元)贡师泰:《玩斋集》卷首《谢肃序》,文渊阁四库全书本,集部第1215册。
⑦ (元)甘复:《山窗余稿·章子渔诗稿序》,文渊阁四库全书本,集部第1218册。

始濂游学诸暨时,与乌伤(义乌)楼君彦珍、浦阳宣君彦昭、郑君浚常、浚常之弟仲舒,同集白门方氏之义塾。塾师乃吴贞文公立夫,盖乡先生也。彦珍最先还,而濂与彦昭、浚常兄弟讲学将一期。当夜坐月白,俟公熟寝,辄携手出步月下,时皆美少年,不涉事,竞跳踉偃仆为嬉戏,或相訾謷,或角抵其力,至不胜乃止。独濂朴憨易侮,不敢时相逐为欢。①

此外,元代还有随家人做官游学的,主要是一些地方官的子弟,如王元肃与其兄王元辅,"早侍父母游学江南。其父有四方之役,而其母尤专意于教,俾从硕师良士游,业成而闻彰"②。也有一些人是带着家属游学,由于缺乏生活来源,其处境非常的艰难,元人陈栎自述道:"栎自七岁至十四岁,侍先君游学,年十五,饥驱之,僭为童子师。"③

三

游学是元代比较盛行的教育形式之一,元代教育发展不稳定,学官之选比较混乱,造成各地教学水平参差不齐,影响了教育的发展。游学使求学者有机会自由选择学校和教师,这在某种程度上弥补了元代教育发展的不足,提高了元代整体教学水平,对教育发展是有利的。就游学之士来说,游学可以使他们得到在家乡得不到的教育,对他们个人的发展也是有利的。如前面提到的荆幹臣,生长在东营豪族之家,"游学于燕。燕城,方今人物之渊薮也,变故之后,宿儒名士往往而

---

① (明)宋濂:《宋学士文集》卷61《故温州路总管府判官宣君墓铭》,四部丛刊初编本。
② (元)吴师道:《吴礼部文集》卷13《教经堂记》,北京图书馆古籍珍本丛刊本,第93册。
③ (元)陈栎:《定宇集》卷15《云萍小录》,文渊阁四库全书本,集部第1205册。

在。幹臣日夕与之交,得以观其容止,听其议论,切磋渐染,术业益精,一旦崭然见头角,遂为明天子所知,依承风云,出入禁闼"①。不过,对游学之人来说,离乡背井到外地求学并不是一件轻松的事情,除了官宦或富有之家的子弟可以从容为之,一般百姓或儒士之家的子弟则需要克服很多难以想象的困难。元人虞集在分析很多游士不能出游的原因时,指出:

> 然以布衣陋巷,穷居终日,坐诵书史,安于闾里之近,无其志者,有之矣;桑弧蓬矢有四方之志,而力不足以充之者,有之矣;有其志,有其力,或仰事俯育,供给公上之类,又足以累之,无其时者,有之矣。②

这里虞集指出的志(志向)、力(财力)、时(家庭拖累)是所有游学之士面临的问题。特别是对于边远贫困地区的求学之士来说,这种困难更大。孛术鲁翀,其父为江西行省掾史,家境并不富裕,后其父去世,家益贫穷。他先后到江西、京兆等地从名师游学,在京兆从萧㪺游学期间,"寓其旁僧舍,攻苦食淡,人不能堪"③。萧㪺记载了甘肃定西州学生孙某求学的艰难情况:

> 定西之为州,在陇右极边。习武尚气,土俗固尔,而有能使其子弟为学,而子弟又能笃志副所望者,咸可谓难矣。秀才孙生,以父命不远数百里,请肄于巩府之教授文君静卿先生之门。受六艺学,居郡序者数年,既而先生赴召王庭,解惑靡所,将东

---

① (元)李庭:《寓庵集》卷4《送荆幹臣诗序》,见(清)缪荃孙编:《藕香零拾》,中华书局1999年版。
② (元)虞集:《道园学古录》卷32《送李仲永游孔林序》,四部丛刊初编本。
③ (元)苏天爵著,陈高华、孟繁清点校:《滋溪文稿》卷8《元故中奉大夫江浙行中书省参知政事追封南阳郡公谥文靖孛术鲁公神道碑铭并序》,第123页。

游长安而学焉。其二亲以为,方秋冬之交,旅寓非易,俟开岁议之。而生进取之意甚锐,即与同舍毛生冒霖潦不告而东。其父惧其不利于跋涉也,骑而追之,不能及。抵长安乃见之,以之归,不可,遂偕展束脩之仪于韩君从善先生之席,执经而从事焉,从善亦尝称其可与进也。今年春,两生介仆日所与游者,云其囊资已竭,城中不可留,而亦不能归也,将寓诸郊而时质所疑焉。仆据义以辞之屡矣,而两生日与诸友偕来不辍。未几,毛生先归,而孙生之来益熟,乃分余土室以居,逮三月矣。①

对于到遥远地区游学的士人来说,资财耗尽是非常尴尬的事情,为了解决旅途费用,一些游士选择了利用占卜、行医等手段获得收入,甚至有人靠乞讨求得一饱。元人仇远有《游士》诗写道:

游士登门索裹粮,尘埃冉冉化衣裳。老夫也自饭不饱,童子聊沽酒共尝。②

即使经济方面不出现问题,对于一般百姓子弟来说,游学之路同样非常艰难。宋濂记述了他年轻时在诸暨州游学的情况:

始予游学诸暨之白湖……当是时,四方来者类多纨绮之子,喜眩文绣以自媚,人争悦趋之。独予之贫,短衣才能至骭,冷处前庑下,四壁萧然,谁复见顾者!③

除了经济穷困,遭人歧视以外,对家乡、亲人的牵挂也是折磨

---

① (元)萧㪺:《勤斋集》卷1《送孙秀才序》,文渊阁四库全书本,集部第1206册。
② (元)仇远:《金渊集》卷5,文渊阁四库全书本,集部第1198册。
③ (明)宋濂:《陈子章哀辞》,《宋濂全集》,第76页。

游学之士的一个因素。黄溍记述了他在钱塘游学时,因牵挂父母,担心不能尽孝而不久返回的情况:

> 始予既知学,颇思自拔于流俗,而患夫穷乡下邑,块焉独处,无从考质,以祛所惑。闻钱塘古会府,号称衣冠之聚,宿儒遗老,犹有存者。则籯粮笥书,逾涛江而西,幸而有所接识,然以违亲越乡,不能久与居与游间,获聆绪言之一二,终未至尽大观而无憾也。①

另外,学生游学外地,老师是否能接受,也是一个重要问题,所以,一般游学者在拜师以前,一般要请与其师关系密切之人写推荐信,以保证拜师成功。高丽儒士朴仲刚游学朱德润之门,就持当时翰林应奉张仲举(张翥)的推荐信来见,信中称他"性行淳谨,有志于学,今淮西监宪斡公克庄门人也",要求朱德润"怜其贫,遂其请"。朱德润同意后,朴仲刚踵门问学,"且求讲朱氏集注《论语》、《大学》",居数日,他又转到淮西游学。②儒士凌子章准备游学澄江翁仁夫之门,他请求朱德润"作尺书",以便他能够向翁仁夫"学其学,习吾习,益吾所未闻见"。③胡章焕(字文)自乐平不远数百里游学吴师道之门,也是"介其宗人仲退文书,持所业诗文一编,纳拜款谒,行古师弟子之礼"。④对于没有任何背景的一般儒士来说,想投拜名师之门并不容易,儒士林起宗(字伯使)久慕刘因大名,欲从刘因游学,无以为介,只好担簦负笈,"斋沐立于其门者三日",刘因感其诚,"命序弟子之列"。⑤

---

① (元)黄溍:《金华黄先生文集》卷17《送汪生序》,四部丛刊初编本。
② (元)朱德润:《存复斋续集·密阳朴质夫庐墓图记》,涵芬楼秘笈本。
③ (元)朱德润:《存复斋续集·送凌子章游学序》,涵芬楼秘笈本。
④ (元)吴师道:《吴礼部文集》卷15《送胡生序》,北京图书馆古籍珍本丛刊本,第93册。
⑤ (元)苏天爵著,陈高华、孟繁清点校:《滋溪文稿》卷14《内丘林先生墓碣铭》,第222页。

游学之人的生活虽然比较艰苦，但大部分人出外游学，还是希望通过游学改善自己的处境。与游仕之人通过交结权贵，获得推荐做官不同的是，他们改善自己处境的方式是学习知识，扩大自己的影响，为以后的做官显达创造条件。元人李祁在《赠刘天吉序》中说：

> 夫士之遇于时也，非徒安坐此室，以俟夫人之知也，必其学问之充，闻见之广，而又加之以交游之多，援引之重，然后足以得名誉而成事功。①

这里李祁阐明了游学的基本目的，即从"学问之充，闻见之广"到"交游之多，援引之重"再到"得名誉，成事功"，这可能就是元代游学之士普遍的信念。从史料来看，确实有一些游学之人得到做官的机会，如儒士朱文选，早年丧父，"承夫人之训，游学江南，至顺三年，因得以儒服事今上皇帝（元顺帝）于桂林潜邸。明年，皇帝御极，入见于明仁殿……授忠显校尉、泰州万户府千户"②。秦州儒士王弼（字良辅）"游学延安北，遂为龙沙（察罕脑儿）宣慰司奏差"③。沈国祥，归安人，"少游学浦江，师事吴渊颖（莱），为高弟"。揭傒斯知其名，会诏修三史，荐为纂修官。④ 即使有一些人没有在游学的过程中获得做官的机会，游学的经历也为他们以后的发展、仕宦创造了条件，学者黄溍、陈旅、宋濂、杨维桢都有游学的经历。但游学仅仅是一种求学经历，并不能保证游学者今后一生的出路，元代儒士社会地位下降，儒学并不是元政权用人的唯一标准。儒士出仕困难的现象，并不是游学能够解决的，即使学业有成，也不一定得到出仕的机会。如上饶儒生谢钧，从杨维桢游者十年，"通《春秋》五传学，其才日茂不已……

---

① （元）李祁：《云阳集》卷5《赠刘天吉序》，文渊阁四库全书本，集部第1219册。
② （元）贡师泰：《玩斋集》卷10《安仁县太君蔡氏权厝志》，文渊阁四库全书本，集部第1215册。
③ （明）宋濂：《宋学士文集》卷12《王弼传》，四部丛刊初编本。
④ （明）董斯张：《吴兴备志》卷12《人物征五》，文渊阁四库全书本，史部第494册。

尝以行艺书于党正,连试有司弗售"①。所以,与大部分游宦之人一样,有些游学之士最后也失望地发出"游学期身达,哀荣与愿违"②的感叹。

四

游学在元代比较盛行,主要原因有以下几个方面:

首先,元代儒士游学主要是通过学习知识,为以后做官显达创造条件。元代各地教育发展不平衡,江南教育水平高于北方,在江南三行省中,江浙行省的教育水平又高于江西和湖广。所以,不仅北方儒士、生员愿意到江南游学,江南三行省范围内游学现象同样比较流行。儒士通过游学可以学到在本地学不到的知识,结识一些本地见不到的名儒硕学,为以后的援引提携创造条件。特别是元朝科举恢复以后,江南地区教育发达的江浙一带,成为众多游学者汇聚的中心,官学和民间私学的游学都非常盛行。就江南地区来看,江西、湖广等地的儒士到江浙游学,然后回原籍参加科举比较有利,这使得一些学生选择到江浙地区的儒学游学。同时,科举乡试以行省为单位,乡试的校文者(阅卷官)一般是聘请当地名儒,这无疑增强了一般儒生从名儒游学的强烈愿望,由此推动了民间拜师游学的盛行。袁桷在《赠陈太初序》中说:"今游之最多者,莫如江西;其拙游者,唯浙东。"③其主要原因是江浙一带是儒学教育发达之地,无须游学的缘故;而江西教育比江浙行省相对落后,本地的教育状况不能满足当地求学者的需要。就元代的北方地区来看,由于教育发展水平不高,同样存在推动游学盛行的因素。

---

① (元)杨维桢:《东维子文集》卷8《谢生君举北上序》,四部丛刊初编本。
② (元)释大䜣:《蒲室集》卷4《送人奔父丧二首》,文渊阁四库全书本,集部第1204册。
③ (元)袁桷:《清容居士集》卷23《赠陈太初序》,四部丛刊初编本。

其次，前面已经交代，元代教育发展起伏较大，由于学田被侵，学校破败，导致士人失其养，无法进行正常的学习。在无法完成学业的情况下，一些生员只好到其他地区包括书院、义塾、私学中去游学。元代儒学对游学之士给予支持，供给其物质需要，不限制来去，并允许其与当地生员一样参加当地学校的有关考核，一些书院、义塾、私学同样也支持游学，这为游学提供了条件。

再次，元代儒士的处境比较艰难，很多人为了得到出仕的机会，游历天下，巴结权贵，形成了大规模的游仕之风[1]，这种风气对游学产生了推波助澜的作用。与游仕者的动机一样，一些儒士希望通过游学改变自身的处境。

最后，从当时客观环境来看，元朝统一以前，南北分裂已经近二百年，南北儒士都有到对方去学习、交流的愿望。元统一以后相当长的一段时间，经济发展，社会安定，交通发达，这对游学非常有利。元人虞集写道："国家混一以来，有欲观夫徂徕之松、新甫之柏，瞻龟山之云，泳沂上之风者，川有舟航，陆有车马，不待赢粮，计日而可至。视前代分裂隔乱之世，欲往而不可得，则其游岂不快哉！"[2]欧阳玄也指出："士生休明之代，区宇混一，意之所之，踪迹皆可以达。"[3]可以说，元朝统一对全国经济、文化交流带来的便利条件，为游学的盛行奠定了基础。

对于游学现象，一些人认可这种求学的方式，虞集在为游学者李栋写的序文中指出："径寸之珠，不鬻于三家之市；千里之马，不试于山径之蹊。栋之隘其间，而欲有所观乎四方，岂非内视而有余者哉？昔者君子将观于会通，以行其典礼，岂非有志者乎？"明确表示儒士

---

[1] 详参丁昆健：《从仕宦途经看元代的游仕之风》，见萧启庆主编：《蒙元的历史与文化——蒙元史学术研讨会论文集》，台北学生书局2001年版。
[2] （元）虞集：《道园学古录》卷32《送李仲永游孔林序》，四部丛刊初编本。
[3] （元）欧阳玄：《圭斋文集》卷14《北行录》，四部丛刊初编本。

应该游学以广其见闻。① 蒲道源对游学之士也有类似的观点，他在为其友罗寿甫游学送行的序文中写道："夫有可用之才，居无可用之地者，君子之不幸也；无可用之才，居有可用之地者，君子之所耻也。吾子孳孳力学，求免夫后日之所耻，皇皇远涉，思胜夫今日之不幸，可谓有志矣！"② 程端礼则不赞成游学现象，认为游学之士"违亲越乡，群居族食"，造成"比闾无以考其行，州党无以施其教"的现象，对教育发展不利，他指出："使其家衣食粗给，生读书之乡，有父兄师友可资，非有甚不得已，又何必旷定省，费日力，以冒道途风尘之劳苦？"③ 与程端礼观点类似，仇远在同情游士的同时，也不赞成他们在外面漂泊，他的《游士》诗的后半部分写道："彼此身谋宁枉道，古今乐事是归乡。家徒四壁侯千户，梦里谁能较短长。"④ 也有人认为元代"尊师礼废，好士道息"，对游学的效果表示怀疑，坚决反对游学。周霆震在《送刘弘略远游序》一文中写道：

  吾乡固多出者，而鲜以儒术闻。讯其足迹，所经殆将遍天下，至于山川形胜、人物气概、古今壮观、名贤志士之所从出，则茫然孰何，岂为不暇问，就使能问，亦不及知，徒追逐妄走而已。果若此，复何以出为哉？⑤

尽管元人对游学现象评价不一，作为一种社会风气，游学的出现是当时的社会环境造成的，反映了元代儒士在处境不利的情况下，改善自己生存环境的努力，是一种非常值得探讨的社会现象。从元代教育发展的角度来看，游学的盛行有利于全国范围内文化、教育的交

---

① （元）虞集：《道园学古录》卷34《送李栋伯高序》，四部丛刊初编本。
② （元）蒲道源：《闲居丛稿》卷18《送罗寿甫北上序》，文渊阁四库全书本，集部第1210册。
③ （元）程端礼：《畏斋集》卷4《送娄行所归安吉序》，丛书集成续编本，第109册。
④ （元）仇远：《金渊集》卷5《游士》，文渊阁四库全书本，集部第1198册。
⑤ （元）周霆震：《石初集》卷6《送刘弘略远游序》，文渊阁四库全书本，集部第1218册。

流和发展，也在一定程度上弥补了元代不同地区教育发展不平衡造成的弊端，对提高元代官学、私学教学资源的利用效率，推动元代教育、文化的发展和整个社会进步做出了重要贡献，应该得到肯定。

（原载《中国史研究》2006 年第 2 期，收入中国人民大学
复印报刊资料《宋辽金元史》2006 年第 3 期）

元代儒学建筑布局考述

唐宋以来，中国的儒学逐渐形成庙学合一的建筑结构，庙和学不仅在建筑外观方面形成了一个整体，庙的祭祀制度也和学的教学活动密切地结合起来，成为各级儒学、书院，甚至民间义塾日常活动的有机组成部分。从元代的各级儒学来看，建筑结构基本上都是庙学合一，即使以私家办学为特征的书院、义塾等也逐渐学校化、官学化，成为庙学合一的整体。所以认识元代儒学庙学合一的建筑结构，对了解元代儒学教育发展的特点至关重要，也可以说，元代各级各类儒学的建筑布局是元代儒学教育研究的一个重要内容。

有关元代儒学建筑结构的研究成果不多，近年来出版的教育史专著，很少涉及元代儒学的建筑布局问题。日本学者牧野修二《论元代庙学和书院的规模》，对儒学的庙和学以及与此有关的建筑进行了简略的考察。胡务的《元代庙学的建筑结构》从元代儒学庙学合一的角度，并结合元代儒学学产分布情况，对儒学的主要建筑类型的功能进行了探讨。此外，陈高华《元代的地方官学》、王立平《元代地方官学的建筑规模及学田》也涉及元代儒学建筑布局的问题。本文主要在前人研究的基础上，对前人研究所忽视的元代儒学主要建筑的分布、大小、形制、功能以及儒学建筑布局的种类、在元代的变化等问题，进行深入而系统的考察和探讨，有关前人的一些观点，将在文中进行讨论和评述。

一、元代儒学的主要建筑类型及功能

元代各级儒学主要包括以大成殿为中心的"庙"、以明伦堂为中心的"学",以及其他教学、生活辅助设施等三部分。现将儒学的主要建筑结构类型分别进行考察。

(一) 大成殿

大成殿也称礼殿、夫子庙、先圣庙、宣圣庙、文庙、孔子庙等,它是儒学中最重要的建筑,是儒学的精神象征。大成殿包括殿、两庑(或称从祀廊)、戟门(也称仪门)及辅助设施祭器库、神厨等建筑,位于儒学的中心位置,一般坐北向南。儒学大成殿的建筑规模、大小尺寸差别较大,江浙行省的庆元路学"大成殿五间"[1]。江西行省广州路学"大成殿一座五间,两厦一十五架"[2]。湖广行省道州路学"礼殿旧为四楹(间),现(至正八年,1348)广为六楹"[3]。而同时江浙行省的常州路学在至正八年(1348)"改建大成殿三十二楹","规制宏伟,可为浙右儒宫之冠"[4]。至于一般州、县学的大成殿,建筑规模要小于路学,如庆元路下属的奉化州大成殿三间,昌国州三间,定海县三间,象山县"大成殿并轩三间",均小于庆元路学。[5] 镇江路的丹徒县、金坛县的大成殿,也是三间。[6] 与江南儒学相比,北方儒学的大成殿显得比较简陋,如河中府学"构礼殿五架,中以木为障,以幕风土,径寻

---

[1] (元) 袁桷:《延祐四明志》卷13《学校考》,宋元方志丛刊本,第6册。
[2] (元) 陈大震:《大德南海志》卷9《学校》,宋元方志丛刊本,第8册。
[3] (元) 欧阳玄:《道州路重建学校记》,见嘉靖《湖广图经志书》卷13《永州府·艺文》,日本藏中国罕见地方志丛刊本。
[4] (元) 苏天爵著,陈高华、孟繁清点校:《滋溪文稿》卷3《常州路新修庙学记》,第41页。
[5] (元) 袁桷:《延祐四明志》卷13《学校考》,宋元方志丛刊本,第6册。
[6] (元) 俞希鲁:《至顺镇江志》卷11《学校》,江苏地方文献丛书本。

有二尺，纵横相称"①。

　　儒学大成殿的大小尺寸，各地亦有差别。前述"规制宏伟"的常州路学大成殿，"阔（东西长）六丈有八尺"，殿高五丈，深（南北长）五丈五尺。②元代的平江路学大成殿，"旧基三尺，其高不过三丈"，大德二年（1298）"通为五丈"。③江西行省广州路香山县学的大成殿，"崇（高）三寻有六尺，广倍其崇，深视其广杀四之一"④。滁州学的大成殿，"庙四阿，崇六仞有二尺，南北五筵，东西四筵有奇"⑤。中国古代一寻为八尺，一仞为八尺，一筵为一丈，这样看来香山县学大成殿高三丈，东西长六丈，南北长四丈五尺；滁州学大成殿高五丈，南北五丈，东西四丈。其规制均小于常州路学。

　　大成殿之前，两侧为两庑或称从祀廊，前为仪门。大成殿之前需要留出一定面积的空地，以备祭祀时进退升降的仪式之用。江西行省袁州路万载县学在至治元年（1321）扩建时"以两庑之迫于左右也，移而广之丈有五尺，徙其门而南之，凡三丈有三尺，又移棂星门于门（仪门）之南三丈有五尺"⑥。湖广行省辰州路学在至正八年（1348）"大辟殿前丹墀（殿前台阶上的空地），（旧）广三十尺有奇，今广为五十尺"⑦。

　　大成殿前的东西两庑（或称从祀廊），建筑面积较大。前述辰州路学"两庑以石甃基，崇五尺，纵（南北长）七十尺，衡（东西宽）二十尺，为屋各七间，计楹四十有八"。庆元路学从祀廊二十二间，

---

① （金）段成己：《河中府庙学碑》，见（清）胡聘之：《山右石刻丛编》卷26，辽金元石刻文献全编本，第1册。
② （元）苏天爵著，陈高华、孟繁清点校：《滋溪文稿》卷3《常州路新修庙学记》，第41页。
③ 嘉靖《吴邑志》卷5《学校》，天一阁明代方志选刊续编本，上海书店出版社1990年版，第10册。
④ （元）吴澄：《吴文正集》卷36《广州路香山县新迁夫子庙记》，文渊阁四库全书本，集部第1197册。
⑤ （元）吴澄：《吴文正集》卷39《滁州重修孔子庙记》，文渊阁四库全书本，集部第1197册。
⑥ （元）虞集：《道园学古录》卷36《袁州路万载县重修宣圣庙学记》，四部丛刊初编本。
⑦ （元）欧阳玄：《重修郡学记》，见嘉靖《湖广图经志书》卷17《辰州路·艺文》，日本藏中国罕见地方志丛刊本，第1492页上。

下属鄞县学"从祀廊屋东西各九间",奉化州学从祀东西廊各六间,定海县学东西廊十八间,象山县学东西廊屋十二间。① 广州路学从祀廊屋三十间②,镇江路学从祀廊庑三十六间③。

仪门也称戟门、应门。门前一般"树十二戟于门,如王宫之制"④。仪门"门有重屋"⑤。如前述辰州路学"应门旧为重屋,今改为门五间,而崇其基,增旧十尺"。由于仪门为大成之门,所以建筑面积也较大。据《延祐四明志》,奉化州学仪门为三间,昌国州学三间,定海县学五间,象山县学达七间。

另外,儒学中有关庙的建筑还有祭器库、乐器库、神厨、更衣所、肃容所等。它们有的建于庙的范围之内,有的则建在庙和学宫范围以外的其他地区,如建康路(后为集庆路)学有祭器库二,"一在大成殿前东廊之南,一在御书阁东偏"⑥。

大成殿正中供奉孔子像,南面而坐,以下为四配(颜渊、孟子、曾子、子思)、十哲(费公闵损、薛公冉雍、黎公端木赐、卫公仲由、魏公卜商、郓公冉耕、齐公宰予、徐公冉求、吴公言偃、陈公颛孙师)。四配位于孔子像以下的东面,东坐而西向。十哲则东、西分列于两旁。大成殿中四配的位置,是一个比较有趣的问题。胡务认为,四配位于孔子像的东西两边。⑦ 这是不符合实际的,从宋朝神宗以后直到整个元代,四配一直是虚其右,东坐而西向。现将具体情况考察如下。

四配位置的确立,应追溯到宋代,陶宗仪《南村辍耕录》记载:

> 宋黄震云:往岁颜、孟配享,并列先圣左,近升曾子、子思,

---

① (元)袁桷:《延祐四明志》卷13《学校考》,宋元方志丛刊本,第6册。
② (元)陈大震:《大德南海志》卷9《学校》,宋元方志丛刊本,第8册。
③ (元)俞希鲁:《至顺镇江志》卷11《学校》,江苏地方文献丛书本。
④ (元)虞集:《道园学古录》卷35《澧州路慈利州修儒学记》,四部丛刊初编本。
⑤ (元)虞集:《道园学古录》卷35《宁国路旌德县重建宣圣庙学记》,四部丛刊初编本。
⑥ (元)张铉:《至正金陵新志》卷1《路学新图考》,中国方志丛书本。
⑦ 参见胡务:《元代庙学的建筑结构》,见《元史论丛》第8辑,第175页。

又并列先圣左,而虚其右,不以相向。震闻太学博士陆鹏举云:初制,颜、孟配享,左颜而右孟。熙丰新经盛行,以王安石为圣人,没而跻之配享,位颜子下。故左则颜子及安石,右则孟子。又未几,安石女婿蔡卞当国,谓安石不当在孟子下,迁安石于右,与颜子对,而移孟子位第三,次颜子之下。遂左列颜、孟,而右列安石。又未几,蔡卞再欲升安石压孟子,渐次而升,为代先圣张本。优人有以艺谏于殿下者……蔡卞闻之,遂不敢进安石于颜子上,颜、孟左而安石右,遂为定制。南渡后,安石罢配享,宜迁孟子以对颜子,如旧制,议者失于讨论,故安石既去,其右遂虚,而颜、孟并列于左……近岁增曾子、子思,又并列于左,亦未有讨论者。①

上述史料叙述了宋代四配东坐西向的由来。元代孔庙祭祀制度最初承袭金制,全国统一以后,北方在相当一段时间内仍然按照金代孔庙制度,以颜、孟配享;江南则多承宋制,以颜、孟、曾、思四配,塑于孔子庙。在四配之位这一问题上,南北庙学异制表现得最为明显。但陶氏在引文的最后说元代对这一问题"亦未有讨论者",同样不符合实际情况。元人危素记载:

延祐三年,仁宗皇帝在位,崇学右文,御史中丞赵公世延始言:"南北祭祀,不宜有异,当升曾、思,如典故。"制曰:"可。"先是,四公列坐两旁,礼部以为翼承道统,述明圣经,作则万世,以立人极,论德定名列次,配侑东坐西向,于礼为称。②

这样看来,元初有四配"列坐两旁"的现象,礼部对这一问题进

---

① (元)陶宗仪:《南村辍耕录》卷27《四配配享封爵》,元明史料笔记丛刊本,第330—331页。
② (元)危素:《危学士全集》卷6《尼山大成殿四公配享记》,四库全书存目丛书本,齐鲁书社1997年版,集部第24册。

行了讨论，讨论的结果确认"配侑东坐西向"。延祐三年（1316）赵世延向元仁宗提出南北祭祀应统一，得到批准，颁行全国。关于礼部这次孔庙四配礼仪的讨论情况，目前已经不能知其详，不过元人张时髦记载说：

> 时则有若一二儒臣，相与恢宏化本，讲求庙祀佐享位次。乃以传道为尊，始定兖、郕、沂、邹四国公列位配侑，东坐西向，实延祐三年著令也。①

这一记载也反映出元朝讨论孔子庙四配的情况，以及元朝颁布孔庙四配制度是在延祐三年，那么，有关孔庙四配制度的争论与讨论估计是在延祐三年以前不久。此后，四配东坐西向的制度逐渐为各地儒学所接受。现举例说明如下：

至治元年（1321），泽州儒学将孔子庙四配"厘正其位"②。

元人黄溍"奉省檄监税杭州"，"时人欲增设礼殿配位，四配位合东坐而西向。学官或议分置于左右，同列不敢争，先生独面折之。其人忿甚，日坐堂上，以危语相加，御史恶其无礼，逐之去，乃克如先生言"③。

至顺二年（1331），威州儒学"增修圣殿、两庑若干楹，改颜、曾、思、孟东序西向以配先圣，仍肖子思像，绘贤像若干轴"④。

至顺二年（1331），武卫建立儒学，"作礼殿以奉先圣，像颜子、

---

① （元）张时髦：《增修宣圣庙记》，见雍正《山西通志》卷205《艺文二十四》，文渊阁四库全书本，史部第549册。
② 同上。
③ （明）宋濂：《金华黄先生行状》，见（元）黄溍：《金华黄先生文集》卷43，四部丛刊初编本。
④ （元）楚惟善：《威州重修庙学记》，见尚希宾：《威县志》卷8《金石志》，石刻史料新编本，台北新文丰出版公司1986年版，第3辑，第25册，第279页上。

曾子、子思、孟子配"①。

后至元二年（1336），澧州路慈利州重修儒学，虞集在为这次修学写的记文中评述道："凡郡县莫不有庙学，其神则先圣南面而坐，颜、曾、思、孟西面坐侑食。"②说明这次修建的慈利州儒学孔子庙也是四配东坐西向。

后至元五年（1339），新城县儒学"重建讲堂，复广西斋以居师生，正兖、郕、沂、邹四公配食之位，新礼殿"③。

至正八年（1348），"藁城县庙学曾、思尚阙"，不久，县学"乃命善塑者补二配缋于殿，衣冠如制"。④

上述几例，反映了元代孔庙四配形制逐步统一的情况。元代教育管理比较松散，导致了孔庙四配南北异制的现象，这种情况实际上在整个元代都没有得到根本改观，元人杨俊民就感慨道：

> 国以兖、郕、浙[沂]、邹之爵，赐以复、宗、述、亚之号，东坐面西，载诸令甲，则圣元一代之典，迄今尚有未升曾、思，大郡且然，旷小邑乎？甚矣，斯文之难也！⑤

儒家主张中庸之道——"不偏不倚"，反映在古代建筑上，则是强调对称、和谐。元代孔庙之中四配塑像东坐西向，确实是令人困惑的一个问题。这一点后世学者也感到愤愤不平，《钦定续文献通考》中评论道：

---

① （元）虞集：《道园学古录》卷23《武卫新建先圣庙学碑》，四部丛刊初编本。
② （元）虞集：《道园学古录》卷35《澧州路慈利州修儒学记》，四部丛刊初编本。
③ （元）苏天爵：《新城县重修庙学记》，见王树枏：《新城县志》卷15《地物篇·金石·元》，石刻史料新编本，第3辑，第23册，第669页下。
④ （元）杨俊民：《藁城县宣圣庙绘塑记》，见（清）沈涛：《常山贞石志》卷23，石刻史料新编本，台北新文丰出版公司1982年版，第1辑，第18册。
⑤ 同上。

臣等谨案：四子配享始于宋末，故约（许约）有南北各异之说，至配位各列于左，黄震尝谓宋失于讨论，而约则言宜虚右隅以避古者神位之方，见各不同。考神道尚右，明宋濂亦议及之，第其说小异耳。总之，孔子即正位南面，从祀者东西两庑分列，乃独到四配于左而缺其右，殊非体制。①

大成殿东西两庑或从祀廊主要供奉列入从祀的历代诸儒。随着庙祭制度的完备，唐宋以来被列入从祀的人也愈来愈多，元仁宗皇庆二年（1313）诏以先儒周敦颐、程颢、程颐、张载、邵雍、司马光、朱熹、张栻、吕祖谦、许衡从祀，这样，从祀人数增加到一百〇五人。正如元人陶铸（曾任国子学助教）所说："我朝之许先生（衡），总而为从祀者百有五，上自国学，以及郡邑，凡有庙貌者，皆列祀之。"② 由于从祀人数众多，这里没有必要列出这么多人的名字，但是，从祀制度的基本固定，可以从元代很多地方找到例证。如江浙行省福州路学的大成殿，"塑先圣十哲像于中，辟两庑从祀像凡百有五"③。宁远县学"筑高座，塑从祀于上，各置木主于前，表其氏爵，凡百有五位"④。宁远县在元代为湖广行省道州路属县，县学的大成殿不仅为从祀塑像，还在其像前立木主"表其氏爵"，反映了元代对从祀的重视。江浙行省池州路学"肖像从祀一百有五人，抟土设色，咸精其能"⑤。湖广行省辰州路学"刻从祀百有八人象，左右相卿还拱"⑥。此一百〇八人不知是方

---

① 《钦定续文献通考》卷48《学校考》，文渊阁四库全书本，史部第627册。
② （元）陶铸：《修庙学记》，见嘉靖《湖广图经志书》卷10《安陆府·艺文》，日本藏中国罕见地方志丛刊本，第961页下。
③ 弘治《八闽通志》卷44《学校》，四库全书存目丛书本，齐鲁书社1996年版，史部第178册，第167页上。
④ 佚名：《兴举学校记》，见嘉靖《湖广图经志书》卷13《永州府·艺文》，日本藏中国罕见地方志丛刊本，第1183页下。
⑤ （元）吴师道：《吴礼部文集》卷13《池州修学记》，北京图书馆古籍珍本丛刊本，第93册。
⑥ （元）欧阳玄：《重修郡学记》，见嘉靖《湖广图经志书》卷17《辰州府·艺文》，日本藏中国罕见地方志丛刊本，第1492页上。

志修撰者的笔误,还是加入了"相卿",这种情况在其他儒学中也有反映。如杭州路在至正二十一年(1361)重建时,"从祀诸贤世次位列百十九人"①。这反映了元代儒学在从祀人数上并不完全统一。在元代北方,从祀的情况差别更大。位于京师的大兴府在泰定三年(1326)"象从祀诸贤百有五人,妥灵惟肖"②。平度州至元年间"大其礼庙,展其殿庑,饰三圣之服章,像十哲于左右,绘贤者七十有二、大儒二十有四"③。胶州儒学的从祀同样是"七十二贤、二十四大儒"④。南皮县儒学的从祀仅有七十二贤像。⑤胡务在《元代庙学的建筑结构》一文中论述了元代庙学从祀制度南北异制的情况,这大概反映了元代儒学管理比较松散的特点。

儒学大成殿从祀者众多,每个人一一塑像,花费较大,于是元初很多地方将从祀者"壁绘两庑"。北方大部分儒学则是将从祀者画在画布上,祭祀时展出,平时收藏。如易州定兴县建学时,"特市缣素数十四,命画师图七十子及前宋诸先生、我朝魏国许文正公像为四十二幅,袭而函之,须释奠乃出"⑥。安平县在大德元年(1297)"绘七十二贤、二十四大儒及乡贤二十四轴"⑦。

元中期以后,儒学祭祀渐趋严格,为从祀者塑像,并且在塑像前立木主,"以表其氏爵"。宁远县学的资料,就反映了从祀者由壁绘而塑像的情况,现摘引如下:

---

① (元)孟昉:《元翰林待制孟昉重建庙学记》,见成化《杭州府志》卷23《学校》,四库全书存目丛书本,齐鲁书社1996年版,史部第175册,第353页上。
② (元)马祖常:《石田文集》卷10《大兴府学孔子庙碑》,北京图书馆古籍珍本丛刊本,书目文献出版社1998年版,集部第94册。
③ (清)李图:道光《平度州志》卷24《元至元重修县学碑》,辽金元石刻文献全编本,第1册。
④ (清)李图:道光《重修胶州志》卷39《胶州重修庙学之记》,辽金元石刻文献全编本,第3册。
⑤ 刘树鑫:民国《南皮县志》卷13《古迹碑记·元·重修庙学碑记》,辽金元石刻文献全编本,第2册。
⑥ (元)谢端:《大元保定路易州定兴县重修孔子庙记》,见(清)杨晨:光绪《定兴县志》卷17《金石》,辽金元石刻文献全编本,第2册。
⑦ (元)赵居仁:《元安平县庙学记》,见(清)吴汝纶:《深州风土记》卷11《金石》,辽金元石刻文献全编本,第3册。

今年春王（疑衍字）正月，湖南宪佥、奉政公黑的哥，按部莅兹邑……（召集）令、簿、校官，谓之曰："十哲像坐殿上，诸从祀图立庑下，唐开元制，非古也。自我世皇临御，今天下路府州县俱得建学，祀先圣先师及诸弟子，礼数实隆于汉唐。今乃舍是而法其非，古者何欤？"或曰："十哲而上，封爵一等，诸子侯伯也。"公曰："诸子之得从祀者，盖尊其道德，贵其仁义也，匪以其爵之等威，而有塑绘之异焉。"乃出俸资若干缗为之倡，俾校官张尚志佣工筑高座，塑从祀于上，各置木主于前，表其氏爵，凡百有五位。①

黑的哥的言论，反映出元人对从祀塑像的观点。

（二）明伦堂

明伦堂是儒学的讲堂。宋代儒学讲堂的名称不统一，有彝训堂、成德堂、明德堂等多种称呼。元代儒学讲堂大多称明伦堂，少数仍沿用旧名，镇江路学讲堂就称明德堂。明伦堂在儒学中的位置比较重要。如果说大成殿是儒学的精神象征，那么，明伦堂就是儒学教学的主体。牧野修二认为："讲堂一般都是庙学最大的建筑物，供多数生员和在籍儒士讲课、集会使用。"②虽然我们可以找出一些例子否定牧野的观点，但它至少说明了明伦堂在儒学诸建筑中的重要位置。

元代儒学中，明伦堂一般位于大成殿之后，或大成殿左右。明伦堂建筑高度低于大成殿，但建筑规模并不比大成殿小。儒学中，明伦堂的建筑面积随着儒学的等级及规模不同而有一定的差别。镇江路学明伦堂为五间③，庆元路学明伦堂"为屋计三十六楹"④，广州

---

① 佚名：《兴举学校记》，见嘉靖《湖广图经志书》卷13《永州府·艺文》，日本藏中国罕见地方志丛刊本，第1183页下。
② （日）牧野修二：《论元代庙学和书院的规模》，《齐齐哈尔师范学院学报》1988年第4期。
③ （元）俞希鲁：《至顺镇江志》卷11《学校》，江苏地方文献丛书本。
④ （元）袁桷：《延祐四明志》卷13《学校考》，宋元方志丛刊本，第6册。

路学明伦堂也是"一座五间"①。州县学的明伦堂也是如此,江西行省袁州路分宜县明伦堂"为堂三十有六柱(间?)"②。广州路增城县学为"堂四楹"③。湖广行省武冈路新宁县"为明伦堂以间计凡五"④。庆元路下属的州县学中,鄞县讲堂三间,奉化州彝训堂五间,定海县讲堂五间,象山县讲堂五间。⑤

明伦堂的大小尺寸,元代各地儒学也不相同。江浙行省嘉兴路学明伦堂"左右翼以夹室,堂崇三丈六尺,广三倍于崇(十丈八尺),深视广三之二(七丈二尺),焕以丹碧,涂以黝垩,中设讲经之座,以重都授"⑥,非常壮观。江西行省袁州路分宜县学明伦堂"基高三尺……堂广七丈有六尺,深半之,栋之高二十有七尺,工绩坚致,弘敞伟然"⑦。广州增城县学明伦堂"堂四楹,崇三仞七寸有半(三丈一尺半),广十有一筵七尺有五寸(十一丈七尺五寸),深视广而去其八筵六尺有五寸(三丈一尺)"⑧。建宁县学明伦堂为五十楹,纵横十丈。⑨

那么,明伦堂是否像牧野修二所说是儒学的最大建筑呢?这个问题需要具体分析。儒学明伦堂的大小并没有特别的规定,在有些儒学中,明伦堂是建筑规模最大的建筑,在另一些则不然。据《延祐四明志》,庆元路及下属州县儒学的大成殿的建筑面积,除昌国州儒学以外,均小于明伦堂。庆元路学大成殿为五间,而明伦堂"为屋计三十六楹"。

---

① (元)陈大震:《大德南海志》卷9《学校》,宋元方志丛刊本,第8册。
② (元)虞集:《道园学古录》卷35《袁州路分宜县学明伦堂记》,四部丛刊初编本。
③ (元)揭傒斯:《揭文安公全集》卷11《广州增城县学记》,四部丛刊初编本。
④ (元)张图南:《重修儒学记》,见嘉靖《湖广图经志书》卷16《宝庆府·艺文》,日本藏中国罕见地方志丛刊本,第1442页下。
⑤ (元)袁桷:《延祐四明志》卷13《学校考》,宋元方志丛刊本,第6册。
⑥ (明)徐一夔:《嘉兴路学记》,见嘉靖《嘉兴府图记》卷5《邦制·学校》,四库全书存目丛书本,史部第191册,第361页下。
⑦ (元)虞集:《道园学古录》卷35《袁州路分宜县学明伦堂记》,四部丛刊初编本。
⑧ (元)揭傒斯:《揭文安公全集》卷11《广州增城县学记》,四部丛刊初编本。
⑨ (元)刘将孙:《养吾斋集》卷15《建宁县重修学记》,文渊阁四库全书本,集部第1199册。

奉化州、定海县、象山县三处的大成殿为三间,明伦堂为五间,只有昌国州的大成殿与明伦堂均为三间。江西行省广州路大成殿"一座五间",明伦堂也是"一座五间"。① 上面提到的广州路增城县学大成殿"为殿六楹,崇四寻有三寸(三丈二尺三寸),广六筵有五尺(六丈五尺),深如广而去其筵有八尺(四丈七尺)";而明伦堂虽然仅有四楹,但"崇三仞七寸有半(高三丈一尺半,不及大成殿),广十有一筵七尺有五寸(东西长十一丈七尺五寸,大于大成殿),深视广而去八筵六尺有五寸(南北长三丈一尺,不及大成殿),建筑面积比大成殿多五百八十七点五平方尺。杭州路学在至正二十一年(1361)重修后,大成殿五间,明伦堂七间,明伦堂比大成殿大二间。② 道州路学"礼殿旧为四楹,广为六楹,明伦堂亦如之"③。从以上的史料可以看出,在很多儒学中明伦堂大于大成殿,但也有一部分儒学中,明伦堂与大成殿相当或略小。另外,儒学中也有其他建筑,如大成殿两庑、学斋等,它们虽然是大成殿或明伦堂的配套建筑,但其建筑面积一般大于大成殿及明伦堂。但无论大成殿和明伦堂建筑面积相比大小如何,大成殿在儒学诸建筑中的地位是其他任何建筑所不及的。广州路增城县学的大成殿虽然没有明伦堂大,但建筑高度比明伦堂高八寸,可能在建筑时考虑到其地位问题。

明伦堂的功能有两个方面:首先,明伦堂是儒学的讲堂,"师弟子诵诗、读书、问学、辨德则在于斯"④。其次,明伦堂还是朔望讲书、考课诸生之所。儒学朔望祭祀以后,地方官要至明伦堂,与诸学官、儒士、生员"讲议经史,更相授受"。讲书完毕,则有学官主持,考课儒士以及大小学生员。

---

① (元)陈大震:《大德南海志》卷9《学校》,宋元方志丛刊本,第8册。
② (元)孟昉:《元翰林待制孟昉重建庙学记》,见成化《杭州府志》卷23《学校》,四库全书存目丛书本,史部第175册。
③ (元)欧阳玄:《重建学记》,见嘉靖《湖广图经志书》卷13《永州府·艺文》,日本藏中国罕见地方志丛刊本,第1180页上。
④ (元)虞集:《道园学古录》卷35《袁州路分宜县学明伦堂记》,四部丛刊初编本。

（三）学斋

学斋是属于明伦堂的附属建筑，是儒学中"学"的重要组成部分。学斋的大小在元代各儒学中不尽相同。如杭州路学"每斋前列屋为间者五，而后为炉亭"①，斋有五间房屋之大，属于比较大的学斋。据《至顺镇江志》，元代镇江路学明伦堂东西两庑共二十间，初为四斋，每斋五间；至元十六年（1279）增至六斋，每斋平均三点三间；元贞元年（1295）又增至八斋，每斋平均仅为二间半。《延祐四明志》所记述的鄞县学大学七斋，均为房屋三间；奉化州学大学六斋六间，每斋大小为一间，小学二斋则各为三间；昌国州学四斋八间，每斋二间；象山县学六斋六间，每斋为一间。从上面列举的资料可以看出，学斋的大小，一、二、三、五间不等，一般来说，路学建筑规模较大，生员数量多，学斋也较大；州县学建筑规模不大，生员较少，学斋也较小。

元代各级儒学中，学斋数量不等，由于一般东西对称而建，所以一般偶数对称排列。学斋都有与修身、养性内容有关的题名，如嘉兴路学，初有八斋：上达、立道、思诚、体仁、教睦、连如、辅德、朋来，至元年间，教睦斋改名为正谊，连如改名为养心，仍为八斋。②《至顺镇江志》记载镇江路学八斋为：志道、据法、居仁、由义、敬老、正蒙、存心、养性。庆元路在至元十九年（1282）为十斋，不久，改为八斋，"东曰造道、广誉、上达、成德；西曰时升、登贤、成已、养正"③。元代路级儒学学斋的数量不等，广州路学有六斋（新德、成德、崇德、进德、尚德、达德）④，福州路学在皇庆元年（1312）"省十五斋为六斋"，汀州路学有六斋，漳州路学仅有四斋⑤。元代松江府儒学发

---

① （元）黄溍：《金华黄先生文集》卷10《杭州路儒学兴造记》，四部丛刊初编本。
② （元）徐硕：《至元嘉禾志》卷7《学校》，宋元方志丛刊本，第5册。
③ （元）袁桷：《延祐四明志》卷13《学校考》，宋元方志丛刊本，第6册。
④ （元）陈大震：《大德南海志》卷9《学校》，宋元方志丛刊本，第8册。
⑤ 弘治《八闽通志》卷44《学校·福州府》、卷45《学校·汀州府》、卷45《学校·漳州府》，四库全书存目丛书本，史部第178册。

展水平并不落后，也只有四斋（进德、育才、守中、常德）。① 延安路儒学的学斋则有六斋。② 元代州县儒学的学斋数量亦有差别，庆元路奉化州学有大学六斋、小学二斋共八斋，象山县学也有六斋；福州路福清县学"皇庆元年省斋为六"，永福县学在"堂之前列两斋"，闽清县学四斋，福宁州学二斋③；湖广行省辰州路卢溪县学亦为二斋④。北方儒学的学斋不如江南儒学规范，如砀山县儒学只是"建学斋五楹于其南之西，而榜以明伦，又于其东立堂三间，扁以明德"⑤。

学斋的位置，大致有三种情况：

第一，位于明伦堂东西二庑。如湖广行省武冈路新宁县学，"明伦堂以间计凡五……又翼两庑斋房为间计凡二十五"⑥。湖广行省道州路学明伦堂，"左右列置斋舍凡若干楹"⑦。至正二十三年（1363）的嘉兴路学"先作（明伦）堂五间……次作东西步廊，为间各十有二，以趋堂庑，步廊之内为斋庐四，西曰成德、曰养正，东曰致道、曰时敏"⑧。同类的例子还有很多，此不多举。

第二，学斋位于儒学布局的左右两侧。学斋是儒学生员修习弦诵之所，需要比较安静的环境，将学斋置于殿堂的周围僻静地区，就是出于这种考虑。从《越中金石记》中《重建绍兴庙学图》可以看出，绍兴路学的八斋中，观善斋、知性斋位于路学西侧，养蒙斋、达道斋位于东侧，

---

① 崇祯《松江府志》卷23《学政》，日本藏中国罕见地方志丛刊本。
② （元）任惟孝：《延安路重修宣圣庙记》，见（清）王昶：《金石萃编未刻稿》，辽金元石刻文献全编本，第2册。
③ 弘治《八闽通志》卷44《学校·福州府》，四库全书存目丛书本，史部第178册。
④ （元）张图南：《卢溪县儒学记》，见嘉靖《湖广图经志书》卷16《宝庆府·艺文》，日本藏中国罕见地方志丛刊本。
⑤ （元）王旭：《兰轩集》卷13《砀山县新修学记》，文渊阁四库全书本，集部第1202册，第866页上。
⑥ （元）张图南：《重修儒学记》，见嘉靖《湖广图经志书》卷16《宝庆府·艺文》，日本藏中国罕见地方志丛刊本，第1442页下。
⑦ （元）欧阳玄：《重建学记》，见嘉靖《湖广图经志书》卷13《永州府·艺文》，日本藏中国罕见地方志丛刊本，第1180页上。
⑧ （明）徐一夔：《嘉兴府学记》，见嘉靖《嘉兴府图记》卷5《邦制·学校》，四库全书存目丛书本，史部第191册，第361页下。

育德斋、由义斋在泮池之西，登贤斋、席珍斋则位于泮池之东。绍兴路下属的余姚州学也是"两斋重廊以环属论堂礼殿之左右"①。

第三，学斋位于明伦堂前后。如杭州路最初即以十斋环列于明伦堂前后左右。②汀州府学在最初时也是明伦堂"前后各为斋者二"③。不过，第三种情况主要出现在宋代，元代这样的分布是否存在，目前还没有发现史料记载。

以学斋的数量作为衡量一个儒学建筑规模的因素之一，未尝不可，但仅以学斋数量作为元代儒学规模大小的主要标准，则未免失之偏颇。王立平在《元代地方官学的建筑规模及学田》一文中提出："斋舍数是衡量官学规模的主要标准"④，这种观点值得商榷。首先，斋舍的大小是不一样的，有的路学每斋为五间，而州县学则一、二、三间不等，学斋数量多，不一定其建筑规模就大或生员的容纳量多。前述镇江路学初为四斋，后增为六斋，再后为八斋，而斋舍的总面积二十间自始至终都未改变。其次，元代由于儒学重视祭祀之习以及各项辅助设施的完善，有关祭祀、管理方面的建筑（如学官厅舍）有增加的趋势，而学斋数量则在不断减少。杭州路学宋时有十斋，元中期仅剩下四斋⑤；嘉兴路学宋代为八斋，至正二十三年（1363）减至四斋⑥。福建一带更加明显，据弘治《八闽通志》的记载，福州路学皇庆初由十五斋减至六斋。福州路永福县学宋时有四斋，元代减为两斋；罗源县学宋时有九斋（加上小学一斋，总数为十斋），元时也减为四斋。这些学校的学斋数量的减少，反映了元代生员的减少和教学规模的萎缩，但这些学校的整个建筑规模并没有明显地减小，有的还增大了。因此，如果仅凭学斋

---

① （元）汪文璟：《余姚州儒学增造记》，见（清）杜春生：《越中金石记》卷10，辽金元石刻文献全编本，第3册。
② （元）黄溍：《金华黄先生文集》卷10《杭州路儒学兴造记》，四部丛刊初编本。
③ 弘治《八闽通志》卷45《学校·汀州府》，四库全书存目丛书本，史部第178册，第182页下。
④ 王立平：《元代地方官学的建筑规模及学田》，《固阳师专学报》1993年第1期。
⑤ （元）黄溍：《金华黄先生文集》卷10《杭州路儒学兴造记》，四部丛刊初编本。
⑥ （元）牟巘：《嘉兴府学记》，（明）徐一夔：《嘉兴路学记》，见嘉靖《嘉兴府图记》卷5《邦制·学校》，四库全书存目丛书本，史部第191册。

的数量去衡量一个儒学规模的大小,恐怕会出现问题。

关于学斋的功能,曾做过江浙行省儒学提举的王大本认为:"若夫学校之建,则明伦之堂弘敞高亮,以隆迪教讲道之原,设大小学曰斋,以严授业辩惑之会。"① 王大本所说的"授业辩惑",实际上就是教学,这是学斋的第一个功能。元代各级儒学都要聘请教师,以训诲大小学生员。松江府学还设"五斋,聘专经之师五人以分授之"②。这些教师"授业辩惑"的教学活动,主要是在学斋中进行的。《庙学典礼》中规定生员每日的学习生活,如晨参、讲书、诵书、习字等也是在学斋中进行。其次,元代绍兴路学"肄业之斋,窗几静好"③,温州路永嘉县学"凡作弦诵之斋十六楹"④,这里的"肄业之斋"、"弦诵之斋"说明了学斋的第二个功能,即生员的自习之所。《庙学典礼》中规定儒士三十岁以下"坐斋读书",这里的"斋"也是这个意思。再次,元代处州路学有"弦诵之馆,斋宿之舍"⑤,这说明了元代儒学的第三个功能,即作为宿舍。元代的儒学中常常将"斋"、"舍"联系起来,说明有一些儒学的学斋同宿舍是合一的。在斋舍合一的情况下,斋又具有了舍的功能。据史料记载,处州路丽水县学"斋各置器用几榻"⑥,嘉兴路学"八斋易壁以板,斋中几榻备置"⑦。将"榻"(床)置于学斋中,也可以作为斋舍合一的例证。但从元代儒学总的情况

---

① (元)王大本:《元江浙儒学提举王大本重建庙学碑》,见成化《杭州府志》卷23《学校》,四库全书存目丛书,史部第175册。
② (元)周伯琦:《元至正重修庙学记》,见崇祯《松江府志》卷23《学政》,日本藏中国罕见地方志丛刊本。
③ (元)倪渊:《萧山县儒学记》,见(清)杜春生:《越中金石记》卷9,辽金元石刻文献全编本,第3册。
④ (元)柳贯:《重建永嘉县学碑》,见(清)杜春生:《越中金石记》卷10,辽金元石刻文献全编本,第3册。
⑤ (元)柳贯:《元处州路新庙学碑》,见(清)阮元:《两浙金石志》卷14,辽金元石刻文献全编本,第2册。
⑥ 佚名:《元丽水县建学碑》,见(清)阮元:《两浙金石志》卷14,辽金元石刻文献全编本,第2册。
⑦ (元)陈良弼:《元嘉兴路重修庙学记》,见(清)阮元:《两浙金石志》卷15,辽金元石刻文献全编本,第2册。

来看，更多的儒学中，斋和舍还是分开的。上面提到的温州路永嘉县学，既有"弦诵之斋"，同时还"宿有次舍"。婺州路学也同时有"讲肄之斋、师生之舍"①。

明伦堂与学斋之间，虽然有着密切的关系，但正如以上所论述的，二者在建筑分布及使用功能上都有区别。胡务在《元代庙学的建筑结构》一文中说："明伦堂由几个斋室组成，斋室数目一般成偶数，即或二，或四，或六，或八。"这种观点是值得商榷的。且不说二者在建筑外观及功能上的差别，就是在教学方面，二者也有不同的功能，前面已经引用了江浙行省儒学提举王大本关于明伦堂及学斋的观点，可以说明这一点。从功能上看，虽然二者都是讲学之所，但明伦堂主要是在比较隆重的场合，由学官、地方官主持的讲学，如朔望讲书等；学斋的讲学主要是日常教学活动。

最后，元代儒学的学斋有大、小学学斋之分，一些学校在学斋中辟养蒙斋作为小学学斋，另一些则在学斋之外，另辟地建小学之斋。如镇江路学八斋中"正蒙斋"即为小学学斋。建康路（后为集庆路）学有六斋，小学二斋。②庆元路诸儒学中，路学在东夹廊之东建立养蒙堂作为小学学斋。鄞县学在七斋之外设养蒙堂三间，合为八斋。奉化州在大学六斋之外，设小学两斋，大小同大学六斋一样，共为六间。昌国州小学在东庑之南另设学斋，名育德堂。③广州路学也设养蒙堂一座作为小学学斋。

（四）尊经阁

尊经阁也称稽古阁、御书阁等，是儒学的藏书之所。一般位于

---

① （明）钱习礼：《金华府学记》，见万历《金华府志》卷26《艺文》，四库全书存目丛书本，齐鲁书社1996年版，史部第177册，第116页下。
② （元）张铉：《至正金陵新志》卷9《学校》，中国方志丛书本。
③ （元）袁桷：《延祐四明志》卷13《学校考》，宋元方志丛刊本，第6册；（元）冯福京：《大德昌国州图志》卷2《学校》，宋元方志丛刊本，第6册。

儒学的明伦堂之后，属于学宫的组成部分之一。尊经阁多为二层到三层的楼式建筑，是儒学中最高的、比较宏伟的建筑。如平江路学的尊经阁有"三间，两翼，三檐，二十八楹，高八丈，东西十丈，凭虚而望，郡郭之内，释老楼观虽凌空特起，皆诎伏在下"①。江西行省袁州路学"作尊经阁于讲堂之北若干步，基崇八尺，深四十尺，广五十尺，楹之崇如深之数，形势规模之大，丹艧涂塈称焉，东南学校建立之盛，莫或加矣"②。庆元路学"尊经阁五楹……嵯峨壮伟，衿佩耸瞻"③。庆元路奉化州学尊经阁"植以二十有四楹，周章盖覆，杰然突兀，计其崇八十尺有奇，广称是，深半之"。尊经阁内部的布置也很讲究。如奉化州"中设宣尼司寇像，旁为庋笥者四，藏旧所蓄经书若干卷及诸子、史、百家文帙"④。

尊经阁在元代的儒学中分布并不普遍。其主要原因有二：一是尊经阁建筑工程浩大，耗资较多，很多儒学没有经济能力建之。二是宋元更替时，儒学藏书被毁严重。据《延祐四明志》和《至正四明续志》，延祐年间，除路学外，其余二州、四县的儒学均没有藏书，路学的藏书也比宋宝庆年间减少二千多册，至正年间才陆续购置。镇江路的藏书"归附后，散佚较多，所存者不及十二三耳"⑤。建康路（后为集庆路）学书籍版刻也"兵火散失殆尽"⑥。因此，儒学在元代的藏书并不多。鉴于此两种原因，很多儒学建书屋储之。如庆元路鄞县学有书屋五间。⑦ 镇江路学尊经阁在大德五年（1301）为飓风

---

① 嘉靖《吴邑志》卷5《学校》，天一阁明代方志选刊续编本，第10册。
② （元）虞集：《道园学古录》卷36《袁州路儒学新建尊经阁记》，四部丛刊初编本。
③ （宋）王应麟：《重建学记》，见（元）袁桷：《延祐四明志》卷13，宋元方志丛刊本，第6册；（清）阮元：《两浙金石志》卷15，辽金元石刻文献全编本，第2册。
④ （元）刘仁本：《羽庭集》卷6《奉化州儒学重修尊经阁记》，文渊阁四库全书本，集部第1216册，第106页下。
⑤ （元）俞希鲁：《至顺镇江志》卷11《学校》，江苏地方文献丛书本。
⑥ （元）张铉：《至正金陵新志》卷9《学校》，中国方志丛书本。
⑦ （元）袁桷：《延祐四明志》卷13《学校考》，宋元方志丛刊本，第6册。

所摧,延祐五年(1318)教授孙家晋"增创旁屋,以为储书之所"①。杭州路学也是在明伦堂之北"构重屋三楹,为贮书所"②。

元代北方儒学虽然教学设施比江南儒学明显落后,但个别地方的尊经阁以及藏书都非常可观。如潞州学"创购官书万有一千五百二十卷,备二篇之策,当万物之数,筑楼以储之泮宫,以资学者肄业之本,使士力学者得读所未读之书,得知所未知之事"③。潞州学的藏书楼的规模虽然不清楚,但从一万一千多册藏书来看,这个建筑应该非常壮观。元代经济条件比较优越的庆元路学、镇江路学的藏书也不过一千余册,而经济相对困难的潞州学却有如此多的藏书,确实非常令人惊叹。

关于尊经阁的功能,元人何觐认为:"尊经阁,所以藏经史及诸子百家之书也。"④实际上,由于尊经阁建筑规模宏大,除了储书以外,儒学一般还作为他用。湖州路乌程县学尊经阁"下为明伦堂,师生讲肄于此,买十三经及诸史子集若干卷储于阁"⑤。奉化州学尊经阁"阁底两掖室,右为徽国文公朱子祠,左则祀乡先生楼正议、舒文靖、王琅琊数公"⑥。

明伦堂、学斋、尊经阁构成了元代儒学学宫的主要部分。元代儒学的建筑布局主要为前庙后学、右庙左学或左庙右学,不论哪种建筑布局,庙与学一般都是自成一体。庙的门称仪门或戟门,学宫之门称学门,一般建筑完备的儒学都有仪门和学门以进入庙域和学宫,庙与学之间有相对明显界限。虽然一些儒学庙和学"两群建筑物则多有

---

① (元)俞希鲁:《至顺镇江志》卷11《学校》,江苏地方文献丛书本。
② (元)孟昉:《元杭州路重建庙学碑》,见(清)阮元:《两浙金石志》卷18,辽金元石刻文献全编本,第2册。
③ (元)杨仁风:《潞州学斯文楼记》,见(清)胡聘之:《山右石刻丛编》卷29,辽金元石刻文献全编本,第1册。
④ 《元嘉兴路儒学正礼堂基地本末碑》,见(清)阮元:《两浙金石志》卷14,辽金元石刻文献全编本,第2册。
⑤ (元)宇文公谅:《乌程县学尊经阁碑》,见(清)陆心源:《吴兴金石记》卷16,石刻史料新编本,第1辑,第14册。
⑥ (元)刘仁本:《羽庭集》卷6《奉化州儒学重修尊经阁记》,文渊阁四库全书本,集部第1216册,第106页下。

枨比混杂之时"①，但正如元人吴师道所言，"庙以崇圣神，学以处师生，当别而不混，严而不亵，则庶几尔"②。

（五）先贤祠与乡贤祠

元代儒学比较重视乡贤祠的建设，元人谢应芳认为："学校以明伦为本，育才为务，风化之所由出也。如追慕前贤，褒嘉忠孝节义等事，树之风声，使化行俗美，则于学校之教岂小补哉？"③元代儒学中，"先贤"与"乡贤"在含义上略有不同。"先贤"指三种人，一是在宋元列入孔庙从祀的知名儒士，二是对地方儒学教育有贡献的儒士（乡学师），三是对地方教育有贡献的地方官。而"乡贤"一般指后两种。尽管"先贤"与"乡贤"的含义稍有区别，但元代儒学中先贤祠与乡贤祠的含义基本是一致的，二者一般可以互用。列入先贤祠祭祀的人物比较复杂，大体有四种：

第一，在宋元列入从祀的十位理学家。如元镇江路学先贤祠分东、西、中三室，"东以传道之统——濂溪（周敦颐）、明道（程颢）、伊川（程颐）、横渠（张载）、晦庵（朱熹）、南轩（张栻）、东莱（吕祖谦）七先生绘像为一祠"④。武冈路新宁县先贤祠称十先生祠，以许衡等"以大学之道佐世祖皇帝，为万世无疆之基，文正之功不可诬，而宋诸君子之道益以明矣"为理由，将许衡等十人列入从祀。⑤建康路（后为集庆路）学也在大成殿之东建祠，祭祀周敦颐、程颢、朱熹。⑥庆元路奉化州儒学也设"徽国文公朱子（朱熹）之祠"⑦。由于此十

---

① 〔日〕牧野修二：《论元代庙学和书院的规模》，《齐齐哈尔师范学院学报》1988年第4期。
② （元）吴师道：《吴礼部文集》卷13《池州修学记》，北京图书馆古籍珍本丛刊本，第93册。
③ （元）谢应芳：《龟巢稿》卷12《与林掌教论请建先贤祠书》，四部丛刊三编本。
④ （元）俞希鲁：《至顺镇江志》卷11《学校》，江苏地方文献丛书本。
⑤ （元）刘性：《十先生祠记》，见嘉靖《湖广图经志书》卷16《宝庆府·艺文》，日本藏中国罕见地方志丛刊本，第1442页下。
⑥ （元）张铉：《至正金陵新志》卷9《学校》，中国方志丛书本。
⑦ （元）刘仁本：《羽庭集》卷6《奉化州儒学重修尊经阁记》，文渊阁四库全书本，集部第1216册，第106页下。

儒在宋元影响很大，在其原讲学之所、仕宦之地、过往之途或影响所及的地区，被当地作为先贤供奉，也是理所当然之事。

第二，未列入从祀的地方名儒。他们"或以道德文行师表后进，或授业乡校，或讲道闾塾……阐绎经训，躬行实践"[①]，因而被列入先贤祠或乡贤祠接受祭祀。如庆元路有九先生祠，纪念这一地区的知名儒士杨、杜、二王、楼、舒、沈、杨、袁等九先生。[②]镇江路学以乡先贤"魏国苏公颂、庄定王公存、忠简宗公泽、殿撰陈公东为一祠"，以祭之。[③]庆元路奉化州学以"乡先生楼正议、舒文靖、王琅琊数公"为祭。[④]广州路增城县学以"乡先贤崔清献公"为祠。[⑤]元人王应麟指出："古之先生祭于社，近世祠于学，社所以养，学所以教，而教之功尤大。"[⑥]这也许是地方儒士得以祭于儒学的原因。

第三，对地方儒学有过贡献的地方官。元人吴澄认为："贤牧有祠，以示有功于学者必报。"[⑦]这说明了元儒学为地方官建祠的原因。元代江南很多儒学都有祭祀地方官的先贤祠。庆元路学除九先生祠以外，别建先贤祠一所，"以奉乡里先正达官有功于学者"[⑧]。江西行省抚州路乐安县"贤牧有祠，以示有功于学者必报"[⑨]。镇江路学先贤祠中，西室专祠前郡守，有京使柳公开、文正范仲淹、直院

---

① （宋）王应麟：《九先生祠记》，见（元）袁桷：《延祐四明志》卷13《学校考》，宋元方志丛刊本，第6册。
② 同上。
③ （元）俞希鲁：《至顺镇江志》卷11《学校》，江苏地方文献丛书本，第430页。
④ （元）刘仁本：《羽庭集》卷6《奉化州儒学重修尊经阁记》，文渊阁四库全书本，集部第1216册，第106页下。
⑤ （元）揭傒斯：《揭文安公全集》卷11《广州增城县学记》，四部丛刊初编本。
⑥ （宋）王应麟：《九先生祠记》，见（元）袁桷：《延祐四明志》卷13《学校考》，宋元方志丛刊本，第6册。
⑦ （元）吴澄：《吴文正集》卷36《乐安重修县学后记》，文渊阁四库全书本，集部第1197册，第387页上。
⑧ （元）袁桷：《延祐四明志》卷13《学校考》，宋元方志丛刊本，第6册。
⑨ （元）吴澄：《吴文正集》卷36《乐安重修县学后记》，文渊阁四库全书本，集部第1197册，第387页上。

钱公彦远、礼部员外郎杨公杰等七人,"均有功于学校者也"①。湖广行省静江路学有湖广行省右丞史格的专祠。②泉州路惠安县学先贤祠中,有监县乐礼公及县尹吴汉臣、陆君华。③建康路学的先贤祠中,前地方官占大部分。④庆元路鄞县学在泰定年间立前路总管阮麟翁的专祠。⑤值得注意的是,元代儒学除了祭祀有贡献的前守令之外,还出现了为现任地方官立生祠的现象。元贞二年(1296)处州路丽水县尹韩国宝主持重建丽水县学,"诸生留像而祠之",为其建生祠。⑥至正十年(1350)嘉兴路归安县尹魏信"于学校之政不懈……建讲座□,尊师道,招高髦以修儒业"。于是,县学"肖侯之貌而严奉之朝夕"⑦。泰定元年(1324)庆元路鄞县尹阮申之为鄞县修学复田,教谕吴思永等商议将为他"建生祠于学"。阮尹闻而谢曰"职分在焉",不同意县学之举,"请益力而辞益固"。最后县学妥协,建阮尹之父阮麟翁(前路总管)之专祠以表达对阮申之的感激之情。⑧元江南地方官作为先贤被祠于儒学,特别是生祠之建,是元代儒学发展过程中的一个重要特点。这种情况反映了地方官府在儒学发展中的重要性的强化。元政府规定,地方文资正官提调儒学。一方面,在当时儒学地位不高、发展困难的情况下,这对儒学的发展是有利的;另一方面,这一规定也造成了儒学对地方官府依赖性的加强。儒学的钱粮、兴造等大

---

① (元)俞希鲁:《至顺镇江志》卷11《学校》,江苏地方文献丛书本,第430—431页。
② 嘉靖《广西通志》卷24《学校》,四库全书存目丛书本,齐鲁书社1996年版,史部第187册。
③ (元)卢琦:《圭峰先生集》卷下《惠安县学修学增田记》,北京图书馆古籍珍本丛刊本,书目文献出版社1998年版,集部第96册。
④ (元)张铉:《至正金陵新志》卷9《学校》,中国方志丛书本。
⑤ (元)程端学:《阮文安侯祠记》,见(元)王元恭:《至正四明续志》卷7《学校》,宋元方志丛刊本,中华书局1990年版,第7册。
⑥ (元)施栗:《元丽水县尹韩公生祠碑》,见(清)阮元:《两浙金石志》卷14,辽金元石刻文献全编本,第2册。
⑦ (元)张世昌:《归安县尹魏侯生祠碑》,见(清)陆心源:《吴兴金石记》卷16,辽金元石刻文献全编本,第2册。
⑧ (元)程端学:《阮文安侯祠记》,见(元)王元恭:《至正四明续志》卷7《学校》,宋元方志丛刊本,第7册。

事,一般都需要地方官的参与,学官仅是地方官的下属。因此,对于儒学来说,将对儒学有贡献的"贤守令"作为先贤祭祀,可以激励现任地方官对儒学的重视;对学官来说,也不失为讨好上司的一种手段。当然,将地方官作为先贤建祠祭祀,宋代就已经普遍,但元代出现的生祠等现象,无疑是强化了这种倾向。

第四,在历史上对儒学及风化有贡献的历史人物。松江府学至元十六年(1279)建立三贤祠,以晋朝陆机、陆云及唐朝陆贽配享。① 湖广行省永州路学以汉朝郑产、蒋先、刘巴、黄盖及晋朝臧荣绪、唐朝唐世旻、宋朝陈道国等配享于先贤祠。② 江西行省江州路彭泽县学三贤祠以晋朝陶渊明、唐朝狄仁杰和宋朝苏东坡配享。③ 上述历史人物,有以忠孝传后世,有以正直高尚为后人楷模,有以文学传千古。总之,他们都对地方儒学及风化产生了有益的影响,被后人作为先贤而祠之。

儒学中先贤祠的建筑规模及形制没有统一的规定。广州增城县学的乡贤祠位于明伦堂之东,祠乡先贤崔清献公,"祠四楹,崇二仞有一尺(一丈五尺),广二筵有八尺,深如广而去其二尺,内环崇墉,外缭松竹",可以说非常美丽壮观。④ 不过,儒学先贤祠的建筑规模一般不大,祭祀的规格当然也低于孔庙的祭祀。庆元路奉化州有朱文公祠堂一间,三先生祠堂一间。定海县学、象山县学的先贤祠也是一间。⑤ 先贤祠的位置,各儒学也不一致。奉化州先贤祠在尊经阁的底层两掖室,"右为徽国文公朱子祠,左则祀乡先生楼正议、舒文靖、王琅琊数公"⑥。定海县学则以明伦堂西旁夹室为之。⑦ 婺州

---

① 崇祯《松江府志》卷23《学政》,日本藏中国罕见地方志丛刊本。
② 隆庆《永州府志·创设志·学校》,四库全书存目丛书本,齐鲁书社1995年版,史部第201册。
③ (元)刘将孙:《养吾斋集》卷16《彭泽县学三贤祠记》,文渊阁四库全书本,集部第1199册。
④ (元)揭傒斯:《揭文安公全集》卷11《广州增城县学记》,四部丛刊初编本。
⑤ (元)袁桷:《延祐四明志》卷13《学校考》,宋元方志丛刊本,第6册。
⑥ (元)刘仁本:《羽庭集》卷6《奉化州儒学重修尊经阁记》,文渊阁四库全书本,集部第1216册,第106页下。
⑦ (元)刘仁本:《羽庭集》卷6《定海县兴修儒学记》,文渊阁四库全书本,集部第1216册。

路义乌县学"先贤之祠曰忠孝堂",初"寓于庑下",至正三年(1343)"迁而位于庙之西南"①。湖广行省静江路学乡贤祠有七先生祠(濂溪、明道、伊川、晦庵、横渠、南轩、东莱)和史格的专祠,前者位于戟门西,后者在肃容堂之东。②湖广行省辰州路学"周、程、张、邵诸君子及乡之三贤曰虞善□、曰楚屈子、曰汉宋均之祠,在六经阁之左右"③。另外,也有儒学不建专祠,将乡贤同孔庙从祀者一同祭祀的情况。如至正二十一年(1361)杭州路学重建时,"从祀诸贤世次位列百一十九人"④,比一般儒学孔庙从祀一百〇五人,多出十四人,估计这里面有一些本未列入从祀的乡贤在其中。

先贤祭祀制度作为元代儒学祭祀制度的一个组成部分,反映了以皇帝为中心的封建等级制度。胡务在《元代庙学的建筑结构》一文中认为:"孔庙对亡灵的祭祀,其实是在演绎(当时)现实社会的准则。"这种观点是有道理的。认清这一社会现象的实质,可以帮助我们加深对中国古代儒学教育的认识。但从另一方面来看,儒学祭祀先贤对激励地方官重视儒学,对崇儒重道的社会风气的形成,对整个社会的稳定及经济文化的发展都有积极的意义,更有利于儒学本身的发展。

(六)文昌祠与土祠

文昌祠是祭祀文昌神之所。文昌神即梓潼帝君,传说为天下主管赏功进爵之神(俗称文曲星)。司马迁《史记·天官书》云:"文昌宫有贵相、司中、司禄诸神,天之六府也。"儒家虽不语"怪、力、乱、神",但儒家治国平天下的"出世"思想与文昌之神的执掌有关,所以,历代儒士对之尊崇有加,很多帝王也对之进行册封。最初,文昌之神被

---

① (元)黄溍:《金华黄先生文集》卷9《义乌县学明伦堂记》,四部丛刊初编本。
② 嘉靖《广西通志》卷24《学校》,四库全书存目丛书本,史部第187册。
③ (元)欧阳玄:《重修郡学记》,见嘉靖《湖广图经志书》卷17《辰州府·艺文》,日本藏中国罕见地方志丛刊本,第1492页上。
④ (元)孟昉:《元翰林待制孟昉重建庙学记》,见成化《杭州府志》卷23《学校》,四库全书存目丛书本,史部175册,第353页上。

封为"德仁忠圣文昭武烈"。宋代封其为"忠文仁武孝德圣烈王"。元代则封为"辅元开化文昌司禄宏仁帝君"。元代文昌神封号既尊,儒士们更相信他"教人忠孝,其功为大,而科名之籍,神实主之"①。于是,文昌神同科举联系起来,成为保佑士子登科的神灵,"掇科之士,尤谨事之"②。

  元代科举长期废除,但一些儒学仍有文昌祠。由于文昌之神在元代被封为"帝君",所以文昌祠的建筑形制、祭祀规格也较高。至于文昌祠的位置,各地则没有统一的规定。据《至顺镇江志》,镇江路学文昌祠在儒学大成殿东侧,元至治二年(1322)建成,祠中文昌之神"褒衣峨冠,像设俨如"③。松江府上海县在宋代就有邑人唐时措"市韩氏屋立文昌宫"④。至正五年(1345)上海县学重建之,位于学宫之北,"为屋四楹,像设正中,列仪卫左右","祠前为轩三间,周甃其地以石",整个文昌祠"笾豆有秩,序列有容,堂宇靓深,涂塈鲜饬,称夫神明之居"⑤。嘉兴路学文昌祠建于至正五年(1345),"祠位南面,为屋三楹"⑥。松江府学于元贞二年(1296)建立贡举堂,即文昌祠。⑦福州路学文昌祠位于儒学"丽泽亭之北,杏坛之东,重门周垣,亦既严饬"⑧。另外绍兴路嵊县学也建有文昌祠。⑨

---

① (元)黄溍:《文昌祠记》,见崇祯《松江府志》卷24《学政二》,日本藏中国罕见地方志丛刊本。
② (元)贡师泰:《玩斋集》卷7《文昌祠记》,文渊阁四库全书本,集部第1215册,第619页下。
③ (元)尧岳:《文昌祠记》,见(元)俞希鲁《至顺镇江志》卷8《神庙》,江苏地方文献丛书本,第319页。
④ 崇祯《松江府志》卷23《学政》,日本藏中国罕见地方志丛刊本。
⑤ (元)黄溍:《文昌祠记》,见崇祯《松江府志》卷24《学政二》,日本藏中国罕见地方志丛刊本。
⑥ (元)鲍恂:《元嘉兴路兴举学校碑》,见(清)阮元:《两浙金石志》卷17,辽金元石刻文献全编本,第2册。
⑦ (元)张之翰:《贡举堂记》,见崇祯《松江府志》卷23《学政》,日本藏中国罕见地方志丛刊本。
⑧ (元)贡师泰:《玩斋集》卷7《文昌祠记》,文渊阁四库全书本,集部第1215册。
⑨ (元)杨翮:《嵊县学记》,见(清)杜春生:《越中金石记》卷10,辽金元石刻文献全编本,第3册。

杭州路富阳县也"文昌有祠"①。但从整个江南来看,文昌祠的建立不如乡贤祠普遍。这从一个侧面反映了元代科举不发达的情况。

土祠即土地祠,是祭祀土地神的专祠,在儒学中普遍存在。土祠规模不大,祭祀规格也不高,不位于儒学中重要的位置。如广州路学有土祠三间。②据《至顺镇江志》,镇江路及下属诸儒学的土祠均称地灵祠,路学地灵祠有四间,在庑后西南隅;丹徒县地灵祠在大成殿东偏;丹阳县位于戟门之西。据《延祐四明志》,庆元路学的土祠,位于仪门东街之东,祠中有神像以供祭祀;下属鄞县学、奉化州学、定海县学的土祠,均为一间。

儒学祭祀土地、文昌诸神,这与"不语怪、力、乱、神"的儒家思想毕竟不相符合,于是一些儒士对儒学中土祠、文昌祠之设提出批评。元末镇江路儒学,"地灵、魁星者碎之,以其屋贮礼器"③,反映了这种对地灵、文昌的反对观点,在一些地方开始付诸行动。

(七)学官厅舍

学官厅舍是儒学用于学官办公和居住的建筑。一般学官办公之所,名之曰厅事。如庆元路学有厅事一所,扁曰明德,为学官"治事之所"④。兴国路儒学有学官"莅事有厅"⑤,学官居住之所则称廨舍或堂。如嘉兴路海盐州学"买(民)宅为廨",供学官居住。⑥杭州路学教授倪渊在至大四年(1311)"撤养心、率性两斋,以营学官廨舍"⑦。上引兴国路儒

---

① (明)刘基:《刘基集》卷3《杭州路富阳县重建庙学记》,第130页。
② (元)陈大震:《大德南海志》卷9《学校》,宋元方志丛刊本,第8册。
③ (清)缪荃孙:《江苏省通志稿·金石二十三·镇江路学丁亥纪实》,辽金元石刻文献全编本,第2册。
④ (元)袁桷:《延祐四明志》卷13《学校考》,宋元方志丛刊本,第6册。
⑤ (元)陈松年:《兴国路学教授厅记碑》,见(清)张仲炘:《湖北金石志》卷13,辽金元石刻文献全编本,第3册。
⑥ (元)陈旅:《安雅堂集》卷8《海盐州儒学新修庙学记》,文渊阁四库全书本,集部1213册,第109页上。
⑦ (元)黄溍:《金华黄先生文集》卷10《杭州路儒学兴造记》,四部丛刊初编本。

学学官除了"莅事有厅"以外，还"退居有堂"。学官厅舍对保证学官正常的工作和教学比较重要，因此是儒学中的必要建筑之一。

宋代儒学设主学官，一般都建有官舍。元初由于儒学发展困难，财政拮据，很多儒学没有学官厅舍。如杭州路仁和县学，"校官率僦民舍以居"①。嘉兴路海盐州学，宋代"主学所舍距（文）庙三里许，遗址仅存，以故为学官者率于庙旁，近僦舍以居，湫隘无以自适"②。兴国路学"学舍既弊陋，而学官无公廨可居，不得以而僦民屋，去学宫颇远，朔望行香、朋友会文皆不便"③。大德十年（1306），元政府颁布一项命令：

> 间有各学容纵已替学官将带家小，公然占住，其为亵渎甚矣。今后似此占住学校之人，廉访司官严行究治，并问本学官容弊（庇）之罪。本部议得：各处学官携带家属于庙宇内亵渎居止者，拟合禁治。④

元政府对任期已满的学官占住学校处罚如此严厉，并不准在任内学官携家属在学校庙宇中居住，这正好反映了元代学官住宿情况的紧张。难怪元人傅行简抱怨说：

> 教授者，以天子之命教其邦人，领护广学，严祀圣师，图书服器之藏，金谷出纳之事，皆独任之，责匪轻也。今乃无莅事之所，容膝之居，将何以责其尽职哉？⑤

---

① （元）陈旅：《安雅堂集》卷6《婺源州学正余志贤之官序》，文渊阁四库全书本，集部1213册，第75页下。
② （元）陈旅：《安雅堂集》卷8《海盐州儒学新修庙学记》，文渊阁四库全书本，集部1213册，第109页上。
③ （元）陈松年：《兴国路学教授厅记碑》，见（清）张仲炘：《湖北金石志》卷13，辽金元石刻文献全编本，第3册。
④ 《通制条格》卷5《学令》，见方龄贵校注：《通制条格校注》，第214页。
⑤ （宋）傅行简：《兴国路重修教授厅记》，见（清）张仲炘：《湖北金石志》卷14，辽金元石刻文献全编本，第3册。

这种情况引起了江南一些学官和地方官的重视。大德年间，杭州路仁和县教谕余志贤"以私钱作居室于学北之隙地，使后之为校官者得以处守而勿废也"①。至元二十五年（1288），兴国路教授陈松年复儒学"渔湖之利"，然后"划荆棘，筑垣墙，甃石构室屋"，使儒学"莅事有厅，退居有堂"。②后至元三年（1337），海盐州教授吕德裕（字文饶），于州学西买民宅为廨。③大德五年（1301），处州路学教授童应椿力复被侵前学厅事故基，建教授厅舍。④至正十二年（1352），延安路"以官地碓西斋后民田一区，筑室间者三，厦者二，为主教者居处之宅"⑤。元中后期，儒学中学官厅舍紧张的情况有所缓和，许多儒学的学官厅舍逐步建立起来。笔者将元代江南学官厅舍的建设情况作了统计，见下表：

元代学官厅舍一览表

儒学	建筑名称	建立时间	出处
鄞县学	教谕厅	至顺元年	王元恭《至正四明续志》卷7
庆元路学	东廨舍	至大四年（重建）	袁桷《延祐四明志》卷13
庆元路学	厅事	延祐四年	袁桷《延祐四明志》卷13
松江府学	教授厅事	至正十九年	崇祯《松江府志》卷23
上海县学	学官廨舍	至正九年	崇祯《松江府志》卷23
上虞县学	学官厅事	至治三年	杜春生《越中金石记》卷8
处州路学	教授厅事	大德五年	李遇孙《括苍金石志》卷9
兴国路学	教授厅	至元二十九年	张仲炘《湖北金石志》卷13
兴国路学	教授厅	后至元六年	张仲炘《湖北金石志》卷14
镇江路学	教授东厅	大德五年	俞希鲁《至顺镇江志》卷11

① （元）陈旅：《安雅堂集》卷6《婺源州学正余志贤之官序》，文渊阁四库全书本，集部1213册，第76页上。
② （元）陈松年：《兴国路学教授厅记》，见（清）张仲炘：《湖北金石志》卷13，辽金元石刻文献全编本，第3册。
③ （元）陈旅：《安雅堂集》卷8《海盐州学新修庙学记》，文渊阁四库全书本，集部1213册。
④ （元）张伯淳：《处州路教授厅碑》，见（清）李遇孙：《括苍金石志》卷9，辽金元石刻文献全编本，第2册。
⑤ （元）任惟孝：《延安路重修宣圣庙记》，见（清）王昶：《金石萃编未刻稿》，辽金元石刻文献全编本，第2册。

续表

儒学	建筑名称	建立时间	出处
定海县学	学官厅事	至正二十一年	刘仁本《羽庭集》卷6
江阴州学	学官厅	元贞二年	陆文圭《墙东类稿》卷7
建昌路学	学官厅事	泰定元年	吴澄《吴文正集》卷36
万载县学	学官厅	至治元年	虞集《道园学古录》卷36
杭州路学	学官厅舍	至大四年	黄溍《文献集》卷7下
海盐州学	学官廊舍	后至元四年	陈旅《安雅堂集》卷8
富阳县学	学官厅	至正九年	刘基《诚意伯文集》卷8
仁和县学	学官居室	大德年间	陈旅《安雅堂集》卷6
延安路学	学官之宅	至正十二年	王旭《金石汇编未刻稿》
嘉定州	学官厅	至正十六年	缪荃孙《江苏省通志稿·金石二十四》

表中统计了元代20处学官厅舍的创建或重建，从表中可以看出，元代学官厅舍之建，元世祖时期仅1次，占5%，文宗至顺以前11次，占55%，元顺帝时期8次，占40%。这从一个侧面反映出元中后期儒学在建筑布局方面才逐步完备。

学官厅舍属于儒学生活设施方面的建筑，其地位当然不如庙或学等建筑尊崇，因此，一般位于儒学较偏僻之处，有的还位于儒学之外。通常，学官厅舍的建筑面积并不小。如前面提到兴国路学，学官厅舍位于"学之东偏"，有堂居、公廨，"为屋凡七十四楹"，共用了"瓦壁五万结，石六百余尺"。处州路学教授厅舍，"厅若堂咸有序，外作门，为间者五，中庭构轩，宾以燕好，藏修游息于斯，有心目轩豁之适，而无欠伸打头之叹，迨更衣膳飨各得其所，不陋不盈"。绍兴路上虞县于庙东偏"筑堂三室，为学官厅事"①。庆元路定海县"辟教官厅事于（明伦堂）左庑"②。江阴州学于明伦堂"东序之东建学官厅事"③。

---

① （元）戴俞：《重修上虞县儒学记》，见（清）杜春生：《越中金石记》卷8，辽金元石刻文献全编本，第3册。
② （元）刘仁本：《羽庭集》卷6《定海县兴修儒学记》，文渊阁四库全书本，集部第1216册，第111页下。
③ （元）陆文圭：《墙东类稿》卷7《江阴修学记》，文渊阁四库全书本，集部1194册，第609页上。

建昌路学学官厅舍位于儒学之西南。泰定元年（1324），儒学买周县尹之居"以居教官，周（围）之居以居正录，气象轩豁，足以表师儒之尊。其北隙地为厅事之所二，一以待众官之公聚，一以待教官之公坐"①，可以说比较完备。

元中期学官厅舍特别是学官厅事的广泛建立，是元代儒学建筑布局日益完善的表现，同时也反映了元代儒学日益严重的官学化倾向。宋代也设教授、主事等学官，但学官管理儒学，与地方官的上下级统属关系并不明确，所以宋代学官之居舍在儒学中较普遍，而厅事则不多。元代地方文资正官提调儒学，学官由礼部或行省任命，学官完全成为地方官的下属，于是，簿书期会、会计钱粮、送往迎来之事大为增多，学官厅事成了儒学日常工作中不可或缺之所。这是元代儒学在建筑布局方面的特征之一。

（八）其他建筑形式

除了以上所述的较重要的建筑以外，元代儒学还有其他一些建筑形式，如公厨（庖）、会食之堂、浴室（湢）、仓库（庾）、碑亭、杏坛、泮池、泮桥、学门、围墙等，这些建筑属于学校生活或教学辅助设施，虽不重要，但都在儒学中起着一定的作用，不可缺少。

公厨是儒学不可缺少的。据《越中金石志》的《至元壬辰重定学式》，元代儒学一般在每月的朔望日供应所有生员早午二餐。生员中贫无以养者、贫老硕学之士、游学之士以及学官、学职平时亦在学校会食。儒学春秋祭祀，礼成后举行饮酒会餐，也要在学校进行，因此，公厨是儒学必备的一种建筑形式。公厨的大小，视学校的规模以及参加会食的有关人员的数量而定。公厨的位置则一般在儒学较偏僻的地方，如镇江路学的公厨位于三鳝堂（藏书阁）之东②。庆元路奉化州学

---

① （元）吴澄：《吴文正集》卷36《建昌路庙学记》，文渊阁四库全书本，集部第1197册，第38页上、下。
② （元）俞希鲁：《至顺镇江志》卷11《学校》，江苏地方文献丛书本。

有公厨一间,象山县学有厨屋两间①,绍兴路学公厨在泮池东南,有房屋九间②。会食之堂一般和公厨相距不远。上面提到的镇江路学会食堂称渊源堂,大小三间,位于三鳝堂西,与公厨仅隔一堂。袁州路分宜县学"庙后为会食堂",后县令以为"郡县讲堂必在庙后,撤会食堂以作明伦堂"。③

浴室在元代儒学中称湢,用于祭祀之前有关人员进行沐浴。

仓库也称仓庾、学廪、仓廪、库等。儒学仓库有粮仓(或称米廪)、祭器库、乐器库、神厨(祭祀时储放贡品的地方)等,其中粮仓最为重要,学官支粮要上报地方主管官吏。成化《杭州府志》将儒学仓放在"公署"一栏中记述,内容为:

> 儒学仓,就属府学学官主掌,收本学师生岁支俸粮,并朔望行香烛之费,仓在本学。④

这反映了儒学仓与"公署"之间关系的密切,以及学仓在儒学中的重要性。

碑亭的分布也很普遍,所谓碑主要指圣旨碑。全国统一后,元朝历代皇帝大多都有勉励儒学、儒士免差、禁止骚扰、学田归儒学的圣旨,儒学将这些圣旨立碑并建碑亭,作为反对侵夺的合法依据。这种碑亭一般位于儒学较显著的位置。如镇江路学的碑亭称德音亭,位于学门之左,元贞元年(1295)建,"亭中碑二,一刻《勉励学校诏》,一刻《加封孔子诏》"⑤。庆元路学有圣旨碑亭两所,在路学棂星门里之西,元贞二年(1296)立。⑥另外,儒学内的石碑还很多,如学田碑、学官题名

---

① (元)袁桷:《延祐四明志》卷13《学校考》,宋元方志丛刊本,第6册。
② (清)杜春生:《越中金石记》卷7《重建绍兴庙学图》,辽金元石刻文献全编本,第3册。
③ (元)虞集:《道园学古录》卷35《袁州路分宜县学明伦堂记》,四部丛刊初编本。
④ 成化《杭州府志》卷13《公署》,四库全书存目丛书,史部第175册,第176页上。
⑤ (元)俞希鲁:《至顺镇江志》卷11《学校》,江苏地方文献丛书本,第434—435页。
⑥ (元)袁桷:《延祐四明志》卷13《学校考》,宋元方志丛刊本,第6册。

碑、修学、建学碑、地方官去思碑、生祠碑、学产碑等。不过，一般的碑只立于学，不建亭。

学门的建设，在元代儒学比较受到重视。学校外门称棂星门，石砌而成，门有三。进入棂星门，有仪门（或称戟门、大成之门）通往大成殿，学门通往学宫。儒学一般还有东西牌门以方便出入。

泮水是位于棂星门与庙、学之间的人工湖。唐宋以来，"天下郡县学皆有泮水，设于南门之内"，以仿效春秋鲁国泮宫之制。元绍兴路新昌县教谕李华认为，儒学"水涵乎学，学临乎水，水济以桥，桥表以门，故自有次第矣"，这符合古代天子之学——辟雍之制。所以，大德二年（1298）新昌县学将位于学门之外的泮水改设于学门之内。① 江西行省吉安路永新州学也将棂星门改创于泮水之外。② 泮水之上，有桥与庙、学相通，桥上有石栏，泮水两岸甃以石。儒学设泮水除了仿效古泮宫之制以外，也有一些实用的目的。第一，可以美化校园环境。儒士、生员学习之余，游之歌之，自得其乐。第二，可以防火。我国古代建筑一般为土木结构或砖木结构，容易发生火灾。据史料记载，江南许多儒学发生过火灾，如庆元路学在至元十九年（1282）就发生过大火，仅存外门。③ 后至元二年（1336）余姚州学毁于火。④ 杭州路学等也曾数次发生火灾。儒学泮水之设为防火、救火创造了条件。

围墙在儒学中也较重要。元初大部分围墙皆以土筑，容易被雨水侵蚀，元中后期很多儒学代之以砖石。如汉阳府学"学垣昔皆土筑，霖潦岁圮，至元二十八年（1291）教授刘必大易以板屋木，久之又腐，鸡犬不禁"。天历二年（1329）府学"甓之而瓦覆"，"凡五阅

---

① （元）李华：《新昌县学改创泮水记》，见（清）杜春生：《越中金石记》卷7，辽金元石刻文献全编本，第3册。
② （元）李祁：《云阳集》卷3《永新州新学记》，湖湘文库本，岳麓书社2009年版，第100页。
③ （元）袁桷：《延祐四明志》卷13《学校考》，宋元方志丛刊本，第6册。
④ 光绪《余姚县志》卷10《学校》，中国方志丛书本。

月,百堵具兴"①。平江路学宫墙袤九十丈,旧皆筑土为之,弗克坚久。"至正十五年,教授徐震乃易以砖石",墙基内外为石三层,凡纵广五百七十丈,其高一丈三尺,下广七尺。②

另外,宋代儒学皆有射圃,是儒学生员习射之所。儒家主张六艺(礼、乐、射、御、书、数),射是其中内容之一,所以宋代儒学有射圃之建。元代对百姓防范极严,严禁民间拥有武器,与之相应的是,射圃在儒学中逐渐荒废和改作他用,射箭当然也从儒学的教育中消失了。如庆元路学宋代射圃之地荒废,在其上建造了教授厅。③在其他儒学中也很少见到射圃的记载。胡务在《元代庙学的建筑结构》中认为,"射圃的消失,反映了形式化的'封建'礼治在元代的松弛和蒙古人对汉人的严厉防范",很有道理。

二、元代儒学建筑布局

儒学的建筑布局是研究儒学建筑结构的重要内容。目前一些学者如胡务、王立平以及日本学者牧野修二等的研究虽然涉及这一问题,但目前还没有有关儒学建筑布局的专门研究。中国地方儒学自唐代大量出现,宋代普遍建立。最初是有庙无学,后来各地普遍在孔子庙的周围建立学校,形成了庙学合一的建筑布局。元代时,这种庙学合一的布局结构已经形成,不过由于历史原因以及南北方不同观念的影响,儒学建筑布局并不统一,出现了多样化的情况。本节主要考察元代儒学建筑布局的情况及变化问题。

---

① (元)许有壬:《至正集》卷41《汉阳府学新筑围墙记》,北京图书馆古籍珍本丛刊本,书目文献出版社1998年版,集部第95册。
② 嘉靖《吴邑志》卷5《学校》,天一阁明代方志选刊续编本,第10册。
③ (元)袁桷:《延祐四明志》卷13《学校考》,宋元方志丛刊本,第6册。

（一）元代儒学的主要建筑布局类型

儒学中最重要的建筑有两部分：庙和学。庙和学的不同分布，反映出整个儒学建筑布局的差异。可惜的是，有关元代儒学建筑布局中庙和学如何分布的资料并不多。这个问题在当时的人看来可能是极寻常之事，无须多谈，但对后人研究这一问题造成很多困难。好在明清的一些地方志中对这一问题有所涉及，在某种程度上补充了元人记述的不足。从现有的史料看，元代儒学的建筑布局主要有下列类型：

1. 前庙后学

前庙后学主要是指儒学以大成殿为主的庙域，位于以明伦堂为主的学宫之前的建筑布局。这种类型的儒学，一般是大成殿位于儒学的中心位置，殿左右相连两庑或从祀廊，外有大成之门（仪门、戟门），周围有祭器库、乐器库、更衣所、神厨、献官厅等与祭祀有关的建筑。殿门之前是泮池，有桥与殿门相连，再往前为棂星门。殿后为明伦堂，明伦堂两序为学斋，明伦堂之后是尊经阁。在庙和学周围，是其他生活设施及学官厅舍。这种建筑布局类型在元代的儒学分布最广。江浙行省的庆元路学、集庆路学、绍兴路学、江阴州学、镇江路学、泉州路永春县学、婺州路义乌县学、江西行省袁州路学、袁州路分宜县学、湖广行省静江路学以及北方莱州胶水县学等均为前庙后学的布局结构，现举三例以说明这种建筑布局的特点。

江阴州学："庙南向，前峙三门，东西列两序，绘先贤像，冠缨甚肃。后余八斋，中立讲堂，翼以二夹室，崇其北为藏书之阁，东序之东建学官厅事，西序之北筑小学基"。[①]

福州路长乐县学：中为"礼殿及两庑，北为明伦堂，南为戟门，门外东西为神厨、神库、宰牲房，又南为棂星门，门内为泮池，池上

---

① （元）陆文圭：《墙东类稿》卷7《江阴修学记》，文渊阁四库全书本，集部1194册，第609页上。

为石梁,东偏为学门,东庑之东为米廪"①。

静江路学:中为礼殿,"礼殿阴筑堂,扁明伦,中正师席……左右敞新斋室,俾诸生心有归宿"②。

以上所引三例,皆为前庙后学结构的儒学。需要指出的是,这种结构的儒学学斋的分布有两种情况:一种分布于明伦堂前面的东西两侧,有走廊与明伦堂相连;另一种是独立位于庙和学的东西两侧。前者比较典型的是江浙行省的集庆路学以及庆元路学,这种结构,讲堂与学斋相连,庙域与学域相对独立。后者较典型的是绍兴路学、绍兴路余姚州学,其学斋"重廊以环属论堂、礼殿之左右"③。这种布局使学斋处在儒学相对偏僻之处,环境幽静,有利于诵习,另外学斋翼乎外,还可以"览风物之美"④。

2. 右庙左学

元代江南右庙左学建筑布局的儒学也很多。这种建筑布局的特点是:儒学一般坐北向南,庙域位于儒学之右(西面),学宫位于儒学之左(东面)。与祭祀有关的建筑分布于庙的附近,与教学有关的建筑则分布于儒学的左侧,尊经阁位于明伦堂之后。庙和学之前为泮池(儒学的泮池也有的位于学门之内),池上有桥与庙、学相通,最外是棂星门。儒学的其他生活设施、学官厅舍位于庙域和学域的东西两侧。元代江浙行省的镇江路学、福州路古田县学、建宁路学、徽州路歙县学,江西行省潮州路学,以及北方莬县学,均属于这一类型。现举例说明之:

镇江路学:大成殿位于学之右部(西部),居中。前为戟门,"列

---

① 弘治《八闽通志》卷44《学校》,四库全书存目丛书本,史部第178册,第169页上。
② (元)杜与可:《静江路修学造乐记》,见(清)谢启昆:《粤西金石略》卷14,辽金元石刻文献全编本,第3册。
③ (元)汪文璟:《余姚州儒学增造记》,见(清)杜春生:《越中金石记》卷10,辽金元石刻文献全编本,第3册。
④ (元)施栗:《丽水县尹韩公生祠碑》,见(清)李遇孙:《括苍金石志》卷9,辽金元石刻文献全编本,第2册。

二十四戟"。左右有东庑和西庑。殿有前轩,以处礼生。殿后旧有后殿三间,为御书阁,元时废。庙之西为先贤祠,东为文昌祠,庑后西南隅有地灵祠(土祠),戟门之西为祭器库。学宫在儒学之东(左),中有成德堂(明伦堂),左右东西两庑为八斋,扁曰:志道、居德、居仁、由义、存心、养性、敬老、正蒙。成德堂后为三鳣堂,是儒学的藏书之阁(后藏书阁毁,旁创屋为储书之所)。三鳣堂西是渊源堂,是儒学会食之堂,前有水池以防火。渊源堂前有采芹亭,旁有屋两间为吏舍。三鳣堂之东有公厨,成德堂以南是直学所,公厨之东建正录厅。学门位于学宫之前,门之左为德音亭。另外,学庾(儒学仓)位于戟门之东,学官厅舍位于学之西偏。①

福州路古田县学:礼殿居西,"翼以两庑,其南为戟门,又其南为棂星门……殿之东为明伦堂,东西两序为四斋,堂之北为会馔堂,南为教思亭,又南为外门,门内为泮池而梁其上"②。

潮州路学:后至元四年(1338),潮州路学"议迁孔庙于学之右"。不久大成殿建成,位于学之西,旁翼两庑,绘从祀像。明伦堂"竦立孔庙之左"。整个儒学"缭以宫墙"③。

我国古代神位以右为上,将孔庙建在学之右侧,以示尊崇,符合这一观念。况且元统治者蒙古人亦是以右为上,这种观念势必在元代地方官及儒士中间产生影响。因此,右庙左学之制在元代得到响应,应该是理所当然之事。至正九年(1349),福州路福清州知州林全生"以为前庙后学类浮屠梵宇之制,乃更作之,左为明伦堂,右为大成殿"④,就是明证。因此,虽然元代儒学的学校建设受经济条件的限制,困难较大,一些儒学还是将前庙后学改为右庙左学。

---

① (元)俞希鲁:《至顺镇江志》卷11《学校》,江苏地方文献丛书本。
② 弘治《八闽通志》卷44《学校》,四库全书存目丛书本,史部第178册,第170页上。
③ (元)吴澄:《吴文正集》卷36《潮州路重修庙学记》,文渊阁四库全书本,集部第1197册,第382页上、下。
④ 弘治《八闽通志》卷44《学校》,四库全书存目丛书本,史部第178册,第169页下。

右庙左学的建筑模式在整个元代有增加的趋势。

3. 左庙右学

这类儒学建筑布局的特点是：庙域位于儒学的左侧（东侧），学宫位于儒学右侧（西侧），其他辅助建筑与右庙左学相似。元代有一些儒学属于这种类型，如泉州路南安县学、漳州路学、徽州路学、平江路学、赣州路学等。现举例如下：

漳州路学：大成殿位于儒学东侧，左右翼以两庑，前为仪门，外为棂星门。"殿后为杏坛，又后为学廪，廪之东为神厨，厨之东为宰牲房，厨前为神库。殿西为明伦堂，左右为四斋，堂前为亭，亭外为书楼，楼下为大门，门外砌石为桥，桥下为泮池。堂后为乐器库，堂西为会馔堂，东为教授厅廨舍，又东为训导廨舍"①。

平江路学："孔庙居学宫左"，翼以两庑，前有戟门，外为棂星门，西为学宫，明伦堂居中，后建尊经阁，堂前有"大池"，宫墙袤九十丈。②

兴化路莆田县学："东为庙，西为学，明伦堂之前为斋二，以旧薛公池为泮池，建廨舍于大成殿之东"③。

左庙右学的建筑结构在元代江南被接受，既有历史原因也有当时国子学的影响。从历史上看，一些儒学在宋代即为左庙右学，元代由于经济原因无力改作而延续下来。如徽州府学，宋代时"左庙右学，规制雄丽"④，元代徽州路学发展困难，没有发现其对儒学布局进行改作的记载。此外，元代的国子学建筑布局为左庙右学⑤，这种布局当然会给地方儒学以影响。如至正十二年（1352），杭州路学重建时，即"左庙右学，一循国学之制"⑥。元贞年间，湖广行省左丞董某（名、字不详）

---

① 弘治《八闽通志》卷45《学校》，四库全书存目丛书本，史部第178册，第180页上。
② 嘉靖《吴邑志》卷5《学校》，天一阁明代方志选刊续编本，第10册。
③ 弘治《八闽通志》卷45《学校》，四库全书存目丛书本，史部第178册，第191页上。
④ 弘治《徽州府志》卷5《学校》，四库全书存目丛书本，史部第180册，第733页下。
⑤ （元）程钜夫：《国子学先圣庙碑》，见（元）苏天爵编：《元文类》卷19，国学基本丛书本，商务印书馆1958年重印。
⑥ （元）王大本：《元江浙儒学提举王大本重建庙学碑》，见成化《杭州府志》卷23《学校》，四库全书存目丛书本，史部第175册，第352页下。

将赣州路学"迁殿于东（左），建学于西（右）"①，也可能受到国子学的影响。

另外，元代儒学中，还存在少数庙学混杂的建筑布局。如绍兴路的嵊县学"构堂□□五间，左右翼以两序，设主堂以行朔望、春秋之礼，左序以教诸生，右序以为学官之所寓，又别□□□□□昌像而祠之"②。这种情况主要是在办学条件不具备的情况下，因陋就简的结果，在儒学中不多见。笔者曾对元代儒学的建筑布局的情况进行了初步的统计，详细情况如下表：

元代儒学建筑布局情况统计表

名称	结构	出处
镇江路学	右庙左学	俞希鲁《至顺镇江志》卷11
泉州路永春县学	前庙后学	卢琦《圭峰先生集》卷下
袁州路分宜县学	前庙后学	虞集《道园学古录》卷35
袁州路学	前庙后学	虞集《道园学古录》卷36
婺州路义乌县学	前庙后学	黄溍《金华黄先生文集》卷9
静江路学	前庙后学	谢启昆《粤西金石略》卷14
绍兴路学	前庙后学	杜春生《越中金石记》卷7
福州路长乐县学	前庙后学	弘治《八闽通志》卷44
福州路连江县学	前庙后学	弘治《八闽通志》卷44
福州路福清县学	前庙后学（至正九年改为右庙左学）	弘治《八闽通志》卷44
福州路古田县学	右庙左学	弘治《八闽通志》卷44
福州路罗源县学	前庙后学	弘治《八闽通志》卷44
建宁路学	右庙左学	弘治《八闽通志》卷44
泉州路南安县学	左庙右学	弘治《八闽通志》卷44
漳州路学	左庙右学	弘治《八闽通志》卷45

---

① （元）刘岳申：《申斋集》卷6《赣州路儒学重修大成殿记》，文渊阁四库全书本，集部第1204册。
② （元）杨翮：《嵊县学记》，见（清）杜春生：《越中金石记》卷10，辽金元石刻文献全编本，第3册。

续表

名称	结构	出处
漳州路龙岩县学	前庙后学	弘治《八闽通志》卷45
徽州府学	左庙右学	弘治《徽州府志》卷5
徽州路歙县学	右庙左学	弘治《徽州府志》卷13
平江路学	左庙右学	嘉靖《吴邑志》卷5
江阴州学	前庙后学	陆文圭《墙东类稿》卷7
潮州路学	右庙左学	吴澄《吴文正集》卷36
赣州路学	左庙右学	刘岳申《申斋集》卷6
庆元路学	前庙后学	袁桷《延祐四明志》卷13
集庆路学	前庙后学	张铉《至正金陵新志》卷1
休宁县学	前庙后学	弘治《徽州府志》卷5
莆田县学	左庙右学	弘治《八闽通志》卷45
河间路临沂县	前庙后学	道光《临沂县志》卷14
蓚县学	右庙左学	刘敏中《中庵集》卷11
莱州胶水县学	前庙后学	光绪《平度州志》卷24

上表所反映的，是元代二十九所儒学（其中北方三所）的建筑布局情况，由于史料所限，还有很多儒学的建筑布局目前不清楚。从表中统计结果来看，前庙后学十七所（包括福州路福清县学），右庙左学六所，左庙右学六所，基本上反映了元代儒学建筑布局的一般情况，从中可以看出元代儒学建筑布局多样性的特点。

造成元代儒学建筑布局呈现多样性的原因很多。首先是历史原因，宋代儒学的建筑布局就不统一，元代承袭下来，未作改动。其次是经济原因，对儒学的庙和学进行全面的改造，对儒学来说是一项较大的工程，花费不薄。元代儒学的经济情况不佳，儒士贫困，儒学方面缺乏对儒学进行全面改造的经济条件。再次，元代虽然规定了从中央到地方的一整套管理制度，对儒学的具体运作也有具体的统一的规定，但这些制度、规定在不同的时间、地点，实际被执行的情况是不一样的，存在很多儒学各行其制的情况，这造成了儒学之间在祭祀、教学以及建筑布局方面的不统一。元代儒学建筑布局的多样性，也算是元代儒学发展的一个特点吧。

三、元代儒学建筑布局的变化

元政权的建立和统一，使中国社会发生了一些明显的变化，儒学教育的管理、运行等制度也与以前的宋金时代差异明显。这种差异在儒学建筑布局方面的表现就是儒学建筑布局的调整。从元代儒学建筑布局调整和变化的情况来看，最明显的是庙和学建筑布局的总体变化，其次是儒学对个别建筑类型的调整，导致的儒学建筑布局的局部变化。可惜的是，目前学术界还很少有人注意到这一情况以及变化背后的原因。其实，任何时代的儒学建筑布局都不是一成不变的，元代社会发生了很大的变化，儒学只有适应社会环境，才能生存和发展。因此，把握元代儒学建筑布局的变化，有助于在更深的层次上认识儒学的发展情况，以及元朝蒙古统治对儒学教育的影响。下面就元代儒学建筑布局的变化及原因进行初步探讨。由于史料的限制，目前还很难将这一现象详细地描述出来，但详细阅读史料，总可以发现有关这一问题的蛛丝马迹。

（一）元代儒学庙和学建筑布局的总体变化

前面已经提到，庙和学是各级儒学的主要建筑，庙和学布局的变化，则反映了整个儒学建筑布局的变化。元代的各级儒学在宋金时代已经广泛地建立起来，进入元代以后，儒学承其旧者居多。因此在建筑布局方面，元初没有明显的变化。元中后期，由于年代逐渐久远，一些建筑开始圮坏，各地一般都根据不同情况对儒学进行整修或重建，于是儒学在建筑布局方面的变化开始显现出来。但由于儒学建筑布局全面改变，需要巨大的财力条件，比较困难，大部分儒学不容易做到。因此，部分建筑布局的变化几乎各儒学都有，而庙和学布局的全面改观则是少数儒学才能做到。另外，一些地区的儒学设施已经非常完备，也没有重建的必要。最后，元代对儒学的管理比较灵活，并不强制建筑同一化。鉴于上述分析，元代儒学的建筑布局，承其旧者居多，庙学全面改变者只是个别现象。但是，即使是少数儒学的建筑布局的变化，也能反映出元代儒学办学理念的变化、儒学发展的实际状况、发展的趋势等内容。现将儒学建筑布局的整体变化情况考察如下。

1. 由左庙右学或右庙左学改前庙后学

元代江南大部分儒学为前庙后学，这种情况在当时产生一定的影响，一些不是前庙后学的儒学在改造时，向大部分儒学看齐，改为前庙后学。如江西行省袁州路分宜县学，是宋代根据清源书院及安仁驿故地改建，"县学有庙，庙后为会食堂，而所谓讲堂者在东庑之东"，入元以后，县令刘德"以为郡县讲堂必在庙后，撤会食堂以作明伦堂"。[①] 婺州路义乌县学，宋代"斥庙西地以为学，而规制浸备"，天历二年（1329）县达鲁花赤铁闾"尽撤而新之，奥殿邃庑，夷庭穹门，崇高修广，悉倍其旧，且改作论堂，直庙之北墉"，由左庙右学改建为前庙后学。[②]

2. 由前庙后学改右庙左学

元代儒学由前庙后学改右庙左学的例子也不少。如福州路福清州学，在元初中期的至元三十年（1293）、元贞元年（1295）、大德三年（1299）、皇庆元年（1312）、延祐五年（1318），经过五次增建，前庙后学的建筑布局已经完备。至正九年（1349）"知州林泉生，以为前

[①]　（元）虞集：《道园学古录》卷35《袁州路分宜县学明伦堂记》，四部丛刊初编本。
[②]　（元）黄溍：《金华黄先生文集》卷9《义乌县学明伦堂记》，四部丛刊初编本。

庙后学类浮图梵宇之制，乃更作之。左为明伦堂，右为大成殿，殿之南为东西两庑，堂之南为东西两序，又南为泮水，又南为前序"①。潮州路学也在后至元四年（1338）由总管丁聚之与部使者张处恭"议迁孔庙于学之右"，两年之后新学建成，时人吴澄评论说："潮之庙学历五十余年而始大备。"②嘉定州学在天历二年（1329）重建大成殿，"移堂殿之南，士论病之，拟迁庙东，历守数十而弗能，更阅三十年"，也没有如愿。至正十六年（1356），州学明伦堂毁，次年，"兼摄州事者太尉府分帅张元良，以教授陈公礼之请"，"填淤地成址若干亩……构新堂其上，前接轩荣，南翼斋舍"。③

元代儒学布局的两种变化情况看似矛盾，其实各有其道理。分宜县学在由右庙左学改前庙后学时，主持这一改作的县令刘德提出的理由是"郡县学讲堂必在庙后"，这也反映出元代大部分儒学的建筑布局为前庙后学，这一建筑布局类型已经被广泛接受。由庙学并列改前庙后学，反映了地方官府对统一儒学布局的努力。后一种变化同样有道理，前面在谈到元代儒学建筑布局情况时已经指出，右庙左学符合中国古代神位以右为尊的观念，又与蒙古习俗尚右相符合，有其合理性。因此，一些儒学改建为右庙左学之制也在情理之中。这种努力在宋时就出现了，淳祐年间，建宁府（元为建宁路）学在重建时，"漕使方大宗更议右庙左学之制"④。宋嘉熙二年（1238），汀州府郡守戴挺以"学庙混处非宜，乃相学左射圃地，仿太学规模，中创堂曰文会，前后各为斋者二，俱南向"⑤。元代仍有学校改为右庙左学，说明儒学

---

① 弘治《八闽通志》卷44《学校》，四库全书存目丛书本，史部第178册，第169页下。
② （元）吴澄：《吴文正集》卷36《潮州路重修庙学记》，文渊阁四库全书本，集部第1197册，第382页上、下。
③ （清）缪荃孙：《江苏省通志稿·金石二十四·嘉定州重建儒学记》，辽金元石刻文献全编本，第2册。
④ 弘治《八闽通志》卷44《学校》，四库全书存目丛书本，史部第178册，第171页下。
⑤ 弘治《八闽通志》卷45《学校》，四库全书存目丛书本，史部第178册，第182页下。

仍存在右庙左学的倾向。戴挺以及元福清州知州提出了前庙后学应该改右庙左学的两个理由：一是"学庙混处非宜"，二是前庙后学类浮图梵宇之制。这两点是有道理的，这种建学理念对以后的朝代产生了一定的影响。明初在南京建国子监时，就采用了右庙左学的建筑布局结构。①

（二）元代儒学中部分建筑布局的变化

元代绝大部分儒学都有增建、改建的记录，因此，儒学部分建筑布局的变化应该是比较普遍的现象。这种部分变化最明显的有两点：

第一，学斋的减少。下面还要详细论述。杭州路学元初有十斋，元末仅为四斋，减少了六斋。江浙行省南部（今福建省一带），学斋数量的减少更加明显。据明弘治《八闽通志》，福州路学宋代"环以十斋"，元代减为六斋。福州路长兴县学，宋有十二斋，宋末减为三斋，元代亦没有增加。永福县学，宋有四斋，元减为二斋。学斋数量的减少，说明了元代儒学生员数量的减少以及教育活动的萎缩。

第二，学官厅舍的建设在儒学中占了一定的地位。这可以从前面有关学官厅舍的论述中得到说明，这里不再举例。宋代一般设立"主学"管理学校，学官体系远未形成。元代儒学逐渐官学化，路、府、州、县学官的种类、数量都有明确的规定，元代学官不仅在数量上增加，学官与地方政府簿书期会也逐渐频繁。因此，正如在前面已经论述的那样，学官厅舍的建立与扩大反映了元代儒学教育方面的官学化特征。

（三）元代学校建筑布局变化举例

元代儒学建筑布局的变化，除了表现在庙和学总体布局的变化

---

① 参见徐泓：《传统中国大学校园的空间规划：明南京国子监》，见《史学：传统与变迁学术研讨会论文集》，台湾大学历史学系，1999年。

以外，还表现在部分建筑布局的变化，这种情况几乎在每一个儒学中都不同程度地存在着。现以杭州路学以及建昌路学为例说明之。

1. 杭州路学

杭州路为南宋都城临安所在地，是南宋的政治文化中心。杭州路学前身是南宋时的杭州府学，由于"凡著籍其间，得以类申补太学"，所以被称为京学，在士子心目中则为辟雍（天子之学）。"负笈而至者"众多，以至"殆无所容"，因此，杭州路学在南宋非常繁荣。府学在南宋景定年间，就已经"鼎新大备"①。入元以后，杭州路学"悉讼其旧，久未有改作"，当时的建筑布局如下：

> 礼殿之东有论堂，宋理宗亲书"养源堂"三大字，故在左右前后环以十斋，曰进德、曰兴能、曰登俊、曰持正、曰宾贤、曰崇礼、曰致道、曰尚志、曰养心、曰率性。每斋前列屋为间者五，而后为炉亭……堂之北为高阁以藏书，榜其扁曰"尊经"者。②

从上述史料可以看出，元初的杭州路学在建筑布局方面承守宋制，为右庙左学，论堂前后环以十斋，后有尊经阁。大德七年（1303），杭州路学撤尚志斋"以广殿基"。至大四年（1311），撤养心斋、率性斋以营学官廨舍。至治元年（1321），进德斋、兴能斋毁于火，以其地构厅事。至正二年（1342），杭州路学又火，虽然"燎及殿檐而止"，但持正、宾贤、崇礼、致道四斋又毁，路学仅存登俊一斋。③

至正六年（1346），杭州路学进行重建，布局如下："徙（尊经）阁于四斋之故位，且为屋掖其两旁。而以堂之故位作新堂及前轩，设

---

① （宋）杨简：《宋杨文元公简重修学记》，见成化《杭州府志》卷23《学校》，四库全书存目丛书本，史部第175册，第351页上。
② （元）黄溍：《金华黄先生文集》卷10《杭州路儒学兴造记》，四部丛刊初编本。
③ 同上。

大小学斋东西对峙……阁之北数百步而为亭以覆之"。另外,"殿庐门庑,官厅吏舍及故所有登俊一斋"的位置,则仍其旧。①

这样,杭州路学仍为右庙左学结构,学斋由十而一,虽新建大小学斋,但学斋数比元初大为减少。至正十二年(1352),红巾军攻克杭州,路学被毁,"曾无片瓦之覆"。至正十五年(1355),杭州路总管康里人帖木列思(字周贤)对之进行重建,重建后的建筑布局如下:"左庙右学,一循国学之制……礼殿尊祀先圣先师,东西两庑从祀位焉",前有戟门,"徙迁棂星门而南,其深八尺有奇";又建明伦堂,"弘敞高亮,以隆迪教讲道之原,设大小学四斋,以严授业辩惑之会,庖湢有所,仓庾有房,先贤后土有祠,来朋见宾有门,中唐有甓,泮水有梁,而学校之制大备焉"。②从上面可知,至正十五年的重建,使杭州路学布局由右庙左学改为左庙右学,之所以出现这种变化,可能是受了国子学建筑布局的影响。此时路学的各项设施基本完备。至正二十一年(1361)杭州路学又失火,"学宫斋舍罄为焦土"。此年,江浙行省丞相达识帖木尔进行了重建,新路学如下布局:

> 礼殿岿峙,衡[横]为间五,纵如之而差浅,夹室庑序合应门为间五十有七……门之南,东西相向,各构室四楹,为三献监礼官幕次。又少南为门二楹,题曰泮宫。门之冲,凿泮储水若玦,跨石梁于上,以便往来。又少南为朱门三,表王仪也。庙之东为神厨,其楹四。西为明伦堂,计间七,厦如堂数,轩少堂之四,设讲席以严师道。左右斋、仪门及别门为间三十有九。堂之北构重屋三楹,为贮书所。教授有廨,正录有居……庖湢

---

① (元)黄溍:《金华黄先生文集》卷10《杭州路儒学兴造记》,四部丛刊初编本。
② (元)王大本:《杭州路重建庙学之碑》,见(清)倪涛:《武林石刻记》卷2,石刻史料新编本,台北新文丰出版公司1979年版,第2辑,第9册,第6888页下。

廪库，一无所缺。①

据上可知，至正二十一年（1361）杭州路学在改建后，建筑布局仍然是左庙右学，路学的祭祀、教学以及生活设施也更加完备。

2. 建昌路学

建昌路学位于江西行省的中部，为下路，面积不大，经济文化落后。元初建昌路学因地势而建，布局比较特殊，"庙学因地之势，其位东向。有燕居殿在西北隅"。入元以来，附近居民往往侵学地而营居室，于是"（庙）庑左之居（民居），编户鳞次，近逼庙堧，喧秽不静。（尊经）阁后之居，面北背南构宅一区，横截其间，庙与燕居离隔为二，别启一门向西，不共前庙之门而出"。

泰定元年（1324），路总管萨德弥实尽撤民居，"缭以宫墙"，对路学的建筑布局进行了改造，新路学建筑布局如下：

大成殿仍东向，学居殿侧（左右不详）。殿前有戟门，戟门与庙之间的距离为二十丈六尺，"戟门之外凿泮池如半月，跨以石梁"，池外建棂星门，"门外甃街道为通衢"。泮池之侧有二碑亭，大成殿之后是燕居堂，其屋"如殿之制，广三常有二尺（五丈），深三寻有六尺六寸（三丈六尺六寸）"，与大成殿"相直东向，颇与右之前庙后寝类"。殿前筑杏坛"广一仞（七尺），崇三尺有五寸"。殿右为先贤祠，左为太守祠。学宫西南为学官厅舍，中居教授，周围居正录，其北又建厅事二所，"一以待众官之公居，一以待教官之公坐"②。

以上可知，建昌路学的建筑布局在元代只是部分调整，路学仍然依地势面东，庙与学的位置也仍其旧，但内部建筑如燕居殿、学门、

---

① （元）孟昉：《杭州路重建庙学记》，见（清）倪涛：《武林石刻记》卷2，石刻史料新编本，第2辑，第9册，第6833页下—6834页上。
② （元）吴澄：《吴文正集》卷36《建昌路庙学记》，文渊阁四库全书本，集部第1197册。

泮池、棂星门、学官厅舍的调整还是十分明显的。通过调整，路学建筑分布相对来说更加合理，设施也更加完备。

四、结论

元代儒学的建筑布局，是研究元代儒学教育的一个重要问题，本文通过对儒学主要建筑类型、儒学的主要建筑布局、儒学建筑布局的变化的深入考察和研究，主要得出如下结论：

第一，元代儒学主要分三个部分。其一是有关"庙"的建筑，包括：大成殿、从祀廊庑、祭器库、乐器库、神厨、更衣所、燕居堂（很少有学校设立）、戟门等。由于儒学教育的核心是儒家思想，所以，这一类建筑在儒学中的地位最高、最受尊崇，儒学的祭祀活动也主要在这一区域进行。其二是有关"学"的建筑，包括：明伦堂、学斋、尊经阁、学门等，这一部分是各种教学活动进行的场所，是仅次于庙的重要建筑。其三是祭祀教学的辅助设施及生活设施，包括：浴室、碑亭、公厨、会食堂、学官厅舍、泮池、泮桥、围墙、棂星门等，这一部分建筑在儒学中起着不同的作用，是儒学正常运行必不可少的。此外，先贤祠、土祠、文昌祠也属于祭祀的建筑，但与大成殿等建筑相比，这些建筑的地位略低，地域性较强，各学也不统一。

第二，元代儒学的建筑布局呈现出多样化的特点，前庙后学、右庙左学、左庙右学是主要形式。这种情况的出现，既是前代儒学影响的结果，也是元代教育出现新变化的反映。

第三，元代儒学的建筑布局发生了一定的变化，既有整个庙和学整体建筑布局的变化，更有部分建筑结构的调整。有一点是比较明确的，就是说，元代儒学通过上述变化，逐步适应了元代新的发展环境，各项教学、祭祀及辅助设施逐步趋于完善。

总的来看,元代儒学的建筑布局已经定型。儒学各项建筑的种类、大小、数量亦逐渐形成定制,这对明清儒学布局结构产生了较大的影响,说明了元代儒学教育在中国教育史上的地位。

(原载《暨南史学》第 2 辑,暨南大学出版社 2003 年版)

元代文庙祭祀初探

文庙也称孔庙、大成殿、夫子庙、孔子庙、宣圣庙,是中国古代祭祀孔子的场所。自汉武帝"罢黜百家,独尊儒术"以后,孔孟之道成为中国封建社会的正统学术,作为儒家学派的创始人以及著名教育家的孔子,自然受到中国历代王朝的顶礼膜拜,也成为历代儒士加以崇拜的"先圣先师"。于是,文庙祭祀在崇尚祭祀的中国古代逐渐盛行。

据史料记载,最早的孔庙于鲁哀公十七年(前478)建于曲阜孔子故宅,此后很长一段时间,孔庙祭祀"未出阙里"。北魏孝文帝在太和十三年(489)于京城洛阳建立孔庙,开始进行文庙祭祀。[①]唐贞观二年(628),唐太宗诏令停祭周公,升孔子为先圣,以颜回配[②],于是文庙祭祀之礼逐步完备。贞观四年(630),唐太宗诏州县皆立孔子庙,这是地方建立孔庙的开端,文庙祭祀制度逐步由京师推广到全国。宋代的文庙祭祀已经成为中央和地方固定的制度,据台湾学者黄进兴的研究,"迄元代为止,孔庙间逢战乱,容有停祀或破坏,祭祀礼仪却日增月益,尊崇有加"[③]。

需要指出的是,唐宋以来,文庙祭祀逐步与学校教育结合在一起,

---

① 参见《魏书》卷7下《高祖纪下》。
② 参见《新唐书》卷15《礼乐志五》。
③ 黄进兴:《道统与治统之间:从明嘉靖九年(1530)孔庙改制谈起》,《"中央研究院"历史语言研究所集刊》第61本,第4分,1990年12月,第921页。

形成了庙学合一的固定体制，文庙一般修建在地方官学里面，文庙祭祀与教学一样，成为学校日常教育活动的一个重要内容。教学旨在传授儒家文化，祭祀则是弘扬儒家文化的精神，"由学尊庙，因庙表学"①。文庙祭祀被赋予了更加丰富的内涵。

有关元代文庙祭祀制度的研究，目前还没有引起学术界的重视，迄今还没有这方面的研究成果。本文对元代文庙祭祀开展的情况、祭祀制度以及文庙祭祀的影响等内容进行初步的探讨，不足之处，请学界同仁批评指正。

一、文庙祭祀回顾

我国上古时期就有春秋祭祀先贤先师的传统，《周礼》中就有关于这一制度的记载，说明我国对文化、教育有贡献的人物进行祭祀的制度产生于西周或更早的时代，只是到后来，学校对于先师的祭祀才演变成对孔子的祭祀。

前面已经指出，早期文庙祭祀只是在孔子的故乡曲阜阙里进行，影响不大。北魏有"孔庙既成，释奠告始"的记载②，但祭祀的具体情况目前还不清楚，在作为教育机构的学校里祭祀孔子，大致出现在隋朝，《隋书·礼仪志》有：

> 隋制，国子寺每岁以四仲月上丁，释奠于先圣先师。年别一行乡饮酒礼。州郡学则以春秋仲月释奠。③

---

① （元）元明善：《武昌路学记》，见（元）苏天爵编：《元文类》卷29，国学基本丛书本，第374页。
② 《魏书》卷56《郑义传》。
③ 《隋书》卷9《礼仪志四》。

唐朝贞观年间，诏地方建立孔子庙，开元二十八年（740），又"诏春秋二仲上丁，以三公摄事。若会大祀，则用中丁。州县之祭上丁"①。唐代礼制典籍《大唐开元礼》对文庙祭祀的仪式有非常具体的规定，这说明唐朝文庙祭祀已经开展起来并形成了固定的制度。唐代的其他史料中有一些关于文庙祭祀的例证，如：

曹华，为沂州刺史，"乃躬礼儒士，习俎豆之容，春秋释奠于孔子庙，立学讲经，儒冠四集"②。

李椅，大历年间为福州都督府都督，他"每岁二月上丁，习舞释菜。先三日，公斋戒肄礼，命博士率胄子修祝嘏，陈祭典。释菜之日，衅器用币，笾豆在堂，樽罍在阼，公元端赤舄，正词陈信……八月上丁如初礼"③。

唐朝地方官学开始祭祀，这一点是肯定的，不过，由于唐朝还没有实行学田制度。学校没有固定的经费来源，所以，文庙祭祀举行起来非常困难。刘禹锡就曾经上书宰相府，要求罢黜文庙祭祀，他在《奏记丞相府论学事》中写道：

> 今之胶［校］庠，不闻弦歌，而室庐圮废，生徒衰少，非学官不欲振举也，病无资财以给其用。……凡学官春秋释奠于其先师，斯礼止于辟雍、泮宫，非及天下也。今四海郡县，咸以春秋上丁，有事孔子庙，其礼不应于古，且非孔子意也。……乞下礼官、博士详议典制，罢天下县邑牲牢衣币。④

宋朝文庙祭祀的制度趋于完备，据《宋史·礼志八》，大中祥符二年（1009），宋朝诏太常礼院定州县释奠礼器数量，此后，文庙祭

---

① 《新唐书》卷15《礼乐志五》。
② 《旧唐书》卷162《曹华传》。
③ （唐）独孤及：《毗陵集》卷9《福州都督府新学碑铭》，四部丛刊初编本。
④ （唐）刘禹锡：《刘梦得文集》卷25《奏记丞相府论学事》，四部丛刊初编本。

祀制度在熙宁、政和年间几经变化，至南宋时固定下来。宋朝各地文庙祭祀的例子更多，如：

郑民彝，字德常，北宋中期为常州宜兴县知县，县学"春秋释奠，篮筵篚彝灿然，靡不适礼之中"①。

石牧之，皇祐年间为天台县令，"春秋释奠，入而行礼，生徒与事，品物如制"②。

庆历年间，抚州宜黄县学"春秋释奠之事，以著于令，则常以庙祀"③。

金朝在中原建立统治以后，严格实行文庙祭祀制度，金朝政府规定：

> 普天之下府帅州县，有乡庠废毁，悉出府库钱为之修完，以洁春秋之奠。④

从史料看，金代很多学校荒废，发展困难，但春秋祭丁的制度基本上没有受到影响，例如：

济阳县金大定十四年（1174）以前没有县学，"凡二仲月释奠，□官以著令不敢废，期至，借屋行礼，或僧坊，或驿舍，无有定处"⑤。

文登县学金代毁于战火，"春秋释奠，荐祼无所，权于县厅事"⑥。

莱州胶水县学荒废，"春秋奠祭，旋行起搭幕次，方始扫除，俟

---

① （宋）王珪：《华阳集》卷52《秘书省著作佐郎郑君墓志铭》，文渊阁四库全书本，集部第1093册，第383页上。
② （宋）陈襄：《古灵先生文集》卷11《天台县孔子庙记》，北京图书馆古籍珍本丛刊本，书目文献出版社1998年版，集部第87册。
③ （宋）曾巩：《南丰先生元丰类稿》卷17《宜黄县县学记》，四部丛刊初编本。
④ （清）李图：道光《平度州志》卷24《金莱州胶水县重修宣圣庙碑》，辽金元石刻文献全编本，第1册。
⑤ （清）毕沅、阮元：《山左金石志》卷20《济阳县创建先圣庙碑》，辽金元石刻文献全编本，第1册。
⑥ （清）毕沅、阮元：《山左金石志》卷19《文登县新修县学碑》，辽金元石刻文献全编本，第1册。

行礼毕,复旧如斯"①。

进入元朝,地方文庙祭祀不仅继承下来,还更加受到重视。元人余阙记述道:"皇元之兴,诸事未遑,即定著孔庙祭祀之礼。"② 反映了元代对祭祀的重视。中统二年(1261)六月,元世祖下诏:

> 宣圣庙及管内书院,有司岁时致祭,月朔释奠。③

这里的"岁时致祭,月朔释奠"当然是指文庙祭祀。至元三十一年(1294),世祖又下圣旨:

> 赡学地土产业及贡士庄田,外人毋得侵夺,所出钱粮供春秋二丁。④

此后,这一圣旨多次被元政府重申。以上说明早在元朝统一中国以前,文庙祭祀已经作为固定的制度在北方实行。文庙祭祀包含春秋祭丁、朔望祭祀、殿谒等形式。⑤

二、元代的春秋祭丁

春秋祭丁是元朝规模最大、影响最广的文庙祭祀制度,现将这一制度考察如下:

---

① (清)李图:道光《平度州志》卷24《金莱州胶水县重修宣圣庙碑》,辽金元石刻文献全编本,第1册。
② (元)余阙:《青阳先生文集》卷3《汉阳府大成乐记》,四部丛刊续编本。
③ 《元史》卷4《世祖纪一》。
④ 《大元圣政国朝典章》31《礼部四·学校一·儒学·崇奉儒教事理》,第1181页。
⑤ 严格地说,元代文庙祭祀还应包括乡饮酒礼的内容,笔者已经有专文论及这一问题,这里不再包括在内。

（一）元初春秋祭丁的举行情况

元朝统一以前，蒙古军在灭金的过程中，进行了残酷的烧杀掳掠，中国北方社会遭到严重破坏，各地的儒学大多荒废，文庙祭祀受到很大影响。太宗窝阔台时期，北方地区逐步被蒙古占领，蒙古贵族通过投降的汉世侯对中原实行间接统治，于是，在一些汉世侯的主持下，北方儒学的祭祀开始举行。庚子年（1240）世侯严忠济参议东平路事，他召集前金进士康晔、王磐为东平学官，"春秋释奠，随季程试，必亲临之"。癸卯年（1243）真定路的赵州州学建立，"八月上丁，诸生释菜如礼"①。金源儒士元好问记录了乙卯年（1255）东平府学的春秋祭丁情况：

> 八月丁卯，侯（严忠济）率僚属诸生舍菜于新宫。玄弁朱衣，佩玉舒，徐衅落之，礼成而飨献之仪具，八音洋洋，复盈于东人之耳，四方来观者皆大喜称叹，以为衣冠礼乐尽在是矣。②

戊午年（1258），世侯张柔在保定开府时，重修庙学，新学告成后，"迎神于庙，释奠以落之"③。另外，一些未受战火摧残的地区，春秋祭丁也照常举行。如燕京附近的安平县有"小燕城"之号，"士子不下数十辈，视他邑文风又先盛"。于是"每春秋丁、朔望，吾夫子行祀于诸儒之家，以为故事"④。值得注意的是，北方儒学春秋祭丁制度一开始就得到忽必烈的支持。甲辰年（1244）王磐被召至开平，与忽必烈一起举行释奠礼，苏天爵记述了这次释奠的情况：

---

① （金）元好问：《遗山先生文集》卷32《赵州学记》，四部丛刊初编本。
② （金）元好问：《遗山先生文集》卷32《东平府新学记》，四部丛刊初编本。
③ （元）苏天爵辑撰，姚景安点校：《元朝名臣事略》卷6《万户张忠武王》，中华书局1996年版，第98页。
④ （清）吴汝纶：《深州风土记》卷11《元安平县庙学记》，辽金元石刻文献全编本，第3册。

> 公北行时，故人马云汉以宣圣画像为赠，既达北庭，适值秋丁，公奏行释奠礼，上悦，即命办其事。公为祝文，行三献礼，礼毕，进胙于上。上既饮福，熟其胙，上下均之，其崇敬如此。自是春秋二仲，岁以为常。①

这次秋丁举行的释奠仪式虽然比较简略，但他对忽必烈继位以后文庙祭祀的推行，产生了一定的影响。中统二年（1261），关于儒学、书院"岁时致祭，月朔释奠"的诏书颁布以后，忽必烈于"八月丁酉，命开平守臣释奠于宣圣庙"②。此后，春秋祭丁制度在北方开始普遍举行。这一时期春秋祭丁的记载很多，如：

至元初年，壶关县学"兵后焚毁殆尽，惟正殿巍然独存"。在这种情况下，春秋祭丁在"薙口拨块"的环境中进行。③

至元初年，平度县学常年失修，"上雨旁风，日敝月坠"，再加上"厥邻侵蚀其地"，造成了"春秋荐献殆不能容"的局面，即使这样，每年平度县都要进行春秋祭丁。④

至元年间，程思廉为云南行御史台中丞，他在中庆府（今云南省昆明市）"乃举春秋释菜之礼，先于所治中庆府集行省、（行）台以下诸官百余人，公服以行礼"⑤。

元初，莘县儒士赵某为县学教谕。当时正值丧乱之余，"文事废弛，春秋释奠，无从取办。君择后进十数，上名于官，复其身。人始知劝，由是学徒向方，庙祀如礼"⑥。

---

① （元）苏天爵辑撰，姚景安点校：《元朝名臣事略》卷12《内翰王文康公》，第238页。
② 《元史》卷76《祭祀志五》。
③ （清）胡聘之：《山右石刻丛编》卷26《壶关文庙十哲记》，辽金元石刻文献全编本，第1册。
④ （清）李图：道光《平度州志》卷24《元至元重修县学碑》，辽金元石刻文献全编本，第1册。
⑤ （元）王思廉：《河东廉访使程公神道碑》，见（元）苏天爵编：《元文类》卷67，国学基本丛书本，第969页。
⑥ （元）吴澄：《吴文正集》卷74《故教谕刘君墓碣》，文渊阁四库全书本，集部第1197册，第718页上。

至元八年（1271），绛州太平县建学，"以至元癸酉（1273）秋八月释菜之礼，用安神栖，邦人向化"①。

至元十七年（1280），安肃高林里孔子庙圮坏，里人刘祯率里中大姓重修之，并且置备祭器，以备春秋祭丁，"且为乡约春秋释奠之礼，俾可以继"②。

至元二十四年（1287），云南大理建学，从此"每遇春秋二丁、告朔既望，僚属、学官、诸胥、弟子环列于殿口之下，礼毕明经，观者如堵"③。

元朝统一江南，对江南的破坏虽然比北方小，但学校的正常活动同样受到战火的影响，相当一部分官学或书院荒废，但春秋祭丁同样没有中断。如元初的南安路学，虽然"学计素薄"，"师生廪膳常不给"，但当地春秋祭丁照样举行。④绍兴路新昌县学"春丁，会邑士于明伦堂"⑤。湖广行省的道州路"每岁春秋二仲上丁，郡侯率教授、山长各以其职事，命生徒祀先圣于郡学"⑥。处州路松阳县学"学官二丁释奠如礼"⑦。襄阳路学在战后不久恢复，也是"朔望、春秋奠荐"⑧。

需要指出的是，元初春秋祭丁作为一项制度被元政府规定下来，

---

① （清）胡聘之：《山右石刻丛编》卷25《绛州太平县重建文庙贤廊碑》，辽金元石刻文献全编本，第1册。
② （元）刘因：《高林孔子庙记》，见（元）苏天爵编：《元文类》卷28，国学基本丛书本，第356页。
③ （元）赵傅弼：《元大理新修文庙记》，见（清）王昶：《金石萃编未刻稿》，辽金元石刻文献全编本，第2册。
④ （元）刘岳申：《申斋集》卷5《南安路重修庙学记》，文渊阁四库全书本，集部第1204册，第239页上。
⑤ （清）杜春生：《越中金石记》卷7《新昌县学重建大成殿记》，辽金元石刻文献全编本，第3册。
⑥ （元）欧阳玄：《圭斋文集》卷5《道州路重修濂溪书院记》，四部丛刊初编本。
⑦ （元）张伯淳：《养蒙文集》卷3《处州路松阳县重修儒学记》，文渊阁四库全书本，集部第1194册，第455页下。
⑧ （元）姚燧：《姚文公牧庵集·襄阳庙学碑》，北京图书馆古籍珍本丛刊本，集部第92册。

"释奠仪式著于令典"①,"申命台宪、守令勉励而兴举之,是以有司行祀典勿敢缺"②。因此,"丁祀,有司奉行,固不敢不致"③。但元初由于战争的破坏,不论是北方还是江南的教育发展都非常困难,春秋祭丁涉及的人物较多,花费不菲,给地方官学带来不小的负担,所以,这一时期的春秋祭丁从内容和形式上都比较简略。上面所列举的元初北方、江南、云南的春秋祭丁,都是在非常简陋的条件下进行的。其他例子还很多,如光州学礼殿、祭器"一切敝旧,取具假借,岁春秋释奠,官及属,师及弟子,致斋无次"④。睢州仪封县没有县学,"岁时假公舍而释菜焉"⑤。绍兴路新昌县学在宋末就被焚毁,元初"二丁寓祭于县厅"⑥。宝庆路武冈县庙学卑陋,"朔望趋拜,春秋奠祀,使人玩怠,莫知肃虔"⑦。元初荆州路长林县没有县学,"朔望、春秋,附庸州庠"⑧。德安路应山县儒学因陋就简,"春秋朔望,主者应故事而已"⑨。

(二) 元代中后期文庙"礼"、"乐"的完备

元代中后期,社会安定,经济发展,儒学教育进入发展阶段,作为"朝廷重典"的春秋祭丁制度逐步完善,最直接的表现就是祭器的

---

① (元) 赵承禧:《大乐礼器碑》,见(清) 杨世沅:《句容金石记》卷6,辽金元石刻文献全编本,北京图书馆出版社2003年版,第1册。
② (元) 张知止:《南康县学重修庙学记》,见(清) 黄鸣珂:同治《南安府志》卷20《艺文三》,中国方志丛书本,台北成文出版社有限公司1977年版,第1860页。
③ (元) 刘泰《祭器记》,见(元) 张铉:《至正金陵新志》卷9《学校志》,中国方志丛书本,第1891页上。
④ (元) 马祖常:《石田文集》卷10《光州孔子庙碑》,文渊阁四库全书本,集部第1206册,第600页下。
⑤ (元) 王恽:《秋涧先生大全文集》卷39《睢州仪封县创建庙学记》,四部丛刊初编本。
⑥ (元) 吴天雷:《元贞元年重建大成殿记》,见陈畲:民国《新昌县志》卷5《礼制·学宫》,中国方志丛书本,台北成文出版社有限公司1970年版。
⑦ (元) 张图南:《重修儒学记》,见嘉靖《湖广图经志书》卷16《宝庆府·艺文》,日本藏中国罕见地方志丛刊本,第1442页下。
⑧ (元) 刘应奎:《长林儒学文庙记》,见嘉靖《湖广图经志书》卷6《荆州府·艺文》,日本藏中国罕见地方志丛刊本,第647页下。
⑨ (元) 石抹允:《应山重修孔子庙记》,见嘉靖《湖广图经志书》卷5《德安府·艺文》,日本藏中国罕见地方志丛刊本,第474页上。

完备和大成乐的普及。

祭器也称礼器,是文庙祭祀必备的器具。据清代学者阮元考证,文庙礼器肇自汉,但地方学校铸造礼器,开始于南宋。① 元初各级官学所有的祭器主要承袭于前代,种类、数量互不统一。如镇江路学祭器皆木器②,绍兴路学的祭器有陶器、木器和竹器③,广州路学的祭器铸锡为之④,绍兴路新昌县学皆石器⑤,涿州路学祭器皆以陶器为之⑥。除了祭器质地不同外,朝代更替之际,祭器损失破坏也非常严重。进入元朝,由于年代久远,"旧所存者,岁久刓弊,简陋弗完"。大德年间,庆元路昌国州学祭器还"多损缺,未有能新之者"⑦。元朝中期以后,随着文庙祭祀的广泛开展,各地官学开始重视祭器的铸造。天宁路总管郭友直就认为:

> 教养所以兴学,礼器所以将诚。教养偏废则学不兴,礼器不备则诚不尽,皆守臣效职之所以尽其责也。故学有钱粮以充其岁用者,赡师生,供祀事而已。……然有其礼无其器,樽俎不足供于前,丰洁无以陈于上,则虽致敬以有礼,而祀之诚有不尽者矣。教养兼举,礼器兼备,贤守之自责,固如是之用心也。⑧

这里,郭友直将祭器的完备与学校教养同样看待,反映了元人

---

① (清)阮元:《两浙金石志》卷16《元嘉兴路学铜爵识》后附《考释》,辽金元石刻文献全编本,第2册。
② (元)俞希鲁:《至顺镇江志》卷11《学校》,江苏地方文献丛书本。
③ (清)杜春生:《越中金石记》卷7《重建绍兴庙学图》,辽金元石刻文献全编本,第3册。
④ (元)陈大震:《大德南海志》卷9,宋元方志丛刊本,第8册。
⑤ (元)叶载采:《文庙祭器记》,见陈畲:民国《新昌县志》卷5,中国方志丛书本。
⑥ (元)揭傒斯:《揭文安公全集》卷10《涿州孔子庙礼器记》,四部丛刊初编本。
⑦ (元)冯福京:《大德昌国州图志》卷2《学校》,宋元方志丛刊本,第6册,第6070页上。
⑧ (元)郭友直:《儒学田土祭器碑记》,见嘉靖《湖广图经志书》卷4《黄州府·艺文》,日本藏中国罕见地方志丛刊本,第413页上、下。

对祭器的重视。基于这种认识,在元朝中后期学校处境有所改善的情况下,各地官学普遍铸造祭器,以完善文庙祭祀,铜成为铸器时通用的原料。如元贞元年(1295),湖广行省澧州路"范金为祭器二百七十有二,竹、木、丝、漆之具三百有四"①。永州路"幕工于庐陵(江西行省吉安路)","范尊、罍、豆、洗、爵、坫、簠、簋一百四十有二,筳、俎、篚、幕亦一新之"②。至治元年(1321),绍兴路新昌县学"范金合土"为祭器。至大元年(1308),嘉兴路学以铜铸祭器。③元代有关官学铸造祭器的史料很多,现将有代表性的记载列举如下:

至大二年(1309),栾城县学"以钱五百缗具祭器"④。

皇庆二年(1313),张拱辰为集庆路学教授,"购铜招旧匠开冶",共铸祭器一千四百一十八件,"器至是而始备"。⑤

泰定四年(1327),涿州学官曹明则"驰数千里还庐陵",为州学作祭器。⑥

后至元四年(1338),临江路新喻州"范铜为祭器"⑦。

后至元四年(1338),景陵县学范铜而铸造祭器一百五十余件。⑧

后至元五年(1339),慈溪县学教谕季仁寿"得补租钱一千二百余贯,以造祭器之未完者"⑨。

---

① (元)姚燧:《姚文公牧庵集·澧州庙学记》,北京图书馆古籍珍本丛刊本,集部第92册。
② (元)张山翁:《府学祭器记》,见康熙《永州府志》卷19《艺文二》,日本藏中国罕见地方志丛刊本,第559页上。
③ (清)杜春生:《越中金石记》卷16《元嘉兴路学器物款识十四种》,辽金元石刻文献全编本,第3册。
④ (清)张惇德:同治《栾城县志》卷14《栾城县学田记》,辽金元石刻文献全编本,第3册。
⑤ (元)胡助:《祭器记》,见(元)张铉:《至正金陵新志》卷9《学校志》,中国方志丛书本,第1891页下。
⑥ (元)揭傒斯:《揭文安公全集》卷10《涿州孔子庙礼器记》,四部丛刊初编本。
⑦ (元)虞集:《道园学古录》卷35《新喻州重修宣圣庙学记》,四部丛刊初编本。
⑧ (元)景坤厚:《景陵儒学记》,见嘉靖《湖广图经志书》卷11《沔阳府·艺文》,日本藏中国罕见地方志丛刊本。
⑨ (元)程郇:《慈溪县儒学》,见(元)王元恭:《至正四明续志》卷7《学校志》,宋元方志丛刊本,第7册,第6544页下。

后至元五年（1339），句容县学用铜铸造祭器一百五十一件。①

至正二年（1342），象山县尹穆卜颜帖木儿为象山县学"重置祭器"②。

至正十四年（1354），松溪县"范铜为祭器"③。

元末，张潜为开化县令，"凡学之具器故所无者，悉具，春秋释奠，莫不精恪承事，神人以和"④。

除了规模较大的官学以外，一些县以下的基层学校也有铸造祭器的记载。如延祐三年（1316），江西佥宪任蒙古岱至庐陵，为东阿县铜城镇夫子庙"范金为簠、簋、尊、爵、坫、勺、罍、洗凡四十有一，芗鼎七，仍竹木为笾、豆二十有四，以乡人父兄子弟春秋释奠其中"⑤。

元代中后期文庙春秋祭丁制度完善的另一重要表现，就是大成乐的推广与普及。祭祀用乐是中国古代的传统制度，文庙祭祀使用的大成乐出现于宋代。明代学者郑真记载：

> 宋咸淳三年（1267），度宗幸太学，诏升曾参郕国公、孔伋沂国公，配享先圣孔子庙廷。时厚斋公王应麟权直学士院，乐章实其撰著。⑥

这则史料反映了南宋王应麟创制大成乐的情况。元朝建立后，祭祀礼乐基本上沿袭前代，吴澄就指出："世祖皇帝于京师首善之地，

---

① （元）赵承禧：《大乐礼器记》，见（清）杨世沅：《句容金石记》卷6，辽金元石刻文献全编本，第1册。
② （元）王元恭：《至正四明续志》卷7《学校》，宋元方志丛刊本，第7册，第6549页下。
③ （元）黄溍：《金华黄先生文集》卷14《松溪县新学记》，四部丛刊初编本。
④ （元）鲁贞：《桐山老农集》卷1《修开化县学记》，文渊阁四库全书本，集部第1219册，第129页下。
⑤ （元）刘岳申：《申斋集》卷7《东阿县铜城镇夫子庙碑》，文渊阁四库全书本，集部第1204册，第264页上。
⑥ （明）郑真：《荥阳外史集》卷37《录王厚斋郕国沂国配食大成乐章》，文渊阁四库全书本，集部第1234册，第215页上。

肇创国子监学,春秋释奠,以前代之乐行事,列郡遵而行之。"①但大成乐"惟春秋二丁释奠则用"②。实际上,元初由于各地官学处境困难,大成乐并没有得到广泛推行,"令虽具,而吏亦鲜能应诏制,春秋奠荐,类以鼓吹行事"③。很多学校以俗乐行之,更多的地方春秋祭丁则没有乐。如汉阳府"孔子庙祀旧亦用俗乐"。至正二年(1342)湘乡州"大成乐不备"④。皇庆二年(1313)郴州路大成乐"未之建也"⑤。至大三年(1310)常德路"雅乐未作",春秋祭丁使用俗乐,"淫哇是奏,郑声嘈杂"。南安路学在延祐以前"大成乐未备"⑥。至治二年(1322)以前,新昌县学也是"释奠独未有乐"⑦。

对于文庙祭祀使用大成乐,元代许多学者都是极力提倡的。学者吴澄指出,孔子"至唐开元而服衮冕之服,正南面之位,祀以王礼,遂为定制。凡释奠者必大合乐,因古释奠之名,损益其礼,以祀夫子。祀必用乐者,仿古也"⑧。学者周仁荣也认为:"乐修于学,可以通神明,美教化,移风俗。"⑨在一些学者的提倡下,元代中后期,很多地方开始置备大成乐器,用于文庙春秋祭丁,如:

大德七年(1303),集庆路学置大成乐,选诸生肄习,用于春秋祭丁。⑩

---

① (元)吴澄:《吴文正集》卷36《南安路儒学大成乐记》,文渊阁四库全书本,集部第1197册,第383页下。
② (元)张铉:《至正金陵新志》卷9《学校志》,中国方志丛书本,第1892页上。
③ (元)余阙:《青阳先生文集》卷3《汉阳府大成乐记》,四部丛刊续编本。
④ (元)杨继祖:《奠大成雅乐记》,见嘉靖《湖广图经志书》卷15《长沙府·艺文》,日本藏中国罕见地方志丛刊本,第1378页下。
⑤ (元)郑鸣凤:《大成乐记》,见嘉靖《湖广图经志书》卷14《郴州府·艺文》,日本藏中国罕见地方志丛刊本,第1238页下。
⑥ (清)黄鸣珂:同治《南安府志》卷5《庙学》,中国方志丛书本。
⑦ (元)王应及:《新昌县儒学大成乐记》,见陈訚:民国《新昌县志》卷5《礼制·学宫》,中国方志丛书本。
⑧ (元)吴澄:《吴文正集》卷36《南安路儒学大成乐记》,文渊阁四库全书本,集部第1197册,第383页下。
⑨ (元)周仁荣:《大成乐记》,见(明)钱谷编:《吴都文粹续集》卷7,文渊阁四库全书本,集部第1385册,第165页上。
⑩ (元)张铉:《至正金陵新志》卷9《学校志》,中国方志丛书本,第1890页上。

至大三年（1310），常德路学置大成乐。①

皇庆二年（1313），湖广行省郴州路学置大成乐。②

延祐年间，真定路学学正张在（字文在）置办大成乐器，数月完成。③

延祐年间，松江府"始备大成之乐"。至正十九年（1359），府学"征乐师以教生徒"④。

至治元年（1321），溧阳州儒学教授孔涛置雅乐（大成乐）。⑤

至治二年（1322），新昌县学置办大成乐器。⑥

至治三年（1323），吉水州置备大成乐器。⑦

泰定元年（1324），嘉定州儒学大成乐成。⑧

泰定元年（1324），安丰路学"遣学正及生（员）二人，作雅乐诸器于吴中"⑨。

泰定年间，衡州路常宁州学置大成乐，"征乐师，招弟子员，俾肄习之"⑩。

元统元年（1333），建德路学制造大成乐器，"师弟子朝夕肄习"⑪。

后至元二年（1336），澧州路慈利州学"作雅乐，备登歌之工，

---

① （元）史节翁：《新置大成乐记》，见嘉靖《湖广图经志书》卷15《长沙府·艺文》，日本藏中国罕见地方志丛刊本。
② （元）郑鸣凤：《大成乐记》，见嘉靖《湖广图经志书》卷14《郴州府·艺文》，日本藏中国罕见地方志丛刊本。
③ （元）苏天爵著，陈高华、孟繁清点校：《滋溪文稿》卷14《濮州儒学教授张君墓志铭》，第229页。
④ 崇祯《松江府志》卷23《府学》，日本藏中国罕见地方志丛刊本，第578页上。
⑤ （元）张铉：《至正金陵新志》卷9《学校志》，中国方志丛书本，第1894页下。
⑥ （元）王应及：《新昌县儒学大成乐记》，见陈畲：民国《新昌县志》卷5《礼制·学宫》，中国方志丛书本。
⑦ （元）刘岳申：《申斋集》卷6《吉水州修学记》，文渊阁四库全书本，集部第1204册。
⑧ （元）周仁荣：《大成乐记》，见（明）钱谷编：《吴都文粹续集》卷7，文渊阁四库全书本，集部第1385册，第164页下。
⑨ （元）马祖常：《石田文集》卷10《安丰路孔子庙碑》，文渊阁四库全书本，集部第1206册，第598页下。
⑩ （元）石克明：《大成乐庭记》，见嘉靖《湖广图经志书》卷12《衡州府·艺文》，日本藏中国罕见地方志丛刊本。
⑪ （元）柳贯：《柳待制文集》卷15《建德路学新制乐器记》，四部丛刊初编本。

八音之器，使诸生肄焉，有祀于先圣先师则用之"①。

后至元四年（1338），湖广行省天临路湘乡州学于始置大成乐，至正二年（1342）完成。②

后至元四年（1338），临江路新喻州学"为雅乐之器"③。

至正十六年（1356），昆山州学"大修孔子庙……理大成乐"④。

至正十六年（1356），嘉定州学置备大成乐。⑤

以上列举的一些地方置备大成乐的例子，反映了元代中后期大成乐逐步普及的情况。大成乐的设置，使本来就比较隆重的春秋祭丁更加庄严、肃穆，春秋祭丁在地方社会中的影响增加，很多史料反映了在大成乐伴奏下春秋祭丁的盛况。如常德路至大三年（1310）乐成，次年春丁释奠，"戛音既作，合奏乃宣，歌声、乐声，交倡修举，铿锵缴绎，八音克谐，洋洋在上，神若来格"⑥。湘乡州至正二年（1342）八月朔日大成乐成，"越三日丁卯，行舍奠礼"，这一天，"天气清明，人神孚感，登歌以节，八音随之，升降以仪，而大礼毕"⑦。常宁州泰定年间大成乐完备，于是"庙学之制益弘，降登之序有容，春秋释奠，礼乐明备，神人以和"⑧。元中期汉阳府学大成乐成，"八月丁丑有事于学宫，人声在上，乐奏于下，翕如纯如，疾舒以度，礼仪既举，观者

---

① （元）虞集：《道园学古录》卷35《澧州路慈利州修儒学记》，四部丛刊初编本。
② （元）杨继祖：《奠大成雅乐记》，见嘉靖《湖广图经志书》卷15《长沙府·艺文》，日本藏中国罕见地方志丛刊本。
③ （元）虞集：《道园学古录》卷35《新喻州重修宣圣庙儒学记》，四部丛刊初编本。
④ （元）杨维桢：《昆山州学宫碑》，见（明）钱谷编：《吴都文粹续集》卷5，文渊阁四库全书本，集部第1385册，第122页下。
⑤ （元）杨维桢：《嘉定州修学记》，见（明）钱谷编：《吴都文粹续集》卷6，文渊阁四库全书本，集部第1385册。
⑥ （元）史节翁：《新置大成乐记》，见嘉靖《湖广图经志书》卷18《常德府·艺文》，日本藏中国罕见地方志丛刊本，第155页上。
⑦ （元）杨继祖：《奠大成雅乐记》，见嘉靖《湖广图经志书》卷15《长沙府·艺文》，日本藏中国罕见地方志丛刊本，第1379页上。
⑧ （元）石克明：《大成乐庭记》，见嘉靖《湖广图经志书》卷12《衡州府·艺文》，日本藏中国罕见地方志丛刊本，第1070页上。

咸作而叹曰：礼乐之用大矣！"①元统元年（1333）秋，建德路学大成乐成，"上丁释奠，出而荐之，音节允谐，仪文毕举，官师在位，诸生缀行，莫不竦耳动心，知召和之有道而致飨之有容"②。

大成乐的设立，是元代文庙祭祀制度完善的表现。春秋祭丁演奏大成之乐不仅使祭祀制度更加完备，也扩大了文庙祭祀在社会中的影响。

（三）元代春秋祭丁礼仪制度

元朝初年虽然"释奠仪式著于令典"，但文庙春秋祭丁的具体制度缺乏记载，大致沿袭宋金旧制。至元十三年（1276），"中书省命春秋释奠，执事官各公服如其品，陪位诸儒襕带唐巾行礼"③。这说明此时的春秋祭丁已经有固定的礼仪制度。元朝统一以后，各地开始参照旧制，重新制定儒学春秋祭祀制度。至元二十九年（1292），绍兴路制定了新的"学式"，其中包括有关春秋祭丁的内容。下面以《越中金石记》为主并参照其他史料，对有关文庙春秋祭丁的礼仪制度概述如下。

春秋祭丁的时间，宋朝时一般是在春秋二仲月的上丁日，元朝继续沿袭这一规定。《元史·祭祀志》记载，京师孔子庙祭祀在"春秋二仲月上丁，有故改用中丁"。地方的春秋祭丁应该也是如此。

祭祀的参加者为地方官、肃政廉访司官、儒学提举司官、政府吏员、学官、大小学的生员以及地方耆旧。祭祀时，"献（官）、从祀（官）俱以诸司存官为之"④，地方官吏分别担任祭祀的初献官、亚献官、终献官、纠弹、执礼者、祝、乐师、赞者等。

对"释奠服色"，元朝也有具体规定。至元十年（1273），中书省鉴于当时"外路官员、提学（官）、教授每遇春秋二丁，不便常服

---

① （元）余阙：《青阳先生文集》卷3《汉阳府大成乐记》，四部丛刊续编本。
② （元）柳贯：《柳待制文集》卷15《建德路学新制乐器记》，四部丛刊初编本。
③ 《元史》卷76《祭祀志五》。
④ （清）杜春生：《越中金石记》卷7《重建绍兴庙学图·至元壬辰重定学式》，辽金元石刻文献全编本，第3册，第480页。

以供执事，于礼未宜"的情况，经过讨论，规定："自今以往，拟合令执事官员，各依品序穿着公服，外据陪位诸儒，亦合衣襕带，冠唐巾，以行释菜之礼。"① 全国统一以后，江南祭祀制度直接承袭南宋，释奠的"服色"与至元十年（1273）的规定不同，元政府对此采取了宽容的态度，并没有强制统一。史料记载，当时建康路学祭祀，陪位诸儒就没有按照规定置备襕带、唐巾。这种情况上报到御史台，御史台在下发的公文中指出，江南春秋祭丁，诸儒"衣深衣，执事陪位，行之已久，考之于古，允谐礼文"。因此，"江南路分合令献官、与祭官员，依品序各具公服，执事斋廊人员，衣襕带，冠唐巾"，而陪位诸儒，"南北士服，各从其便"。②

上文已经提到，春秋祭丁以大成乐伴奏，整个祭祀过程庄严、肃穆。

《元史·祭祀志》详细介绍了京师春秋祭丁的礼制、乐制的情况，至于地方儒学春秋祭丁的礼乐仪式，应该比较简略一些。据《越中金石记》卷七记载的元朝绍兴路《至元壬辰重定学式》，春秋祭丁的释奠仪式主要分为以下步骤：

第一，习仪。释奠"前二日，习仪；前一日，涤濯陈设；是夕，遂宿斋，诸儒生并集于学，戒无得群饮"。献官及陪位官在子时至学，儒生按照年龄大小"班立"于大成殿之下，小学生员居其后。站定后，献官以及纠弹升阶，东西相向立于大成殿之前。

第二，辟户（开启大成殿门）。一切准备妥当以后，赞者喊"辟户"，于是，殿门打开，初献官进殿，视礼器陈设是否合制，拜，兴，平身，回原来位置。

第三，行礼。祝者先从西阶进殿，赞者引初献官进庙，至先圣先师（孔子）位前，再拜，"焚香进币，奠币进爵，奠爵读祝"。祝文一般请名人写，内容是赞美孔子，有固定的格式。祝文读毕，再至四

---

① 《大元圣政国朝典章》29《礼部二·礼制二·服色·秀才祭丁当备唐巾襕带》，第1123页。
② 《大元圣政国朝典章》29《礼部二·礼制二·服色·南北士服各从其便》，第1124页。

配（颜、孟、曾、思）位前行礼如初。然后是亚献官、终献官进庙行礼、释奠。其间，每一个仪式都要赞者先唱，"俱以声尽为节"。

第四，合户（关闭大成殿门）。行礼以后，初献官至大成殿东序"饮福受胙"，执事者各就位。除初献官以外，所有参加祭祀人员复拜如前仪，祭品摆列整齐，合户。诸人出庙门外，"献官以下与执事者相向，序礼中庭"，诸生环立庑外，圆揖而退。

春秋祭丁的最后一个仪式是"礼成饮酒"。由地方政府所在地的录事司官员主持。大成殿行礼完毕，撤祭品牲物，安排厨房做饭，在学校明伦堂布置酒席。正午，参加祭祀的献官、诸司官、儒司官、学官（教授、学正、学录等）以及当地知名乡绅耆儒，于席中坐定。提举司、路府州县吏员，则雁行立于一侧，上司约束之，"必令整肃"。生员则退居所属学斋，由执事者分给胙肉酒米。整个仪式在参加者酒足饭饱之后结束。

春秋祭丁是儒学最大的祭祀活动，同时它更是一种社会文化活动。由于主持这一活动的是当地政府首脑，一般官员、僚属、学官、儒士、大小学生员都要参加，老百姓也可以从旁观瞻，因此在当时社会的影响是可以想见的，对崇儒重学的社会风气的形成，也不无裨益。特别是在元朝儒士地位下降，儒学发展困难的情况下，这一活动对提高儒士的自我认同意识，增强儒士的自豪感，意义更加明显。所以，元初儒士大多对儒学春秋祭丁表示支持，并积极参加这一活动，如赵若焕（尧章甫）为宋宗室，元朝隐居，不问政事，但每年"邑校春秋释奠，斋宿陪位甚谨"[①]。

[①] （元）吴澄：《吴文正集》卷 76《故逸士赵君墓志铭》，文渊阁四库全书本，集部第 1197 册，第 736 页下。

三、元代的朔望祭祀

朔望祭祀是地方官学在每月的朔（初一）、望（十五）日举行的祭祀、讲经等活动。朔望祭祀是元代文庙祭祀的重要形式之一，因为这一活动举行的次数多，并且包括"讲书"的内容，所以其影响已经超出了单纯文庙祭祀的范畴。

（一）元代朔望祭祀的举行情况

在中国古代，每月的朔望日是比较重要的日子，一些重要的祭祀、纪念活动，大多安排在这两天进行。宋代的朔望日是臣僚朝拜皇帝的日子，民间百姓一般要到家庙祭祀祖先。宋代时，一些地方官、学官出于对教育的重视，开始在朔望日到学校的文庙（或先贤祠堂）释奠行礼，礼毕，召集官学（或书院）生员讲议经史。宋淳熙年间，韶州教授廖德明"月日朔望，率诸生拜谒"①。北宋元祐年间，杨忠惠（字敦夫）"知洋州，为幼学文谕郡人，朔望率诸生释菜于先圣，退而环坐，执经讲论，课试能否，于是旧俗一变"②。嘉定十四年（1221），宇文峒为转运使兼中江县令，"朔望造学宫"③。嘉定年间，吴某为四川宣谕使于成都，"朔望必至学宫，亲与诸生周旋。又择知经者，俾与诸生陈说大义"④。南宋绍熙初年，陆象山知荆门军，"朔望及暇日诣学，讲诲

---

① （宋）朱熹：《韶州州学濂溪先生祠记》，见（宋）周敦颐：《周元公集》卷6，文渊阁四库全书本，集部第1101册，第482页下。
② （宋）吕陶：《净德集》卷22《朝奉大夫知洋州杨府君墓志铭》，文渊阁四库全书本，集部第1098册，第187页上。
③ （宋）度正：《性善堂稿》卷10《中江县重修学记》，文渊阁四库全书本，集部第1170册，第231页上。
④ （宋）度正：《性善堂稿》卷11《敷文阁直学士安抚制置使长沙吴公生祠记》，文渊阁四库全书本，集部第1170册，第241页上。

诸生"①。南宋王十朋知湖州,"朔望会诸生学宫,讲经询政"②。南宋魏了翁知眉州,"朔望诣学宫,亲为讲说,诱掖指授"③。

由于一些地方官对朔望祭祀的大力提倡,在宋代特别是南宋以后,朔望祭祀逐步被地方儒学或书院接受下来,成为约定俗成的制度。即使没有地方官的参与,一些儒学或书院的朔望祭祀也是照样进行,如南宋的广平书院,"春秋舍菜先圣,岁时、朔望谒祠,齿拜讲说"④。不过,在目前的史料中,并没有发现两宋朝廷有关朔望祭祀的任何规定,说明宋代地方儒学或书院虽然出现了朔望祭祀,但大多属于官员或儒学、书院的个别行为,并没有得到朝廷的认可和推广,形成固定的制度。以政府的名义将地方官学或书院的朔望祭祀制度颁行天下,出现在元初。

中统二年(1261),元世祖下诏:"宣圣庙国家岁时致祭,诸儒学月朔释奠,常令洒扫修洁。"这是元朝政府有关朔望祭祀的最早法令。不久,由文臣根据当时情况制定的《宣圣庙告朔礼》正式颁布。至元六年(1269),元政府又颁布《朔望讲经史例》,规定各路"如遇朔望日,长次以下正官同首领官,率领僚属吏员,俱诣文庙烧香,礼毕,从学官、主善诣讲堂,同诸生并民家子弟愿从学者,讲议经史,更向授受"⑤。这一诏令除了将朔望祭祀与朔望讲经联系起来以外,更为重要的是规定了地方官、按察司(后为肃政廉访司)官朔望率僚属到学校参加祭祀、讲经的制度,对朔望祭祀制度的推行起了重要作用。从史料看,元初朔望祭祀制度确实在各地学校、书院得到广泛的开展。现将元初朔望祭祀的情况考察如下:

---

① (宋)杨简:《慈湖遗书》卷5《象山先生行状》,文渊阁四库全书本,集部第1156册,第651页下。
② 《宋史》卷387《王十朋传》。
③ 《宋史》卷437《魏了翁传》。
④ (宋)王应麟:《四明文献集》卷1《广平书院记》,文渊阁四库全书本,集部第1187册,第192页上。
⑤ 《大元圣政国朝典章》31《礼部四·学校一·儒学》,第1180页。

大蒙古国时期，北方金源士人就有在民间进行朔望祭祀的记载，如在真定之属县获鹿，其里曰阎同，儒士高健就"慕学聘儒先生讲道于家，春秋丁日及月朔望，悬先圣画像，行释奠释菜礼"①。寿光县学在蒙金战争中被毁，"衣冠之堂化为荆棘之地，讲诵之所变为瓦砾之场"，但当地耆旧王英等"纠率月会诸人，就学宫遗址以行酹祭之礼"②。

元世祖中统二年（1261）圣旨以后，尽管当时中国北方儒学教育尚未从战火中完全恢复，各地的朔望祭祀还是逐步开展起来。如至元壬辰（1292），寿昌县学"朔望奠拜，欢鼓升堂，民改视易听"③。即使在远在边陲的云南大理，至元年间"朔及望，僚属学官、诸胥弟子环列于殿□之下，礼毕明经，观者如堵"④。

江南统一之初，儒学受到一定的破坏，儒士社会地位下降，儒学发展困难。于是，一些儒士以维护传统文化的生存为己任，朔望进行祭祀活动，以增加儒学的影响。元初，儒士方凤与吴思齐，"率其徒为讲经社，得思陵所□夫子像，揭于庭，朔望拜，进退兴俯殊习"⑤。元朝在江南的统治稳定以后，江南地方官开始执行元政府的诏令，进行朔望祭祀。元初台州路学毁于兵火，"朔日月半，部使、府侯至，坐直舍如斗大，余皆露立灌莽中"，进行朔望祭祀。⑥至元二十六年（1289）七月，宁海县学"作讲堂直舍，朔望行礼于其中，讲说亦不废"⑦。元

---

① （元）危素：《危学士全集》卷6《太行书院先贤祠记》，四库全书存目丛书本，集部第24册，第728页下。
② （元）常吉昌：《元达鲁花赤兴哥撒里重修宣圣庙碑》，见邹允中：民国《寿光县志》卷13，辽金元石刻文献全编本，第3册。
③ （宋）何梦桂：《潜斋集》卷9《寿昌县学记》，文渊阁四库全书本，集部第1188册，第489页下。
④ （元）赵傅弼：《元大理新修文庙记》，见（清）王昶：《金石萃编未刻稿》，辽金元石刻文献全编本，第2册。
⑤ （宋）谢翱：《晞发集》卷8《鲁国图诗并序》，文渊阁四库全书本，集部第1188册，第317页上。
⑥ （元）程钜夫：《雪楼集》卷11《台州路学讲堂记》，文渊阁四库全书本，集部第1202册，第134页下。
⑦ （元）舒岳祥：《阆风集》卷11《宁海县学记》，文渊阁四库全书本，集部第1187册，第437页上。

初莆田县学建成,"官吏师生,朔望奠谒"①。

元朝中期以后,随着儒士户籍的编订以及有关儒学教育的各项文教政策的推行,朔望祭祀制度也逐步规范和严格。元贞元年(1295),元政府颁布《行台坐下宪司讲究学校便宜》,规定:

> 在籍儒人,凡遇朔望,不犯红日,并须诣学,亲笔书名,陪拜听讲,雍容就列,不得喧哗。如有事故者,先期具状,经教官给假,附簿以凭稽考。②

对于朔望讲经,这个文件也进行了具体的规定,除了学官、职事登堂讲说以外,一般儒士也要"供月课",儒学生员则要在讲经以后,抽签选择数人进行考核,"文理不通"者要受到降供甚至开除儒籍的惩罚。大德三年(1299)三月朔日,浙东海右道肃政廉访司官员到婺州路检查朔望祭祀执行的情况,发现"本学职员"缺席达八十人,讲说时"有不通者十余辈",认为这是学官教诲无方,儒生怠慢所致。于是,同年四月,元政府又颁布了《宪司举明学校规式》,规定对朔望日不到学校陪拜听讲的儒士,予以罚款等处罚,并强调前宋进士必须"逐月朔望,轮次讲书"。《宪司举明学校规式》在强调儒士必须参加朔望祭祀的同时,对朔望祭祀制度进行了更加严格的规定。③

元朝对朔望讲经的严格要求,使地方官和儒士都对之奉行唯谨,元朝中后期的朔望祭祀成为地方儒学的一项重要制度。如大德年间的杭州路,"月朔、十五日,部使者入郡庙谒先圣先师,郡守以下无敢不致"④。现将此后各地朔望祭祀的记载举例如下:

---

① (宋)黄仲元:《莆阳黄仲元四如先生文稿》卷1《莆田县庙学圣像记》,四部丛刊三编本。
② 《庙学典礼》卷5《行台坐下宪司讲究学校便宜》,文渊阁四库全书本,史部第648册,第380页下。
③ 《庙学典礼》卷6《宪司举明学校规式》,文渊阁四库全书本,史部第648册,第394—395页。
④ (元)陈旅:《安雅堂集》卷6《婺源州学正余志贤之官序》,文渊阁四库全书本,集部第1213册,第75页下。

大德年间，李天祐为庆元路象山县尹，"月朔率僚吏入学，听师生讲说经训，使知礼义廉耻"①。

至大元年（1308），许商孟为长山县尹，"治事之外，旦至庙学，观诸生讲授，课其进退"，同时"凡县吏皆肄业如生徒"②。

泰定年间，淮安路总管赵宗道"遇朔望，效□嵩呼，展拜先圣，拾级升堂，□诸生府史，援引经训，诲以忠孝，亹亹弗绝"③。

元统年间，建德路总管王昱"每旦望入学，延见章逢，语及仁义则谆谆析理，纳之于善言"④。

至正元年（1341），屯留县藕泽村宋思约创建社学，"朔望躬率其徒，行释奠之礼"⑤。

至正年间，集庆路学"朔望祀享，行台官躬视礼仪，监察御史时至勉励，公卿大夫居江左者，率遣弟子就学"⑥。

至正五年（1345），荆州路夷陵州学"延师会友，旦望讲诵如仪"⑦。

至正年间，阳城县尹赵绳祖（字嗣宗）"每于朔望之旦，临政之暇，舍菜于庙厅，讲于堂，躬自勉励，不期年而民化之"⑧。

至正年间，定县学"朔望严立课簿，讲诵之音"不绝。⑨

元末，山阴县"月朔望拜谒礼毕，集生徒讲经术，论道理，开

---

① （元）苏天爵著，陈高华、孟繁清点校：《滋溪文稿》卷18《故承事郎象山县尹李侯墓碑》，第299页。
② （元）刘敏中：《中庵先生刘文简公文集》卷1《长山县学田记》，北京图书馆古籍珍本丛刊本，书目文献出版社1991年版，集部第92册。
③ 《淮阴金石仅存录》卷25《淮安路儒学修造记》，石刻史料新编本，第2辑，第9册，第7054页。
④ （元）柳贯：《柳待制文集》卷15《建德路学新制乐器记》，四部丛刊初编本。
⑤ （元）翟祺：《藕泽村孔庙记》，见（清）胡聘之：《山右石刻丛编》卷39，辽金元石刻文献全编本，第1册，第605页。
⑥ （元）张铉：《至正金陵新志》卷9《学校志》，中国方志丛书本，第1892页下。
⑦ （元）俞焯：《夷陵州儒学记》，见嘉靖《湖广图经志书》卷6《荆州府》，日本藏中国罕见地方志丛刊本，第656页下。
⑧ （清）胡聘之：《山右石刻丛编》卷38《阳城县尹赵侯兴学之记》，辽金元石刻文献全编本，第1册。
⑨ 民国《定县志》卷20《志余·金石篇下》，辽金元石刻文献全编本，第2册。

陈孝悌忠信，观者莫不喜悦，期教化之有成于兹县也"①。

上述例子说明了元代中后期朔望祭祀制度普遍实行的情况。

（二）元代朔望祭祀礼仪制度

前面已经指出，中统二年（1261）元政府颁布了文庙"告朔礼"②，从此北方就有了固定的朔望祭祀制度，元朝统一以后，各地儒学对朔望祭祀制度进行了修订。现根据"告朔礼"和至元二十九年（1292）绍兴路学的"学式"中对朔望祭祀礼仪制度的记载，将这一制度概述如下：

朔望祭祀于每月的朔（农历初一）、望日（农历十五）在各级儒学进行。

朔望祭祀的参加者主要有：地方官、廉访司官、学官、地方耆旧以及大、小学生员。祭祀的仪式与春秋祭丁相比，有些简略，因此，有些史料称其为"朔望释菜"。但是，由于它既祭祀，又讲经和考核生员，并且每月两次，所以在元朝的文庙祭祀中显得格外重要。

中统二年（1261），元政府议定的朔望祭祀的具体仪式，大致如下：

> 先放圣寿辇于宣圣右边（曾孟位上）香案具，下祝案，置祝板于上。每朔旦，日未出，设立献位阶下，诸生列位于后。赞者在前先二拜，自东阶升殿，喝"摆班"，又喝"班齐"。次喝，初献官以下皆拜、再拜，两拜毕，平立。执事者引三献官升殿，自东阶分献官、诸从祀位如殿上仪，初献立宣圣位前，亚、终献分立颜孟、十哲位前。赞者喝"再拜"，具再拜，毕，就跪，三祭酒，再拜具；亚、终献以如之。礼毕，三献官诣圣寿位前，先再拜，跪上香，就跪，祝香读祝讫，三奠酒毕，就拜，具再拜，

---

① （明）刘基：《刘基集》卷12《山阴县孔子庙碑》，第174页。
② 《大元圣政国朝典章》31《礼部四·学校一·儒学》，第1179页。

礼毕,降自西阶复位。赞者喝"初献官以下皆再拜、两拜",礼毕,诸生与献官员[圆]揖,诣讲堂讲书。①

上述仪式是元初北方儒士根据当时的具体情况并参照金朝制度制定的,元世祖时期在北方普遍实行。

江南统一以后,江南各地儒学根据宋朝朔望祭祀的有关习俗以及元政府的有关规定,重新制定了朔望祭祀的礼仪制度。绍兴路至元二十九年(1292)重修制定的"学式"中有关朔望祭祀规定如下:

> 黎明,诸生深衣入学,闻鼓班立殿下,执事者东向立。赞者请行礼,班首就褥位,执礼者与掌仪先再拜,升阶东西立,唱:"鞠躬、拜、兴、拜、兴、平身!"俱以声尽为节。次唱:"执事者各祇乃事!"赞者引班首诣盥洗、爵洗所,升阶,诣酌尊所,实酒,诣先圣前,跪,焚香进爵,三祭酒,俛伏,兴,复位。执礼者唱:"执事者各复位!"鞠躬、拜、兴如前仪。礼毕,殿下东西立,圆揖退。②

以上所引史料,记述了绍兴路学"学式"中规定的朔望祭祀仪式。与中统二年(1261)仪式相比,有一些明显的变化:首先,将皇帝的"圣辇"从殿中撤出,仪式中向"圣辇"行礼的内容也相应删除。其次,规定"诸生深衣入学",说明祭祀中,参加人员要统一着装,这与上面的春秋祭丁统一服色的规定是一致的,反映了祭祀仪式的规范化。再次,绍兴路学的朔望祭祀免除了读祝文的内容,只行礼,不读祝文,反映了祭祀礼仪的简化。

特别重要的是,绍兴路的"学式"中对以前规定比较简单的朔

---

① 《大元圣政国朝典章》31《礼部四·学校一·儒学》,第 1179—1180 页。
② (清)杜春生:《越中金石记》卷 7《重建绍兴庙学图·至元壬辰重定学式》,辽金元石刻文献全编本,第 3 册。

望讲经内容,进行了详细的规定,反映了讲经在元世祖至元末年以后,已经成为与祭祀同等重要的内容。朔望讲经的具体规定如下:

> 殿谒退,升明伦堂,诸司存官与乡之有齿德者列坐,诸生从其后,大小学生班立,推一人唱揖平身,鸣鼓,请讲书。朔旦教授升讲座,望日正录轮讲,别位于座之西,口演经旨,不用讲义。文字讲毕,大小学生签,讲所习《四书》,命题课口义及诗对,定其优劣,以示激厉。①

从中统到至元文庙朔望祭祀礼仪制度的变化可以看出,朔望祭祀仪式中,祭祀的内容在精简,而讲经的内容逐步增加。这反映了元朝儒学的庙和学、祭祀与教学正在逐步地结合起来,体现出庙学合一的特点。元人俞德邻记述了元初朔望祭祀以后讲经的盛况:

> 每旦望奠谒毕,冠珮宪宪,揖让而升,师氏据皋比,横经析理,正录师长论陪讲以序,郡将众文武官环坐竦听,已各趋出。②

元朝中期以后,元政府加强对儒士的控制,文庙朔望祭祀中有关讲经和考核的规定更加严格。考试对象除大小学生员外,也考察在籍儒士的学业。前引大德三年(1299)江南行御史台颁布的《行台坐下宪司讲究学校便宜》和《宪司举明学校规式》中,规定了儒士朔望诣学陪拜听讲并且亲自讲论的制度。对于生员的考试,这里同样进行了严格的规定:每月朔日,学官预先出题三章,揭示廊庑,听其讲究精熟。置立签筒,写上全部生员姓名。至望日,学官讲经完毕,则通过抽签让生员至案前讲说朔日的题目,以后考核内容以此类推,三次

---

① (清)杜春生:《越中金石记》卷7《重建绍兴庙学图·至元壬辰重定学式》,辽金元石刻文献全编本,第3册。
② (元)俞希鲁:《至顺镇江志》卷11《学校》,江苏地方文献丛书本,第431页。

讲说文理不通者,要受到降供（罚俸）甚至除名、除籍（除去儒户户籍）的处罚。这说明了元朝朔望祭祀制度中,有关讲经和考核的内容进一步加强和规范化。很多史料也反映了这一点,至元二十三年（1286）夏严明（扬州人）为湖州路归安县县尹时,"朔望章甫衾集,释菜竣事,列坐于堂,命诸儒讲解经籍,百里之内,弦诵洋洋,蔼然有邹鲁风"①。至正六年（1346）魏信为湖州路归安县县尹时,"朔望俾曹吏亦与讲习而私淑焉"②。延祐初,徐杰（东平人）为嘉兴路总管,他"遇朔望则率僚属吏士拜庙听讲,无倦容"③。

（三）元代朔望祭祀制度的影响

儒学朔望祭祀在元朝中后期逐步成为一个基本制度。这一制度的实行,对元代儒学教育本身的发展、儒士及学官的生活以及地方政治等方面,产生了多方面的影响。

首先,朔望祭祀制度规范了儒士、学官以及大小学生员的考核、奖惩机制,完善了元代地方儒学教育制度,这一点可以从前面提到的一些规定中看出。另外,朔望祭祀的制度,基本上保证了地方长官、廉访司官每月至少有两次的机会到学校来,加强了官学与地方政权之间的联系。一方面地方官、廉访司官可以亲自到学校讲学、勉励,提高儒士、生员学习和研究的热情。另一方面,学校发展中出现什么具体问题和困难,地方官、廉访司官也可以尽早地发现,帮助解决。前面已经列举了很多地方官、廉访司官通过朔望祭祀,到学校勉励、教诲生员,发展教育,改良社会风气的例子,另外,地方官到学校后,看到儒学破败,筹资修建学校、增加学田、改善办学条件的例子也很

---

① （元）刘元佐:《归安县尹夏侯重修庙学碑》,见（清）陆心源:《吴兴金石记》卷16,辽金元石刻文献全编本,第2册。
② （元）储惟贤:《归安县修学碑》,见（清）陆心源:《吴兴金石记》卷16,辽金元石刻文献全编本,第2册。
③ （元）陈良弼:《嘉兴路重修庙学碑》,见（清）阮元:《两浙金石志》卷15,辽金元石刻文献全编本,第2册。

多。如大德九年（1305），张璘为井陉县尹，此年"冬朔，祭毕，会僚属与诸生、耆老"，讨论迁修文庙事宜。① 至正年间，察罕不花为湖州路归安县达鲁花赤，他"朔望俾曹吏亦与讲习而私淑焉，复增租田以裨廩膳"②。大德五年（1301），廉访使赵兴祖来到广州路东莞县学，十一月朔，他率僚吏"拜孔子庙"，感到儒学"芜秽若是"，于是"饬县令彭振"，负责修复县学。③

其次，朔望祭祀对缓和阶级矛盾、民族矛盾，以及改良地方政治，起着积极的作用。对一些贤能的官员来说，它可以作为体察民情、优化统治、交流感情的一种手段。如至顺二年（1331），庐江县尹成克敬"祗谒先圣先师，退即明伦堂，教官以下以序列坐，历问风俗臧否，吏民所疾苦，古今贤士孰忠孰孝"④。至正九年（1349），郭文煜（字彦达，大梁人）为余姚州知州，他"首谒孔子庙，升论堂，进诸老而问焉"⑤。至正五年（1345），处州路长兴州知州鲁得之至长兴州，他"朔望必际学，宣布教条，凡系风纪者，与淳师老德讲行之"⑥。另外，就儒士、学官来说，由于地方官参加朔望讲经，给了他们一个同上级交流的机会，有些学官通过讲经讽议时政。后至元五年（1339），有分宪老老公到松江府"检踏灾伤，以复熟粮为急"。学官陆宅之于是讲"省刑罚、薄税敛"，使老老公"变色而作"。钱某为松江府学训导，行刑官至，他讲恤刑罚，讲毕，行刑官则"称赏不已"⑦。元至正末年，丰叔良为苏州训导，"朔望会讲，升降周旋，宛如承平时。方人心惶扰，

---

① （清）沈涛：《常山贞石志》卷17《井陉县迁修文庙记》，辽金元石刻文献全编本，第3册。
② （元）储惟贤：《归安县修学碑》，见（清）陆心源：《吴兴金石记》卷16，辽金元石刻文献全编本，第2册。
③ 民国《东莞县志》卷91《修东莞学记》，辽金元石刻文献全编本，第2册。
④ （元）揭傒斯：《揭文安公全集》卷11《庐江县学明伦堂记》，四部丛刊初编本。
⑤ （元）孙元蒙：《余姚州儒学覆田记》，见（清）杜春生：《越中金石记》卷10，辽金元石刻文献全编本，第3册。
⑥ （元）杨维桢：《元长兴州重修学宫碑》，见（清）阮元：《两浙金石志》卷17，辽金元石刻文献全编本，第2册。
⑦ （元）陶宗仪：《南村辍耕录》卷30《学宫讲说》，元明史料笔记丛刊本，第377—378页。

见庠序修举,衿佩趋跄,恬不解散,遂稍稍自安"①。

但是,就学官、儒士来说,朔望祭祀并不是一件轻松的事情。由于祭祀和讲书都要进行,参加人员早晨入学,到晚上才能结束有关仪式,其劳累之状自然不言而喻。如至元年间,曹士开为暨阳幕长,"朔望辄率府司县吏,诣学讲习经史,继以夜分,秉烛而归"。在讲书的过程中,"惰弗省者听之,往往引睡"。更值得注意的是,朔望祭祀成为制度以后,讲经的不仅是学官,有时"所属上司官或省宪官,至自教授、学官,暨学宾、斋谕等,皆讲说一书"。由于地方官文化水平不一,能亲自讲论的不在多数,大多数只是听讲。但对学官来说,讲不好就会得罪上司,影响自己的宦业,甚至会发生悲剧。元末松江府学的讲经就"往往迕意多矣"。泰定元年(1324),"开吴淞江,省台宪僚咸集",当时治书御史刘泺源首谒先圣先师,然后到讲堂听讲经。这一年为闰年,儒士詹肖岩讲《尧典》"三百有六旬有六日,以闰月定四时成岁"。结果,刘御史对讲经内容非常不满,当堂申斥曰:"学校讲说,虽贱夫皂隶、执鞭坠镫之人皆令通晓,今乃稽算度数,何为?"儒士讲说儒经,让贱夫皂隶之流通晓,谈何容易!经过这位御史的当堂训斥以后,詹肖岩受到很大打击,不久"悒怏而卒"。至正元年(1341),知府杨某锐意浚河,当时金宪某来到府学,学官王玉岩讲禹别九州,随山浚川,他的用意是赞美知府的浚河之举,结果,金宪认为他是借大禹的故事讽刺自己,不悦而罢。至正十七年(1357),张士诚派周仁为姑苏(今江苏省苏州市)守,学官王可权讲君子道长,小人道消,结果,周仁以为是在讥讽他,停发所有学官及执事人员的月俸。②

对于一般儒士来说,由于朔望祭祀带有很强的强制性,不能缺席,因此也会成为他们的一个沉重负担。儒士赵㧑谦在给友人的一封信中

---

① (明)陶安:《陶学士先生文集》卷14《送丰叔良序》,北京图书馆古籍珍本丛刊本,集部第97册。
② (元)陶宗仪:《南村辍耕录》卷30《学宫讲说》,元明史料笔记丛刊本,第377—378页。

诉苦说：

> 年来不幸父母顾背，单只形影，转觉贫甚，不免离次，授徒为衣食计，寓地去家五里，近朔望时祭，经奔道途，言之泪辄交横。①

儒士陈栎也在信中叙述了类似的情况，他在《寄吕教授求移籍启》中说：

> 窃惟州县立学，虽有远近之殊，国家待儒，初无彼此之异。惟自嗟于困顿，难常窘于奔波，必将适百里而宿舂粮，始能每一月而陪释菜。②

由于他有病在身，所以经常因为迟到或缺席"默默而遭谴诃"，所以他请求学官将其儒籍移到县学，以免旅途颠簸之苦，等病好以后，再将儒籍移到郡学。③上述两例说明了朔望祭祀对儒士生活的影响。

就是对朔望祭祀是否有利于儒学教育的问题，一些人也提出了质疑。元末，曾任嘉兴路总管的陈宗义（字子方）就认为：

> 朔望相率入谒庙廷，退坐论堂，引师弟子剿取儒先成说，敷陈一过，已则掉臂而去，如是以为故事，而欲学校有成，其可得乎？④

---

① （明）赵撝谦：《赵考古文集》卷1《答林左民书》，文渊阁四库全书本，集部第1229册，第681页上。
② （元）陈栎：《定宇集》卷11《寄吕教授请移籍启》，文渊阁四库全书本，集部第1205册，第335页下。
③ 同上书，第336页上。
④ （明）徐一夔：《始丰稿》卷2《嘉兴路新建儒学记》，文渊阁四库全书本，集部第1229册，第164页上。

儒士戴表元也对朔望讲经的效果表示怀疑，他认为：

> 讲之为言，义兼师友，主于反复辨难，以成其说。……今之讲师，朔望抽方尺之纸，书陈说累百言，忽然临高朗诵，听者漫不知何语，以为故事不可废而已，固不敢望有所激发开悟。①

他在《题王教授清湘讲义》一文中也说：

> 古之经师，与其门人弟子群居，有辨疑问难，授者无强聒之烦，而听之者易入。非如今人，书盈几之纸，临容丈之席，无疑而游谈，不问而寝语者也。然诚知其无益，而岁时朔望，庠校之间有不敢废，以为不尔，则益无所事而已。②

上述史料反映了元人对于这一制度的思考。正是由于朔望祭祀制度在元朝广泛实行的同时，引起了一些争议，明朝初年，明太祖曾经宣布废除朔望祭祀制度，将朔望日改为考察生员射箭、臂力的日子。③这可能反映出明朝对这一制度弊端的修正。但有明一代，朔望祭祀见于史料记载的同样存在。如段云鸿嘉靖四十三年（1564）知贺县，"朔望讲书，惠以纸笔，岁终，贫儒量为资助薪米，士民感悦不忘"④。清朝有关记载也很多，如康熙年间，姜华林为乐陵县令，"朔望释奠学宫，与士子讲论经义，以季考其业，而上下其等第，士益自兴起"⑤。清朝国子学同样进行朔望祭祀，规定国子祭酒"朔望讲书而启迪之"⑥。这

---

① （元）戴表元：《剡源戴先生文集》卷19《题徐山长讲义》，四部丛刊初编本。
② （元）戴表元：《剡源戴先生文集》卷19《题王教授清湘讲义》，四部丛刊初编本。
③ 《国初学制》，见嘉靖《湖广图经志书》卷1《本司·艺文》，日本藏中国罕见地方志丛刊本。
④ （清）汪森：《粤西文载》卷66《名宦传》，文渊阁四库全书本，集部第1467册，第119页上。
⑤ （清）姜宸英：《湛园集》卷2《族侄华林升平阳郡丞序》，文渊阁四库全书本，集部第1323册，第647页上。
⑥ （清）梁国治：《钦定国子监志》卷29《官师二·典守》，文渊阁四库全书本，史部第600册，第283页上。

说明了元代文庙朔望祭祀制度对后来的影响。

四、元代的殿谒（或庙谒）

元代文庙祭祀除春秋祭丁、朔望祭祀以外，还有一些非固定的祭祀活动，当官学或地方发生大事的时候，如地方官上任、廉访司官巡行至郡县，学校新建、整修，学产的增置等，地方官一般要率僚属与学官、儒学生员一起到文庙拜谒、行礼，这种祭祀活动一般称为殿谒或庙谒。①殿谒或庙谒虽然不是元政府规定的正式的祭祀制度，也不是强制性的，但它在元朝已经形成了惯例，不仅举行的次数较多，也产生了一定的影响。

地方官遇有政治、文教方面的大事，到文庙行礼祭祀之习，在元朝以前就存在。如唐朝李椅任福州都督府都督，"公之始至也，未及下车，礼先圣先师"②。宋朝地方官学建成后，也有到文庙行礼的记载。宋代王十朋记载了某县新建儒学，"新学告成，祀事既毕"③。嘉熙元年（1237）许巨川（字东甫）为东莞县尹，"始庙谒，谓庠序圮陋，授监河张君朴庀缮其事"④。金朝儒学殿谒的记载也比较多。如金明昌二年（1191）秋，张邦彦为解州闻喜县县令，"至则□诣乡校，首谒先圣先师"⑤。金明昌四年（1193），石玠为棣州防御使，到任后，"亦既殿谒"⑥。金贞元三年（1155），韩希甫为京兆尹，"视事之三日，谒奠

---

① 宋元以来的史料中，有时也把朔望日在儒学孔庙进行的祭祀称为庙谒或殿谒。本文所说的庙谒或殿谒，仅指除了春秋祭丁和朔望祭祀以外，儒学在平时进行的孔庙祭祀活动。
② （唐）独孤及：《毗陵集》卷9《福州都督府新学碑铭》，四部丛刊初编本。
③ （宋）王十朋：《梅溪王先生文集·诗文前集》卷2《县学落成百韵》，四部丛刊初编本。
④ （宋）李昂英：《文溪集》卷1《东莞县学经史阁记》，文渊阁四库全书本，集部第1181册，第120页上。
⑤ （清）胡聘之：《山右石刻丛编》卷23《闻喜重修庙学记》，辽金元石刻文献全编本，第1册。
⑥ （清）胡聘之：《山右石刻丛编》卷20《棣州重修庙学记》，辽金元石刻文献全编本，第1册。

于文宣王,酌献礼毕,见诸生于学"①。金大定年间,王遵古为守博州,"既下车,谒宣圣庙"②。宋、金殿谒的流行,对元朝的殿谒制度产生了重要的影响。

元朝有关殿谒的记载很多,主要有三种情况。

第一,新的地方官上任以后,按惯例一般到当地文庙释奠行礼,举行殿谒,以表明其"重礼制、兴教化"的态度,同时,也能树立其在当地百姓及同僚下属之间的威望。这样的例子较多。如至元二十九年(1292),刘士泾为延安路宜川县县尹,"下车之日,恭谒宣圣"③。至正八年(1348),石郁为中山府知府,"首瞻庙学"④。至正十八年(1358)冬,康里庆童为江南行御史台御史大夫,时南台已迁至绍兴路。第二年春,他"爰率僚佐,祗谒先圣,行释菜礼"⑤。至正九年(1349),侯文煜为绍兴路余姚州知州,他"首谒孔子庙,升论堂"⑥。延祐二年(1315),杨景行为赣州路会昌州判官,他莅事后即"款谒学宫"⑦。皇庆元年(1312),曹定国为江浙行省江阴州知州,"下车祗谒先圣,延问诸生"⑧。至正十年(1350),丁良卿为杭州路富阳县县尹,"庙谒之明日,集诸儒于讲堂"⑨。

第二,元朝肃政廉访司官巡行至某地,一般也进行殿谒,以表

---

① (清)王昶:《金石萃编》卷154《京兆府重修府学记》,辽金元石刻文献全编本,第2册。
② (清)王昶:《金石萃编》卷155《博州重修庙学记》,辽金元石刻文献全编本,第2册。
③ (元)任惟孝:《元延安路重修宣圣庙记》,见(清)王昶:《金石萃编未刻稿》,辽金元石刻文献全编本,第2册。
④ 民国《定县志》卷20《志余·金石篇下·中山府庙学纪略》,辽金元石刻文献全编本,第2册。
⑤ (元)朱镡:《御史大夫康里公勉励学校记》,见(清)阮元:《两浙金石志》卷18,辽金元石刻文献全编本,第2册。
⑥ (元)孙元蒙:《余姚州儒学覆田记》,见(清)杜春生:《越中金石记》卷10,辽金元石刻文献全编本,第3册。
⑦ (元)刘将孙:《养吾斋集》卷15《会昌州新修儒学记》,文渊阁四库全书本,集部第1199册,第134页上。
⑧ (元)陆文圭:《墙东类稿》卷7《江阴重修学记》,丛书集成续编本,第108册。
⑨ (明)刘基:《刘基集》卷3《杭州路富阳县重修文庙学宫记》,第130页。

明其"勉励学校，宣明教化"的态度。如大德二年（1298），廉访副使拜降以及廉访司佥事王焕，巡行至绍兴路萧山县，至县学殿谒。①湖南宪佥黑的哥巡行至湖广行省道州路宁远县，"首诣庙，舍菜礼成……退升堂，坐阅诸生讲辩"②。后至元三年（1337），湖广廉访司官姚子徵按部至衡州路，"首谒宣圣，入学引试诸生，勉励切至，凡有关于名教废弛而未备者，悉加振举"③。大德四年（1300），浙东肃政廉访司佥事王焕巡行至奉化州，"诸生相殿谒事毕，坐彝训堂上，举凡学之事，废宜兴，圮宜修，唯所划"④。

第三，官学或书院有重大的事件，如学校新建、改建完成、学官上任等，地方官一般也到学校，同学官一起主持文庙殿谒。至元七年（1270），京兆府重修宣圣庙，"爰择吉日，舍菜告成"⑤。皇庆二年（1313），湖广行省郴州路学置备大成乐，同年十二月甲子"行释奠礼"⑥。泰定三年（1326），湖州路归安县新儒学成，"舍菜以落之"⑦。延祐三年（1316），湖州路总管郝鉴亲自率领官属，夺回归安县安定书院被当地僧人强占的学田，为表示庆贺，他"携同僚及诸生行释菜礼"⑧。至正六年（1346），南安路南康县重修县学，"释菜以落其成"⑨。至正

---

① （元）张伯淳：《元重建萧山县儒学大成殿碑》，见（清）阮元：《两浙金石志》卷14，辽金元石刻文献全编本，第2册。
② 佚名：《兴举学校记》，见嘉靖《湖广图经志书》卷13《永州府·艺文》，日本藏中国罕见地方志丛刊本，第1183页下。
③ （元）杨伟：《进士题名记》，见嘉靖《湖广图经志书》卷12《衡州府·艺文》，日本藏中国罕见地方志丛刊本，第1054页上。
④ （元）任士林：《奉化州新修学记》，见光绪《奉化县志》卷8，中国方志丛书本。
⑤ （元）徐琰：《元京兆府重修宣圣庙记》，见（清）王昶：《金石萃编未刻稿》，辽金元石刻文献全编本，第2册。
⑥ （元）郑鸣凤：《大成乐记》，见嘉靖《湖广图经志书》卷14《郴州府·艺文》，日本藏中国罕见地方志丛刊本，第1238页下。
⑦ （元）邓文原：《归安县建学碑》，见（清）陆心源：《吴兴金石记》卷15，辽金元石刻文献全编本，第2册。
⑧ （清）陆心源：《吴兴金石记》卷14《郝中议生祠碑》，辽金元石刻文献全编本，第2册。
⑨ （元）张知止：《南康县学重修庙学记》，见（清）黄鸣珂：同治《南安府志》卷20《艺文三》，中国方志丛书本。

十六年（1356），慈溪县尹率众重修县学，"役成，君既率士者行释菜礼"①。至正十一年（1351），嘉兴路嘉兴县重修庙学，"行释菜礼告厥成功，观者敬叹"②。

殿谒要举行什么样的仪式？由于这方面的记载比较简略，目前还不能知其详。至元七年（1270），京兆府新修宣圣庙，举行殿谒，时人记述道："诸生济济，骏奔在庙，礼庭高明，法庭宏敬，周庑深囗，重门洞彻，笾豆有嘉，笙镛间作，进退周旋，登降揖让，三献而退。邑里之民，观礼识古，剔耳刮目，愉愉怿怿，有感道怀和之意。"③元贞元年（1295），章丘县学建成，儒士刘敏中记下了殿谒释菜的情况："既成，尹率僚属师生，奉像设妥其位，行三献之礼以告，则陛宇廓然，神灵肃然，尊洗豆笾，秩而哗然，盖降登有余容，而盥荐有加虔焉。邑之耆老壮稚，则皆瞻耸改观，鼓舞咨嗟。"④

从上面的史料中可以发现，元代殿谒同样是由地方官率僚属、学官以及生员进行，祭祀前要陈列祭器，祭祀时同样要行三献之礼，还有乐器的伴奏，老百姓可以从旁观瞻。因此，应该说殿谒还是比较隆重的，在地方也会产生一定的影响。

殿谒的举行，保证了地方官、廉访司官有较多的机会接触教育，从而了解地方官学的实际发展情况，这对地方儒学教育发展是有利的。在官学或书院发展困难，学舍荒废的情况下，地方官、廉访司官在殿谒时能直接发现问题，尽快帮助学校兴复。本文上面已经列举了很多殿谒的例子，大部分都包含地方官、廉访司官勉励诸生、兴复儒学的内容。另外，殿谒或庙谒制度。也被元朝以后的明朝继承下来，明

---

① 光绪《慈溪县志》卷4《学校》，光绪二十五年刊本。
② 崇祯《嘉兴县志》卷2《建置·庠序》，日本藏中国罕见地方志丛刊本，书目文献出版社1991年版。
③ （元）徐琰：《元京兆府重修宣圣庙记》，见（清）王昶：《金石萃编未刻稿》，辽金元石刻文献全编本，第2册。
④ （元）刘敏中：《中庵先生刘文简公文集》卷1《章丘重修大成殿记》，北京图书馆古籍珍本丛刊本，集部第92册。

朝有很多有关殿谒的记载。如洪武五年（1372），太平府当涂县重建县学，"庙与学俱成，集邦人士殿谒，行释菜礼，民环观之"①。洪武十五年（1382），陈玉为福州知府，"既庙谒，帅师生环而瞻之"②。成化三年（1467），监察御史陈士贤"奉敕提督学政，饬敝起坠，文教诞兴。越明年秋，行部至邑，既庙谒，进诸生问业"③。成化十七年（1481），李汝嘉为衢州知府，"下车庙谒"④。

五、余论

文庙祭祀制度是元代教育制度的一项重要内容，元代既有固定的春秋祭丁、朔望祭祀，也有不定期的殿谒或庙谒，这种情况充分反映了元代儒学教育庙学合一的特点。这一特点在唐宋开始出现，在元代正式形成，并对后来的明清王朝产生了较大的影响。

元代文庙祭祀对教育的发展是有利的，充分体现了庙和学的统一。元代学者元明善将儒学祭祀与教学的关系总结为："由学尊庙，因庙表学。"⑤学者吴师道也认为："庙以崇圣神，学以处师生，当别而不混，严而不亵。"⑥庙和学的有机结合，是唐宋以来中国教育发展和完善的表现。

不过文庙祭祀需要花费大量的钱粮，会给学校带来一定的经济负

---

① （明）孙作：《沧螺集》卷3《太平府当涂县重建庙学记》，文渊阁四库全书本，集部第1229册，第491页下。
② （明）李东阳：《怀麓堂集》卷67《重建福州府学孔子庙记》，文渊阁四库全书本，集部第1250册，第707页下。
③ （明）黄仲昭：《未轩文集》卷3《兴化县科第题名记》，文渊阁四库全书本，集部第1254册，第427页上。
④ （明）章懋：《枫山集》卷4《衢州府重修儒学记》，文渊阁四库全书本，集部第1254册，第119页下。
⑤ （元）元明善：《武昌路学记》，见（元）苏天爵编：《元文类》卷29，国学基本丛书本，第374页。
⑥ （元）吴师道：《礼部集》卷13《池州修学记》，文渊阁四库全书本，集部第1212册，第164页下。

担，如果过分重视祭祀，也会影响教育的正常发展。元代很多官学为文庙祭祀疲于应付，一些学校只有得到官币的资助，才能进行例行的祭祀活动。如上都路学，由于当地自然条件恶劣，学田收入有限，再加上"兵民豪夺"，"春秋释奠，天子特颁芗币"，才能顺利进行。① 元中期以后，面对各地出现的过分注重祭祀的现象，一些有识之士提出了尖锐的批评。曾为学官的朱德润认为："庙祀盖始于梁世，用浮屠之法，近代因之，恬不为异。今则兴学者以修造祠像为先务，而以教养次之，是可嗟也。"② 元荆门知州聂炳批评说："世之所谓兴举学校者，不过丹臒庙貌，粉泽虚文，鄙俗相夸，若浮屠老氏之所为，栩栩然号于人曰报本云者，岂知本哉？"③ 元辽阳行省参知政事杨仁风，也对元代惟庙貌精舍之惟严，丁祭朔望之惟谨，表示忧虑，认为如果这样下去，"中人之材三年能有成乎？"④

这些批评反映了元人对文庙祭祀的思考。一些有识之士则直接提出建议，主张将节省下来的经费用于开展教育。儒士谢应芳就提出："释菜之礼以诚以敬，毋事繁文，尤不宜用世俗楮锱如贿赂。"⑤ 这种观点在元朝确实得到了响应，至正三年（1343），吉安路总管高志对路学进行大规模的改革，其中重要措施之一就是废除专职的礼生，让一般生员习礼，祭祀时以生员"引赞进退"⑥。虽然这一措施的目的在于节省祭祀开支，同时注重生员的全面发展，但也反映了简化祭祀的努力。不过，上述改革在元朝只是个别现象，并没有完全改变元朝官学注重祭祀之习。有元一代，文庙祭祀礼仪日增月益，尊崇有加。

---

① （元）苏天爵著，陈高华、孟繁清点校：《滋溪文稿》卷2《上都庙学碑阴记》，第15页。
② （元）朱德润：《存复斋文集》卷4《送长洲教谕序》，四部丛刊续编本。
③ （元）聂炳：《刘侯兴学记》，见嘉靖《湖广图经志书》卷4《黄州府·艺文》，日本藏中国罕见地方志丛刊本，第385页下。
④ （元）杨仁风：《潞州学斯文楼记》，见（清）胡聘之：《山右石刻丛编》卷29，辽金元石刻文献全编本，第1册。
⑤ （元）谢应芳：《龟巢稿》卷12《与林掌教谕建先贤祠书》，四部丛刊三编本。
⑥ （元）刘诜：《桂隐文集》卷1《吉安兴学》，文渊阁四库全书本，集部第1195册，第133页上。

元朝文庙祭祀受到尊崇的原因是复杂的。

首先，元代官学地位不高，学产经常受到侵夺。在这种情况下，不论是一般的儒人，还是南北方的汉族地方官，都力图通过文庙祭祀这样一种形式，强化儒学教育在地方社会中的地位。因此，很多汉族地方官利用他们手中掌握的有限的权力，通过各种文庙祭祀活动勉励儒学教育的发展，并以此来强化他们统治的合理性。另外，通过文庙祭祀，这些官吏也可以亲自参与儒学教育的各项活动，并给予学校切实的帮助。

其次，就少数蒙古、色目官吏来说，他们中绝大部分虽然不懂儒学，但江南的安定与儒士集团有一定的关系，因此，表现出重视儒学教育的姿态，有利于他们统治的稳定。他们不可能真正参与到儒学教育中去，只能通过严格和完善文庙祭祀活动来表明他们对当地社会的认同。所以，也有一些蒙古、色目官僚积极支持文庙祭祀，这种情况在元后期大规模农民起义爆发，社会极不安定的情况下，表现得更加明显。

另外，元政府多次下令地方官重视儒学，是以"有司修祀典勿敢缺"[①]，地方官竞相以此表示政绩。这种情况也助长了元代注重文庙祭祀的风气。

（原载《暨南史学》第 3 辑，暨南大学出版社 2004 年版）

[①] （元）张知止：《南康县学重修庙学记》，见（清）黄鸣珂：同治《南安府志》卷 20《艺文志三》，中国方志丛书本。

元代学官选注巡检考

巡检是中国古代一种维持社会治安的捕盗官,宋、辽、金等政权都广泛设置。马端临对宋代巡检的情况记述道:

> 宋朝有沿边溪洞都巡检或蕃汉都巡检,或数州数县管界,或一州一县。巡检掌训练甲兵、巡逻州邑、擒捕盗贼事。……皆以才武大小使臣充,各随所在,听州县守令节制。①

从以上记述可以看出,巡检一职属于武官系统,以文墨见长的学官充任似乎不太合适,中国历代恐怕也很难见到。这种近似荒唐的现象在元朝的至治元年(1321)以后大量出现了,一直持续到元朝灭亡。

元朝以学官选注巡检的现象,目前还没有引起学术界的重视,业师李治安先生在《元代社区捕盗官巡检司考述》中,首先提出这一问题,对笔者颇有启发。但有关元代学官选注巡检的情况及原因、学官在巡检任内的表现、学官做巡检对当时社会的影响等问题,目前还没有专门的研究成果,本文在前人研究的基础上,对这一问题进行初步考察和探讨,不足之处,请学界同仁批评指正。

---

① (元)马端临:《文献通考》卷59《巡检》,中华书局1986年版,第541页上。

一

元朝巡检一职，最早出现于至元七年（1270），元人刘敏中记述道："今年（至元七年）春，朝廷案视郡县，疏远之境虑有盗生而为民害，乃例置巡检一人，给之印绶禄廪，使警督之。仍命吏部选名已在籍而未尝有过者，任其职。"① 元代巡检初设时，为没有品级的流外官，至元九年（1272）元政府规定巡检"拟三十月为一考，任回于从九品迁叙"②。说明巡检在任职三十个月以后，可以成为从九品官员。此后，元政府提高巡检的品秩，大德十年（1306）升巡检为正九品。③

巡检最初由县级官吏子弟充任，至元七年（1270）元政府规定："敕诸路达鲁花赤子弟荫叙充散府、诸州达鲁花赤；其散府、诸州子弟，充诸县达鲁花赤；诸县子弟，充巡检。"④ 元朝中后期，巡检的选任日益广泛。至元二十年（1283）元政府规定：宣使、各部令史、译史、通事等出职，任职在十五个月以下的，可以充巡检。⑤ 至元二十九年（1292）又规定各道廉访司书吏、通事等考满，"于钱谷官并巡检内任用"⑥。大德三年（1299）规定属于色目人的仓库司库以及各路译史、令史等，考满也可以任命巡检。⑦ 同时，一些品官子弟的承荫，也须首先从巡检官任命，大德四年（1300）元政府就规定："诸职官子弟荫叙……正六品子，流官于巡检内用。"⑧ 以上说明，虽然巡检仅为九

---

① （元）刘敏中：《中庵先生刘文简公文集》卷12《送霍巡检之无棣序》，北京图书馆古籍珍本丛刊本，集部第92册。
② 《元史》卷82《选举志二》。
③ 《元史》卷21《成宗纪四》。
④ 《元史》卷7《世祖纪四》。
⑤ 《元史》卷83《选举志三·铨法下》。
⑥ 同上。
⑦ 《元史》卷84《选举志四》。
⑧ 《元史》卷83《选举志三》。

品官，但一些没有官品的令史、宣使、书吏、库吏需要通过做巡检任满，才能升任更高的官职，一些品官子弟也要通过巡检承荫入仕，巡检成为元代一些吏员、官宦子弟升迁的一个重要途径。

元代在县一级行政系统设立巡检司，每县设置一处，置巡检一员以统之。① 但在少数民族聚居的边疆地区，由于社会治安问题比较突出，巡检司的设置就不拘此例。如在四川的绍熙军民宣抚司的四州、五县，就设立巡检司十三处，"各设官如制"②。元朝统一以后，在江南各地亦设立巡检司，维持地方治安。元人郑玉记述道："前至元间，江南新附，殷民未安，时多反侧，乃设巡检司，置官一人，行省版受，吏一人，兵三十人以守之。"③

元朝以学官任巡检，出现于元英宗至治元年（1321），此年十一月，"以教官待选者借注广海巡检"④。苏天爵在《送韩伯敬赴杜浦巡检序》一文中记载了以学官选注巡检的缘由：

> 儒者之为学官，由县而州而路，积百五十月始入流选。其迁调之淹，需次之久，近者二十余年，远者或三十年，而其人亦老矣。朝廷知其然，略更其制，愿为巡徼官者听，南士调广海，中州士调江南。⑤

从这段记述可以看出，元朝以学官选注巡检，目的是为了解决学官升转困难的问题。同样是选注巡检，南北学官待遇却不一样，江南学官只能到条件恶劣的广海边疆，而北方学官可以在条件相对较好

---

① 《元史》卷91《百官志七》。
② 《元史》卷92《百官志八》。
③ （元）郑玉：《师山集》卷5《黄竹岭巡检司记》，文渊阁四库全书本，集部第1217册，第41页上。
④ 《元史》卷27《英宗纪一》。
⑤ （元）苏天爵著，陈高华、孟繁清点校：《滋溪文稿》卷6《送韩伯敬赴杜浦巡检序》，第82页。

的江南一带。这样一项对学官来说并非特别恩惠的决定,在当时的元政府内部产生了激烈的争论,许有壬当时任吏部主事,记录了当时争论的情况:

> 至治辛酉(至治元年,1321),选部以巡检则缺浮于员,始议借注,以八品借九品。而当时执政且谓巡检为流官,教授在流外,戛戛靳之。予时主事天官,力辨于堂:"九品监当中州得借,孰谓八品师儒且置要荒,而反不彼若乎?"其议始允,选部行。①

以儒士出身的学官,抛弃诗书,做捕盗巡检,在今天看来属于近似荒唐之举,但在当时,确实有很多学官乐意为之。元人吴澄指出:"此例一启,趋之者纷纷,曾不以为怨苦。"②实际情况也是这样,如身为晦庵书院山长的徐起(字潜之),在山长任满后,调静江路福泉县同古镇巡检,"命下即戒途"③。贺景文(字符忠,江西永新人),于元统元年(1333)受荐为曲阜学正,后被任命为余姚州庙山巡检,"拜命即就道,道险远,至则过期,弗克任"④。元代学官任职巡检的很多,现举例如下:

李子贞,初为儒学学官,"方从容揖诸生,升降酬酢于俎豆间",秩满,"随牒远方,为巡官括苍山中"。⑤

岳自修,字德敏,常州路宜兴人,为岳飞五世孙。至治二年(1322)十月,"以教官而假巡检",任松阳县惠洽乡巡检。⑥

叶审言,金华人,初任浦江、义乌两县教谕,升衢州路明正书

---

① (元)许有壬:《至正集》卷31《送陈季和序》,北京图书馆古籍珍本丛刊本,集部第95册。
② (元)吴澄:《吴文正集》卷30《送廖信中序》,文渊阁四库全书本,集部第1197册,第319页上。
③ (元)鲁贞:《桐山老农集》卷2《送徐起潜之同古市巡检序》,文渊阁四库全书本,集部第1219册,第141页下。
④ (元)李祁:《云阳李先生文集》卷8《故将仕郎江浙财赋府照磨贺君墓志铭》,北京图书馆古籍珍本丛刊本,集部第96册。
⑤ (元)黄溍:《金华黄先生文集》卷17《送李子贞序》,四部丛刊初编本。
⑥ (元)黄溍:《金华黄先生文集》卷9《松阳县惠洽巡检司记》,四部丛刊初编本。

院山长,后任处州路缙云县官政乡巡检。①

吴福孙,字子善,元贞元年(1295)任嘉兴路儒学学录,迁宁国路儒学正。至治二年(1322)借授潮州路潮阳县青洋山巡检。②

谢仲连,"以文学发身",注授小鹿巡检。③

李守中,任鳌溪书院山长,"借注赣之宁都州下河巡检"④。

唐子华,初仕郴州教授,改调处州路青田县柔远乡巡检。⑤

曹永,字世长,华亭县修竹乡人,初仕温州路瑞安州蒙古字学学正,秩满,升授柳州路马平县都博镇巡检。⑥

郑仲贤,徽州路歙县人,"由文学掾借注巡检"⑦。

郑千龄,字耆卿,徽州歙县衮绣乡人。年轻时游历京师,被荐举为美化书院山长,转江宁四镇巡检。⑧

孔灏,字世广,衢州路人,任宁国路学学正,转政和县苦竹寨巡检。⑨

邵南,字道行,广平威州人。由国子监生被荐举为淮安路安东州学正,考满,授赣州路云都县印山巡检。⑩

廖珙,字信中,临江人,初为学官,"在选十年不调,黾勉循例,受惠州属县巡检而去"⑪。

---

① (元)黄溍:《金华黄先生文集》卷33《叶审言墓志铭》,四部丛刊初编本。
② (元)黄溍:《金华黄先生文集》卷38《上海县主簿吴君墓志铭》,四部丛刊初编本。
③ (元)陈旅:《安雅堂集》卷2《送谢仲连为小鹿巡检诗有序》,文渊阁四库全书本,集部第1213册,第17页上。
④ (元)陈旅:《安雅堂集》卷5《送李守中下河巡检序》,文渊阁四库全书本,集部第1213册,第63页下。
⑤ (元)朱晞颜:《瓢泉吟稿》卷4《送唐子华序》,文渊阁四库全书本,集部第1213册。
⑥ (元)邵亨贞:《野处集》卷3《元故柳州路马平县都博镇巡检曹君墓志铭》,文渊阁四库全书本,集部第1215册。
⑦ (元)郑玉:《师山集》卷3《送郑照磨之南安序》,文渊阁四库全书本,集部第1217册,第23页下。
⑧ (元)郑玉:《师山集》卷8《先府君休宁县尹方村阡表》,文渊阁四库全书本,集部第1217册。
⑨ (元)鲁贞:《桐山老农集》卷3《故遂安县主簿孔世广墓志铭》,文渊阁四库全书本,集部第1219册。
⑩ (元)王礼:《麟原文集·前集》卷2《邵巡检墓志铭》,文渊阁四库全书本,集部第1220册。
⑪ (元)吴澄:《吴文正集》卷30《送廖信中序》,文渊阁四库全书本,集部第1197册。

李见翁，抚州路崇仁县人，由象州蒙古字学学正，授柳州路柳城东泉镇巡检。①

宋允恒，字子成，德庆路蒙古字学学正，至正六年（1346）调福缘寨巡检。②

余俊，字子俊，松江人，曾任镇江路蒙古字学学正，后调丽水县巡检。③

郭畀，镇江人，初仕饶州路鄱江书院山长，任满后，曾到杭州托关系，以求从教官中升转，没有成功。④后来，授青田县猎源巡检。⑤

陈雍，字季和，"历邑郡校官，当升教授"。至治年间借授宁都巡检。⑥

王文锷，字胜达，抚州路临川人，曾任高安县学教谕、吉安路龙溪书院山长，借授南海县黄鼎寨巡检。⑦

王介，字万石，上虞人。后至元三年（1337）受荐为临海县学教谕，至正年间升任庆元路学正，至正十六年（1356）借注蒲城县高泉巡检。⑧

二

巡检本来是武人擅长的职业，至于让儒士出身的学官，弃诗书，抄戈矛，到山林僻壤追捕盗贼，总会使人产生一种荒唐的感觉，这一点，

---

① （元）吴澄：《吴文正集》卷33《送李见翁巡检序》，文渊阁四库全书本，集部第1197册。
② （明）苏伯衡：《苏平仲文集》卷13《宋君墓志铭》，四部丛刊初编本。
③ （元）俞希鲁：《至顺镇江志》卷17《司属·学职·蒙古字学》，江苏地方文献丛书本；（元）赖良：《大雅集》卷7《送余子俊丽水巡检》，文渊阁四库全书本，集部第1369册。
④ （元）郭畀：《客杭日记》（不分卷），笔记小说大观本，江苏广陵古籍刻印社1984年版，第11册。
⑤ （元）俞希鲁：《至顺镇江志》卷19《人材·仕进·土著》，江苏地方文献丛书本。
⑥ （元）许有壬：《至正集》卷31《送陈季和序》，北京图书馆古籍珍本丛刊本，集部第95册。
⑦ （元）黄溍：《金华黄先生文集》卷37《乾宁军民安抚司文昌县尹王君墓志铭》，四部丛刊初编本。
⑧ （明）谢肃：《密庵稿·文稿》壬卷《故庆元路儒学正豫斋先生王公墓志铭》，四部丛刊三编本。

当时的文人、学者也有同感。儒士陈旅感慨地指出:"夫儒者平日雅雅驯驯,心神智术不越乎笔研文字之间,一旦拥橐函,持弓矛,逐捕奸诈寇攘于山区海聚之出没,亦难矣!"①吴师道同样对儒人为巡检深表感慨,他在《送叶审言巡检序》中说:"顾使之……投简编而督兵战,辍揖逊而司警逻,舍所宜有者不可得,彼万不逮君者投可乘之机,辄侥幸而得之,此余之所为深憾而窃叹者也。"②揭傒斯在送别儒士彭仲宝任水北寨巡检时,也不满地指出:"余儒者也,释俎豆而弓刀,非素所从事也,非素所从事而从事焉,去亲远且困,不可久也。以去亲远困,不可久,从事于非所从事,如旷官何?"③更有一些儒士对学官到偏僻艰苦的地区做巡检,深表同情。苏天爵在送别其友韩伯敬任杜浦巡检时,就不无同情地写道:"夫天生民而谓之士,宁无豪杰有为之才,倜傥不羁之器,顾使跋涉江湖风涛之险,触冒蛇虺瘴雾之毒,其亦可怜也哉。士之往者,又岂得已也哉?"④尽管当时舆论有这样和那样的议论,很多学官还是义无反顾踏上巡检之旅,其中原因是什么呢?笔者认为主要有以下几点。

首先,元朝至治初年以后,学官纷纷做巡检的现象,与当时学官的处境有关。元朝中后期,学官系统出现了严重的壅塞现象,元人袁桷说:"吏部教官格,年逾五十,始得入州教授。州不满三十而接踵尝数百人,十五年始得授,且守缺近三四年,远至七八年,故多不能食禄,而升于路者,非耆年则下世矣。"⑤元人程端学对元代学官壅滞的现象进行了更详细的描述,转引如下:

---

① (元)陈旅:《安雅堂集》卷5《送俞伯康巡检序》,文渊阁四库全书本,集部1213册,第60页下。
② (元)吴师道:《吴礼部文集》卷14,北京图书馆古籍珍本丛刊本,第93册。
③ (元)揭傒斯:《揭文安公全集》卷9《送彭仲宝赴水北巡检序》,四部丛刊初编本。
④ (元)苏天爵著,陈高华、孟繁清点校:《滋溪文稿》卷6《送韩伯敬赴杜浦巡检序》,第82页。
⑤ (元)袁桷:《清容居士集》卷29《江陵儒学教授岑君墓志铭》,四部丛刊初编本。

> 士之以校官进，而受一命之宠者，难矣哉。律：二十五年始得。士由乡校荐之郡，郡试其文，移宪复核，率二三年为直学，典饩廪之出纳。又二三年，上之行省若大府，行省若大府类其名，复三四年，授一（教）谕若（学）录，近者五六年，远者十数年，然后领事。三年秩满，复如之。又十数年，升（学）正若（书院山）长。（学）正三年始上都省、部，又三年始授一命为州教授。州教授三年始升之郡，郡教授三年始入流为县主簿。士而至于州教授，年且致仕矣。故得州教授者十三四，得郡教授者十二三，得县主簿者十不一二，有终身不得者焉。①

上述史料说明元代学官升转壅滞的现象已经非常严重，这使学官深受其害。学官的俸禄是从地方儒学学田收入中支付的，学官在职时可以得到俸禄，三年任满后，由于升转的壅滞，需要待职数年至十数年的时间，这期间学官的生活来源断绝，生活也陷入困境。巡检虽然条件艰苦，但毕竟有一定的俸禄，可以满足学官最基本的生活需要；更为重要的是，巡检期满后，可以升任高一级的儒学教授，从而摆脱学官升转的泥潭，在宦业上更进一步。所以，尽管巡检并不适合学官担任，很多学官还是乐意去做，这是由当时学官的处境造成的。元人吴澄写道：

> 近年选部患儒选之壅，凡应得儒学教授者，许注各处巡检，而其地皆岭海之乡，边鄙之境。夫以章甫缝掖之臯缓，一旦使之驱驰弓马，以戢奸捕盗为事，疑若失所宜。然此例一启，趋之者纷纷，曾不以为怨苦，何也？夫既不甘于淹滞，而幸其变通，则又岂敢辞劳避远哉！②

---

① （元）程端学：《积斋集》卷2《送花教授秩满序》，丛书集成续编本，第109册。
② （元）吴澄：《吴文正集》卷30《送廖信中序》，文渊阁四库全书本，集部第1197册，第319页上。

这段史料，正好反映了学官选择做巡检的原因。

其次，从元政府的角度来看，学官升转壅滞的现象，遭到了全国学官特别是江南学官的强烈反对，为解决这一问题，元政府实行了一些措施，如规定，学官升转，年龄五十五岁以上的优先选注等，但都没有从根本上解决问题。学官的壅滞现象长期得不到解决，势必影响元朝统治的稳定。仁宗延祐以后，虽然统治局面基本稳定，但局部的农民起义、边疆民族叛乱的现象时有发生，延祐二年江南就爆发了蔡九五领导的农民起义。面对社会政局恶化的趋势，元政府看中了教育在稳定地方社会、化民成俗等方面的作用，试图利用学官在教育、教化方面的影响，挽救政局日益恶化的趋势。元人苏天爵说："夫朝廷命学校之官居巡徼之职，匪第资其捍御之方，盖欲责其抚字教养之事也。"[①] 可以说是一语中的。实际上，元朝统一江南之初，就开始任用儒士做巡检，以维持地方治安。如洪声甫在至元二十七年（1290），因平定绩溪山民之乱，"郡录其功，上之行省……授太平路当涂县慈湖镇巡检"[②]。陈龙（字义仲，南宋进士）在至元十八年（1281）率众平定祁门县王万十、王信二的叛乱，"事闻省府，版授庆元路定海县海内寨巡检"[③]。元代儒士的社会地位已经非往日可比，但儒士在地方社会仍然有一定的影响，作为儒士的管理者，学官在地方社会的影响更大，元朝统治者以学官做巡检，就是要利用学官在地方社会的影响，使其在社会稳定方面发挥作用。事实上，元朝中后期巡检一职不仅仅是向学官开放，也向其他儒士开放。如临川儒士彭仲宝，因为"佐修《皇朝经世大典》于奎章阁，以恩借授衢州龙游水北寨

---

① （元）苏天爵著，陈高华、孟繁清点校：《滋溪文稿》卷6《送刘德刚赴三尖寨巡检序》，第90页。
② （元）郑玉：《师山集》卷7《故慈湖巡检洪府君墓志铭》，文渊阁四库全书本，集部第1217册，第61页上。
③ （元）汪克宽：《环谷集》卷8《元故将仕郎全州路清湘县主簿陈君墓碣铭》，文渊阁四库全书本，集部第1220册，第720页下。

巡检"①。栾城儒士范廉卿，本来"习经术于南中儒先生，术成无所于试，乃俯就门荫，官巡检芦沥"②。刘德刚则由于"历游京师两国子监"，至正七年（1347）春，被授为瑞安州三尖寨巡检。③另外，元统二年（1334），程文（字以文）也"以著书奎章阁"，被选注为休宁县黄竹岭巡检。④学官以及其他儒士被选任巡检，正说明了元朝政府利用他们在教育、教化方面的优势，稳定江南、广海地方社会的用心。

再次，儒士做巡检，"进则降气卑色，以侦同其上官，退则与逻卒同其甘苦于重山密林、烟火寂寥之境"⑤。这对以诵诗读书为业的儒士来说，其艰难困苦之状是显而易见的，于是出现了一些学官中途弃官的现象。如何正（字守中，分水人）在至顺年间任鳌川书院山长，转宁都下河巡检，不久就弃官。⑥实际上，在元朝中期以后相当一段时间内，元朝社会基本上是稳定的，巡检捕盗的任务并不重，在一些地方，巡检的生活甚至可以说比较悠闲，因此，对学官、儒士来说，这种职业也并非是绝对不可为。楼彦英在任浦江政内乡巡检时，"时当承平日久，圣化涵濡之深，虽鼠窃狗偷之伍，亦皆奔走远遁，职警逻者往往无所用其武……为之屏旗帜，弃钲鼓，日从文儒之士赋诗写竹，呼酒以为乐"⑦。白彦昭为浦江兴贤乡巡检时，"回溪叠岭，百余里间，虽荒年饥岁，民甚困悴，一柝之惊，一陇之警，寞无闻焉"⑧。元人王沂有诗反映巡检的生活：

---

① （元）揭傒斯：《揭文安公全集》卷9《送彭仲宝赴水北巡检序》，四部丛刊初编本。
② （元）杨维桢：《东维子集》卷4《送芦沥巡检范生序》，四部丛刊初编本。
③ （元）苏天爵著，陈高华、孟繁清点校：《滋溪文稿》卷6《送刘德刚赴三尖寨巡检序》，第90页。
④ （元）郑玉：《师山集》卷5《黄竹岭巡检司记》，文渊阁四库全书本，集部第1217册，第41页上。
⑤ （元）黄溍：《金华黄先生文集》卷17《送李子贞序》，四部丛刊初编本。
⑥ （清）嵇曾筠：雍正《浙江通志》卷182，文渊阁四库全书本，史部第524册。
⑦ （元）戴良：《九灵山房集》卷7《题楼彦英诗卷后》，四部丛刊初编本。
⑧ （元）柳贯：《柳待制文集》卷17《送白彦昭序》，四部丛刊初编本。

其一：作吏湖山亦自奇，君行况及落红飞。公庭白日文书少，野店青林笋蕨肥。杨柳风翻沽酒斾，桃花水涨钓鱼矶。悬知赋得江南乐，笑我缁尘染素衣。①

其二：王郎巡检赴官时，江水江花映彩旗。可但弯弓能落雁，仍闻刻烛解题诗。青烟古戍人畦菜，白日公庭吏奕棋。坐啸使君端好士，荐书应到凤凰池。②

上述史料，在一定程度上反映了巡检的生活，既有"桃花水涨钓鱼矶"、"白日公庭吏奕棋"的悠闲生活，到僻远地区做巡检，读书为乐，又能挣到俸禄以养家，任满还可以升职，何乐而不为呢？当然，由于各地情况不一，巡检不可能在任何地方、任何时候都能有如此悠闲的生活，但学官、儒士大多能够胜任，应该是没有问题的。最后，元代学官也并非都是手无缚鸡之力的文弱儒生，他们之中也有人具有习武带兵的能力，据弘治《徽州府志》卷九记载，武昌路学正程择（字义夫）就曾亲自统兵平定少数民族叛乱，后因功升为武昌路教授。

最后，学官做巡检还有另一个现实的好处，就是通过做巡检，可以有机会接触江南、广海地方军政长官，获得他们的赏识，为自己的宦业开辟新的天地。元人吴澄在送别儒士廖信中为惠州巡检时，就直言不讳地指出："东广大帅府，宣慰一道，近例取儒官为从事，才名之士侥得与于其间，公可以服勤，私可以便养，臣道、子道两得之矣。大帅多贵人巨公，必有恻然怜才而罗致幕下者，子其往哉。"③吴澄的说法是有道理的，一些学官在巡检任内确实被地方文武所任用，得到更多入

---

① （元）王沂：《伊滨集》卷7《送李西溪巡检》，文渊阁四库全书本，集部第1208册，第445页下。
② （元）王沂：《伊滨集》卷7《送王巡检》，文渊阁四库全书本，集部第1208册，第446页上。
③ （元）吴澄：《吴文正集》卷30《送廖信中序》，文渊阁四库全书本，集部第1197册，第319页下。

仕的机会。如上文提到的曹永,以温州路瑞安州学正,升柳州路马平县都博镇巡检,不久,"江浙行省宰臣贤其学问,以宣使辟之"①。郑仲贤,由文学掾借注巡检,"既有武备矣,乃辟广东帅府掾"②。孔灏,任宁国路学正,转政和县苦竹寨巡检,不久"宪司帅阃以掾辟"③。面对如此多的机会,正在陷入升转困境的学官一般是不会放过的,这也是学官乐意做巡检的原因之一。

三

学官或儒士做巡检,如吴师道所言是"辍揖逊而司警逻,舍所宜有者不可得,彼万不逮君者投可乘之机"。因此,想在巡检任内有所作为,恐怕不易。不过,学官在巡检任内取得较大政绩的,也确实大有人在。学官在巡检任内的政绩,主要表现在以下方面:

首先,维护社会安定。维护社会安定是巡检的基本职责,这一点多数学官在做巡检时,基本上做到了,有的成绩还非常突出。如章齐贤为安仁县白塔镇巡检以前,"警戍之吏,往往以其暇裕,挠民诉讼,纵卒旁午"。章齐贤任职以后,"律己以廉,驭下以庄",居官凡五年如一日。他任满离去时,"自其乡之大夫士,以至于贩夫牧子,无不诵其美而怀其安"④。后至元年间,岳自修以学官为松阳县惠洽乡巡检,"按职甫及期,枹鼓不惊,而田里之人甘食以安寝"⑤。学官叶

---

① (元)邵亨贞:《野处集》卷3《元故柳州路马平县都博镇巡检曹君墓志铭》,文渊阁四库全书本,集部第1215册,第216页下。
② (元)郑玉:《师山集》卷3《送郑照磨之南安序》,文渊阁四库全书本,集部第1217册,第23页下。
③ (元)鲁贞:《桐山老农集》卷3《故遂安县主簿孔世广墓志铭》,集部第1219册,第145页下。
④ (元)李存:《鄱阳仲公李先生文集》卷17《送章巡检序》,北京图书馆古籍珍本丛刊本,书目文献出版社1991年版,集部第92册。
⑤ (元)黄溍:《金华黄先生文集》卷9《松阳县惠洽巡检司记》,四部丛刊初编本。

审言为巡检,"则能使盗息而民安"①。唐子华以郴州教授,改调处州路青田县柔远乡巡检,他的任职情况更是反映了学官任巡检的特点:

> 始行,人谓子华素懦,又儒士,不习武事,多难之。子华独决然勇往……子华既至,撤枹鼓,散兵卒,独引僮奴一人,径造大姓家,与之揖逊为礼,或持酒脯以往,谈笑为乐。因得推致腹心,久之,人知无他意,多乐便之,故终岁不闻有寇盗之患。②

其次,建立巡检司官舍,完善巡检司制度。元代巡检司大多设立于偏僻之地,既很少有正式的官署,也没有相应的内部管理制度。学官大多具有做官治民方面的知识,学官做巡检正好补充了元代巡检司制度在上述方面的不足,对巡检司制度的规范化起到重要作用。岳自修在任松阳县惠洽乡巡检时,"先是居其官者凡若干人,咸即寓舍以为治所,卒伍散处墟落间,缓急呼调辄后会期,莫有以为意者"。至治二年(1322)岳自修到任后,"始买地作新廨,为屋以间数者若干,费钱若干,而其什七出于君之私橐,不足,则其吏士洎乡之大家合力以成……门庑、堂室、器械之须,靡不具完"③。元统二年(1334)程文"以著书奎章阁",被选注为休宁县黄竹岭巡检。当时"无吏舍,僦民居",因为"治无常所,得盗贼寄系闾里。情或漏泄,案牍栖藏无所复,多散逸。前承后继,漫不之省"。程文到任后,"乃出钱为倡",将当地一座庙宇进行改建,作为巡检司的治所。"中为莅事之堂,扁曰'不欲'。东西各为一室,以待部使者与大府之客有事过吾境者而馆焉。又以仪制之未备也,两旁缭以修墙,列树竹木其前,因门为楼,置钲鼓其上,候测更点以警民出入。其西别为屋三间,使吏处其

---

① (元)黄溍:《金华黄先生文集》卷33《叶审言墓志铭》,四部丛刊初编本。
② (元)朱晞颜:《瓢泉吟稿》卷4《送唐子华序》,文渊阁四库全书本,集部第1213册,第410页下。
③ (元)黄溍:《金华黄先生文集》卷9《松阳县惠洽巡检司记》,四部丛刊初编本。

中,右厨左库,案牍庋焉。"① 鄞县小溪镇是宋代一些文人学者的隐居之地,元朝立巡检司于此。泰定元年(1324),白察罕不花为小溪镇巡检,与当地父老重建巡检司。从此,"怀牒巧讼者各屏息以避"②。上述例子说明了学官做巡检对完善元代巡检司制度的贡献。

再次,审问案件。巡检作为捕盗官,当然要接触有关盗贼的案件。巡检破案不仅要靠勇力,还需要一些专门的知识和经验。学官文化程度远高于一般武人,在掌握破案的专门知识方面具备优势,所以,一些学官出身的巡检在审问案件方面表现突出。如至治二年(1322),吴福孙以学官借授潮州路潮阳县青洋山巡检。"遐荒之地,县长贰久缺,君摄县事,获强盗之捕诛者八人,脱平民被诬为盗者若干人,而获其真盗者若干人。广东宪府有疑狱,多以委焉。"③ 郑千龄为江宁四镇巡检,"有合阳寺僧失财,而疑其侪,侪至,以左证,辄引服,先君(指郑千龄)疑之,购贼,无所得,先君益疑非盗,欲纵之。侪惧刑,因自诬服。先君因指玉语之曰:吾惟此一息,所欲故入人于罪者,如暾日。因纵之。人以为纵盗,后得盗当途[涂]境上"④。

上述学官在巡检任内的表现,说明了他们在自己本来不熟悉的岗位上,并不是无所作为,学官作为中国古代传统社会精英的一部分,有能力在任何岗位上发挥其聪明才智,元代学官或儒士缺少的是施展才能的机会。上述情况还表明,尽管元代学官的处境比较艰难,但很多人还是充分利用有限的机会,发挥自己的才能,为社会做贡献。

---

① (元)郑玉:《师山集》卷5《黄竹岭巡检司记》,文渊阁四库全书本,集部第1217册,第41页上、下。
② (元)袁桷:《清容居士集》卷19《鄞县小溪巡检司记》,四部丛刊初编本。
③ (元)黄溍:《金华黄先生文集》卷38《上海县主簿吴君墓志铭》,四部丛刊初编本。
④ (元)郑玉:《师山集》卷8《先府君休宁县尹方村阡表》,文渊阁四库全书本,集部第1217册,第62页下—62页上。

四

　　前面已经论述，对于学官做巡检，元人的态度反应不一，有人表示感慨，有人表示不满，有人则表示同情，但也有人表示赞同。许有壬认为，学官做巡检，"使一方盗不作，作必擒，民得以安其田里，是犹不可为政乎？"①陈旅也认为，学官"能以文学发身，受天子命游檄山海间，岂不亦荣矣哉？"②尽管当时社会上对学官做巡检议论颇多，但它毕竟为一些学官提供了一些改变自己的处境以及发挥自己才能的机遇，因此，一般学官还是以做巡检为荣。如学官王释"以儒学官借补潮州揭阳县湖口巡检"，命下之日，"父子（其父也曾为学官）皆公服，前后置褥位，望阙谢，闾里以为荣"③。

　　今天看来，以学官做巡检，是由元朝儒士恶劣的生存环境造成的。儒士作为中国古代的社会精英阶层，其社会适应能力是很强的，虽然学官不擅长巡检的职务，但学官在巡检任内并非是无所作为，一些人还确实取得了一定的政绩。以学官做巡检，是中国制度史上的一个小插曲，非常有趣和耐人寻味。

（原载《中央民族大学学报》2005 年第 5 期）

---

① （元）许有壬：《至正集》卷 31《送陈季和序》，北京图书馆古籍珍本丛刊本，集部第 95 册。
② （元）陈旅：《安雅堂集》卷 2《送谢仲连为小鹿巡检诗序》，文渊阁四库全书本，集部 1213 册，第 17 页上。
③ （元）黄溍：《金华黄先生文集》卷 34《处州路儒学教授致仕王君墓志铭》，四部丛刊初编本。

元代庆元路书院考

书院是唐代出现的一种儒学教育或学术研究机构,两宋时期得到迅速发展,在文化传播和学术研究方面产生了重要影响。元代书院在继承了前代发展成果的基础上,在许多方面得到明显发展,并且形成了自己的一些特点,这一点已经被很多学者的研究所证实。[①] 本文在前人研究的基础上,对元代庆元路(今浙江省宁波市)的书院进行全面考察,为全面认识元代书院发展情况提供一个参考个案。

一

元朝统一以后,江南社会安定,经济、文化繁荣,为书院的发展创造了条件。"内自京师,外自郡县,无不立学"[②],而"书院一事,盛

---

① 有关元代书院的研究成果,有徐梓《元代书院研究》(社会科学文献出版社 2000 年版)、王颋《元代书院考略》(《中国史研究》1984 年第 1 期)、〔日〕牧野修二《论元代庙学和书院的规模》(《齐齐哈尔师范学院学报》1988 年第 4 期)、王风雷《元代书院考遗》(《内蒙古社会科学》1994 年第 4 期)、邓洪波《元代书院及其发展特点》(《内蒙古社会科学》1994 年第 6 期)、吴榕青《宋元潮州的书院》(《岭南文史》1998 年第 4 期)、徐梓《论元代书院的学校化》(《中国书院》第 2 辑,湖南教育出版社 1998 年版)、(美)李弘祺《宋元书院与地方文化——吉州地区学统与民间宗教关系试析》(《中国书院》第 3 辑,湖南教育出版社 2000 年版)等。另外,一些通论性的书院史、教育史专著也涉及元代书院问题,这里不再列举。
② 《一三三四年淇县文庙圣旨碑》,见蔡美彪编著:《元代白话碑集录》,科学出版社 1955 年版,第 84 页。

于南国"①。据史料记载,江浙行省"所统吴越间"就有"为书院者至八十有五"②。元代庆元路位于江浙行省的东部沿海地区,所辖二州(奉化州、昌国州)、四县(鄞县、慈溪县、定海县、象山县),交通条件便利,经济发达。宋代以来,这里就已经成为儒学文化、教育发达的地区,陆九渊的陆学和朱熹的理学在这里得到发展和传承。③可以说,庆元路浓厚的文化氛围,为书院的发展提供了良好的社会环境。据史料记载,元代庆元路的书院有十二所,鄞县有东湖书院、鄮山书院、甬东书院、本心书院、鲁斋书院、鄞江书院;慈溪县有慈湖书院、杜洲书院;昌国州有翁洲书院、岱山书院;奉化州有龙津书院(文公书院)、广平书院。④从数量看,元代庆元路书院的数量占了江浙行省书院总数的14.1%,在江浙行省的三十个路中,可谓书院较为发达的地区。现将主要书院的发展概况考察如下:

慈湖书院 位于慈溪县城东一里,是为纪念南宋学者杨简(字敬仲)而建立的。宋宝庆年间最早在慈湖之滨建起了杨简的祠堂。⑤咸淳七年(1271),庆元府知事刘黻(乐清人)上书"请建慈湖书院"⑥,得到批准,不久在县城普济寺东建之,书院"负山面湖,创精舍,肖像而祠之"⑦。元朝至元二十二年(1285),普济寺僧人恃势"夺其地,毁祠像"⑧,诸生诉于官,得到许可在杨简的故宅重建书院。至

---

① (元)王旭:《兰轩集》卷12《中和书院记》,文渊阁四库全书本,集部第1202册,第852页下。
② (元)黄溍:《黄文献公集》卷7上《西湖书院义田记》,丛书集成初编本,中华书局1985年版,第273页。
③ 详参申万里:《元代庆元路儒学考述》,《元史论丛》第8辑,第182—193页。
④ 王颋《元代书院考略》列举元代庆元路书院14所,漏掉了鄞县本心书院,增加了定海县湖山书院、奉化州松溪书院、昌国州泽州书院这3所书院,由于笔者没有发现有关上述3所书院的材料,尚不能确定它们就是元代的书院,因此不列入本文考察的范围。
⑤ (宋)文及翁:《慈湖书院记》,见(元)袁桷:《延祐四明志》卷14,宋元方志丛刊本,第6册。
⑥ 《宋史》卷405《刘黻传》。
⑦ (元)黄翔龙:《重修慈湖书院本末记》,见(元)袁桷:《延祐四明志》卷14,宋元方志丛刊本,第6册,第6340页。
⑧ (元)袁桷:《延祐四明志》卷14《学校考》,宋元方志丛刊本,第6册,第6337页。

元二十九年（1292），慈湖书院建成。①

杨简为慈溪人，陆象山高徒，历官乐平知县、温州知州，晚年致仕，隐居德润湖上，更名慈湖，称慈湖先生，传播陆学，弟子甚众。②从史料看，元代的慈湖书院继承了陆学的传统，继续传播这一学术，刘仁本在《慈湖书院山长袁九万满任》一诗中写道：

> 春满花香竹影间，慈湖水长绿潺湲。庙廷独祀杨夫子，道学还宗陆象山。博士寒无毡坐客，诸生业已管窥斑。五儿豚犬惭笾豆，珍重斯文受代还。③

诗中反映了袁九万任书院山长时期慈湖书院祭祀杨简和传授陆学的情况。另外，元代慈湖书院的历任山长中，也有一些陆学学派的传人，如曹汉炎就是"杜洲之徒最称耆宿，曾掌慈湖书院者也"④。这里的杜洲先生为童居易，字行简，慈溪人，杨简的"世嫡弟子"，因此，曹汉炎无疑为陆学学派传人。此外，元代任慈湖书院山长的还有胡宗器⑤、徐勉之⑥、家晋孙⑦、李元昭⑧等，元代慈湖书院既有"殷勤束带升堂日"⑨，也可以听到"灯前夜雨读书声"⑩。这反映了元代慈

---

① （元）黄翔龙：《重修慈湖书院本末记》，见（元）袁桷：《延祐四明志》卷14，宋元方志丛刊本，第6册。
② 参见（清）黄宗羲原著，全祖望补修，陈金生、梁运华点校：《宋元学案》卷74《慈湖学案》，中华书局1986年版。
③ （元）刘仁本：《羽庭集》卷2，文渊阁四库全书本，集部第1216册，第32页上。
④ （清）全祖望：《鲒埼亭集外编》卷16《杜洲六先生书院记》，四部丛刊初编本。
⑤ （元）刘仁本：《羽庭集》卷3《胡宗器训迪慈湖书院诗以壮其行》，文渊阁四库全书本，集部第1216册。
⑥ （元）陈基：《夷白斋稿》卷8《送徐勉之慈湖书院山长》，四部丛刊三编本。
⑦ （元）方回：《桐江续集》卷31《送家自昭晋孙自庵慈湖山长序》，文渊阁四库全书本，集部第1193册。
⑧ （元）白雄飞：《故惠泉散更显翁先生李府君墓志铭》，见（元）佚名：《无锡县志》卷4下，宋元方志丛刊本，第3册。
⑨ （元）陈基：《夷白斋稿》卷8《送徐勉之慈湖书院山长》，四部丛刊三编本。
⑩ （元）刘仁本：《羽庭集》卷3《胡宗器训迪慈湖书院诗以壮其行》，文渊阁四库全书本，集部第1216册，第48页上。

湖书院文化传承延续的情况。

翁洲书院　位于昌国州治所之北,原为宋进士应素读书之所。应素,昌国州人,字自得,绍定四年(1231)进士,与其侄应㶿(字之道,嘉定十六年进士)皆为当地知名学者,迂斋先生楼昉弟子,学术观点接近朱熹的理学。淳祐间,宋理宗亲书"翁洲"二字以赐之,遂为翁洲书院,"延师其间,率其子弟及族之人与夫乡之俊秀",肄业其中,成为当时"一方精舍之望"。

元朝统一以后,翁洲书院最初以应氏"其族之儒而耆者,董行教事"。元贞元年(1295),由于书院"既无寸产土,又隶于州庠,教养咸缺",江浙行省"几去其缺"。不久,应素之子应翔孙率其子侄"辍己分田隶书院,公其出纳以赡师生",于是书院"遂得不废"。大德元年(1297),江浙行省任命何烨之为翁洲书院首任山长,他"载刊鹿洞之规,爰采新田,重恢旧观"①。大德十一年(1307)秋,翁洲书院被飓风摧毁,从此荒废了十三年之久。延祐七年(1320),昌国州同知于文传主持修建书院礼殿、台门。后至元二年(1336),山长朱延鸾筹资起盖东廊斋舍。后至元四年(1338),知州徐敬主持兴建讲堂三间及西廊斋舍三间。②至此,翁洲书院稍复旧观。此后,曹性之任山长,他和书院直学林大昌等经过多方经营,使翁洲书院更加完善。至正初年,翁洲书院出现衰落迹象,"翁洲在海上,去城府远,有司不暇顾,殿宇颓圮,米廪弗给,释奠不备"③。不久,江南孔子后裔孔森(字英夫,温州平阳人)任翁洲书院山长,他对书院的经营可谓尽职尽责:

> 君走谒于郡守,以修葺废坠为请,郡守是之,书院遂得一新。

---

① (元)冯福京:《大德昌国州图志》卷2《学校》,宋元方志丛刊本,第6册,第6071页下—6072页上。
② (元)应奎翁:《翁洲书院记》,见(元)王元恭:《至正四明续志》卷8,宋元方志丛刊本,第7册,第6553页。
③ (明)徐一夔:《始丰稿》卷13《故元松江府儒学教授孔君墓志铭》,文渊阁四库全书本,集部1229册,第351页下。

为山长三年，禄米仰于郡庠，俸钱给于府库，无所自遂，韭盐之况，处之裕如。人曰："孔氏之为学校官者，盖如此。"①

另外，童士珍也做过翁洲书院山长，具体情况不详。②

岱山书院 初位于昌国州蓬莱乡的岱山。宋咸淳七年（1271），儒士魏渠等联名请于县，县给旧酒坊地基，拨公款以建之。咸淳九年（1273），书院初步建成。③但整个宋代，岱山书院"恒产皆无"。至元二十三年（1286），当地盐场官徐应举、朱许芳出资购得民房一处，将岱山书院迁至昌国州治所，"以存其名"④。当时，虽有山长之设，"实未有所赡焉"。

由于岱山书院位置偏僻，物质条件差，发展受到很大限制，一些士人不愿意到这里做山长，如学者吴辛（字伯祥，吴师道之父）"至大初，升岱山书院山长，以涉海远不行"⑤。后至元二年（1336），州判官许广大拨富九都沙涨涂田十四处"以供祀事"，并设"颜子像以配享"⑥。这个措施没有改变岱山书院办学困难的状况，元末明初的岱山书院也只是"渺然波涛之黑，蔚然林薄之荫，精舍数椽，命官任教"⑦。元末明初，元秘书监丞陈麟（字文昭，温州人）隐居岱山，"以海乡僻陋，为兴岱山书院，严师弟子之职。暇日，复与其里人聚石为台，陈筐篚爵斝，盛升降揖让，如乡饮酒礼。父老见而荣之，

---

① （明）徐一夔：《始丰稿》卷13《故元松江府儒学教授孔君墓志铭》，文渊阁四库全书本，集部第1229册，第351页下。
② （元）刘仁本：《羽庭集》卷2《送童士珍由翁洲书院山长调浙东宪掾考满》，文渊阁四库全书本，集部第1216册。
③ （宋）赵与泺：《岱山书院记》，见（元）袁桷：《延祐四明志》卷14，宋元方志丛刊本，第6册。
④ （元）冯福京：《大德昌国州图志》卷2《学校》，宋元方志丛刊本，第6册，第6073页。
⑤ （元）吴师道：《吴礼部文集》卷20《吴氏家述》，北京图书馆古籍珍本丛刊本，集部第93册。
⑥ （元）王元恭：《至正四明续志》卷8《学校》，宋元方志丛刊本，第7册。
⑦ （明）陶安：《陶学士先生文集》卷14《送黄文敬长岱山序》，北京图书馆古籍珍本丛刊本，集部第97册。

争令子弟为学,变其习俗"①。

杜洲书院 位于慈溪县城西北三十里。元至大二年(1309),宋杜洲先生童居易后裔童金于此创义学,后又在此基础上建立了杜洲先生的祠堂,并割田"以赡来学"②,创立杜洲书院。不久,童金之子童桂也"添拔山田"。后至元二年(1336),杜洲书院被江浙行省正式批准设立,任命书院山长主之。③

杜洲书院是童氏为了"褒祖"而建立的书院,书院教学内容以朱熹理学为主,并不是传承童居易的陆学,书院祭祀也是以朱学为主。刘仁本在写给杜洲书院山长胡幼学的诗中有"紫阳夫子崇仪像,安定闻孙执豆笾"之句④,这里紫阳为朱熹,安定则是其弟子胡瑗(字翼之,宋泰州人,知名学者、教育家,学者称其为安定先生),反映了杜洲书院祭祀朱学先贤的情况。元代杜洲书院影响最大的学者是孙元蒙(字正甫,鄞县人),他元末讲学于杜洲书院,"申明朱子月试季考法,朔望读吕氏乡约,书善纪过,以示劝惩。远近裹粮而至者数百人"⑤。一些人在杜洲书院学成而归,如儒士任存敬,"自幼有志于学,邻邑旁近有曰杜洲书院者,延乡先生孙公正甫训导弟子员,存敬从之游,受朱子《诗经传》,学成而归",后任官高邮。⑥

东湖书院 位于鄞县城东三四十里,由当地儒士陆居敬、陆思诚兄弟创办。泰定二年(1325),陆氏兄弟"思其父之遗命",首先建起义塾,"奉紫阳朱夫子(朱熹)像,以教一乡之子弟"。二人还割田一百五十亩,作为赡学的来源,另割田十亩作为祭祀之资。当

---

① (元)戴良:《九灵山房集》卷23《元中顺大夫秘书监丞陈君墓志铭》,四部丛刊初编本。
② 乾隆《宁波府志》卷9《学校》,中国方志丛书本,台北成文出版社有限公司1974年版。
③ (元)王元恭:《至正四明续志》卷8《学校》,宋元方志丛刊本,第7册。
④ (元)刘仁本:《羽庭集》卷2《送杜洲书院山长胡幼学之任》,文渊阁四库全书本,集部第1216册,第32页上。
⑤ (明)贝琼:《清江贝先生集》卷30《故孙正甫先生墓志铭》,四部丛刊初编本。
⑥ (明)郑真:《荥阳外史集》卷12《恒农轩记》,文渊阁四库全书本,集部第1234册,第62页上。

时"浙东帅本斋王公名之为'东湖书院',堂曰'育英',为之大字以榜之"①。此后,东湖书院并未能"请额于朝",其山长之位也长期空缺,只能"率以他职来摄"。天历元年(1328),书院聘鄞县县学教师吴思永端席设讲,训导陈宏专其教。此后,来主书院者"有贤有愚,或久或暂",但是均"不能以称厥事"。②到至正年间,色目人乃贤(字易之)徙居鄞县,被聘为东湖书院山长。乃贤为哈刺鲁(也称葛逻禄、郭啰洛,波斯语,意思为"马",所以乃贤也称马易之)氏,工诗文,与庆元路官吏、士人交往密切。朱右在一篇文章中记述道:

> 时刘公羽庭居行省左司,知易之贤而贫也,礼致之,主东湖书院,冀得升禄以为养。易之既领事,所入一不归诸己,尽以修治庙宇,建先贤、先师祠,延有学行者,训导其乡之弟子,旦望聚堂上,亲为讲肆不辍,乡邦向方,而易之有远役,其父兄学徒至泣下相送。③

文中的刘羽庭即刘仁本,为乃贤好友,元末任职于江浙行省,他在送乃贤离开东湖书院赴京师时写道:

> 湖水东头见学官,教分党术启群蒙。曾崇俎豆祠朱子,今喜师儒得马融。蠹简青灯听夜雨,鲰生绛帐坐春风。鄞邦自是衣冠薮,况复书文四海同。④

---

① (元)程端学:《积斋集》卷4《东湖书院记》,丛书集成续编本,第109册。这里的"本斋王公"为王都中,字元俞,号本斋,福宁人,寓居吴县。王都中十七岁授平江路(今江苏省苏州市)治中,历官浙东宣慰副使、浙东宣慰使都元帅等职。
② (元)刘仁本:《羽庭集》卷5《送陆德阳摄东湖书院序》,文渊阁四库全书本,集部第1216册,第93页上。
③ (明)朱右:《白云稿》卷5《送郭啰洛易之赴国史编修序》,文渊阁四库全书本,集部第1228册,第64页上。
④ (元)刘仁本:《羽庭集》卷3《送马易之主东湖书院事》,文渊阁四库全书本,集部第1216册,第48页下。

从以上史料可以看出，元末乃贤主持东湖书院时期，是书院的兴盛期，可惜他于至正二十三年（1363）被元朝任命为翰林国史院编修官，离开东湖书院，使书院山长之位又缺。

此后，庆元路总管丘彦村聘儒士陆德阳代理东湖书院山长。陆德阳为杭州钱塘人，历任西湖书院山长、余姚州教授，是一位"才华富茂，践履敦笃"的儒士，其为东湖书院山长，得到当地士人的拥护。① 此间，东湖书院增建先贤祠一处。②

鄮山书院 位于鄞县城西五里，由当地儒士赵寿建立。大德二年（1298），赵寿"慨然请于朝"，表示愿意割田别居，以立书院。书院建朱文公（朱熹）专祠，名之曰"鄮山书院"。赵寿兴建书院之举得到士人的赞扬，方回在《赵氏鄮山书院诗并序》中写道：

> 四明赵公伯崖父，法从名门，年六十余，自称"最乐翁"。不以世故萦怀，而独有志斯文。割大厦腴田，创鄮山书院，闻于有司，设师、弟子员以学以教，以厚风俗之本。③

赵寿的申请得到了江浙行省的批准，但他不久即去世，书院由于缺乏管理而"成规废弛"。大德七年（1303），江浙行省任命林德载为鄮山书院山长。当时的书院已经"屋毁勿称"，近于荒废，他于是重新辟田以整修之④，鄮山书院从此发展起来。据史料记载，元代任鄮山书院山长的有黄溥和周尧适。黄溥，字彦博，蒲圻（疑为"坂"，今山西省永济市蒲州镇）人，至正元年（1341）通过乡试，授鄮山书院

---

① （元）刘仁本：《羽庭集》卷 5《送陆德阳摄东湖书院序》，文渊阁四库全书本，集部第 1216 册，第 93 页下。
② 民国《鄞县通志·舆地志》，中国方志丛书本，台北成文出版社有限公司 1974 年版。
③ （元）方回：《桐江续集》卷 22，文渊阁四库全书本，集部第 1193 册，第 502 页上。
④ （元）袁桷：《清容居士集》卷 18《鄮山书院记》，四部丛刊初编本。

山长。他"性敦朴,学知务本,言动不苟,士子则之"①。周尧适为鄞县人,初被召到大都书写佛经,后任命为鄮山书院山长。②

甬东书院 位于鄞县城东三里,宋绍定年间儒士郑清之创建,祠学者楼昉。郑清之,字德源,鄞县人,为楼昉弟子,宋嘉泰进士。楼昉,字旸叔,号迂斋,鄞县人,从学于金华学者吕祖谦。③吕在学术上接近朱熹的理学,因此,甬东书院最初就是一所以传授理学为特征的书院。书院有田以供祭祀之需,宋理宗亲书其匾以赐之。④

元朝至元二十八年(1291),甬东书院被附近普陀寺僧人所毁。路学教授吴宗彦在恢复旧址失败后,将书院迁到城内重建,并设"主奉二人以掌之"。至正年间,台州人许广大(字具瞻,元进士)为鄞县县尹,他"复甬东书院,延师教子弟,月朔望必亲视廪膳,课讲业,阐明伦理,敦笃行义,优礼耆德,奖拔后进,期以实效,鄞士习为之一变"⑤。至正十四年(1354),在当时鄞县令的主持下,甬东书院重建。⑥有关甬东书院山长的记载不多,仅钟声伯一人,刘仁本在《送钟声伯赴甬东书院山长》一诗中写道:

> 宋家天子尊师傅,郑相楼公理学传。湖上青山存礼乐,甬东华构祀儒先。乡人早立诸生馆,博士还无坐客毡。今日送君开绛帐,杏花春雨听歌弦。⑦

这里的钟声伯当为甬东书院山长,诗中"乡人早立诸生馆,博士还

---

① (明)冯从吾:《元儒考略》卷4,文渊阁四库全书本,史部第453册,第791页上。
② (明)徐一夔:《始丰稿》卷2《送周山长考满序》,文渊阁四库全书本,集部第1229册。
③ (清)黄宗羲原著,全祖望补修,陈金生、梁运华点校:《宋元学案》卷73《丽泽诸儒学案》,第2435页。
④ (元)袁桷:《延祐四明志》卷14《学校考下》,宋元方志丛刊本,第6册。
⑤ (明)刘基:《刘基集》卷12《故鄞县尹许君遗爱碑铭》,第177页。
⑥ (元)郭嘉:《重修甬东书院记》,见民国《鄞县通志·舆地志》,中国方志丛书本。
⑦ (元)刘仁本:《羽庭集》卷2,文渊阁四库全书本,集部第1216册,第32页上。

无坐客毡"之句说明甬东书院在元朝由于缺乏优秀的主持人而运行困难。

龙津书院 位于奉化州城东四里。宋乾道年间朱熹曾至此,"士人延留问道,遂立书院",不久,书院迁到当时县学之东。[1]元朝至元十八年(1281)龙津书院改名为文公书院,由山长李芝皓等主持,不久废弛。元贞初年陈友龙为浙东道儒学提举,他起用奉化知名士人任士林主持恢复文公书院,"州达鲁花赤察罕、知州李炳等均赞此事",并且"以工给其役,以吏董其事"。不久,文公书院重新建成。[2]

鲁斋书院 初位于鄞县城西南吴家巷。后至元六年(1340),浙东道都元帅锁南班,因天台儒士陈仁本等请求而建立,祠许衡。但是书院的申请"闻于朝,未奉明降"[3]。至正二年(1342),陈仁本"即庆元府治之东构祠塑像",并得到元政府批准,"列于学官"。此时的鲁斋书院"春秋专祠于公(许衡),而又以姚(燧)、赵(复)二公合食于堂,终岁设教养士,然而廪饩供张尚未完也"。至正三年(1343),陈仁本"逾浙右,泛二江,游金陵",经过多方努力,终于"以需成于台端"[4]。

鄞江书院 位于鄞县城东南,鄞县儒士张式艮建。[5]

广平书院 位于奉化州治所东六里,原为宋儒士文静舒的家塾,元时改为书院,至正年间毁。[6]

本心书院 全汝梅父子建,位于鄞县,具体位置不详。[7]

元代庆元路书院分布不平衡,在12所书院中,鄞县(依郭县)有6所,占总数的50%,奉化州、昌国州、慈溪县均为2所,均占16.7%,定海县、象山县无。因此,可以说元代庆元路的政治中心、

---

[1] 光绪《奉化县志》卷8《学校上》,中国方志丛书本。
[2] (元)任士林:《松乡集》卷1《重建文公书院记》,文渊阁四库全书本,集部第1196册,第491页下。
[3] (元)王元恭:《至正四明续志》卷8《学校》,宋元方志丛刊本,第7册,第6556页上。
[4] (元)朱德润:《存复斋文集》卷2《鲁斋书院三先生祠堂记》,四部丛刊续编本。《至正四明续志》载书院创始人为天台"陈仁",疑丢一"本"字。
[5] 光绪《奉化县志》卷8《学校上》,中国方志丛书本。
[6] (元)王元恭:《至正四明续志》卷8《学校》,宋元方志丛刊本,第7册。
[7] 同上。

经济文化发达的地区是书院分布的主要地区。这种分布特点，大致反映出元代以后书院向地方政治、经济中心集中的发展趋势。从学术传承的情况来看，除了慈湖书院还在传承陆九渊的陆学以外，元代庆元路大部分书院都以朱熹理学为传承内容，反映了元代理学扩展和基本一统天下的情况。

二

唐宋以来，中国的地方学校形成了庙学合一的建筑布局结构，"由学尊庙，因庙表学"，庙和学、教学和祭祀有机地结合在一起，全方位地体现出儒家文化的思想和社会主张。书院在南宋有学术研究、学术传承和文化教育的多种功能，元代程朱理学居于统治地位以后，书院在学术研究、学术传承方面的职能淡化，文化教育的职能得到凸显，书院和各级官学有趋同化的趋势。这种书院与官学的趋同化，在庆元路诸书院的建筑结构中，比较直接地表现出来。

庆元路诸书院的主要建筑类型有：礼殿、祠堂、讲堂、学斋及其他教学、祭祀辅助设施。礼殿、祠堂为书院的精神象征，常位于书院的中心。礼殿也称燕居堂，为先圣"燕居之堂"，一般供奉孔子及四配（或称四侑，指孔门弟子颜子、曾子、子思、孟子）。礼殿的规模大致与州县级官学相当，如至正年间庆元路的岱山、翁洲二书院的礼殿，大小为三间，同时期的奉化、昌国二州及定海县学的大成殿，大小也是三间。只是州县学大成殿左右一般有从祀廊，书院则没有。[①]祠堂一般在礼殿的左侧，它往往是书院最早的建筑。慈湖书院初创时，"邑士大夫始祠（杨简）于湖之滨"，以后才陆续兴建其他建筑。祠堂和礼殿是有区别的，至元二十四年（1287）慈湖书院重建时，"崇礼殿以

---

① （元）王元恭：《至正四明续志》卷8《学校》，宋元方志丛刊本，第7册。

奉先圣，严祠庭以殷禋祀"①。翁洲书院元贞年间重建时，同样是"建礼殿奉宣圣燕居像，别建祠，祀先贤朱文公"②。祠堂最初一般是某位先贤的专祠，元中后期祠堂从祀逐渐增多，专祠的色彩减弱。据1936年修《鄞县通志》所引元人郭嘉《重修甬东书院记》，甬东书院在至正十四年（1354）重建后，礼殿中祀"宣圣石像、四侑（四配）"。祠堂有东西两个，西祠堂祀汉代董氏（董仲舒）、唐代昌黎韩氏（韩愈）、宋代横渠张氏（张载）、新安朱氏（朱熹）等八先生，东祠堂祀当地乡贤迂斋楼氏、果斋史氏、安晚郑氏、靖斋程氏、约斋许氏等五人。

讲堂、斋舍一般在礼殿之后。讲堂"外植门塾，旁翼两庑"为斋舍，其大小、数量视书院的教学规模而定。至正年间的翁洲书院有讲堂三间，斋廊三间；岱山书院仅有讲堂三间。教学规模较大的杜洲书院则有彝训堂（讲堂）三间，学斋六个，每个三间，共十八间。③有些书院还在讲堂之后建藏书室。

书院的其他辅助设施包括山长之厅、公厨、仓庾、学门、围墙、碑亭、杏坛等。这些建筑因书院大小规模不等而有所增减。如翁洲书院的辅助设施仅台门三间，轩屋三间；岱山书院仅有门楼三间。④

为更加具体地说明元代庆元路书院的建筑布局情况，现将慈湖书院以及甬东书院的大致建筑布局举例说明如下：

慈湖书院外有台门，进入以后，正中有礼殿和慈湖先生祠堂，礼殿以后为学门，进入学门，正中为讲堂，两庑为四斋，名曰：忠信、笃敬、明通、公博。讲堂之后为藏书室。⑤

甬东书院外有棂星门，进入棂星门为仪门，仪门有左右二挟室，左边藏"程氏（程端礼，字敬叔，庆元人，幼从史蒙卿学习理学，为

---

① （元）王元恭：《至正四明续志》卷8《学校》，宋元方志丛刊本，第7册，第6554页上。
② 同上书，第6552页下。
③ 同上书，第6553页下—6555页上。
④ 同上书，第6553页下—6554页上。
⑤ 同上书，第6554页上、下。

当地知名学者和教育家)《读书日程》、《春秋本义》及书板，右以贮谷粟"。书院正中为礼殿，"加涂塈茨，壮丽坚如"。礼殿后居中为论堂，"两庑延以十二楹"。其中，东为居敬斋，西为克己斋，二斋共六楹，另六楹为东西二祠。①

庆元路书院在元代建筑布局的变化，明显地体现出书院官学化的发展趋势。②官学化一般指书院和官学的趋同化、一致化，其结果是书院失去自己的特点，与官学等同。从史料看，庆元路书院的这种情况表现在两个方面。首先，书院是为纪念先贤而创立的，因此，这些特定先贤的专祠可以说是书院与官学在建筑布局方面最明显的区别。从有关资料中，我们不难发现，在元代庆元路的书院中，先贤的专祠在元朝中后期的重要性减弱了，甚至有的废弃或消失了。大德十一年（1307），翁洲书院为飓风所毁，延祐七年（1320）重建了礼殿、仪门、讲堂、东西庑及教学辅助设施，其中没有重建朱子祠堂的记载。③《至正四明续志》中有关翁洲书院、岱山书院的"屋宇"中也没有祠堂的记述。前已述及的甬东书院在至正十四年（1354）重建后，楼昉的专祠变成了五先生祠。鲁斋书院在至正二年（1342）重建后，许衡的专祠也变成了三先生祠。

其次，元中后期书院的建筑布局已经同官学基本一致，这从奉化州学与杜洲书院建筑类型的对比中可以看出。

至正年间奉化州学与杜洲书院建筑类型对照表

奉化州学	杜洲书院
棂星门一座，东西门两座，仪门三间	门楼三间，仪门五间
大成殿三间，东西从祀廊各六间	礼殿三间
朱文公祠堂一间，三先生祠堂一间	慈湖先生祠堂三间，乡先生祠五间
彝训堂五间	彝训堂三间

---

① （元）郭嘉：《重修甬东书院记》，见民国《鄞县通志·舆地志》，中国方志丛书本。
② 有关元代书院官学化的问题，可参考徐梓：《元代书院研究》，第126—145页。
③ （元）袁桷：《延祐四明志》卷14《学校考下》，宋元方志丛刊本，第6册。

续表

奉化州学	杜洲书院
六斋六间	六斋十八间
养正堂五间，觉后堂三间	
参前碑亭一所	宣圣加号碑亭一座
土（地）祠一间	
仓屋五间，堂后轩五间	廊屋十二间
公厨一间	庖（食堂）、湢（浴室）五间
小学二斋三间	
	山长厅三间
	杏坛一处
共有房屋五十四间	共有房屋六十间

从上表来看，元末奉化州学与杜洲书院的建筑规模、布局基本一致，为什么会出现这种情况呢？由于缺乏足够的史料，我们目前还不能对这一问题进行深入的讨论。但是有一点是肯定的，书院的官学化是主要原因。

庆元路书院建筑规模大小不等，慈湖书院延祐年间有房屋 72 间，建筑规模超过了当时除慈溪县学以外的所有州县学，而东湖书院仅为"讲有席，息有榻，凡庖湢之所、饮食之器、蔬蓛之圃，虽微而完"[①]。另外，由于各种社会因素的影响，元代各书院的规模也有一些增削。如甬东书院，延祐年间仅房屋 3 间[②]，至正年间重建后规模大增。慈湖书院，延祐年间有房屋 72 间，至正年间仅为 32 间，减少了 55%。岱山书院，大德年间有房屋 3 间，至正年间增加到 9 间。[③]

三

庆元路书院的办学方针基本上遵守朱熹制定的"白鹿洞成式"[④]。

---

① （元）程端学：《积斋集》卷 4《东湖书院记》，丛书集成续编本，第 109 册。
② （元）袁桷：《延祐四明志》卷 14《学校考下》，宋元方志丛刊本，第 6 册。
③ （元）王元恭：《至正四明续志》卷 8《学校》，宋元方志丛刊本，第 7 册。
④ （元）应奎翁：《翁洲书院记》，见（元）王元恭：《至正四明续志》卷 8《学校》，宋元方志丛刊本，第 7 册，第 6553 页上。

这些"成式"一般写在书院的显著位置,或刊刻成书,供师生阅读。①不过由于史料缺乏,有关书院的实际教学情况我们目前还不得而知,《延祐四明志》在谈到鄮山书院的生员教学情况时说:

> 儒学提举司行下本路儒学及鄞县学分拨到生徒二十一名,递年身故,见存儒人七名在院陪拜肄业。②

上述材料说明,元代书院除了生员"肄业"的教学活动以外,还像地方官学一样,定期举行祭祀。

根据元代有关书院的统一规定,书院的管理由书院山长负责。山长主要处理书院有关的教学、祭祀、钱粮、兴建、修缮等事务。由于书院大小规模不等以及山长本人的能力水平不一,元代书院的管理出现了较为复杂的情况,地方官府在书院的建立和运行过程中起着重要作用。

书院创立前必须由州县逐级申报行省,行省在"教"和"养"也就是教学设施和赡学田产两个方面进行审查,符合条件才予以批准,并任命山长主之。书院山长三年一届,届满代换。如元初翁洲书院为了取得合法地位,首先"白之州,州俾学正摄闻诸府,遂次以达行省",然后行省"诘问资粮之有无,存设当否"。由于昌国州当局指出该"书院既无寸产土,又隶于州庠,教养咸缺",江浙行省"几去其缺"③。

按元代政府的规定,书院山长由行省任命。不过,按照惯例,首任山长以筹建书院(捐献田产)的人为之,届满代换。鄮山书院首任山长赵寿即是这种情况。但有时候也不拘此例,翁洲书院建立

---

① 冯福京《翁洲书院记》云,翁洲书院元贞元年(1296)"载刊鹿洞之规"。参见(元)冯福京:《大德昌国州图志》卷2《学校》,宋元方志丛刊本,第6册,第6072页上。
② (元)袁桷:《延祐四明志》卷14《学校考下》,宋元方志丛刊本,第6册,第6334页下。
③ (元)冯福京:《大德昌国州图志》卷2《翁洲书院记》,宋元方志丛刊本,第6册,第6072页上。

后，江浙行省就任命与书院建立毫无关系的何烨之为首任山长。①一些较小的书院虽然得到请额（批准），也不会被重视。如岱山书院在至元二十三年（1286）迁到昌国州治所，只是为了"以存其名"。延祐年间的甬东书院有房屋三间，行省仅仅"设主奉二员以掌之"②。一些未得到请额的书院，只能以他职来代理山长职务。前面提及的东湖书院就是山长长期缺员，而来摄山长事的大多不能"以称厥事"。此外，书院山长以下有若干办事人员，如直学、管勾、司库等。翁洲书院在至正年间设直学一职以掌钱粮，规模仅有三间房屋的甬东书院，也设主奉二人以掌之。不过这些办事人员不列入学官系统，其有无或人数多少，视书院的具体情况而定。

值得注意的是，相当一些元代建立的书院其前身是义学。如前面论述的东湖书院最初就是义学，杜洲书院在至大二年（1309）建立时也是义学，后至元元年（1335）才请额成为书院。③由于义学设施简陋，影响不大，元政府允许其自由发展，一旦义学得到发展，就升格为书院，反映了元代对地方教育控制的强化。

书院除山长亲自讲学外，主要是聘请当地一些知名儒士为师。如儒士张元礼（字仲和，奉化人），"幼而敏悟，长好读书，从乡先生许山心授《尚书》，累荐不第，因授徒昌国之翁洲书院"④。儒士高某也曾受聘为东湖书院训导，刘仁本有诗称赞他的勤奋、敬业：

> 教养东湖马广文，诸生训迪得高君。故家子弟多聪俊，旧业诗书定策勋。白首穷经人已老，青灯考课夜初分。休言首蓿

---

① （元）冯福京：《大德昌国州图志》卷2《翁洲书院记》，宋元方志丛刊本，第6册，第6072页上。
② （元）袁桷：《延祐四明志》卷14《学校考下》，宋元方志丛刊本，第6册，第6341页下。
③ 乾隆《宁波府志》，中国方志丛书本。
④ （元）贡师泰：《玩斋集》卷10《福建等处盐运使司判官张君墓志铭》，文渊阁四库全书本，集部第1215册，第702页上。

含朝日,自是先生乐采芹。①

书院的生员一般为儒士或其子弟,"非士类不入,而农工商无所于肄"②。生员的数量,各书院差别不一。延祐年间慈湖书院最盛时,"学于是者六十一人"。鄮山书院创建之初无生员,由行省"儒学提举司行下本路儒学及鄞县学,分拨到生徒二十一名"③。至正年间的翁洲书院有六个学斋,共计房舍十八间,其生员数量估计也不少。

庆元路书院的管理中地方官府作用的加强,除了表现在书院的审批和山长的选注以外,还有两点比较突出:

第一,地方官参与书院的重建、增建、修缮等工程建设。如由龙津书院而改建的文公书院的重建中,江浙儒学提举陈友龙、奉化州达鲁花赤察罕、知州李炳均直接或间接地参与其中。书院建成后,"乡人士亦乐以义廪三之一为赡,州若府状其实于所部、于省,斯其成矣"④。义廪也称"义仓",是元代地方社会保障机构,元政府对义仓的收支控制非常严格,义仓能作为书院的办学经费,没有各级地方政府的支持是不可能实现的。庆元路地方官参与书院建设的情况很多,现将部分例子列表如下:

元代庆元路地方官参与的书院建设统计表

书院名称	人物	职务	建筑
翁洲书院	燕赤不花	知州	礼殿、仪门
	于文传	知州	
岱山书院	许应举	盐场官	书院迁址
	朱许芳	盐场官	
	许广大	州判官	建曾子像

---

① (元)刘仁本:《羽庭集》卷3《寄东湖书院高训导》,文渊阁四库全书本,集部第1216册,第41页下。
② (元)程端学:《积斋集》卷4《东湖书院记》,丛书集成续编本,第109册。
③ (元)袁桷:《延祐四明志》卷14《学校考下》,宋元方志丛刊本,第6册,第6334页下。
④ (元)任士林:《松乡集》卷1《重建文公书院记》,文渊阁四库全书本,集部第1196册,第491页下。

续表

书院名称	人物	职务	建筑
慈湖书院	桂应奎	县堂录	书院重建
甬东书院	吴宗彦	路学教授	书院重建
文公书院	陈有龙	江浙儒学提举	书院重建
	察罕	州达鲁花赤	

从上表中可以看出,参与书院建设的有州达鲁花赤、州判官、州(县)吏、盐场官、儒学提举及一般学官等,充分反映了庆元路地方官府参与书院建设的广泛性。

第二,地方长官提调书院事务,书院山长需要向地方官"白事"。后至元年间,王元恭任庆元路总管,"饬庠序政教志愈笃",翁洲书院山长曹性之就曾"白事府署"。①

元代书院建筑布局的官学化和日常管理的官学化相互表里,展现出元代书院官学化的这一明显特征。

四

学产是书院生存和发展的物质基础,庆元路书院的学产包括用于"教"的教学、祭祀等设施和用于"养"的学田、钱粮等。具体来说有下面几项:

学田 庆元路诸书院的学田大部分为民间捐献,只有岱山书院有官拨的涂田。由于书院学田来源于民间土地,所以需要向政府交地税。翁洲书院的学田,在至正年间每年"输纳官粮民苗正米陆石壹斗叁升柒合陆勺"②。学田一般收实物地租,其他如涂田、渡口、山等收租金。另外,庆元路的一些书院还有用于印书的书板,估计是用于印书出售

---

① (元)王元恭:《至正四明续志》卷8《学校》,宋元方志丛刊本,第7册,第6553页下。
② 同上。

牟利或供生员诵习。书院的收入主要用于书院山长等有关人员的薪俸、师生饮食、祭祀以及书院房舍的修缮等。

祭器 祭器同样是书院较重要的学产。元代孔子祭祀在书院和官学中都占重要地位，主要的祭祀活动有"春秋祭丁、朔望祭祀"，书院在增建、修缮以及重建完工后，也要行舍菜之礼。所以，祭器的种类和数量标志着一个书院的规模和地位，书院祭器的种类包括铜器（如爵、坫、簋等）、木器（如豆、俎等）、竹器（如笾、篚等）等。

书籍 书籍是书院的重要学产之一。但有关庆元路书院藏书的史料不多，慈湖书院在至元末年建藏书室，但其数量不详。杜洲书院也有藏书室，至正年间藏书一百八十册，用于印书的书板三十三片。[①]其他书院则未发现藏书的记载。

下面将庆元路六所书院的学产情况以及大德、延祐到至正年间学产的增减情况列表统计如下：

元代庆元路六所书院学产及相关情况统计表

书院	年代		房舍（间）		学田（亩）		收入	祭器（件）	书籍（册）
慈湖书院	延祐		72		112		谷164石	17	不详
	至正		32		129		谷168石	不详	不详
	增长数	增长率	−40	−56%	17	15%	4 2%	−	−
翁洲书院	大德		13		190		谷62斗	84	不详
	至正		15		346		谷62斗	不详	不详
	增长数	增长率	2	15%	156	82%	0 0	−	−
岱山书院	大德		3		0		不详	56	不详
	至正		9		14		不详	不详	不详
	增长数	增长率	6	200%	14	−	− −	−	−
杜洲书院	延祐		55		408		谷956石	36	180
	至正		60		408		谷588石	不详	不详
	增长数	增长率	5	9%	0	0	−368 −38%	−	−

---

① （元）王元恭：《至正四明续志》卷8《学校》，宋元方志丛刊本，第7册。

续表

书院	年代	房舍（间）	学田（亩）	收入	祭器（件）	书籍（册）
鄮山书院	延祐	17	100	谷267石	49	不详
甬东书院	延祐	3	17	谷45石	不详	不详

资料来源：《延祐四明志》、《大德昌国州图志》、《至正四明续志》。

上表是庆元路六所书院在大德、延祐、至正年间有关学产的不完备的统计资料，反映出庆元路全部书院学产的增削情况。

五

元朝是中国书院发展的重要时期，庆元路作为书院比较发达的地区，其发展特点在中国书院发展史上具有典型性。从元代庆元路书院的考察中可以看出，在元代书院得到明显发展，这一点是毋庸置疑的。庆元路的十二所书院中，元朝建立的就有七所，其余五所宋朝建立的书院也在元朝得到发展和壮大。元代庆元路书院在发展壮大的同时，也出现了一些与以往不同的特点：

首先，程朱理学成为元代书院教学和研究的主要内容。除了慈湖书院还在传授陆九渊的陆学以外，元代庆元路大部分书院以程朱理学为传授内容，反映了该地在南宋盛极一时的陆学基本衰落，程朱理学一统天下的学术格局。南宋时，"四明之学皆陆氏"[①]，元以后，庆元路的深宁、东发、静清等学派皆弃陆学而改宗朱学。由于元朝"建学立师、设科取士悉主于朱子之说，至是而鄞、慈溪之士于朱子之书莫

---

① （清）黄宗羲原著，全祖望补修，陈金生、梁运华点校：《宋元学案》卷85《深宁学案》，第2856页。

不家传人诵之"①。

其次，元代庆元路书院出现了明显的官学化。元代庆元路书院的生员同路、州、县官学生员在待遇上是一致的。这从鄮山书院的生徒由路、县学直接调拨这一史实中，就可以看出。书院的管理者——山长，则在元代成为地方政府官员之一（学官）。地方官既要参加书院的筹建等活动，也要求书院山长向其"白事"，地方政府对书院有较大的控制权。此外，地方政府还成了书院的主要保护者。元代庆元路书院学田被侵夺、强占的事件很多，当这些事件发生以后，一般都是由地方官主持公道。

最后，从书院建筑布局来看，庆元路书院学校化倾向非常明显，学校化必然导致书院失去自己的特点和独特性格，与官学趋同。

元代庆元路书院的这些特点，反映了当时国家政权对教育管理和控制的加强，对以后的明清两朝的教育政策产生了直接的影响。

元代庆元路的书院与地方社会之间关系密切，除了教育和人才培养以外，书院还具有丰富的社会职能。

首先，书院与地方政治关系紧密，一般地方官员都坚信"化民成俗，劝学为先"②，将书院发展作为社会稳定和发展的重要条件之一，这从前面的地方官兴建书院的一些例子就可以看出，从元代庆元路的历史发展来看，一些贤能的地方官如陈祥、王元恭、赵宏伟、于文传等，确实也都是这样做的。

其次，就元代儒士群体的生存情况来看，书院对保证其正常生活非常重要。元朝是蒙古贵族统治的王朝，元朝江南社会中的"南人"属于政治地位最低的等级，江南士人属于南人的范畴，基本上失去了仕宦的机会，处境困难。庆元路书院的存在，为部分儒士提供了生活来源和从事文化传承与修习的基本条件，保证了这些士人生活的稳定。

---

① （元）黄溍：《金华黄先生文集》卷17《送慈溪沈教谕诗序》，四部丛刊初编本。
② （宋）王应麟：《元庆元路重建儒学碑》，见（清）阮元：《两浙金石志》卷14，辽金元石刻文献全编本，第2册。

正是由于这种原因，每当有书院的兴建、改建等活动，一般士人都会大力支持，"士之捐资多而趋事勇"①。这种情况在客观上利于传统文化在蒙古统治条件下的生存和发展。

最后，元代庆元路的书院在传播儒家文化的同时，也传播儒家的思想和伦理观念，有利于社会教化的推行。元代的庆元路是"儒风"很盛的地区，"士风纯古，凡岁之元日、冬至，（当地士人）必相与谒先圣先师，而后以序拜于堂上，行之久矣"②。至正元年（1341），庆元路总管王元恭倡议庆元路士人举行乡饮酒礼，"侯（王元恭）为之主，乡士耆德者为宾介，礼备乐成，观者莫不感叹，以为盛举"③。庆元路士人的这些大规模的社会文化活动，与该地书院的广泛存在有直接关系，可以说，书院对庆元路社会教化的推行做出了明显的贡献。

（原载《南京晓庄学院学报》2007年第5期，收入卞孝萱、徐雁平主编《书院与文化传承》，中华书局2009年版）

---

① （元）黄翔龙：《重修慈湖书院本末记》，见（元）袁桷：《延祐四明志》卷14《学校考下》，宋元方志丛刊本，第6册。
② （宋）王伯庠：《乡饮酒记》，见（元）袁桷：《延祐四明志》卷14《学校考下》，宋元方志丛刊本，第6册。
③ （元）王元恭：《至正四明续志》卷8《学校》，宋元方志丛刊本，第7册。

元代江南儒学的管理系统考述

唐宋以来，中国各地的官办儒学普遍建立起来。元朝统一以后，出于对儒士笼络和控制的需要，元政府加强了对地方儒学的管理，在宋代儒学管理制度的基础上，建立了一整套更加严格的儒学管理制度，形成了一种多层次、多渠道的儒学管理系统。

儒学的管理一般分为外部行政管理以及内部学校管理两个部分，元代儒学的行政管理又分为中央和地方两个层次。中央的管理机构为集贤院、国子监，主要从全国的角度对儒学的政策、钱粮以及学官考核方面进行宏观管理。地方儒学管理机构有行省儒学提举司、江南行御史台下属的诸道肃政廉访司（初称提刑按察司）以及路、府、州、县地方政府，这些机构管辖儒学的祭祀、教学、学田、钱粮、学校建设等具体问题，管辖范围非常广泛。地方监察机构及官府的介入，使元代儒学教育出现了严重的官学化倾向。本文将在前人研究的基础上，考察元代儒学教育的行政管理系统的情况，儒学的内部管理将写专文论述，这里不再涉及。

一、中央儒学管理机构——集贤院

元朝建立以前，大蒙古国政府并没有专门管理儒学教育的机构，儒学被认为是一种宗教，故设立少数三教提领负责管理。由于佛、道都有专门的管理机构，三教提领很难插足，于是，三教提领主要管理儒学。元朝建立以后，设立翰林兼国史集贤院。至元二十二年（1285），集贤院、国史院分立。集贤院为元代儒学教育的最高管理机构。元政府规定：

> 集贤院，秩从二品，掌提调学校，征求隐逸，召集贤良，凡国子监、玄门道教、阴阳祭祀、占卜祭遁之事悉隶焉。①

这里所说的学校，当然包括儒学。至元二十年（1283）桑哥"钩考"江南儒学学田羡余，就是以集贤院的名义进行的，这说明了集贤院与地方儒学的隶属关系。集贤院对儒学的管理为宏观管理，它一般不参与儒学的具体事务。这种宏观管理主要表现在下面几个方面：

第一，制定儒学的基本制度及有关儒学的各项政策。集贤院是儒学基本制度及政策的决策者之一。（当然，集贤院的决策需要皇帝批准才能生效。）至元二十一年（1284）元政府决定撤销江南各道提举学校官的文件，就是吏部、礼部同翰林兼国史集贤院"一同讲究"的。② 至元二十四年（1287）有关江南学官格例、荐举茂异生员、儒户免差等政策也是由集贤院议定。至元二十五年（1288）的《学官格例》同样是礼部与集贤院"一同议拟"③。

第二，掌管儒学的钱粮事宜。集贤院不直接管理儒学的钱粮收支以及使用，但各地儒学提举司需要将所辖"俱各掌管学田钱粮，每年造册，申监（国子监）呈院"④。

第三，考校学官。元政府规定，考满学正、山长须"录连所业文字，

---

① 《元史》卷87《百官志三》。
② 王颋点校：《庙学典礼》卷1《革提举司文资正官提调》，元代史料丛刊本，第25页。
③ 王颋点校：《庙学典礼》卷2《学官格例》，元代史料丛刊本，第38页。
④ 王颋点校：《庙学典礼》卷3《教授给由》，元代史料丛刊本，第53页。

移集贤院考校,中式,于教授内定夺"①。

集贤院对地方儒学的宏观管理,有时需要其他机构的参与,如国子监、礼部、御史台或中书省,最终的决策权还是在皇帝,这是由中央集权的政治制度决定的。

二、地方儒学管理机构

地方儒学的管理机构包括儒学提举司、诸道肃正廉访司、地方官府等。他们掌管儒学的具体事务,包括校舍筹建、学田学产管理、学官的选任、考课以及儒学与外界的诉讼等问题,因此与儒学的关系特别密切。

(一)儒学提举司

儒学提举司是宋元以来随着中国地方儒学的发展而出现的专门管理地方儒学教育的机构。它不仅管理儒学的日常教学活动,还负责制定教育政策、教育制度以及规划地方儒学的收支、管理学田等事宜。此外,儒学提举司还负责审查著述文字,科举(乡试),举荐人才,考察、选拔、任命学官、学职,以及有关地方风化等诸多事宜。因此,考察宋元以来儒学提举司机构的发展及延续情况,不仅对研究宋元教育管理制度具有重要意义,对认识由宋到元地方社会的发展变化情况以及宋元儒学文化的发展情况同样具有重要的参考价值。

有关儒学提举司的研究,目前还没有得到学术界的重视,业师李治安先生在《行省制度研究》中涉及儒学提举司,但因为他研究的重点是行省制度,不是元代教育,所以没有对儒学提举司展开论述。乔卫平的《中国教育制度通史》第3卷,将行省儒学提举司、江南诸道

---

① 王颋点校:《庙学典礼》卷4《山长充教授廉访司体覆》,元代史料丛刊本,第88页。

儒学提举司、诸路提举学校官作为并立的元代地方教育管理机构①，没有发现这三者之间的内部联系和时间上的延续关系。实际上，它们是同一个制度的不同发展阶段，无论如何不能成为三种并列的教育管理机构。此外还有一些教育史的专著，只是泛泛地涉及这一问题②，目前还没有关于儒学提举司制度的专门研究。本节结合宋、元两代儒学提举司的沿革情况，探讨儒学提举司在元代儒学教育中的作用。

1. 产生及沿革

中国古代最早设立的管理地方儒学的机构是宋朝的提举学事司。元代儒学提举司制度的产生应该与宋朝的提举学事司制度有渊源关系，因此，这里首先探讨宋朝的提举学事司的情况。

《宋史·职官志》记载：

> 提举学事司：掌一路州县学政，岁巡所部，以察师儒之优劣，生员之勤惰，而专举刺之事。崇宁二年置，宣和三年罢。③

从上面可以看出，宋朝提举学事司是以路为单位设立的专门管理儒学教育的机构。不过，提举学事司成立仅仅十八年即遭罢黜，这与当时的客观情况有关。徽宗继位后，任命蔡京为相，大力发展教育事业，推行三舍法，兴建地方儒学，使宋代的儒学教育发展到高峰。为了加强对地方儒学的管理，提举学事司应运而生。但三舍法的实行，同样给宋朝带来严重的财政负担。宣和年间，宋朝相继出现了宋江、方腊起义，政局开始动荡。另外，宣和二年（1120）宋金联合灭辽以后，宋朝开始面临金朝日益严重的军事威胁，这种情况使宋朝关注的重点转向防御金朝进攻，教育自然不再是宋朝关注的重点，提举学事司由此遭到废除。

---

① 乔卫平：《中国教育制度通史》第3卷，第482—485页。
② 李才栋等主编：《中国教育管理制度史》，江西教育出版社1996年版，第321页。
③ 《宋史》卷167《职官志七》。

宋朝废除提举学事司以后是否又重新设立，《宋史·职官志》以及马端临《文献通考》等都对这一问题明确做出否定的回答。不久后成书的《淳熙三山志》中，对有关福州路提举学事司的情况记载道："崇宁三年，诏诸路置提举学事。四年始建司州南街东，旧都作院地也。五年正月罢，七月复置。宣和三年罢。"①同样没有提到此后的情况。但从清朝开始，就有一些学者对上述记载表示怀疑，提出南宋仍然存在提举学事司的看法。清代纪昀等编撰的《钦定历代职官表》中，就认为宣和三年（1121）罢黜提举学事司以后，南宋仍复设之。从史料看，清代学者的看法是有史料根据的，很多史料可以说明这一点。据《宋史·高宗纪》，绍兴十三年（1143）七月，命诸路有出身监司一员提举学事；九月，诏诸州守贰提举学事，县令佐之。绍兴十六年（1146）五月，命诸路漕臣兼提举学事。②这样看来，绍兴十三年以后，提举学事的职务开始由地方监察和行政官员、转运官兼任。既然提举学事一职由其他官吏兼任，提举学事司机构是否还存在？答案是肯定的。南宋绍兴二十一年（1151），大理寺主簿丁仲京就上书："凡学田为势家侵佃者，命提学官觉察。"③庆元二年（1196），吏部尚书叶翥也上书道："士狃于伪学，专习语录诡诞之说，《中庸》、《大学》之书，以文其非。……请令太学及州军学，各以月试合格前三名程文，上御史台考察，太学以月，诸路以季，其有旧习不改，则坐学官、提学司之罪。"④淳熙八年（1181），陈傅良在有关桂阳军的奏折中也提出："以县令佐兼管干，赡学钱粮事，措置应副，专委本路提举学事司，常切点检。"⑤这样看来，虽然《宋史·职官志》、《文献通考》中没有明确的记载，

---

① （宋）梁克家：《淳熙三山志》卷 25《秩官类六·提举学事》，文渊阁四库全书本，史部第 484 册，第 349 页。
② 《宋史》卷 30《高宗纪七》。
③ 《宋史》卷 173《食货志上一》。
④ 《宋史》卷 156《选举志二》。
⑤ （宋）陈傅良：《止斋先生文集》卷 19《桂阳军乞画一状》，四部丛刊初编本。

南宋的提举学事官和提举学事司还是存在的。①

宋代提举学事司是在宋徽宗继位以后大力发展教育的情况下出现的，在当时的教育管理方面起着重要的作用。如刘炜，翁源人，宋崇宁初，"置广南东路提举学事司，岁察师儒优劣，诸生勤惰，命炜充之。其教士子，立课程，稽实行，崇信让，虽乡曲一无所私"②。如果教育水平下降，提举学事司官员要受到处罚。崇宁元年（1102），因为"贡士至辟雍不如令者，凡三十有八人，皆罢归，而提学官皆罚金"③。

元世祖忽必烈即位以后，设立诸路提举学校官（简称提学官或提学）作为当时北方管理地方儒学教育的机构。中统元年（1260），宋子贞"请建国学教胄子，敕州郡提学课试诸生，三年一贡举，有旨命中书次第施行之"④。王鹗也向世祖提出："学校久废，无以作成人材，宜选博学洽闻之士，提举各路学校，严加训诲，以备它日选用"。结果"上可其奏，为立十路提举学校官"⑤。有关十路提举学校官的设立情况，赵琦在其博士论文《大蒙古国时期儒士的境遇及文化传承》中，考证出在燕京路、平阳路、真定路、怀孟路、益都路、济南路、大名路、河南路、兴元路（京兆）做过提举学校官的十二人，使我们了解到当时设立十路提举学校官的情况。⑥

至元六年（1269）元政府规定，钦授宣命的提举学校官"见用从六品印信勾当"⑦，规定了提学官的品级。很多当时知名儒士做过提学官，如许衡被任命为京兆提学⑧，敬俨则做过中都提学⑨。元政府最初

---

① 有关宋代提举学事司的情况，参见顾宏义：《教育政策与宋代两浙教育》，第 117—118 页。
② 康熙《广东通志》卷 44《人物志一》，文渊阁四库全书本，史部第 564 册。
③ 《宋史》卷 157《选举志三》。
④ 《元史》卷 159《宋子贞传》。
⑤ （元）苏天爵辑撰，姚景安点校：《元朝名臣事略》卷 12《内翰王文康公》，第 239 页。
⑥ 赵琦：《大蒙古国时期儒士的境遇及文化传承》，内蒙古大学博士论文打印稿，第 180—183 页。
⑦ 王颋点校：《庙学典礼》卷 1《设提举学校官及教授》，元代史料丛刊本，第 14 页。
⑧ 《元史》卷 90《百官志六》。
⑨ 《元史》卷 175《敬俨传》。

设立提举学校官是按路设立的。至元十七年（1280）又设立了诸道的提举学校官，于是"一道既设提举学校官，各路又设提学与教授并为学官"，造成了提举学官的重叠冗滥，再加上"各处保充学官者，其学问才德往往不厌人望"。于是，至元二十一年（1284）元政府宣布革罢诸道、路提举学校官，令地方文资正官提调学事。①

至元二十三年（1286），前宋太学生叶李（字太白，杭州人）被忽必烈诏至大都，他上书力主重设儒学提举司，认为"各道儒学提举及郡教授，实风化所系，不宜罢"②。忽必烈采纳了他的建议，第二年，于江淮以南的江南地区"随各道按察司置司去处，设立儒学提举司。提举正副各一员，提举从五品，副提举正七品"③。

上述诸道儒学提举司设立的情况，可以从一些史料中得到印证。《大德昌国州图志》卷二《学校》记载，"至元十七年，各道设提学司，实五品官"。《至正金陵新志》也记述了江东道儒学提举司的情况：

> 江东道儒学提举司，五品衙门，有印。设提举、副提举各一员，首领官都目一员。初至元二十一年，建康路设提举学校官与教授同管学事。二十三年四月，革罢，改设江东道儒学提举司衙门。二十四年二月十五日，设各道儒学提举司，将提学司革罢。江东道儒学提举李浩、副提举郭某于路学置司。三十一年，随省设立儒学提举司，总摄各路儒学。江东道提举司于元贞元年二月内革罢。④

上述史料中有关诸道儒学提举司设立的情况以及官署设于路儒学的记载，说明了当时的儒学提举与儒学的密切关系。

---

① 王颋点校：《庙学典礼》卷1《革提举司令文资正官提调》，元代史料丛刊本，第25页。
② 《元史》卷173《叶李传》。
③ 王颋点校：《庙学典礼》卷2《左丞叶李奏立太学、设提举司及路教迁转格例、儒户免差》，元代史料丛刊本，第30页。
④ （元）张铉：《至正金陵新志》卷6上《官守志一》，中国方志丛书本。

元成宗即位以后，儒学提举司制度发生了更大的变化。元贞元年（1295）的圣旨中指出："儒学提举司各省各存留一个，其余宣慰司有的罢了者。"① 这样，诸道儒学提举司被罢黜，儒学提举司的数量大大减少，只是在行省所在地设立。实际上，诸道儒学提举司革罢以后，当时也只有江南三行省设立了儒学提举司，其他行省在此后的很长时间才陆续设置。如四川等处儒学提举司在皇庆元年（1312）设立，云南儒学提举司在延祐元年（1314）设立，甘肃儒学提举司在延祐三年（1316）设立。② 在元朝的腹里地区，则任命大都路儒学提举、副提举二人，品秩与行省儒学提举一样，负责管辖腹里的儒学教育事宜。③

元成宗以后，儒学提举司制度基本固定下来，有元一代这一制度基本上没有发生变化。元代儒学提举司权力的增削、数量的减少，是元朝教育发展实际情况的反映。首先，宋元期间教育的官学化日益明显，地方行政官、监察官在教育管理方面的职责逐渐增强。当管理各级官学的权力归地方行政系统、监察系统所掌握时，专门管理教育的提学官、儒学提举司等就成为可有可无的了。其次，元代儒学提举司管理教育职能的淡化，还与元朝统治江南的特点有关。元朝是一个由蒙古民族建立的政权，元朝鼓励儒学的政策主要是为了消弭士人的反抗情绪，维护社会的稳定。当这一目的达到后，就会对其进行控制，使其为元政府服务。儒学提举皆任命汉人，不被蒙古贵族所信任。因此，元政权不会让其长期独立掌管儒学，儒学提举司由十处变为三处，管理儒学的权力逐渐削弱也在情理之中。第三，根据业师李治安先生的意见，这种情况的出现，也与行省、宣慰司制度的整合有关。世祖末年以后，行省制度逐渐规范化，将儒学提举司由十处减为三处，并使之位于行省的治所，便于朝廷的控制。另外，元朝儒学教育的处境比

---

① 王颋点校：《庙学典礼》卷4《设立随省儒学提举司》，元代史料丛刊本，第91页。
② 参见《元史》卷24《仁宗纪一》、卷25《仁宗纪二》。
③ 参见《大元圣政国朝典章》卷7《吏部一·官制一·职品》。

宋代要困难得多，儒学经常遭到地方寺庙、豪强等势力的侵夺，再加上行省范围广阔，没有实际职权的儒学提举司很难起到保证儒学正常运行的作用，所以需要地方监察机构、地方政府参与对儒学教育的管理。

从元代儒学提举司的产生和沿革情况可以看出，元朝最初设立诸路提举学校官，后又在叶李建议下，参考宋制设立诸道儒学提举司，最后确定在行省设立儒学提举司"总摄"儒学，主要管理权交给监察机构肃政廉访司和地方政府。元代儒学提举司制度既有对前朝的继承，也有自己的创见。

2. 职责与权限

关于最初的提举学校官的职权，许衡提到"提学官，师表之任也，实风化人材之所自缘"①。这里，许衡提到了元初提学官的职责主要是"仪刑多士，检正学业"，既有管理教育的职能，也有教学方面的职能。《元史·许衡传》谈到忽必烈"乃召衡为京兆提学，秦人新脱于兵，欲学无师，闻衡来，人人莫不喜幸来学，郡县皆建学校，民大化之"，说明元初提学官与儒学教授的职责分工并不明显。

至元二十四年（1287）各道重设儒学提举司以后，儒学提举对儒学的管理权有所增大。"儒学大小事务并从儒学提举司掌管。"②这些事务包括下面几点：

第一，掌教学和推荐人才，"学官讲习诸生经史，讲明治道，若有成材，申太学呈省录用，有茂异之材，申集贤院奏闻召用"③。

第二，点检钱粮。至元二十四年（1287），元政府规定："各道儒学提举司点检，毋令教授滥支。"④

第三，任用学官。至元二十六年（1289），元政府规定各道儒学

---

① （元）许衡：《鲁斋遗书》卷9《辞免京兆提学状》，北京图书馆古籍珍本丛刊本，集部第91册。
② 王颋点校：《庙学典礼》卷2《差设学官学职》，元代史料丛刊本，第44页。
③ 王颋点校：《庙学典礼》卷2《左丞叶李奏立太学、设提举司及路教迁转格例、儒户免差》，元代史料丛刊本，第29页。
④ 王颋点校：《庙学典礼》卷2《学校事宜儒户免差赡学粮子》，元代史料丛刊本，第34页。

提举司除学正、山长需要保明呈覆上司转行省出给札付外，"其余学录、县学教谕以下，并从儒学提举司出给付身差役，并免体覆"①。就是说，各道儒学提举有任命学录、县学教谕以下的学官的权力。另外，儒学提举司虽然不能直接任命学正、山长等较高一级的学官，但提举司的推荐在学正、山长的任命过程中仍然起着重要作用。

诸道儒学提举司的这些职权，可以从元代的史料中得到印证。掌管儒学方面，江东道儒学提举司于路学置司，"与教授同管学事"。海北广东道儒学提举同广州路学教授一同兴建了广州路学的养贤堂、养蒙堂、学廪（学仓）、祭器库等。②至元十九年（1282）庆元路昌国州学增置明善、立礼二学斋时，须"本学申请于提举司"③。

任用学官方面的例子也很多，如儒士黄某"年甫三十，去游钱塘，儒学提举白公廷玉以公直饶州路（为饶州路直学）"④。儒士袁斗楠，字则成，"至元十七年，江西始建儒学提举司，首辟为邑教谕"⑤。儒士余珏，字玉甫，"至元间，江东道儒学提举司授信州路贵溪县儒学教谕，不赴。会抚州路宜黄县儒学缺官，江西道儒学提司命摄其事"⑥。杭州路昌化县儒士陈斗龙事母尽孝，乡先生孙朝瑞将其事迹"移提学，得推择为宗晦书院山长"⑦。

诸道儒学提举司的权力在至元二十七年（1290）以后逐渐削弱。先是，这一年十月，江南行御史台以"儒学提举司保用教官，多不行移体覆或于已差之后才方移文，中间不应者往往有之"为由，要求

---

① 王颋点校：《庙学典礼》卷2《差设学官学职》，元代史料丛刊本，第44页。
② （元）陈大震：《大德南海志》卷9《学校》，宋元方志丛刊本，第8册。
③ （元）冯福京：《大德昌国州图志》卷2《学校》，宋元方志丛刊本，第6册。
④ （元）黄枢：《后圃黄先生存集》卷4《故徽州路婺源州同知金公行状》，北京图书馆古籍珍本丛刊本，集部第96册。
⑤ （元）程钜夫：《雪楼集》卷22《故常州路儒学教授袁君墓志铭》，文渊阁四库全书本，集部第1202册，第323页上。
⑥ （元）吴澄：《吴文正集》卷70《故儒学教谕余府君墓表》，文渊阁四库全书本，集部第1197册，第683页。
⑦ （元）胡长孺：《陈孝子传》，见（元）苏天爵编：《元文类》卷69，国学基本丛书本，第100页。

儒学提举司任免学官之前，要移文按察司体覆。^①至元三十一年（1294）元世祖下达圣旨，强调地方文资正官提调学校。^②这说明元政府正逐步将儒学管理的有关权力交给地方政府。

元贞元年（1295）十一月，元政府以"学官与夫提举司官务以滥保人员、分差教谕专为己任，于人品之贤否、学校之兴废，何可究心"为由，命文资正官兼提举学校职衔，这是对儒学提举司权力的又一次削弱。大德四年（1300），元政府又以提举司滥设学官为由，将"提举司所设人员截日割去"，教谕以下学官、学职都由行省任命。^③这样，儒学提举司任免县学教谕以下学官的权力被取消。

大德以后，行省儒学提举司基本上固定下来。关于诸行省儒学提举司品秩、职权及设置情况，《元史·百官志》、《至正金陵新志》记载如下：

> 儒学提举司，秩从五品，各处行省所署之地皆置一司，统诸路、府、州、县学校祭祀、教养、钱粮之事，及考校呈进著述文字。每司提举一员，从五品，副提举一员，从七品，吏目一人，司吏二人。^④
>
> （至元）三十一年，随省设立儒学提举司，总摄各路儒学。^⑤

从上述记载可以看出，诸行省儒学提举司的职责和权限主要有两点，一是统辖各路儒学的祭祀、钱粮、教养等日常事务，二是考校呈进著述文字。

从史料看，关于儒学提举司统辖各路儒学，主要包括下列内容：

第一，筹建、修葺儒学、书院等教学设施。元贞元年（1295）九月，浙西道儒学副提举朱子昌在看到儒学校舍荒芜时，自述道："余

---

① 王颋点校：《庙学典礼》卷3《按察副使王朝请俣申明体覆》，元代史料丛刊本，第52页。
② 王颋点校：《庙学典礼》卷4《正官教官训诲人材、议贡举、拨学田》，元代史料丛刊本，第85页。
③ 王颋点校：《庙学典礼》卷6《行省差设教谕》，元代史料丛刊本，第134页。
④ 《元史》卷91《百官志七》。
⑤ （元）张铉：《至正金陵新志》卷6《官守志》，中国方志丛书本。

职儒司,因士心,从舆论,不容以芜陋辞。"① 延祐三年(1316),四川行省成都路筹建紫岩书院,四川儒学提举彭参"乃身任之"②。至正四年(1344)夏,江浙行省儒学提举班惟志积极筹划整修杭州路学,"度木简材"。不久李祁被任命为副提举,与班惟志一起"亟命学正、录、直学等,揆日庀工"③。柳贯任江西儒学提举期间,龙兴路学久废,"公为新其栋宇,聘名儒为学者师,士风以之复振"④。这些例子说明了儒学提举司在儒学、书院基础设施建设方面的职责。

第二,管理、维护各地儒学、书院的学田、学产。元初江西行省分宜县学学田被临寺僧人侵占,久议不决。延祐年间,"行省儒学提举范君汇,悉以其实告藩垣大臣",不久"田归学如初"⑤。湖广行省丹阳书院没有学田,地方官计划以附近天门书院学田分与之,"移檄儒司上之省,省下之郡,郡太守主之力,竟如宪府初议,俾天门书院归田于丹阳,以亩计凡四百"⑥。至正元年(1341),刘鄂(字楚奇,吉安路永丰县人)为湖广等处儒学副提举,"时学田若干亩为有力者所据,垂三十年而不能复,前任是职者往往不敢举正。公至,首建言省宪,以身任之,尽复其田"⑦。延祐年间,柯谦为江浙儒学提举时,江浙行省"学田所入制于有司,职教者莫敢触毫发,或廊屋坏,日膳不充,皆坐视,士甚病焉"。柯谦"声于朝,有司始不能与"⑧。处

---

① (元)朱子昌:《重建儒学记》,见(明)钱谷编:《吴都文粹续集》卷6,文渊阁四库全书本,集部第1385册,第148页下。
② (元)张养浩:《归田类稿》卷5《敕赐成都紫岩书院记》,文渊阁四库全书本,集部第1192册,第577页上。
③ (元)黄溍:《金华黄先生文集》卷10《杭州路儒学兴造记》,四部丛刊初编本。
④ (元)黄溍:《金华黄先生文集》卷30《翰林待制柳公墓表》,四部丛刊初编本。
⑤ (元)欧阳玄:《圭斋文集》卷6《分宜县学复田记》,四部丛刊初编本。
⑥ (元)吴澄:《吴文正集》卷37《丹阳书院养士田记》,文渊阁四库全书本,集部第1197册,第396页下。
⑦ (元)刘鄂:《惟实集》附录《元故中顺大夫海北广东道肃政廉访副使刘公墓志铭》,文渊阁四库全书本,集部第1206册,第372页下。
⑧ (元)张养浩:《归田类稿》卷13《江浙等处儒学提举柯君墓志铭》,文渊阁四库全书本,集部第1192册,第590页下。

州路学田若干亩"为僧据有数十年,历数校官无有一敢明者,亦闻而复之"①。柳贯在任江西儒学提举期间,龙兴路"道士做庙屋侵学地,东湖书院田为僧所据者三百二十亩,悉夺而归之"。当时"吏循旧比,以例卷进,岁为米八十石,公斥去之,后来莫有敢追袭其弊者"。江西省有不在籍书院数十所,"旧设主领一员,司其金谷之出纳,公命勿设,而以其事分隶所在学官"②。

第三,统辖儒学、书院日常教学工作或亲自讲学。统辖各地儒学、书院的日常教学活动,是儒学提举司的基本职责之一,很多史料可以说明这一点。如白珽为江浙儒学提举司副提举,"时邓文肃公文原实为之长,与先生志气吻合,举刺得宜,文化大行"③。萧泰登(字则平)在大德年间为江西儒学提举,"儒者用废已久,新旧持短长,科举律令交排,鄙不中节。至则择知名士,礼致之,导诱后生,斟酌可能行者为绳准"④。柳贯为江西行省儒学提举,丰城县学官不称职,"士子因持其短长交攻互讦,公折以片言而各当其罪,莫不心服"⑤。元统初,黄清老为湖广行省儒学提举,"湖湘之间,士尚文辞,公申严课试经训,远近知劝"⑥。此外,儒学提举皆为硕儒饱学之士,在提举司日常工作允许的情况下,还亲自到儒学讲学传道。如江西儒学提举贡奎,与诸生讲说文义,"其容谨,其言绎绎有理",所以,"士之履恒满户外,其及门者,亦进不怠以止"。⑦杨刚中任江浙儒学提举,"以洛闽之说教学者"⑧。雷机为湖广行省儒学提举,"月书季考,

---

① (元)张养浩:《归田类稿》卷13《江浙等处儒学提举柯君墓志铭》,文渊阁四库全书本,集部第1192册,第590页下。
② (元)黄溍:《金华黄先生文集》卷30《翰林待制柳公墓表》,四部丛刊初编本。
③ (明)宋濂:《宋学士文集》卷35《元故湛渊先生白公墓铭》,四部丛刊初编本。
④ (元)袁桷:《清容居士集》卷34《萧御史家传》,四部丛刊初编本。
⑤ (元)黄溍:《金华黄先生文集》卷30《翰林待制柳公墓表》,四部丛刊初编本。
⑥ (元)苏天爵著,陈高华、孟繁清点校:《滋溪文稿》卷13《元故奉训大夫湖广等处儒学提举黄公墓碑》,第210页。
⑦ (元)马祖常:《石田文集》卷11《集贤直学士贡文靖公神道碑》,北京图书馆古籍珍本丛刊本,集部第94册。
⑧ (清)黄宗羲原著,全祖望补修,陈金生、梁运华点校:《宋元学案》卷82《北山四先生学案》,第2764页。

具有成法"①。

第四，推荐、管理各地学官。虽然各地儒学学官归吏部或行省任命，儒学提举司没有任命学官之权，但儒学提举司对下属学官有荐举之权，向行省推荐学官人选。如浙江儒士赵榮（字卫道）在大德三年（1299）被江浙儒司举为昌化教谕。②对于不属于学官系统的儒学训导，儒学提举司则有权任命。如婺州路义乌县儒士王良玉（字怀璞）就在至正年间乡试中选以后，"儒学提举司因用为婺学训导"③。另外，学官的升转除须经过行省批复以外，也要经过儒学提举司的批复。这从元人郭畀日记的记述中可以体现出来。郭畀为镇江路儒学学录，大德十一年（1307）任满，待迁学正或山长，他擅长书画，通过关系到江浙行省的所在地杭州活动，想尽快得到升转。在杭州，他曾三次到儒学提举司去活动,最后事情没有办成。④黄清老为湖广儒学提举，"吏白广海学官或有冒滥，当核实之。公曰：三苗久阻声教，今方会同，中国士夫冲犯瘴疠，往为之师，甚可矜念，吾何忍于逆诈乎？"⑤这里，吏员将广海学官或有冒滥的情况直接向儒学提举司反映，要求核实，说明儒学提举司有管理各地学官的权力。

第五，儒学提举司有责任推进各地有益于文教、教化习俗的活动。这些活动有的与教育有直接关系，如柯谦为江浙儒学司提举，当时，"南纪多故，防范未周，征役漫及学者，浸致废业。君授诏旨白行省，遂复旧焉"⑥。有的与教育没有直接的关系，如贡奎（字仲章，宣城人）在延祐元年（1314）为江西等处儒学提举，次年他就官时，见提举司"列械署庭，胥旁午走，系数人立，吏持牍诣公署曰：'是学校吏报事衍

---

① （明）何乔远：《闽书》卷92《英旧志·建宁府》，福建图书馆藏明崇祯刻本。
② （元）杨维桢：《东维子文集》卷24《赵公卫道墓志铭》，四部丛刊初编本。
③ （明）方孝孺：《逊志斋集》卷21《常山教谕王府君行状》，四部丛刊初编本。
④ （元）郭畀：《客杭日记》，笔记小说大观本，第11册。
⑤ （元）苏天爵著，陈高华、孟繁清点校：《滋溪文稿》卷13《元故奉训大夫湖广等处儒学提举黄公墓碑》，第210页。
⑥ （元）张养浩：《归田类稿》卷13《江浙等处儒学提举柯君墓志铭》，文渊阁四库全书本，集部第1192册，第590页上。

期者。'公斥之曰：'金谷勾稽，犴狴木索，贱有司事者尔。吾以天子命提举儒学，教吾职也，刑奚以为？'悉命释系，以械属县官"①。另外，儒学提举司有时还接受行省任命的特殊任务，如问案等。萧泰登为江西儒学提举期间，"省檄虑囚"②。柳贯为江西儒学提举，"南康仓吏坐飞粮，株连逮系者百余人，公被行省及宪府檄谳其狱，钩摘隐伏而得其情，所平反甚众"。他在任职期间，"修汉先贤徐孺子墓，立宋高士苏云卿祠，古碑碣所纪有关于名教者，必访求而重刻之，苟可以扶世导民者，无不为也"③。

第六，参与或主持行省乡试。元朝皇庆二年（1313）下诏恢复科举，次年，江南进行了第一次乡试。乡试虽然主要由行省、廉访司负责筹备，但主考官需要聘请名儒。由于其在儒学中的地位，很多儒学提举在职期间或退休以后被聘请为主考官，主持行省乡试。延祐元年（1314）江浙行省的乡试，就由江浙儒学提举邓文原主持。④ 其他儒学提举在职期间或任满以后被聘为主考官，主持乡试的例子很多。如龚璛在任江浙儒学副提举期间，两主江浙乡试。柳贯在江西儒学提举致仕后，主持过江浙行省的乡试。贡奎曾任江西儒学提举，他也曾两次主持乡试。黄清老为湖广行省儒学提举，"每宾兴之岁，藩省大臣屡请公校文，去取精详，士论推服"⑤。

关于儒学提举司考校呈进著述文字，主要包括两点：

首先，参加审查将要付梓的著述。至治元年（1321）闰五月，江西行省准备刻印当地儒士太宁先生的《春秋》注本，江西儒学提举司命当地丁忧在家的官员设局校勘，这说明了儒学提举司在考校著述文

---

① （元）马祖常：《石田文集》卷11《集贤直学士贡文靖公神道碑》，北京图书馆古籍珍本丛刊本，集部第94册。
② （元）袁桷：《清容居士集》卷34《萧御史家传》，四部丛刊初编本。
③ （元）黄溍：《金华黄先生文集》卷30《翰林待制柳公墓表》，四部丛刊初编本。
④ （元）黄溍：《金华黄先生文集》卷26《岭北湖南道肃政廉访使赠中奉大夫江浙等处行中书省参知政事护军追封南阳郡公谥文肃邓公神道碑铭》，四部丛刊初编本。
⑤ （元）苏天爵著，陈高华、孟繁清点校：《滋溪文稿》卷13《元故奉训大夫湖广等处儒学提举黄公墓碑》，第210—211页。

字方面的责任。① 大德年间，湖广行省刊刻儒士王申子的《大易缉说》时，首先由澧州路推官田泽将作者"寓居慈利州天门山，隐处幽深，无心求仕，垂三十年始成此书"的情况，以及该书的价值、刊刻意义等写成文状，与原书一起上报湖广行省以及湖北道肃政廉访司。当年十一月，行省回复，应将文稿送到湖广儒学提举司考校。儒学提举司经过考校得出结论，此书"得千百载经纬图书之秘要，发四圣人设卦系爻之本旨"，以及"有补于世教，有益于后学"。至大元年（1308）三月，湖广行省将有关材料报送中书省，中书省送礼部，礼部行移翰林国史院审查、考校。在翰林国史院得出该书"言辞条达，旨意详明"，"非末学剽窃以干仕进者"的结论以后，《大易缉说》才得以在本路儒学刻印，同时对作者进行"于山长、学正内委用"的奖励。② 在《大易缉说》刻印审查的过程中，儒学提举司起不可替代的作用。

其次，主持朝廷安排的书籍的出版与印刷。至正七年（1347），李祁为江浙儒学提举时，"朝廷命来镂宋、金二史于杭，且命儒司官佐董其事"③。

需要说明的是，儒学提举司作为地方儒学的管理机构，与行省各路、府、州、县儒学之间的上下级关系是明显的。但随着儒学的官学化增强，也出现了多层次、多渠道的儒学教育管理体系。地方官、廉访司官对儒学的管理和控制加强了，形成了"有司主学，风纪励其怠"④的局面，而专门管理儒学的儒学提举司在儒学的管理中并不处于重要地位。从掌管祭祀来看，元政府在至元六年（1269）规定地方正

---

① （元）许有壬：《至正集》卷75《公移·丁忧委差》，北京图书馆古籍珍本丛刊本，集部第95册。
② （元）王申子：《大易缉说》附录《续刊大易缉说始末》，文渊阁四库全书本，经部第24册，第301页下—302页下。
③ （元）李祁：《云阳集》卷9《书郝氏紫芝亭卷后》，文渊阁四库全书本，集部第1219册，第747页上。
④ （元）许有壬：《至正集》卷37《彰德路儒学营修记》，北京图书馆古籍珍本丛刊本，集部第95册。

官同首领官率僚属至文庙烧香,与学官、儒士讲议经史。① 元人文集及方志中更有大量的地方长官与肃政廉访司官参加祭祀活动的记载。儒学提举以长官身份参加儒学春秋、朔望释奠活动,虽然在至元二十九年(1292)绍兴路儒学制定的"学式"里面有规定,但史料中有关实例并不多见。②

从掌管学田、钱粮来看,元中后期,政府已规定学校钱粮由儒学自身掌管,这一规定基本得到执行。虽然有一些地方政府仍然掌握儒学的钱粮,甚至学官"用钱五十缗以上必禀于州"③,但钱粮一般还是由儒学、书院本身掌握,而不是由儒学提举司控制。儒学提举司只是有责任帮助收回被侵占的学田,至于儒学的收支、经费的使用,儒学提举司并不能干涉。柳贯为江西等处儒学提举时,行省"书院不籍于官者,无虑数十,旧设主领一员,司其金谷之出纳"④。这里儒司掌管的是不在官籍书院的钱粮,一般儒学或在官籍书院则不在其管理之内。

至于修缮儒学设施、管理选任学官、乡试、考校著述文字等方面,儒学提举司一般只是配合行省、路总管府、肃政廉访司,或与这些机构合作开展工作。儒学提举司对儒学管理的范围和力度,一般取决于儒学提举个人的能力和社会责任心。因此,元人柳贯认为儒学提举司"曹务甚简"⑤。元人蒲道源在《辞陕西儒学提举闲居言志》中写道:

布谷声中雨散丝,晓窗浓睡正炊时。春来暖透黄绸被,老去甜归白粲糜。仕及引年何况病,官虽闲局亦当辞,为予多谢

---

① 王颋点校:《庙学典礼》卷1《官吏诣庙学烧香讲书》,元代史料丛刊本,第13页。
② 关于儒学提举参加儒学祭祀,至元二十九年(1292)绍兴路制定的"学式"中有规定,但在有关儒学提举的史料中,这种情况很少,或许至元诸道儒学提举有参与儒学祭祀活动。诸行省儒学提举司设立后,由于统辖儒学众多,对儒学提举参与儒学祭祀才没有硬性规定。
③ (元)陈旅:《海盐州新儒学记》,见嘉靖《嘉兴府图记》卷5《邦制·学校》,天津图书馆藏明嘉靖刻本。
④ (元)黄溍:《金华黄先生文集》卷30《元故翰林待制柳公墓表》,四部丛刊初编本。
⑤ (元)柳贯:《柳待制文集》卷17《提举司厅壁题名序》,四部丛刊初编本。

门前客,莫怪慵夫应接迟。①

蒲道源将儒学提举说成是"闲局",反映了儒学提举司在元代儒学管理中的地位和作用。类似的情况还可以在元人吴澄的文字里得到反映,这里不再列举。

儒学提举司虽然不直接参与儒学事务,但儒学提举凭着其在官府中的威望(大部分任职过中央翰林集贤院、国子监)、在儒士集团中的地位,以及个人的能力,仍然能给儒学做很多有益的事情,这可以从前面引述的有关资料中得到证实。

(二)地方监察机构——诸道肃正廉访司

元人刘应奎指出:

> 圣元蒙古,天人振武朔土,混一区宇,前代所无。倒载干戈之日,即以文德为治,内而京师,外而府州县,莫不有学。严庙庭以奉宣圣,设教职以主师席,赡学有公廪,教养有常法。其勉励也,则归之风宪;其提调也,则付之有司。②

元人许有壬也指出:

> 国制,有司主学,风纪励其怠。③

上述二则史料明确地说明了元代的监察机构与地方官府的儒学

---

① (元)蒲道源:《闲居丛稿》卷6,文渊阁四库全书本,集部第1210册,第621页下。
② (元)刘应奎:《长林儒学文庙记》,见嘉靖《湖广图经志书》卷6《荆州府·艺文》,日本藏中国罕见地方志丛刊本,第647页下。
③ (元)许有壬:《至正集》卷37《彰德路儒学营修记》,北京图书馆古籍珍本丛刊本,集部95册。

管理职能，下面将元代监察机构对儒学的管理考察如下：

元朝在地方设置监察机构——江南行御史台和陕西行御史台，下辖诸道肃政廉访司，掌各地的监察事宜。在北方腹里地区，也同样设立诸道肃政廉访司，掌腹里各地的监察。勉励儒学就是诸道肃政廉访司的任务之一，元人虞槃对廉访司对儒学的"勉励"解释说："部使者以时按□，则勉其有成而励其不及，此国家之制也。"①监察机构对儒学的监督，主要表现在下述方面。

第一，按部巡察督促。肃政廉访司定期派人巡察各地，有时是其长官廉访使、副使（称宪金或部使者），有时也派吏员。每到一处，巡察人员一般要到当地的儒学"殿谒"行礼，然后召集学官、诸生询问学校发展中的问题、困难，并亲自视察儒学。如果发现问题，一般要责成路州县长官或学官着手解决。如天历二年（1329），廉访司佥宪杨奂至湖广行省汉阳府学，时府学围墙已坏，鸡犬不禁。杨奂"谒庙嗟讶，力欲缮完，商工计财费等"②。岭北湖南道宪佥黑的哥，按部至永州路宁远县，诣庙，舍菜礼成，即"升堂坐阅诸生讲辩，既勖励，复登（明伦堂）"，指出县儒学大成殿中从祀诸贤画像不合礼制，命他们改。③延祐五年（1318），廉访司宪佥某巡察到常宁州学，"至学勉励，首以肄业生员为问，咸答以学廪不足"。于是宪佥催促常宁州达鲁花赤爱也祖丁等商议解决办法。延祐七年（1320），湖南道佥宪李仲杰"按临是郡，照见增置学田文牍，称赏不已"，遂命刻石以记。④后至元元年（1335），廉访副使李瑞（字彦方）至庆元路，"十月朔，谒先圣庙，升论堂，进诸生，问所以为学，历举格言大训，勉励淳切，

---

① （元）虞槃：《重修文庙记》，见嘉靖《湖广图经志书》卷15《长沙府·艺文》，日本藏中国罕见地方志丛刊本，第1377页下。
② （元）许有壬：《至正集》卷41《汉阳府新筑宫墙记》，北京图书馆古籍珍本丛刊本，集部第95册。
③ 佚名：《兴举学校记》，见嘉靖《湖广图经志书》卷13《永州府·艺文》，日本藏中国罕见地方志丛刊本，第1183页下。
④ （元）郑梁：《常宁州增置学田记》，见嘉靖《湖广图经志书》卷12《衡州府·艺文》，日本藏中国罕见地方志丛刊本，第1071页上。

闻者竦息佩服，退则欣然有得也"①。

第二，直接参加儒学的祭祀教学活动。这方面史料很多，大德年间的杭州路学，"月朔、十五日，部使者入郡庙谒先圣先师，郡守以下无敢不致"②。江浙行省的台州路学在至元十三年（1276）、至元二十六年（1289）两毁于兵，破败不堪，在这种情况下，每月朔望日，"部使（肃政廉访使）、府侯至，坐直舍如斗大，余皆露立灌莽中"，进行释奠。③

第三，接受儒学申诉，解决困难。福州路儒学学田为豪民所侵，"岁入之数，日以耗损"。廉访使沙木斯迪音闻之慨然曰："（福州路）宪治所在，敢尔乎！"于是命地方官按图复之。④后至元元年（1335），廉访副使李端至庆元路时，路学涂田若干亩为附近育王大慈寺僧人所侵夺，诸生诉于李端，"宪部洞悉兹弊，檄帅阃经考核，僧惧罪及，始自实于官厅"⑤。

第四，主持儒学的建设、拨学田。如大德年间，廉访副使高继显拨府学学田七顷给上海县学。⑥延祐五年（1318），平江路学遭飓风袭击，尊经阁被毁，部使者邓文原等重修之，"即其地造阁三间，两翼三檐，二十八楹"⑦。类似的例子还有很多，兹不多举。

总之，元代地方监察机构诸道肃政廉访司与当地儒学有密切的关系，廉访使地位高于路府州县长官，因此更加有能力解决当地政府

---

① （元）虞师道：《元庆元路学涂田碑》，见（清）阮元：《两浙金石志》卷16，辽金元石刻文献全编本，第2册。
② （元）陈旅：《安雅堂集》卷6《婺源州学正余志贤之官序》，文渊阁四库全书本，集部第1213册，第75页下。
③ （元）程钜夫：《雪楼集》卷11《台州路学讲堂记》，文渊阁四库全书本，集部第1202册，第134页上。
④ （元）贡师泰：《玩斋集》卷7《福州路儒学复田记》，文渊阁四库全书本，集部第1215册，第618页。
⑤ （元）虞师道：《元庆元路学涂田碑》，见（清）阮元：《两浙金石志》卷16，辽金元石刻文献全编本，第2册。
⑥ （元）臧梦解：《至大舍田迁学记》，见崇祯《松江府志》卷213《学校》，日本藏中国罕见地方志丛刊本。
⑦ 嘉靖《吴邑志》卷5《学校》，天一阁明代方志选刊续编本，第10册。

无法解决的问题,廉访使定期巡视更有利于发现儒学弊端,督促其改正。因此,廉访司管理儒学对儒学的正常发展是有利的,是元代我国儒学管理制度不断完善的反映。这一制度被以后的明朝所继承,影响很大。

(三)路府州县地方政府

元代路府州县地方政府也有对儒学进行管理的职权,元人蔡图说:

> 皇朝右文,其制,天下郡邑学专典于守若令,俾得丙其弘纲,匡其要绪,培饬其素业所未逮。继而廪稍管键,悉掌其合闭也。①

这说明地方政府对儒学的管理范围比较广泛。具体说来,有下面几点:

第一,修整校舍。校舍的修整是使儒学得以正常发展的必要条件。我国历代都很重视这一问题,将它看成是有关社会教化的大事。元代儒学地位不高,学校虽有学田收入,但学田经常被豪民、寺院、驻军等侵夺,学田之入很难顺利地入学校。元政府对学田收入控制很严,虽然屡次下令将学田收入归儒学支配,但在很多地方,官府仍然掌其收入,学官无权使用。再加上学官制度弊端很多,学官不称职、贪污等现象非常严重,儒学重建、整修花费很大,靠学校本身的组织、筹划很难完成,需要地方政府长官的支持与帮助。元代儒学修建的例子中,很大一部分都是在地方长官的主持下完成的。至正年间,张宗颜为袁州路总管,时袁州路学长期不修,弊坏不堪。幕僚官严仲毅"乃躬督学赋之入,无敢补遗",修整期间"自一木一石,一工一役,役佣佸之直,亲给以时,不及吏手,如治家事。画诺之

---

① (元)蔡图:《新昌县文庙记》,见嘉靖《江西通志》卷30《瑞州府》,北京图书馆藏明嘉靖蓝印本。

暇日，必至焉，略无风雨之间"。因而这次修整"用约而利周，敏成而固久"①。至正年间，建宁路松溪县儒学遭兵燹。至正十四年（1354）县令凌说（吴兴人）来任职，他认为"学校之废兴，长民者之责也"，于是"即命钩考簿书，征理历年赡学田租在豪民黠吏之手者"。学校建设开始时，凌说曰："躬莅教护，属功而课其章程。"工程完工后，他又为县学范铜铸祭器，其他教学设施也"靡不具完"。因此，松溪县儒学"佩衿来集，弦诵相闻，馈膳之须，亦无乏绝"②。

第二，管理儒学的学田及收入。前面已经论述过，虽然元政府三番五次下令学田及收入归之儒学管理与支配，以用于春秋祭丁、朔望祭祀、学官薪俸、生员廪膳及贫老之士的养老等目的，但由于各地情况不同，这一政策执行得很不彻底。在一些经济较发达、儒学基础雄厚的地区，这项政策执行得相对较好。如江浙行省庆元路，路学及州县学的学田学产悉归儒学经理，在支配上，儒学也有较大的自主权。③杭州路的儒学仓"就属府学官主管，收本学师生岁支俸粮，并朔望行香烛之费，仓在本学"④。另一种情况是少数地区儒户数量少，学官势单位卑，只好由路府州县的政府官吏代为收租，这些钱粮大部分储之有司，由地方官掌管，学校使用时，须得到地方官批准。如在元末的至正四年（1344）嘉兴府才"檄本学官吏自征租入"⑤。至正七年（1347）江浙行省平江路吴县学"爰稽田籍，以复租额，移有司征之，岁果倍入"⑥。江西行省的吉安路学"钱粮虽多，府曹专役任钱粮之科，州县则吏胥移易侵贷，上下表里为弊，岁不给用"⑦。即使学校田粮已经交给当地

---

① （元）虞集：《道园学古录》卷36《袁州路儒学新建尊经阁记》，四部丛刊初编本。
② （元）黄溍：《金华黄先生文集》卷14《松溪县新学记》，四部丛刊初编本。
③ （元）袁桷：《延祐四明志》卷14《学校考》，宋元方志丛刊本，第6册。
④ 成化《杭州府志》卷13《官属》，四库全书存目丛书，史部第175册。
⑤ （元）杨维桢：《东维子文集》卷5《送嘉兴学吏徐德明考满序》，四部丛刊初编本。
⑥ 嘉靖《吴邑志》卷5《学校》，天一阁明代方志选刊续编本，第10册。
⑦ （元）刘诜：《桂隐文集》卷1《吉安兴学》，文渊阁四库全书本，集部第1195册，第133页下。

儒学，地方官仍须对儒学的收支负检核监督之责。后至元年间，江浙行省海盐州学教授"用钱五十缗以上，必禀于州"①。松江府学也有同样的规定。另外，儒学如何处理其钱粮，也须向地方官请示，由地方官出面办理。湖广行省宝庆路新化县在至顺元年（1330）饥荒时，出售学校的余粮以买田，这么平常的事情，县主簿张登仕也要首先至儒学主持拜谒先圣孔子的仪式，然后才"亲书阄定价"，县学始得以从容售粮。②为此，元人李存抱怨说："彼释老者有田而不征，与儒者同。而儒者之出纳，则刺史、县令得以稽考之，部使者又稽考之，小有不当则黜罚行焉，彼释老而有司未尝过而问其故，何哉？"③

地方官对学田的管理中，最重要的是帮助儒学恢复被侵学田。元代儒士羸弱，学田被侵之事时有发生，学官秩低权弱，一般很难解决问题，只好向上级反映情况。廉访司官只是定期巡察，大部分案件还是由当地政府解决。如至正六年（1346），江浙行省衢州路江山县学田十分之二为豪民所据，县达鲁花赤多尔济、县令詹道愈"力追复之"④。至正十一年（1351），江浙行省婺州路浦江县达鲁花赤阿年八哈，为县学"归其侵疆"⑤。至正九年（1349），石天岳为湖广行省静江路荔浦县县尹，他"考其岁赋，究其侵欺，凡豪民之耕占影避者，悉明界畔以复之，顽佃之积累负逋，严加约束以征之，由是廪有余蓄"⑥。这样的例子在元人文集、石刻碑传及方志资料中很多。

第三，参加儒学的祭祀教学活动。元朝在至元六年（1269）就

---

① （元）陈旅：《安雅堂集》卷8《海盐州儒学新修庙学记》，文渊阁四库全书本，集部1213册，第109页上。
② （元）刘举：《赡学田记》，见嘉靖《湖广图经志书》卷16《宝庆府·艺文》，日本藏中国罕见地方志丛刊本，第1435页下。
③ （元）李存：《鄱阳仲公李先生文集》卷19《送吴景汉赴宁国路儒学正序》，北京图书馆古籍珍本丛刊本，第10册。
④ （元）鲁贞：《桐山老农集》卷1《江山县修学复田记》，文渊阁四库全书本，集部第1219册，第125页上。
⑤ （元）戴良：《九灵山房集》卷5《浦江县修学记》，四部丛刊初编本。
⑥ （元）石天岳：《荔浦县重修学记》，见嘉靖《广西通志》卷24，四库全书存目丛书本，史部第187册。

有"官吏诣庙烧香"的圣旨,这在《通志条格·学令》以及《庙学典礼》中都有记述。江南统一后,这一规定推广到全国儒学。至元二十九年(1292)绍兴路学重新制定的教学制度——"学式"中,有诸司存官、儒司、学官参加祭祀的规定。① 元贞初年江南行御史台制定的学校制度则明确规定,由"教官申请本路文资正官诣学(有廉访司官处同到)"进行春秋二祭。② 从史料看,这一规定得到了普遍的执行。从儒学较发达的江浙地区到比较偏僻的湖广行省郁林州、横州所属的儒学,都可以发现地方长官、廉访司官参加儒学祭祀的记载。③ 如庆元路象山县尹李天佑(字吉甫,高唐县人),"月朔率僚吏入学,听师生讲说经训,使知礼义廉耻,而习俗亦少变焉"④。地方长官参加的祭祀活动,有硬性规定的春秋祭丁、朔望祭祀。此外,儒学新建或修复、地方官上任以及学校有重大事件,按惯例,地方官都要到庙学释奠,只不过固定祭祀活动比较隆重,有固定的仪式和音乐(大成乐)的伴奏,普通的释奠只是殿谒行礼而已。

地方官参加教学活动,元代也有明确规定。大德十一年(1307),元政府规定"提调正官时一下学挑试生徒,其有讲说不通,文理不明,以次责罚"⑤。特别是对以儒见长的地方官来说,除"挑试"外,亲自与诸生讲经论道,应该也是平常的事情。元政府关于地方官必须到庙学参加祭祀的规定,也给他们直接参加教学活动提供了机会。至正三年(1343),高志为江西行省吉安路庐陵县县尹,他"以育材成化者朝夕究心",亲自到儒学,教诲诸生,"读书明义理,修身积实行",

---

① (清)杜春生:《越中金石记》卷7《重建绍兴庙学图·至元壬辰重定学式》,辽金元石刻文献全编本,第3册。
② 王颋点校:《庙学典礼》卷5《行台坐下宪司讲究学校便宜》,元代史料丛刊本,第99页。
③ (元)伯笃鲁哥:《郁林州学记》,(元)张昉《横州学记》,见嘉靖《广西府志》卷35《学校》,四库全书存目丛书本,史部第187册。
④ (元)苏天爵著,陈高华、孟繁清点校:《滋溪文稿》卷18《故承事郎象山县尹李侯墓碑》,第299页。
⑤ 《通志条格》卷5《学令》,见方龄贵校注:《通制条格校注》,第214页。

又"与职训者讲论为学之次第,使八岁如小学,十五入大学者,皆卓然为古人之规程,由是士洗濯琢磨,始彬彬然知慕三代之风"①。延祐年间,张方(东平人)为南安路总管,他"时入学而视必恭必虔,罔或懈惰"。为了发展南安路儒学教育,他"于士类中,择其知孔圣之道者,讲求其意,条陈其目,俾不废乎其所已学,而兼进乎其所未学……于经则明,于行则修"。于是南安路学"士风丕变,民风亦丕变"②。后至元六年(1340),庆元路总管王元恭重视儒学,他亲至路学,"月书季考,循习故常,严堂试为赏格,士知所自励"③。江浙行省泉州路永春县尹卢琦"乃作新(学)宫,延师儒,课子弟,月书季考,皆自临较"④。温州路达鲁花赤铁木列思崇儒重士,"檄四邑文士试于郡庠","课取诸士,皆得其人,学者知劝"。⑤江西行省龙兴路富州知州陈元凯"招学徒,兴文治",经常"单车诣学,训勉诸生,讲求民瘼,询考政事利害得失而罢行之,一时善治翕然"⑥。这样的例子,还可以举出很多。

上面所说的地方官,一般来说是指地方正官,包括各级达鲁花赤、路总管、知府、知州、县尹等,那么,有没有专门负责管辖儒学的官吏?建康路学在大德六年(1302)发生火灾,祭器大部分被毁,于是"台察上下议论金同,遂命提学官本路治中也先普化购铜,访得冶金之技工者"⑦。这里提到建康路治中也先普化是建康路提举学校官。数年以后,教授张拱辰到任,看到祭器不合仪式,于是"退,谋之提学官治中梁侯也先普化"⑧。这说明治中梁也先普化此时仍然是建康路的提学

---

① (元)刘诜:《桂隐文集》卷1《吉安兴学》,文渊阁四库全书本,集部第1195册。
② (元)吴澄:《吴文正集》卷36《南安路儒学大成乐记》,文渊阁四库全书本,集部第1197册。
③ (元)朱文刚:《元庆元路总管王元恭去思碑》,见(清)阮元:《两浙金石志》卷17,辽金元石刻文献全编本,第2册。
④ (明)何乔远:《闽书》卷89《英旧志·泉州府》,福建图书馆藏明崇祯刻本。
⑤ 万历《温州府志》卷9《治行》,温州图书馆藏明万历刻本。
⑥ 嘉靖《江西通志》卷4《南昌府·名宦·元》,北京图书馆藏明嘉靖蓝印本。
⑦ (清)严观:《江宁金石记》卷6《建康路文庙祭器记》,宣统二年刻本。
⑧ (清)严观:《江宁金石记》卷6《建康路学祭器总数之记》,宣统二年刻本。

官。这样,从建康路来看,路一级政府的治中,可能是专门负责教育的官员,不过由于其他路的史料没有发现治中"提学"的现象,这种推论还有待于史料证实。

地方官提调儒学,在元代江南地区儒学地位不高的情况下,给儒学的发展提供了政治、经济等各种保障,对儒学的生存及发展可以说起了很大的作用。许多地方官还通过亲自参加儒学的祭祀、教学活动,勉励儒学,规范教学制度,这对儒学本身发展及全社会崇儒重教的社会风气的形成,都有重要意义。但从另一方面来说,地方政权过多参与儒学的管理,使儒学失去了自我发展的能力,儒学变得更加依赖地方官,当地方官不重视儒学时,它的发展就会受到影响。元代的吏治比较混乱,官员素质也是与宋、明、清等朝代所无法相比的,这就造成了儒学发展的不稳定性,相当一部分儒学都出现过废坏不治的现象。元代地方官不重视儒学导致儒学废坏的例子,也可以举出很多。元人许有壬抱怨说:"国制:有司主学,风纪励其怠。而天下主者视为切己,一弊必修,一坠必举者有几?蔑教典,习故常,身虽致而目不一顾者,众也。"①

三、余论

以上论述的是元代儒学的管理系统,之所以称"系统",是由于元代的儒学管理头绪很多,呈现出明显的多元化:中央有集贤院、国子监,地方有儒学提举司、地方监察机构、路府州县官府等。这些管理机构中,集贤院制定全国的儒学政策,与儒学的关系比较疏远。其他三家机构都有管理儒学的职能。儒学提举司"总摄",肃政廉访使

---

① (元)许有壬:《至正集》卷37《彰德路儒学营修记》,北京图书馆古籍珍本丛刊本,集部第95册。

"勉励"，路府州县正官"提调"。虽然三方同儒学之间关系的措辞不同，正如以上所论述的，它们的职责分工并不明确，对儒学的管理在很多方面是重叠交叉的，看不出元代儒学的管理系统是一个真正分工明确、职责分明的有机系统。这反映了元代儒学教育管理的一个主要特点——管理的多元化。

元代儒学教育管理多元化是由诸多原因造成的。

首先，儒学教育管理的多元化是由元代社会特点决定的。元初蒙古统治者对儒学及儒士并不了解，仅把它作为一种为蒙古大汗"告天祝寿"的宗教对待，立儒户户籍，免儒户差役，应该说是比照僧、道、也里可温、答失蛮等宗教户计而实行的优待政策。元世祖以后，随着对儒学及儒士认识的深化，儒士在国家统治中的作用也日益表现出来。儒士成为国家政权不可缺少的一部分。因此，如何控制儒士阶层，使其为元政权服务，成为蒙古贵族文教政策的出发点。江南统一以后，文教政策变得更加重要，因为江南儒学非常发达，儒士数量众多，虽然江南儒士入元以后已经失去其往日的政治地位，但他们在江南地区仍然有很大的影响，他们的思想言行以及对元政府的态度直接关系到元代江南的稳定。因此，元政府在全国范围内，对儒学实行了既笼络又控制的政策。江南定儒籍，恢复学田，儒士免役，以及颁布崇儒法令，都是笼络政策的表现。至元二十四年（1287），元政府接受叶李建议，复设儒学提举司，也具有上述笼络的性质。儒学提举司设立后，儒学"师生鼓舞相语，以为平日谕所不及，一旦与行省、院台、廉访、转运者同有是掌，卑于名而尊其实，其职反若居宣慰、职军民者上，自十三年平宋后所无"①，当初的实际情况也是这样，诸道儒学提举司"掌管儒学大小事务"，一度形成了以儒治儒的局面。这种情况同元政府控制儒学的初衷是不相符的，于是，地方文资正

---

① （元）姚燧：《龙兴府学奎章阁记》，见（元）周南瑞编：《天下同文集》卷6，文渊阁四库全书，集部第1366册，第613页上。

官、廉访司官吏在儒学管理中的地位逐渐增强，而儒学提举司的很多权力则被剥夺，形成了儒学提举司、肃政廉访司、地方官府共同管理儒学的局面。

其次，元代儒学管理的多元化与元初儒学的处境也有关系。在元政权中，蒙古、色目贵族属特权阶层，而汉人、南人地位较低。元初，儒士比较低下的社会地位使儒学的生存环境更加艰难，学田被侵、学产被夺、学校荒废的现象比比皆是。因此，元政府既然允许并鼓励儒学发展，就需要权势较大的地方官府以及肃政廉访司，作为儒学发展的支持者和保护者，仅靠以儒士治儒学的办法的话，儒学的生存会更加困难。事实上，诸道肃政廉访司以及各路府州县官府也确实为儒学做了很多工作和贡献。

元代对儒学的多元化管理，在很大程度上保证和促进了儒学的发展，这是应该肯定的。同时，它也使儒学过分倚赖官府，其自身的发展则失去活力，儒学成了地地道道的官学。更应该指出的是，廉访司及地方官直接对儒学管理，使在元以前备受尊敬的学官地位下降，元人聂炳抱怨说，地方官"视学校犹莞库，视师儒犹属吏，追呼控御如遇诸冗僚，暇则按历布算，斗粟贯襁，一有纬繣，大挫小辱，立中奇祸，借曰位学官者或其自取，然岂恺悌忠厚之道哉？"[①] 这种情况既降低了儒学的地位，也会使社会风气向着更加不利于儒学的方向发展。

元朝儒学管理的多元化，说明元朝对儒学教育的管理和控制加强了，符合中国封建社会后期儒学教育官学化的趋势。有的观点认为元朝"由分道取代路级教育行政机构，再由行省取代分道教育行政管理机构，教育行政管理权逐步上移"，造成了元世祖以后"行省以下的教育管理机构长期处于空白状态，是元代地方教育事业混乱不振的

---

① （元）聂炳：《刘侯兴学记》，见嘉靖《湖广图经志书》卷4《黄州府·艺文》，日本藏中国罕见地方志丛刊本，第385页下。

重要原因之一"①。这种观点没有看到元代儒学管理的多元化特征,特别是地方监察机构、地方政府在学校管理方面的重要作用,很明显是错误的。

(原载《元史及民族史研究集刊》第16辑,南方出版社2003年版,这次收录做了部分补充)

---

① 乔卫平:《中国教育制度通史》第3卷,第485页。

元初江南儒士的处境及社会角色的转变

儒士也称士大夫,是两宋以来通过科举而产生的一个与以往士族阶层不同的社会集团。与以往的士族靠对文化学术的垄断保持社会地位不同,儒士是通过读书掌握儒家文化及道德修养,再通过科举成为各级政府官员,从而达到对中央和地方的控制。从社会角色来看,它是儒士、官僚、乡绅三种身份的统一体。在以文治为主要特征并且科举非常发达的两宋,江南儒士集团逐渐发展起来,据国外学者统计,南宋时参加乡试的儒士每科达40万人,占江南成年男子的2.5%。[1]这一数据充分说明了儒士阶层的兴旺。

进入元朝以后,江南儒士集团的处境发生了变化。蒙古贵族根据征服的顺序确立各地居民的政治地位,南人成为元朝地位最低的政治群体。统一战争中,江南儒士集团受到冲击,统一以后,元王朝异于汉族王朝的统治方式,更使大部分江南儒士处于贫困和绝望的境地。科举的长期废置,儒士又失去了做官的机会。上述情况使江南儒士的处境发生了较大的变化,如何转变社会角色以适应新环境,成为江南儒士不得不面对的新问题。

前人有关元代儒士的研究成果很多[2],就江南儒士来说,主要

---

[1] Patricia Ebery, The Dynamics of Elite Domination in Sung China, *Harvard Journal of Asiatic Studies*[J], 1989(48).

[2] 如陈得芝《从"九儒十丐"看元代儒士的地位》(《光明日报》1986年6月18日)、任崇岳《略论元代儒士社会地位演变的历史过程》(《社会科学辑刊》1981年第3期)、萧启庆《元代的儒户:儒士地位演进史上的一章》(《元代史新探》,台北新文丰出版公司1983年版)等。

成果有：周祖谟《宋亡后仕元之儒学教授》①、陈得芝《论宋元之际江南士人的思想和政治动向》②、郑克晟《元末的江南士人与社会》③、萧启庆《元朝科举与江南士大夫之延续》④、（美）Yan-Shuan Lao "Southern Chinese Scholars and Educational Institution in Early Yuan：Some Preliminary Remarks"⑤ 等。这些研究主要对江南儒士的仕宦活动、宋元交替对江南儒士政治倾向的影响、元末儒士的安逸生活、宋代科第之家和一般儒士在元朝的发展与延续等问题，进行了探讨。本文主要论述宋元更替之际江南士人的分化以及学官群体的形成，探讨学官群体的形成所导致的儒士社会角色的变化，请学界批评指正。

一、元初江南儒士的处境

宋元更替使江南儒士的处境发生了较大的变化。战争期间，许多儒士失去了财富及优裕的生活环境；统一之初，元朝异于汉族王朝的统治方式，更使广大的儒士处于贫困和绝望的境地，这种情况直到世祖至元末年才有一定的改变。

（一）元统一战争对江南儒士的影响

元朝统一战争与蒙古攻金相比，虽未广肆杀戮，但作为北方游牧民族对江南的入侵和征服，它对江南社会的冲击和震撼是巨大的。江西行省南安路上犹县"入至元，大兵环而临之者逾七旬，竟以死

---

① 周祖谟：《宋亡后仕元之儒学教授》，《辅仁学志》1946年第1、2合期。
② 陈得芝：《论宋元之际江南士人的思想和政治动向》，《南京大学学报》1997年第2期。
③ 郑克晟：《元末的江南士人与社会》，《东南文化》1990年第4期。
④ 萧启庆：《元朝科举与江南士大夫之延续》，见《元史论丛》第7辑，江西教育出版社1999年版。
⑤ Yan-Shuan Lao, Southern Chinese Scholars and Educational Institution in Early Yuan: Some Preliminary Remarks, *China under Mongol Rule*, Princeton University Press, 1990, pp. 106-133.

守屠焉"①。静江路（今广西省桂林市）至元十三年（1276）十一月陷落，"民闻城破，即纵火焚居室，多赴水死"②。至元十二年（1275）十一月，元军进攻常州，城破，（元军）"四门杀人，一城尽死"③。广州一带，"中更兵火，官舍民庐荡为灰烬"④。元军在攻打沙市时，"因南风火沙市，战城上，又战城中，屠之"⑤。

一些江南儒士的文集中也记录了战争对江南的破坏情况。舒岳祥记述道："丙子（至元十三年，1276）兵祸，自有宇宙，宁海所未见也。"⑥"去年大兵入台，仙居幸免，今冬屠掠无噍类，衣冠妇女相随俱北，闻而伤之。"⑦他的《过字韵诗序》写道："偶报北兵自瓯闽回驱男女牛羊万计，入蛟湖深……三日夜不休，闻之惊心。"⑧温州儒士林景熙记述道："柔北困敦之岁（指至元十三年，1276）朔骑压境，所过杀掠，数十里无人烟。"⑨庆元儒士戴表元亦有诗描述当时台州地区的情况，至元十三年（1276）他在《行妇怨次李编校韵》中写道：

> 赤城岩邑今穷边，路旁死者相枕眠。惟余妇女收不杀，马上娉婷多少年。蓬头垢面谁氏子，放声独哭哀闻天。⑩

上述情况下，儒士集团受到冲击和影响当然是不可避免的。很多儒士在战乱中狼狈奔窜，资产丧失，破家殒命，甚至被掳为奴。元

---

① （元）刘将孙：《养吾斋集》卷15《南安路上犹县新建县学记》，文渊阁四库全书本，集部第1199册，第138页上。
② 《元史》卷128《阿里海牙传》。
③ （宋）郑思肖：《中兴集》卷2《哀刘将军》，《郑思肖集》，上海古籍出版社1991年版，第93页。
④ 民国《东莞县志》卷91《修东莞学记》。
⑤ （元）苏天爵辑撰，姚景安点校：《元朝名臣事略》卷2《丞相楚国武定公》，第34页。
⑥ （元）舒岳祥：《阆风集》卷1，文渊阁四库全书本，集部第1187册，第337页下。
⑦ （元）舒岳祥：《阆风集》卷3，文渊阁四库全书本，集部第1187册，第358页上、下。
⑧ （元）舒岳祥：《阆风集》卷1，文渊阁四库全书本，集部第1187册，第333页上。
⑨ （宋）林景熙：《霁山集》卷4《磷说》，文渊阁四库全书本，集部第1188册，第745页下。
⑩ （元）戴表元：《剡源戴先生文集》卷28《行妇怨次李编校韵》，四部丛刊初编本。

人舒岳祥叙述道:"四海衣冠,遭时艰虞,至于暴骨原草者多矣。"① 儒士高晞远,宋亡前任平江府判,"自城溃,家亦散亡,(他)茕然一身浮游江湖"②。儒士王实甫,庐陵人,"垂髫流落,从其母于虏获俘,隶之中卒"③。儒士孙潼发(字帝锡,号盘峰,桐庐人)是南宋咸淳进士,宋亡后"家亦毁,先生避地万山中,久之乃归,稍复其故宇,为终焉之计"④。儒士舒岳祥在描述其在战乱中的经历时说:"予家二百指,甑石将罄,避地入剡(今浙江省嵊州),贷粟而食,解衣偿之。"⑤ 戴表元也记述了其逃亡的情形:"越明年,兵声撼海上,村郊之民,往往持橐束缊而立,伺尘起即遁。余与公(指王子兼,字达善)势不得止,仓皇弃其故业,指山中可舍者为之归。盖其事不能相谋,而流离转徙,困顿百折,不自意复相出于天台南峡之麓,自是而行同途,止同旅,交同友,客同门。急则传声疾呼,老稚携挈,以遁须臾之命;缓则握手劳苦,流涕謦欬,以宽离乡弃土之戚。"⑥

上面江南儒士受到战火冲击的情况,是儒士集团地位下降的开始,元朝统一之后,这种情况继续发展。

(二)元统一之初江南儒士的处境

元朝的统一结束了唐末以来的分裂割据的局面,为全国经济文化的发展创造了条件。但宋元政权的更替,给江南社会带来了持续的社会动荡,盗贼盛行,驻军跋扈,使江南社会遭到严重破坏。江南局面稳定以后,又出现了政治黑暗、贪污盛行的混乱情况,在南宋有一

---

① (元)舒岳祥:《阆风集》卷1《停云诗序》,文渊阁四库全书本,集部第1187册,第327页上。
② (清)顾嗣立、席世臣编:《元诗选·癸集》;中华书局2001年版,第37页。
③ (元)刘将孙:《养吾斋集》卷3《送王实甫》,文渊阁四库全书本,集部第1199册,第32页上、下。
④ (清)黄宗羲原著,全祖望补修,陈金生、梁运华点校:《宋元学案》卷82《北山四先生学案》,第2762页。
⑤ (元)舒岳祥:《阆风集》卷1《日食,文渊阁四库全书本,集部第1187册,第337页下。
⑥ (元)戴表元:《剡源戴先生文集》卷11《王丞公避地编序》,四部丛刊初编本。

定经济实力的儒士集团,成了各种势力勒索、盘剥的对象,江南儒士的处境进一步恶化。

元军占领了江南以后,社会动荡并没有停止。儒士刘辰翁写道:"(至元年间)揭竿满野,环赣及汀,历历无墟烟,吾郊关之御夺者,混相浊如市。"①方逢辰也写道:"(元初)乡寇不靖,焚荡官舍、民居。"②面对这种情况,元政府调集大军镇压,江南很多地方重新遭到战火蹂躏。在镇压叛乱的过程中,甚至出现了纵民为乱,然后肆意杀戮抢劫的现象。元人胡祗遹在《民间疾苦状》中说:"(江南)自收附以来,兵官嗜杀,利其反侧,叛乱已得,从[纵]其掳掠,货财子女则入于军官,壮士巨族则殄歼于锋刃。一县叛,则一县荡为灰烬;一州叛,则一州莽为丘墟。"③元人程钜夫也对这种情况进行了记述,他在《吏治五事·公选》中说:

> 江南自归附以来已十余年,而偏远险恶去处,盗贼时时窃发……官吏反欲因此有所掳掠,每有一二人窃盗,便称某郡某县一同作歹。上司闻此,欣然出兵,子女玉帛恣其所欲,真盗何尝捕得,而无辜一切受祸。④

程钜夫在《吏治五事·军人作过甚者,责其主将,仍重各路达鲁花赤之权》中又写道:

> 各路管民官与管军官不相统一,军卒肆凶,小民受害,管

---

① (宋)刘辰翁:《须溪集》卷7《丞相莽哈岱美棠碑文》,文渊阁四库全书本,集部第1186册,第559页下。
② (宋)方逢辰:《蛟峰文集·外集》卷3《故侍读尚书方公墓志铭》,文渊阁四库全书本,集部第1187册,第615页下。
③ (元)胡祗遹:《紫山大全集》卷23《民间疾苦状》,文渊阁四库全书本,集部第1196册,第417页上。
④ (元)程钜夫:《雪楼集》卷10,文渊阁四库全书本,集部第1202册,第123页。

军官不肯问,而管民官不敢问。又甚则如临江之兵,挥刃以拟总府;吉州之兵,奋拳以殴府官。此风何可浸长?①

在这种情况下,江南很多地方又一次遭到摧残。至元十五年(1278),戴恩等人试图在平江路叛元,被人告密。于是"自正月二十三日早,合城闭门,汲爨俱绝,一闻人声,贼即擒而杀之。又议举屠城,幸而免"②。在徽州路,"宋亡之明年,李世达叛,孛术鲁敬驻兵昱岭,以徽反复,将屠城,民亦自相焚杀",大部分州县"栋灰涂血"。至元十三年(1276),仙居县邻县"郭贼窃发,煽诱邑民李念二为乱,省檄万户提重兵至,胁官吏手状,诬合邑均为贼境,将屠之"。县主簿洪椿"以死争之",才得免。③

上述情况,加剧了江南的残破,元初的湖广行省"政无纲纪,士卒纵横,剽夺商贩,城门昼闭,灯火严禁,民心惊疑,生意萧条"。江西舒城县也是"富者日贫,而贫者日死以耗。入其市廛里萧然,适其野,榛莽没人,不见行迹"④。江南儒士集团在这样的环境中,其正常的生活必然受到影响,一些儒士则遇害身亡。如临川儒士黄东之,"宋亡,临川既内附,兵盗旁起未宁。其父与幼子避之它所,遇害于盗"⑤。元初江南的动荡局面,使往日以读书做官为职业的儒士集团的生存环境急遽恶化。

除了社会的动荡以外,元初异于以往汉族王朝的统治方式、民族压迫政策以及政治的腐败也同样导致江南儒士处境恶劣。元代将全国居民分为四个等级:蒙古人、色目人、汉人、南人,南人处于最低的地位。蒙古用人注重根脚,科举不再作为国家选拔人才的标准,被无

---

① (元)程钜夫:《雪楼集》卷10,文渊阁四库全书本,集部第1202册,第117页下—118页上。
② (宋)郑思肖:《中兴集》卷2《二唁诗》,《郑思肖集》,第88页。
③ 弘治《徽州府志》卷8《人物》,四库全书存目丛书本,史部第180册。
④ (元)余阙:《青阳先生文集》卷4《赠刑部掾史镏彦通使还京序》,四部丛刊续编本。
⑤ (元)虞集:《道园学古录》卷43《故临川黄君东之墓志铭》,四部丛刊初编本。

条件废除，江南儒士失去了通过科举进入社会上层的机会，基本上被固定在社会下层。元朝统一后，受蒙古政权势力保护的一些势力集团来到江南，凌驾于江南各集团之上。至元十四年（1277），杨琏真加任江南释教都总统，掌管江南佛教。至元二十二年（1285），他和当时的宰相桑哥勾结，公然发掘南宋诸帝的陵墓，"至断残支体，攫珠襦玉柙，焚其胔，弃骨草莽间"。不久，他又下令"哀陵骨，杂置牛马枯骼中，筑一塔压之，名曰'镇南'"①。此外，杨琏真加还依势豪夺，"（江南）各处宫观、庙宇、学校、书院、民户房屋、田土、山林、池荡"，在十余年间，尽为其霸占。②此后，在宰相桑哥的主持下，元朝开始大规模理算江南学田钱粮，这对江南儒士的处境影响重大。

元初江南政治腐败，也直接影响到江南儒士集团的处境。由于地方官吏贪污盛行，大肆搜刮，前朝尚有一定经济实力的江南儒士之家，成为其盘剥的目标，导致了儒士在江南的统治稳定以后，处境仍然非常困难。元人苏天爵描述说："当江南内附之初，户籍繁衍，时科目又废，所除官多贪污杂进之流。"③ 在杭州，"时平宋财［才］三年，杭其故都，自北而吏此者，莫不化其奢淫"④。在这种情况下，江南儒士之家成为盘剥奴役的对象之一。元人舒岳祥写道："时章林出白石，可为水晶，有旨差路县官同金玉提举差夫取凿，又宿兵守之，吏卒旁午。指予为上户，求鸡羊酒米油铁［钱］，无以应其求，且不堪其屡也。"于是，他只好逃到外地以避之。⑤ 福州路儒士黄节山自述道："吾世业儒，宋乾道中，曾大父魁天下……不幸陵谷迁夷，世禄之胄降为编户，官吏特不喜儒，差徭必首及之，以故吾家无中人百金之产，而里中之役，一二岁必间及焉。曩者吾父因役毁家，吾幼而早有事焉，长而又

---

① （元）陶宗仪：《南村辍耕录》卷4《发宋陵寝》，元明史料笔记丛刊本，第43页。
② 王颋点校：《庙学典礼》卷3《郭签省咨复杨总摄兀占学院产业》，元代史料丛刊本，第63页。
③ （元）苏天爵著，陈高华、孟繁清点校：《滋溪文稿》卷7《大元赠中顺大夫兵部侍郎靳公神道碑铭》，第98页。
④ （清）汪鋆：《十二砚斋金石过眼录》卷18《江东宣慰使珊竹公神道碑》，光绪元年刻本。
⑤ （元）舒岳祥：《阆风集》卷3《和旧韵》，文渊阁四库全书本，集部第1187册，第357页上、下。

有事焉。筋力疲于将迎，精神弊于期会，泰山之虎，搏噬不尽则不止。吾不获已，弃家北出。"① 元人吴澄也指出："南土初臣附，新官莅新民，官府数有重难之役，并缘侵渔，豪横吞噬之徒，又乘间而出，短于支柱者，率身殒家毁。"② 这样，江南经过冲击以后，"陵谷迁变，井邑萧条，今非异时比矣"，"丧乱以来，耆旧亲戚销磨略尽"。③

上述情况，使江南儒士的影响及社会地位急遽下降，原先在江南社会中备受尊敬的儒士集团，不仅风光不再，还要受到其他社会集团的轻视和欺压。元人余阙记述道："至元初，奸回执政，乃大恶儒者，因说当国者罢科举，摈儒士。其后公卿相师皆以为常然，而小夫贱隶亦皆以儒者为嗤诋。当是时，士大夫有欲进取立功名者，皆强颜色，昏旦往候于门，媚说以妾婢，始得尺寸，此正迕者之所不能为也。"④ 萧立有诗写道："儒术久不振，屏弃如土苴。"⑤ 儒士刘辰翁则叙述了乡间年轻人抛弃儒学的现象："顾乡里小儿，起白身徒步，如蝇附骥，如隔墙取果，如维摩臂见异国举，津津焉动其心，谅无一能安分白发者。岂昔之能者皆静退，而今之往者皆英妙耶？意者科举废而瓦缶鸣，官簿非而狗尾续也。"⑥ 上述现象使儒士处境更加艰难。江西行省吉安路"有名士辱于强宗，（地方官）暗不理"，有人仗义"白之府，不问"。⑦ 其他地区也有"儒有懦不自立者，奸人从他邑移文，媒走卒及群无赖

---

① （元）陆文圭：《墙东类稿》卷 5《送黄节山序》，文渊阁四库全书本，集部第 1194 册，第 586 页上。
② （元）吴澄：《吴文正集》卷 71《故逸士游君建叔墓表》，文渊阁四库全书本，集部第 1197 册，第 689 页上。
③ （宋）俞德邻：《佩韦斋集》卷 12《送蒋守文序》，文渊阁四库全书本，集部第 1189 册，第 89 页上。
④ （元）余阙：《青阳先生文集》卷 4《贡太父文集序》，四部丛刊续编本。
⑤ （宋）萧立：《萧冰崖诗集拾遗》卷下《送胡秋白衢州学正》，四部丛刊初编本。
⑥ （宋）刘辰翁：《须溪集》卷 6《送人入燕序》，文渊阁四库全书本，集部第 1186 册，第 526 页上。
⑦ （元）刘将孙：《养吾斋集》卷 30《聂方峰先生墓志铭》，文渊阁四库全书本，集部第 1199 册，第 287 页下。

为欺侮"的现象。①

面对自身处境的恶化，江南儒士非常感慨和无奈。唐元感叹道："时值革命多艰，吾道不绝如带。"②谢枋得大呼："(至元)十三年来，中国之衣冠尽变。"③吴师道则描述了当时儒士的尴尬处境："儒之绌于世甚矣，平居而群，被服谈说，据古道则交手挪揄之。动有所营，则几席之下不能跬步，或矫众直遂，则咎责捷至。况以之趋仕应时，而概欲匿其志，难矣哉！"④

儒士集团处境恶化，是由当时的社会情况造成的。除了上面所述因素以外，还有以下三种原因。首先，只受过传统教育的江南儒士不太符合蒙古统治者的需要。元人虞集就认为："国朝之始定中原也，其先离乱伤残之日久矣，老儒学士几如晨星，末之为继。而天下初定，图籍文书之府，户口阨塞之数，律令章程之故，会期征役之当，趋赴奉承之劳，盖必有足其用者焉。而操它业者不得与于此也，于是贵富之资，公卿之选，胥此焉出矣。"这样，一方面，国家亟需承办各种具体事务的人才；另一方面，宋朝以来，江南儒士唯事科举，只注意文辞之华丽、章句之记诵，并没有较强的处理具体事务的能力，于是"为儒者或以迂缓巽懦取訾笑"⑤。

其次，科举的废除是元朝初年儒士处境困难的另一重要原因。吴师道认为："士生志四方，盖游宦所必至，古之人皆行之。独悲夫今之不幸也，科目未兴而无以为官，从师道息，好士礼废，而无所于游。当今南北旷荡之时，而老于茅茨林穴之下者，岂无赢粮之资哉？势有

---

① （元）王礼：《麟原文集·前集》卷2《照磨王公墓志铭》，文渊阁四库全书本，集部第1220册。
② （元）唐元：《筠轩集》卷9《送张廷玉教谕太平序》，文渊阁四库全书本，集部第1213册，第547页下—548页上。
③ （宋）谢枋得：《叠山集》卷2《荐写神黄鉴堂》，文渊阁四库全书本，集部第1184册，第867页上。
④ （元）吴师道：《礼部集》卷14《送石抹州判序》，文渊阁四库全书本，集部第1212册，第177页下。
⑤ （元）虞集：《道园学古录》卷5《送彰德经历韩君赴官序》，四部丛刊初编本。

所不能也。"① 既然科举废除,儒士失去做官的机会,其社会地位下降,处境困难是必然的。

最后,元朝重吏之习对儒士处境产生了一定的影响。宋代吏的地位是很低的,造成儒士轻视吏员,不屑为吏的现象。入元以后,元朝用人注重实用,刀笔出身的吏在处理具体事务方面的能力优于一般诵诗读经的儒士。于是,吏员在仕途方面反倒优于儒士。正如元人傅若金所言:"国初定令儒生愿试吏郡县者,优庸之,而不屑为者有矣。"后来儒士的出仕之路更加困难,"凡子弟之有志禄仕者,苟非藉世胄之资,其不由刀笔发身,则不能以达"②。

二、元初江南儒士集团的衰落

元朝是我国历史上空前统一的王朝,这为南北经济、文化的交流和发展创造了条件。但就江南儒士集团来说,朝代的更替对其冲击较大。这个在宋代普遍实行科举的情况下出现的,并在南宋盛极一时的特权集团,在元初江南社会急遽变化的情况下,生活环境日益恶化,出现了衰落的迹象。元初儒士集团的衰落主要表现在下面几个方面。

(一) 南宋科第、仕宦之家的衰落

南宋时期,江南有一些通过科举而形成的科第、仕宦之家。这些家族以儒学为业,很多家族成员通过科举中进士,进而成为国家各级官吏。少数家族通过科举出入卿相,掌握国家大权;一般的家族也有多人担任地方官,在地方有很大的影响。可以说,这些家族是江南儒士集团的上层,其处境和生活状况最能说明整个江南儒士集团的兴衰。

---

① (元) 吴师道:《礼部集》卷14《送方寿父之道州序》,第174页上。
② (元) 傅若金:《傅与砺文集》卷5《送习文质赴辟富州吏序》,文渊阁四库全书本,集部第1213册,第331页下。

元初，随着江南儒士处境的恶化，江南科第、仕宦之家破产、衰落的现象非常突出。儒士戴表元在《送杜子问赴学官序》中，谈到元初庆元路奉化州的仕宦大族的情况时说："邑中故家虽衣冠强盛，如李、杨、黄者，亦皆迤播荡析。"①集庆路"宋末进士有包秀实、国华、陈中谋、吴秀申，皆以文章政事名世，其后衰微不可考"②。吴澄在谈及元代江西地区科第之家的情况时说："异代高门巨室，失其故常，无所控倚，身殒家圮，类十八九。"③袁桷谈到其家乡的故族也说："甲族鼎贵，莫盛吾里……（然）遇大变故，困辱不自完，业无依归，贸贸以死者多矣。"④至元二十六年（1289）左右，由于"兵寇扰攘"，南丰故宋澧州太守游少游的坟墓被掘，"破棺取物，众皆见其金紫俨然，颜貌如生，衣服俱被剥去，尸体弃于道旁，子孙凋零，无人收瘗，邻近怜其裸露，就将浮土略为掩藏，不复再行正葬"。⑤这位前宋的太守，在宋朝被当地列入乡贤，其家族在南丰应该是仕宦之家，但至元朝时，其后人连为他改葬的能力都没有，说明了这一家族衰落之甚。所以吴澄说："惟泽火既革之后，地天重泰之初，文献故家，能如经冬之木荣于春，经宿之火然［燃］于旦，非其先世福泽之深厚，后嗣才能之优异，其曷能然？"⑥孔齐专门记述了"先贤之后"在元代的遭遇，引如下：

先贤之后，理不当绝，然所闻者无几，且真伪莫辨。周濂

---

① （元）戴表元：《剡源戴先生文集》卷13《送杜子问赴学官序》，四部丛刊初编本。
② （元）张铉：《至正金陵新志》卷9《学校志·儒籍》，中国方志丛书本。
③ （元）吴澄：《吴文正集》卷72《将仕郎师济叔墓志铭》，文渊阁四库全书本，集部第1197册，第693页上。
④ （元）袁桷：《清容居士集》卷30《海盐州儒学教授袁府君墓表》，四部丛刊初编本。
⑤ （元）刘诜：《桂隐文集》卷14《建请改葬乡贤游澧公状》，文渊阁四库全书本，集部第1195册。
⑥ （元）吴澄：《吴文正集》卷13《回饶睿翁书》，文渊阁四库全书本，集部第1197册，第148页下。

溪之裔绝无闻者。程子之裔数人者寓居江东，不知为伯为叔也。近长枪兵中程某者，谢国玺女兄之夫也，咸礼之，以其为程伊川之后也，寓居磁州。朱子之裔，真者三四人而已，近亦无闻者。……张横渠之裔绝无闻者。南轩之裔有二人焉，今亦不知存亡也。至如颜氏之裔，乱亡之后仅存一人，今在四川，颜真卿孙也，幼孤，与祖母孔氏相处……孟子之裔，今皆无闻，或在北兵中，未可知也。①

现将元初科第、仕宦之家破产、衰落的情况，举例说明如下：

福建建阳县蔡氏，以蔡元定闻名，他是朱熹有名的弟子，称西山先生。蔡氏世以儒学传家，"恒产本不多，其曾孙希概、希仁自至元十三年（1276）归附后，遭贪酷转运（使），破其家，又夺其田，逃难江西"。蔡氏回家以后，"田为横民冒佃者半，荒莱无人耕垦者半。路官拨入马站户，家有一物值钱，则鬻以养马。今则无可鬻者矣，皆为困穷民，乡人之善者，大夫之贤者，见之莫不流涕"②。

抚州金溪青田陆氏，宋代名闻江南，义居五世，陆象山以才学闻天下，是"陆王心学"的创始人，宋代家益蕃炽。元初陆氏之家"毁于邻寇火，三日不灭。凡异时遥瞻仰指敬叹不容口者，一旦如云收气散，莫可追摹"。至元二十三年（1286），程钜夫江南求贤，看到陆氏"子孙或徙或亡，其犹环居故址者，饥寒颠沛，不能皆贤。象山之基，几易姓矣"③。

汉阳岳氏，宋时为当地大族，"宋内附初，汉阳君以其所学游公卿间，尊彝罍鼎，书策琴瑟，其辩博赏识，既足以骇动一时……数十

---

① （元）孔齐：《至正直记》卷3《先贤之后》，上海古籍出版社1987年版，第114页。
② （宋）谢枋得：《叠山集》卷2《为蔡文节公子孙免科差书》，文渊阁四库全书本，集部第1184册，第866页上、下。
③ （元）程钜夫：《雪楼集》卷14《送陆如山归青田创先祠序》，文渊阁四库全书本，集部第1202册，第182页上。

年来，汉阳君物故，岳氏竟尔销谢而不能有其家矣"①。

儒士丁德斋，"五世祖为宋宝祐相国，多藏古圣贤书，厥后以陵谷变改，家用沦落，书亦飘散。元初，大父乃徙居乡城……如成都卖卜者焉"②。

儒士谢应芳，祖先"世居开封，多显贵……遭宋革命，家乃毁，烟灭埃飞，三百指旧家奕世尽蕉萃"③。

儒士曹子昭，其家为诸暨大族，"祖若父以文行鸣于乡，家饶财"。至元十二年（1275），江南大乱，自钱塘归，"奉其母依于族之庐。家徒四壁立，上雨旁风，人不堪其忧，子昭读书著文不辍，故学日进，声誉日高，而贫亦日甚"。由于他"独俯首于文字间，艺与时左，遂郁郁不得志"④。

需要指出的是，元朝一些科第、仕宦之家在破产的同时，也有一些延续下来，在元朝继续发展。这样的例子也可以举出一些：

蔡时亨，福建蒲城人，宋官宦世家。至元十三年（1276），"仙（指仙游）寇倡乱，祖父继没"，"卜宅于郡庠东南，簿有先畴，悉逊其弟"。至元三十一年（1294），郡守曹世胄辟为府掾。后以名贤子孙，升任肃政廉访司吏员，"宪使按部，必以公赞化驰骋"。在福建、江浙为官期间，多有惠政，后以信州路永丰县尉致仕。⑤

朱大有，字应之，吴县人，宋为太学录。宋末，受丞相贾似道陷害，被抄家。元初，平章游显宣抚吴县，还其家产，"由是颇营业，为隐居计"。其子孙多为学官。⑥

应瑞孙，字季玘，以诗书世其家，"丙子归附之初，路府倚之以

---

① （元）郑元祐：《侨吴集》卷8《送岳季坚序》，文渊阁四库全书本，集部第1216册，第515页下—516页上。
② （元）谢应芳：《龟巢稿》卷18《学古字说》，四部丛刊三编本。
③ （元）谢应芳：《龟巢稿》卷19《墓志铭》，四部丛刊三编本。
④ （元）陆文圭：《墙东类稿》卷5《送曹子昭归隐敔山序》，文渊阁四库全书本，集部第1194册，第583页下。
⑤ 沈瑜庆：民国《福建通志·金石志》卷11《故少府蔡公墓志铭》。
⑥ （元）朱德润：《存复斋文集》卷6《谱传》，四部丛刊续编本。

定寇……路府欲奏官之，君力辞以免。己丑，玉山之寇渐及宁海，军帅咨之，招集流散，分剔淑匿而全活者甚众"①。

舒平，字廉夫，幼习儒业，诗赋驰声。"一统之后……奉二亲以归，收拾余烬，治财殖产，日以饶裕。"②

袁应佑，字伯贤，号月溪居士，抚州崇仁县人。"大元有南土，袁族亦替。昔之强武自立者，日就微泯，惟月溪居士素卑让不校，能保其恒产，以至于今。""既为新民，则敝衣草履，自抑自晦。然胥徒邂逅，尊敬不减旧时。"③

吴仁彬，字明叔。"壮年值大运革，不困于政役，益昌其资产。"④

颜奎，字子俞，吉州永新人。至元十四年（1277），"故邑残毁，挈家避地百丈山，乡邻多从之。……南北既一，徜徉里闬，复泮宫，倡学者，与须溪刘辰翁、中斋邓光荐辈游，居云外别墅，自号云外山人。门有万竹，日啸咏其间，学者称吟竹先生"⑤。

洪声甫，绩溪人。至元二十七年（1290），"绩溪山民据西坑寨为乱，郡几失守。至勤王师讨之，不克"。洪声甫率其乡人，在淳安县击破之，"获其渠魁，槛送有司"。授"太平路当涂县慈湖镇巡检。盗息而民安之"⑥。

陈龙，字义仲，新安祁门人。登进士第，任南康军都昌县主簿。"至元初，江南内附，江东宣慰使廉公某搜贤选士欲官之，君固辞不就。"

---

① （元）舒岳祥：《阆风集》卷12《故豸峰应君墓志铭》，文渊阁四库全书本，集部第1187册，第444页上。
② （元）吴澄：《吴文正集》卷77《故平山舒府君墓志铭》，文渊阁四库全书本，集部第1197册，第744页上。
③ （元）吴澄：《吴文正集》卷77《故月溪居士袁君碣铭》，文渊阁四库全书本，集部第1197册，第745页下。
④ （元）吴澄：《吴文正集》卷79《故临川近山居士吴公墓志铭》，文渊阁四库全书本，集部第1197册，第752页上。
⑤ （元）许有壬：《至正集》卷57《吟竹先生墓表》，文渊阁四库全书本，集部第1211册，第404页下—405页上。
⑥ （元）郑玉：《师山集》卷7《故慈湖巡检洪府君墓志铭》，文渊阁四库全书本，集部第1227册。

至元十八年（1281），邑民为乱，啸聚二千余人。"君率里中骁健"，擒住贼首。事闻省府，版授庆元路定海县海内寨巡检。在官三载，民安盗息，及代，大府喜君廉能，檄摄定海县官界寨巡检，尤称厥职。①

上述九人均为在朝代更替时，个人及家族生存下来，有的还做了官。但从上述九人的经历可以看出，他们虽然没有在朝代更替中毁家，但与前朝相比，其生存环境、社会地位已经远远不如以前。这说明南宋科第、仕宦之家在元初虽然不至于灰飞烟灭，但衰落的迹象还是比较明显的。

（二）江南儒士的穷困

经济状况的恶化是江南儒士衰落的又一个重要表现。元初科举废除，江南儒士失去做官的机会，也失去了主要的生活来源。生存环境的恶劣，地方官的搜刮，更使得儒士的经济状况趋于恶化，生活的艰难成为元初很多儒士面临的问题。

有关江南儒士贫困的史料很多，吴中名士范复初，死后家贫，其妻卖女维持生活。②名士俞德邻谈到他周围一些儒士的处境时说："余生取友，高即深求，不知其几。兵燹以来，半为鬼录，其或仅存而未化者，鲵盘蠖屈，销声沉响，余恻焉。"③他还记述了元初京口（今江苏省镇江市）一带儒士贫困的情况："京口旧为江淮冲要，四方贤士多乐居之，德行之辞，词藻之华，论议之伟，盖昌黎所谓纷扰扰而既多者也。……兵燹以来，化为异物者众矣，其或一二仅存，复归老邑里，潜深伏隩，声迹藐不可见……而又各以衣食之故，或出或处，旷日弥旬乃获一见。见已遽别，回视承平时，美景良辰，肩从齿序，登山憩石，

---

① （元）汪克宽：《环谷集》卷8《元故将仕郎全州路清湘县主簿陈君墓碣铭》，文渊阁四库全书本，集部第1220册，第720页下。
② （元）陶宗仪：《南村辍耕录》卷5《嫁故人女》，元明史料笔记丛刊本，第62页。
③ （宋）俞德邻：《佩韦斋集》卷11《送王国华归东平序》，文渊阁四库全书本，集部第1189册，第82页下。

酹觞赋诗,殆犹梦寐间事,欲再梦不可必得也。"①儒士林景熙则记述了他耳闻目睹的江西儒士的情况:"予客江西十年,访旧游,半入地,幸而存者,或逃山林,或淹党逐,或老,或贫。庐陵刘会孟,执斯文牛耳盟,俄复溘然于人世,何速也,语已各唏嘘。"②儒士张伯淳也记述了江浙一带儒士的情况:"余友金华胡君,前进士也……然而贫无以为家,饥驱出山,不得不仰升斗禄而挟其耿耿者。"③上述史料说明了元初江南儒士贫困的普遍性。无怪乎儒士赵文不无嘲讽地感叹道:"士之贫于今世,不亦可笑也哉?往时士拔一第难,改官又难。今立贤无方,用人不次、版筑、渔钓、割烹或坐致公相,即拥巨万、连阡陌,直何足道?"④现举数例,进一步说明元初儒士穷困的情况:

砚弥坚,字伯固,德安府应城县人。"问学淳正,文章质实,士咸服其学。"他一生"清苦严重",去世时,"家徒四壁立,非士友赙之,几不能丧"。⑤

陶德生,字文立,台州路临海县人。治《尚书》,通六艺,元初聘学官,不就。"当其时,困于徭役,家道不振。"陶德生去世时,其家"匮乏几不能存"⑥。

戴表元,字帅初,庆元路奉化州人,宋进士。"丁丑岁(至元十四年,1277)兵定归鄞,至是三十四岁矣,家素贫,毁劫之余,衣食益绝,乃始专意读书,授徒卖文以活老稚。"⑦他的《食淡》诗自嘲道:"世乱

---

① (宋)俞德邻:《佩韦斋集》卷11《送盛元仁序》,文渊阁四库全书本,集部第1189册,第87页上。
② (宋)林景熙:《霁山集》卷5《送厉直之远游序》,文渊阁四库全书本,集部第1188册,第752页上。
③ (元)张伯淳:《养蒙文集》卷2《送胡石塘北上序》,文渊阁四库全书本,集部第1194册,第442页下—443页上。
④ (元)赵文:《青山集》卷1《送罗山禺序》,文渊阁四库全书本,集部第1195册,第7页上。
⑤ (元)苏天爵著,陈高华、孟繁清点校:《滋溪文稿》卷7《元故国子司业砚公墓碑》,第108页。
⑥ 黄瑞:《台州金石录》卷13《元故处士陶君墓表》,石刻史料新编本,台北新文丰出版公司1982年版,第1辑,第15册。
⑦ (元)戴表元:《剡源戴先生文集·自序》,四部丛刊初编本。

谋生拙,村深食淡能。沙蔬羹白煮,山稻饭红蒸。暑鼓方傅友,寒糟共学僧。庖厨尚如此,未叹室生冰。"①

白珽,字廷玉,钱塘人,宋太学生。"元丞相巴颜(伯颜)平江南……乃客授藏书之家",如是者一十七年,"中岁常出游梁郑齐鲁,历览河山之胜,登临吊古,讯人物风土",至是"学益充,文益富,而家益贫"。②

黄震,字东发,慈溪人,著名儒学家,东发学派的创始人。"宋亡,饿于宝幢而卒。"③

唐钰,字玉潜,会稽山阴人。"家贫聚徒授经",以养其母。④

吕起猷,字徽之,台州路仙居县儒士,"博学能诗文"。入元以后,"耕渔以自给"。有人曾到其家中,见"惟草屋一间,家徒壁立"⑤。

黄泽,字楚望,九江人,为知名学者。元初"先生在家时,郡守寓公犹有能敬重先生者,侍以学校宾师之礼……又十余年,而二亲相继终,先生年近六十矣,数经岁大浸,家人采木实草根疗饥"。即使这样,有按察副使蔡某,谓先生一耆儒耳,月廪削去三之二。⑥

上述八例反映了元初江南儒士贫困的情况,经济贫困是元初江南儒士集团衰落的标志之一。

(三)江南儒士的废学与改习他业

元代江南儒士的贫困现实,使很多儒士对儒学失去兴趣,相当一部分儒士或儒士的后代废学和改习别业,以谋生计。当时,"士废学悉趋时所尚,间有不随其所趣,则群聚而缩鼻,人不韦[伟]贤经,

---

① (元)戴表元:《剡源戴先生文集》卷29《食淡》,四部丛刊初编本。
② (明)宋濂:《宋学士文集》卷35《元故湛渊先生白公墓表》,四部丛刊初编本。
③ (清)黄宗羲原著,全祖望补修,陈金生、梁运华点校:《宋元学案》卷86《东发学案》,第2885页。
④ (元)陶宗仪:《南村辍耕录》卷4《发宋陵寝》,元明史料笔记丛刊本,第43页。
⑤ (元)陶宗仪:《南村辍耕录》卷8《隐逸》,元明史料笔记丛刊本,第98—99页。
⑥ (清)黄宗羲原著,全祖望补修,陈金生、梁运华点校:《宋元学案》卷92《草庐学案》,第3064页。

一切扫地于祝氏矣"①。在这种情况下,"儒家之子弟,或制于力,弃而他习"②,或"学者仅能执笔晓书数,其父兄已命习为吏矣"③。大德年间,元政府发布命令,"在籍儒人不遣子弟入学,别习他业,量事轻重,申各处提调官究治"④。以上反映了儒士废学改业的普遍性。

面对这种情况,江南儒士非常感慨和无奈。元人王沂感叹道:"噫!士散久矣,治心修身之学之废久矣,其在闾巷间者,用力于空文而峙虚名,其出其仕者,赴时趣,务驰骋于声利。噫!惑亦甚矣。"⑤黄溍则通过自己的求学情况,慨叹儒士生不逢时,"为士而生于师废民散之后,何其不幸欤!"⑥

上述情况说明了元初江南儒士对儒学信仰的危机以及对儒学传承的忧虑。一些儒士既然不再相信儒学能够匡世救俗,抛弃儒学,改习别业以谋生计,就成了他们的必然选择。奉化儒士戴表元在南宋灭亡后,就归家务农数年。台州名士吕起猷(字徽之)也是"逃其名,耕渔以自给"⑦。儒士赵文记述了其友尹寿翁的情况:"二十年前尹寿翁在场屋,自能驾风鞭霆,摘抉星宿。场屋既闭,岁贡士二人,非富者、少者、有力者不得,万无贡寿翁理。士穷至此,无可为者,寿翁挟雷法星书走数百里外,藉是为井田取养,屈矣!"⑧元代儒士改习别业的现象比较突出,现举例说明之:

李瑞,字君祥,恩州人。元初,"明经射策、贡举进身之法皆废,又不能治生农工,处市井中,遂商贾为业"⑨。

---

① 光绪《奉化县志》卷8《学校上·建尊经阁增置学田记》,中国方志丛书本。
② (清)杜春生:《越中金石记》卷7《重建绍兴庙学图·至元壬辰重定学式》,辽金元石刻文献全编本,第3册。
③ (元)苏天爵著,陈高华、孟繁清点校:《滋溪文稿》卷4《新城县庙学记》,第50页。
④ 《通制条格》卷5《学令》,见方龄贵校注:《通制条格校注》,第214页。
⑤ (元)王沂:《伊滨集》卷14《送张光道序》,文渊阁四库全书本,集部第1208册,第514页下。
⑥ (元)黄溍:《金华黄先生文集》卷17《送汪生序》,四部丛刊初编本。
⑦ (元)陶宗仪:《南村辍耕录》卷8《隐逸》,元明史料笔记丛刊本,第98页。
⑧ (元)赵文:《青山集》卷1《送尹寿翁序》,文渊阁四库全书本,集部第1195册,第8页上。
⑨ (元)胡祗遹:《紫山大全集》卷17《承直郎江西等处榷茶都转运司副使李公神道碑》,文渊阁四库全书本,集部第1196册,第294页下。

曾德厚，出身金溪儒学世家，其父、兄均为儒士，教授乡里。德厚"文学不忝其世，又多技能，将游四方，以数谈人福祸"①。

陈立仁，永丰人，"累世儒科发身"，"克守世业，授徒以养亲，方技、术数多所谙习，以七政躔离推人休咎甚验，挟此以游，往往取重于人"②。

尹国寿，上饶愚溪人，儒宦名家，"值世代迁革，世官不可复，叙图试吏以庇其身，然屡试而屡格。既不获所图，遂专意篆学，游士大夫之门，得其片文只字者，如宝"③。

汪存正，字瞭翁，休宁人，"少习儒书，弱冠曾为童子师，不幸丧所天弗获己，改业远游。遂以卜地谈天涓日之术行当道，诸公往往青盼之"④。

严存性，新喻州人，"年少而力学，博涉经史，旁及医药百家之言。方将以儒术取进士第，以是用于世，而科举废矣。于是益取医家之书而读之，求尽其术，以游四方而行其志焉"⑤。

罗诚之，庐陵儒士，"尝以明经三试有司不一得，遂绝意名禄，而隐于医"⑥。

从以上例子可以看出，元代儒士改业除了耕稼务农以外，投身于卜、医、篆刻、经商的都有。尽管当时的舆论对这种现象表示惋惜，认为以此"藉是为井田取养，屈矣"，但还是对他们取得谋生之术表示赞赏，吴澄就认为，这种现象"未为不幸也"。需要指出的是，由于元朝特殊的社会环境，儒士没有出路，在现实生存的压力下，儒士

---

① （元）吴澄：《吴文正集》卷29《送曾德厚序》，文渊阁四库全书本，集部第1197册，第313页上。
② （元）吴澄：《吴文正集》卷29《赠陈立仁序》，文渊阁四库全书本，集部第1197册，第308页上、下。
③ （元）吴澄：《吴文正集》卷34《赠尹国寿序》，文渊阁四库全书本，集部第1197册，第365页上。
④ （元）陈栎：《定宇集》卷2《送汪瞭翁序》，文渊阁四库全书本，集部第1205册，第181页下。
⑤ （元）傅若金：《傅与砺文集》卷4《赠儒医严存性序》，文渊阁四库全书本，集部第1213册，第319页上。
⑥ （元）梁寅：《石门集》卷7《赠儒医罗城之序》，文渊阁四库全书本，集部第1222册，第663页下。

出现了迷惘、失落的心态，他们感到不能把握自己的命运。儒士熊景仁自述道：

> 余生宋五庚申，为景定初元，天朝中统之初也。年十七而德祐为至矣，科举废而不知学为圣贤之学，章缝贱而不能去为农贾之业，盖不择术与不知命合，而始为弃民。始不能以饥渴之害为心害，于是可畏之，日为无闻之境矣。又何止不读书之悔而已哉？每遇江湖谈天者，相从问命，未尝不内热汗下也。儒者不能自求性命之说于六经孔孟，而必待星翁日者之说，而后暂息乎其侥幸之心。则是星翁日者，犹有功于为儒者。曾星翁日者之不若也。①

儒士既然不能把握自己的命运，需要算命者指点迷津，那么，他们对儒学的信仰势必产生动摇，改业自然也是一种必然的选择。

以上所述江南儒士集团衰落的现象，在元朝初期表现十分突出。这种现象的出现与朝代更替期间社会的动荡局面有关，但根本的原因还是在于元朝对江南的统治方式与统治理念。蒙古统治者不信任南人，对江南儒士实行民族防范，限制其掌握中央及地方政府的权力。这就使得原先以科举做官为业的儒士，失去了生活的来源以及在新政权中左右政局的能力，儒士被迫与一般的国家编民一样，为生活而奔波。大量的儒士开始穷困、破产，这对原先在南宋时期生活优裕并且能够控制中央和地方政权的儒士来说，是难以接受的。吴澄在谈到儒士揭道孙时记述道："丰城揭道孙，英伟豪迈，须髯奋张。少业进士，一笔千余言。世革技无所施，则尚羊［徜徉］山水幽处，痛饮狂歌。继以太息，后乃还治农圃，教授乡里中。"②揭道孙的经历，基本上反映了

---

① （元）刘岳申：《申斋集》卷2《赠谈命熊景仁》，文渊阁四库全书本，集部第1204册，第203页下—204页上。
② （元）吴澄：《吴文正集》卷68《揭志道墓表》，文渊阁四库全书本，集部第1197册，第664页上。

元朝江南儒士的心态变化：由愤怒、玩世不恭到叹息，最后心情平静下来，归耕于田园或教书以谋生。这样，江南儒士的衰落成为不可避免的结果，以往安逸的生活，优越的地位，成为过眼之云烟，一去不返。

江南儒士的衰落，关系到传统文化生存和传承的大问题，一些儒士深感忧虑。大德三年（1299），戴表元写道："余初学儒学时，见世之慕利达者宗科举；科举初罢，慕名高者宗隐逸。隐逸之视科举，有间也。当是时，犹各有大儒遗老有名实者为之宗，学者赖以不散。岁月推迁，心志变化，昔之为宗者，且将销铄就尽，而士渐不知其宗，吾为吾道吾类惧焉。"① 许谦在悼念名儒金履祥的诗中写道："哲人今已矣，吾道竟何如！"② 衢州儒士郑介夫在大德七年（1303）向元成宗所上的《太平策》中，也表示了他对儒学命运的担忧："今合朝官职，尽属吏员，其进身也，既不出于文学，亦不由于选举。问其吏，则不知民间疾苦；问其儒，则不通文理句读。十数年后，儒之类灭，欲求识一丁字者，亦无之矣。虽未至焚书坑儒，而不焚之焚，不坑之坑，其祸尤烈于昔。"③ 这种担心，在元初中期的江南儒士中间恐怕是比较普遍的。

不仅是江南儒士对儒学的生存与传承忧虑，就是一些元朝的官吏也有类似的担心。据史料记载，廉希宪执政时，就非常善待江南士人，当问及其中的原因时，他说："今国家起朔漠，斯文不绝如线，我更不尊礼，则儒术且将扫地矣。"④ 至元十九年（1282），石国秀等人奏请将江南四道学田钱粮"拘收"时，当时的御史台官员也不无忧虑地指出：兵火之后，科举已废，民知为儒之不见用也，去儒而为吏、为商，

---

① （元）戴表元：《剡源戴先生文集》卷14《送铅山王亦诜归乡序》，四部丛刊初编本。
② （元）许谦：《许白云先生文集》卷1《金先生挽辞》，四部丛刊续编本。
③ （明）黄淮、杨士奇编：《历代名臣奏议》卷68，上海古籍出版社1989年版，第947页上、下。
④ （元）陶宗仪：《南村辍耕录》卷7《待士》，元明史料笔记丛刊本，第87页。

甚至为盗，儒风十去六七矣。所赖诸处学田尚可养士，犹可稍系士心，使之讲明道义，化诱风俗。一旦学田归官，则生徒必散，中人以下无所利则不知劝，弦诵寂寥，庙祀芜毁，民不知礼仪之教，则恐益增其鄙悖之风，俗化薄恶，何所不至。①

程钜夫在至元十九年（1282）的上奏中也忧虑地指出："（故老宿儒）历时既久，以次沦谢，迩来晨星寥寥，无几何矣。臣不知更十余年后，人物当何如其琐琐也。"②

元朝从部分官员到民间儒士对儒学发展前途的担心，对元政府逐步采取优待儒士、鼓励儒学的政策起到了促进作用。元世祖后期制定了儒籍，儒士免役、发展儒学教育的政策也开始在江南颁布和实施。虽然这些措施并没有彻底改变江南儒士集团的处境，但在某种程度上迎合了江南儒士改变自身处境的愿望，多数儒士对元朝政权的态度开始发生变化，对江南学官群体的形成产生了直接的影响，江南学官群体在元世祖末年到成宗初年逐步形成。

三、江南儒士社会角色的转变

元世祖末年到成宗初年，随着元政府规模较大的"求贤"活动以及针对江南的各种文教政策的实施，江南儒士开始大量出仕元朝。这些仕元的儒士，绝大多数被任命为学官，由此在江南社会形成了一个规模不小的学官群体，相当一部分江南儒士成为学官群体的成员。学官群体的形成，标志着江南儒士阶层社会角色的调整和新角色定位的完成。需要指出的是，儒士社会角色转变的问题，是一个非常复杂的问题。元初，江南儒士大部分失去了以往优越的社会地位，很多人被

---

① 王颋点校：《庙学典礼》卷1《省台复石国秀、尹应元所献学田》，元代史料丛刊本，第22页。
② （元）程钜夫：《雪楼集》卷10《奏议存稿·学校》，文渊阁四库全书本，集部第1202册，第121页下。

编入其他户计，也有人改业经商务农，成为一般国家编民，更有人隐
居不仕，成为隐士。对弃儒而改习他业的人来说，他们已经离开了儒
士群体，儒士集团在江南社会的活动已经与他们无关，所以他们的命
运与儒士集团整体社会角色的转化已经没有关系。隐士在江南社会中
仍然属于儒士集团的成员，他们与江南地方政治、文化等领域关系密
切。但是，考虑到一般隐士被列入儒籍，隶属于官学或书院的学官管理，
他们之中也有不少人后来入仕学官，隐士社会角色的转化问题，与一
般儒士没有什么两样。下面从元代学官群体形成的过程和原因等方面，
探讨江南儒士社会角色转化的问题。

（一）元代学官群体的形成

前面已经说明，江南学官群体的形成标志着江南儒士社会角色转
变的完成。当然，元代以前的唐宋时期也有学官，但宋代学官在仕宦
方面比较灵活，很多是进士，比较容易转入中央或地方行政系统，因
此，学官很难成为一个独立的社会群体。元代江南的学官体系在某种
程度上可以说是元政权为笼络江南儒士而设立的，学官的选任、升转、
处境和社会地位等方面都有其特殊性，学官只在本系统内升转，转变
成州县管民官非常困难，学官的俸禄也是从学田收入中支付，不属于
国家财政支付，因此，学官在元朝的江南是一个独立的社会群体。[①] 元
代学官形成的途径如下：

第一，荐举在江南学官群体的形成过程中起了重要作用。元平江
南以后，为了稳固江南统治，"起文雅通练之士知名一时者，以慰民望"，
非常注意起用南宋文学之士。至元十三年（1276）二月，元世祖颁布
《定江南诏书》明确指出："前代圣贤之后，高尚儒、医、僧、道、卜
筮，通晓天文历数，并山林隐逸名士，仰所在官司，具以名闻。"至

---

① 有关元代学官的问题，参见申万里：《元代教育研究》第六章《元代学官制度》，武汉
大学出版社 2007 年版。

元二十三年（1286）程钜夫江南"求贤"以后，荐举之风更甚，荐举名目有隐逸、贤能、忠孝等，从中央到地方的官吏，均以荐举人才为务。这些被荐举的儒士，绝大多数被任命为学官。周祖谟《宋亡后仕元之儒学教授》一文，对元初仕元儒士进行了考证，列出书院山长三人（黄泽、曹泾、胡炳文）、学正一人（刘应龟）、教授十人（戴表元、牟应龙、赵文、刘埙、仇远、马瑞临、欧阳龙生、熊朋来、傅定保、张观光）、儒学提举四人（王义山、白珽、郑陶孙、艾性夫）。这十八人中除了张观光为宋太学生，被掳至大都，后被任命为婺州路学教授以外，其余十七人均是被行省、部使者荐举或强迫任命为学官。① 此外，元初因荐举而为学官的还很多，现列之如下：

虞荐发，字君端，学者称薇山先生，无锡人。元初，"无锡学废，士无所归，（有司）强起公为师"②。

倪渊，字仲深，湖州路乌程县人。"用荐署本郡儒学录"③。

张卿弼，字希契，弋阳人。宋咸淳进士，宋亡归弋阳隐居，"郡邑方内附，学校多废，金提刑按察司事王公某强起之，至县学以为师"④。

柳贯，字道传，婺州路浦江县人。元初，"以察举为江山县学教谕，又为昌国州学正"⑤。

胡长孺，字汲中，婺州路永康人。宋亡，隐居永康山中。至元二十五年（1288），元廷下诏求贤，有司强之，教授扬州。⑥

周仁荣，字本心，台州路临海人。"用荐者署美化书院山长"⑦。

---

① 周祖谟：《宋亡后仕元之儒学教授》，《辅仁学志》1946年第1、2合期。
② （元）韩性：《薇山先生虞公墓志铭》，见（元）佚名：《无锡县志》卷4下，宋元方志丛刊本，第3册，第2307页上。
③ （清）黄宗羲原著，全祖望补修，陈金生、梁运华点校：《宋元学案》卷52《艮斋学案》，第1704页。
④ （元）虞集：《道园学古录》卷8《蓝山书院记》，四部丛刊初编本。
⑤ （元）黄溍：《金华黄先生文集》卷30《翰林待制柳公墓表》，四部丛刊初编本。
⑥ 《元史》卷190《儒学传二》。
⑦ 同上。

孟梦恂，字长文，黄岩人，"部使者荐其行义，署本郡学录"①。

陈旅，字众仲，兴化路莆田人，"用荐者为闽海儒学官"②。

黄清老，字子肃，邵武路邵武县人，"部使者荐为建阳学官"③。

李浩，字景安，镇江路金坛县人。至元二十三年（1286），"寻访行艺高尚之士，郡以浩应选，授承务郎江东道儒学提举"④。

郭景星，字元德，镇江人，"大司农燕公楠，提刑赵文昌列荐于省，授淮海书院山长"⑤。

范震，字雷卿，镇江人。至元间，奥鲁赤平章引见镇南王，与之俱见世祖皇帝，特授之为从仕郎浙西道儒学提举⑥。

郑绍祖，字孔昭，号敬斋，徽州路歙县人。"用荐者言，除将仕郎广南西道儒学提举"⑦。

倪印心，号古州，徽州路绩溪县人。元初，友叶李荐之，授将侍郎湖广儒学副提举⑧。

王天与，字立大，号梅浦，吉安人。大德三年（1299），"宪使臧梦解上书于朝，诏授临江路儒学教授"⑨。

张莘夫，天台人，"入元，用荐为乡郡儒学正"⑩。

康怀德，字思诚，金华人，"用部使者荐，擢金华教谕"⑪。

---

① 《元史》卷190《儒学传二》。
② 同上。
③ （元）苏天爵著，陈高华、孟繁清点校：《滋溪文稿》卷13《元故奉训大夫湖广等处儒学提举黄公墓碑铭》，第209页。
④ （元）俞希鲁：《至顺镇江志》卷19《人材·仕进》，江苏地方文献丛书本，第760页。
⑤ 同上书，第761页。
⑥ 同上书，第768页。
⑦ 弘治《徽州府志》卷8《人物·宦业》，四库全书存目丛书本，史部第180册。
⑧ 同上。
⑨ （清）黄宗羲原著，全祖望补修，陈金生、梁运华点校：《宋元学案》卷81《西山真氏学案》，第2716页。
⑩ （清）黄宗羲原著，全祖望补修，陈金生、梁运华点校：《宋元学案》卷82《北山四先生学案》，第2755页。
⑪ 同上书，第2771页。

袁桷，字伯长，庆元路鄞县人，元贞元年（1295）"部使者举茂才异等，起为丽泽书院山长"①。

以上所举十八人，大多为世祖末年到成宗初年受荐举为学官。这一时期，一方面元朝学官升转制度刚刚建立，还不健全，江南儒学初步恢复，需要大量的学官；另一方面元朝为了巩固江南的统治，大量起用江南知名儒士，粉饰文治。于是荐举盛行，地方官竟以之表明政绩。在江浙行省的婺州路，"初，东平王公俣持使者节，按察属部，大举学政。教官之备员充位者，一切谢遣之，更延致前代贤士大夫之老于文学者，补其处"②。将备员学官撤除而荐举前代贤士大夫以代之，这说明当时荐举规模之大。据《南村辍耕录》记载，南宋著名抗元将领文天祥之子也接受荐举，"出为郡教授"，虽然他在上任途中"行数驿而卒"，这一行动还是给江南儒士阶层很大的震动，有人写诗评论说："地下修文同父子，人间读史各君臣。"③

第二，元朝统一之初也有一些儒士被元政府直接任命为学官。元统一江南之初，对归附的南宋官吏以及统一战争中的有功人员一般任命官职，所授的新官职中，学官居多。元初得到元政府任命的学官数量较多，现将比较典型的列举如下：

张伯淳，字师道，杭州路崇德县人。南宋仕至太学录。至元二十年（1283）授杭州路儒学教授。④

邓文原，字善之，杭州路钱塘县人。至元二十七年（1290）江浙行省辟为杭州路儒学正。⑤

唐时措，松江府上海县人，曾出资建上海县学。至元二十八年

---

① （清）黄宗羲原著，全祖望补修，陈金生、梁运华点校：《宋元学案》卷85《深宁学案》，第2876页。
② （元）黄溍：《金华黄先生文集》卷30《翰林待制柳公墓表》，四部丛刊初编本。王俣，字朝请，至元末年为浙东按察使，《庙学典礼》卷3收录了他札付浙东按察司的公文。
③ （元）陶宗仪：《南村辍耕录》卷20《挽文教授》，元明史料笔记丛刊本，第246页。
④ 《元史》卷178《张伯淳传》。
⑤ （清）黄宗羲原著，全祖望补修，陈金生、梁运华点校：《宋元学案》卷82《北山四先生学案》，第2767页。

(1291)上海立县,授为学官。①

林桂发,字德馨,钱塘县人。宋太学生。宋亡以后,被掳至大都,后来授镇江路儒学教授。②

陈宜孙,字行可,徽州路休宁县人。元初政局混乱,他以地方名士的身份保聚一方,江东宪使奥屯希鲁任命他充郡庠教授。③

袁斗南,字则成,富州人。至元十七年(1280)江西行省始建儒学提举司,首辟为邑教谕。④

上述六人是得到元政府的任命为学官,由于元初学制草创,元政府任命了大量的学官,这类学官来源复杂,难免泥沙俱下,水平参差不齐。

第三,元初还有一些儒士由于贫困等原因,投身权贵门下,得到权贵的信任而被任命或推荐为学官。实际上,结交权贵的目的,还是为了获得推荐而入仕。这与前述第一种学官入仕类型在本质上是一致的。只不过前者是被动地接受推荐,甚至被强迫做学官,而此种类型则是儒士主动促成权贵的推荐。

元初江南儒士社会地位不高,经济拮据,因此,很多人希望做官来改变自己的处境。元初荐举盛行,部分地满足了江南儒士的这一愿望,然而,只有前朝进士、地方名儒、硕学之士才能得到荐举。至于一般儒士,想入仕为学官也并非易事,于是游士之风兴起。据说廉希宪任中书省平章政事,其家常有"宋士之在羁旅者,寒饿狼狈,冠衣褴褛,袖诗求见",以求任用。⑤清江名儒杜清碧(杜本)"应召次钱唐",杜还没有授官,"诸儒者即争趋其门"。有人作诗讽刺说:"紫藤

---

① 同治《上海县志》卷18《人物》,光绪十一年刊本。
② (元)俞希鲁:《至顺镇江志》卷19《人材·侨寓》,江苏地方文献丛书本。
③ 弘治《徽州府志》卷8,四库全书存目丛书,史部第180册。
④ (元)程钜夫:《雪楼集》卷22《故常州路儒学教授袁君墓志铭》,文渊阁四库全书本,集部第1202册。
⑤ (元)陶宗仪:《南村辍耕录》卷7《待士》,元明史料笔记丛刊本,第87页。

帽子高丽靴,处士门前当怯薛。"①虽然大多江南儒士投身无门,但也不乏有一些权贵接纳之。廉希宪就比较善待这种儒士,每有游士求见,辄"急令铺设坐椅,且戒内人备酒馔,出至大门外,肃入对坐,出酒馔,执礼甚恭,且录其居止……明日遂言于世皇,皆遂其请"②。

通过这种方式,一些儒士被推举为学官。如陈孚(字钢中,台州路临海人),在至元年间"孚以布衣上《大一统赋》,江浙行省为转闻于朝,署上蔡书院山长"③。杜英法(字俊卿),"早年游京师,以才名得学正建宁"④。叶端(字宗瑞,建昌人),年轻时曾为入仕,广为游历。"历瓯越、会稽、琅琊,涉汶泗,过洛,入秦,道晋,以达幽朔。无所遇,最后至辽东。"此后,辽阳行省右丞重喜荐之为辽阳路儒学教授。⑤

元初江南儒士受荐为学官,就中国古代正统思想看来,是一种"失节"的行为。但就当时江南的社会情况看来,受荐儒士大都为地方名士,他们不仅有主持地方儒学的经验,也在地方有一定的影响及号召力,因此,有利于儒学的恢复和发展。元初,常州路无锡县(元贞元年升州)学废,虞荐发被有司强起为师,至则"招诸生坐斋中讲说义理,考论德业,士闻风而至,课试无虑数百。士有田籍,官俾给驿传,公言于帅若宪,诹律引谊,其言恳恳,诸使素重公,从其请,得免者且百家。乡饮酒礼久废,赞使邑长行之……(公)为乡校官十余年,廪禄皆辞不受,而校官之所当为者,举行无遗,文风之盛,它邑莫能及"⑥。元初,张卿弼被荐为弋阳县学师,"郡邑方内附,学校多废",他至县学后,"县人士翕然来从之,乃新作县学"。

---

① (元)陶宗仪:《南村辍耕录》卷28《处士门前怯薛》,元明史料笔记丛刊本,第346页。
② (元)陶宗仪:《南村辍耕录》卷7《待士》,元明史料笔记丛刊本,第87页。
③ 《元史》卷190《儒学传二》。
④ (元)杨维桢:《东维子文集》卷24《南容教授杜公碣铭》,四部丛刊初编本。
⑤ (元)许有壬:《至正集》卷50《故承务郎江西等处儒学副提举叶先生墓碑》,文渊阁四库全书本,集部第1211册,第358页上。
⑥ (元)韩性:《薇山先生虞公墓志铭》,见(元)佚名:《无锡县志》卷4下,宋元方志丛刊本,第3册,第2307页上、下。

不久，张卿弼又被荐至郡学，他又作新郡学。①周仁荣元初被荐为处州路美化书院山长，"美化在处州万山中，人鲜知学，仁荣举行乡饮酒礼，士俗为变"②。从上面的例子中，可以看出元初受荐学官对儒学的贡献。

（二）元代江南儒士入仕学官的原因

周祖谟先生在《宋亡后仕元之儒学教授》一文中指出，元初江南儒士入仕学官的原因有三点：第一，年老家贫，无以为活；第二，免除徭役；第三，避种人之歧视。上述三点原因中，第一点是经济原因，元初很多江南儒士仕元大多因为经济贫困无以谋生，因此，这一点是很有道理的。第二点免除徭役，值得推敲。儒士免役是元代对儒士的一个基本政策，这一政策在江南平定之后推广到江南地区。虽然江南有很多强迫儒士应役的事件，但总的来看，儒户免役的政策基本得到实施。这一点为台湾学者萧启庆、黄清连等的研究证实。既然普通儒士都可以免役，那为什么他们还通过出任学官来求得免役呢？至于躲避种人之歧视，则更是使人不知所云。元代南人受歧视是事实，不仅一般儒士受歧视，学官品低位卑，也同样受到上级蒙古、色目官员的歧视，地方官"视学校犹莞库，视师儒犹属吏，追呼控御，如遇诸冗僚，暇则按历布算，斗粟贯襁，一有纬纁，大挫小辱，立中奇祸"③。这种现象在元代是很多的，同一般儒士相比，学官接触面更广，因此受歧视的场合也更多，儒士仕为学官如何能避种人之歧视呢？如果像文中所说"种人"仅是啬夫、亭长之流（一般认为"种人"即蒙古或色目人），则又差之甚矣。元代江南儒士另立户籍"不蹂于民"，其管理归各地儒学及书院，对地方官吏包括啬夫、亭长之流奴役儒士的事件，

---

① （元）虞集：《道园学古录》卷8《蓝山书院记》，四部丛刊初编本。
② 《元史》卷190《儒学传二》。
③ （元）聂炳：《刘侯兴学记》，见嘉靖《湖广图经志书》卷4《黄州府·艺文》，日本藏中国罕见地方志丛刊本，第385页下。

元政府是坚决反对的。元政府多次下令禁止地方官以儒士充役,至元三十一年(1294)临江路总管李偶因为将管辖的儒户充里正、主首户役,而被"另行追问",并通报全省。① 周先生所说的儒士逃避差役的情况,可能发生在元统一之初较短的一段时间内,随着元政府文教政策的实施,世祖至元末年这一问题基本上得到解决。儒士大规模入仕学官,是在至元末年到大德初年。这时,他们已经没有必要靠做学官的方式逃避差役。鉴于上述情况,本文就有关元初学官入仕的原因问题,在周先生研究的基础上补充几点,以使这一问题更加完备。

元代江南儒士入仕学官的原因,除了经济原因外,尚有下面几点:

第一,行儒家治国之道。元朝治理江南,以蒙古、色目人为主,汉人次之,南人一般只能为吏员。元政权对江南的统治理念与江南儒士主张的"儒治"差距甚远。一些儒士希望通过入仕,行儒家治国之道,以改良政治,改革社会。这与儒家主张的"出世"、"治国平天下"的主张是相符的。著名理学家许衡一聘而起,在应召赴大都的途中拜访名儒刘因时,刘因问曰:"公一聘而起,毋乃太速乎?"答曰:"不如此,则道不行。"② 许衡的回答,反映了儒士以道自任、以道治国的强烈愿望。元初江南儒士如许衡者,当然也不乏其人。江南有许多优秀的学官,如虞荐发、程端礼、欧阳龙生、柯谦、柳贯等,他们对江南教育发展做出了重要贡献。也有一些学官入流以后,对江南政治稳定及社会发展做出过重要贡献,如臧梦解、刘彦明、吴肯等。当然以行道为幌子行己之私的也大有人在,如袁桷批评的"君子之出也,大言以行道者,夸诬之流也"③,但入仕以行道的江南儒士确实是大有人在。

---

① 王颋点校:《庙学典礼》卷5《临江路差儒户充役被问》,元代史料丛刊本,第117页。
② (元)陶宗仪:《南村辍耕录》卷2《征聘》,元明史料笔记丛刊本,第21页。据张帆先生的观点,这条史料记载不准确。笔者认为,即使这件事不存在,陶宗仪在书中记述下来,说明当时有这种传闻,反映了当时的儒士对"行道"的赞同和附会。
③ (元)袁桷:《清容居士集》卷23《送邓善之应聘序》,四部丛刊初编本。

第二，传儒之学。元初儒士降至社会底层，教育发展困难重重，这使许多江南儒士产生了对儒学前途的忧虑，这种担心在元初中期的江南儒士中间恐怕是比较普遍的。这种对儒家文化之传承的忧虑，对风化之不淳、人心之不古的担心，也会使一些儒士入仕为学官，以改变儒学的这种不利处境。世祖末年到大德年间，一些名儒，如袁桷、任士林、邓文原、贡奎、白珽、戴表元、柳贯等相继出仕，不能说没有这方面的原因。

第三，元政府的"求贤"、"换授"等活动，为儒士入仕提供了机会。

第四，元代鼓励儒学各项政策的实施，使江南儒士部分改变了对元政权的态度。"当元朝统治稳定以后，他们（江南儒士）感到生活在异族统治下是可以忍受的"，并且除了元政权提供给儒士的学官之外，"他们别无选择"。① 所以江南儒士开始纷纷仕元为学官。

（三）仕元江南学官的心态

元初江南儒士仕元的心态，是一个比较复杂的问题。以往学者对这一问题涉及的不多，本节拟对这一问题进行初步的探讨。由于史料的限制，想弄清大多数学官仕元的心态，是一个非常困难的事情，本文仅能以个别典型的例子说明之。

戴表元在宋亡后，隐居二十余年，或务农或教授于乡，作为一名隐士来说，他对儒士入仕的态度是积极的。他在《送屠存博之婺州教序》一文中说：

> 古之君子可以仕乎？曰：可以仕而可以不仕者也。今之君子不可以仕乎？曰：不可以仕而不可以不仕者也。可以仕而可以不仕者，何也？其材与学可以仕，而其身可以不仕者也。不

---

① Yan-Shuan Lao, Southern Chinese Scholars and Educational Institution in Early Yuan: Some Preliminary Remarks, *China under Mongol Rule*, Princeton university Press, 1990, p.133.

可以仕而不可以不仕,何也?其材与学不可以仕,而其身不可以不仕者也。古之君子其得材也,厚矣,其师良,其学之之法备。上之人,其时可以仕也,然后仕之,然而不必仕也。不必皆仕而为民,则亦无不乐也。今之君子,其材不及古矣,师不必皆良也,学之之法不必皆备也。其可仕也,上之人不必皆仕之也,然而皆有欲仕之心焉。以为不仕而为民,则其身将不免于累也。故古之君子,可以仕而仕,则为仕者皆为贤公卿大夫;可以不仕而不仕,则不仕者皆为良民。今之君子,其仕既无以心服不仕之民,而不仕者至于无以自容其身。今古之不齐,与其俗之静躁,人之治乱,如斯而已矣。①

这段引文,反映了戴表元有关儒士入仕的观点,他主张"能仕者"入仕,反对"不能仕者"入仕。同时对元代儒士的浮躁好仕之风气,戴表元并没有反对,只是对"仕者不能服不仕之民"而"不仕者无以自容其身"表示感慨,这种现象是由元朝特殊的社会环境造成的,他无能为力。然而对于"能仕者",他坚决主张其入仕,反对逃避现实。

他在《送袁伯长赴丽泽序》中说:

人之居世,自其身之起居寝食,与其家之指挥洒扫,推而大之,为官吏而受人之民,为师儒而受人之子弟,无非事也。……今之君子,率习为之辞,曰:我学治其身,治其家,犹未之能也,而安能治人?此说行,故贤者得成其谦,而不肖者,亦以容其伪。及乎人不得已而取之,则谦者退处,伪者售焉,此甚非君子之通法也。②

---

① (元)戴表元:《剡源戴先生文集》卷13,四部丛刊初编本。
② (元)戴表元:《剡源戴先生文集》卷12,四部丛刊初编本。

这里，戴表元主张"能仕者"要仕，而对"能仕者"不仕的现象提出批评。因此，从这二则引文可以看出，戴表元虽然这时隐居，但对儒士仕元并不反对。这样，我们就可以理解为什么他隐居二十年以后，在六十岁高龄还出仕为信州路儒学教授。上述有关出仕的观点，可以说代表了江南大部分儒士对这一问题的认识。

从以上可以看出，江南儒士对入仕的认识并不僵化。他们以道统之传为己任，通过入仕以实现其政治理想。然而，这仅仅是问题的一个方面，贞节观念、夷夏之防，仍然是广大的江南儒士头脑中固有的观念，所以，他们临终未免会对入仕产生悔恨。戴表元在任信州路教授期满归家后的《送官归作》一诗中发出了"生世悔识字"的感叹。①王义山在其自撰墓志铭中也说："独不幸而读书，又不幸而窃科第，又不幸而立乎人之朝，向使不读书，不窃科第，不立乎人之朝，岂不陶陶然天地间一民？既读书，既窃科第矣，既立乎人之朝矣，而谓一民之不如，呜呼，必有不如者矣。"② 其自悔之情，溢于言表。

这样看来，元代学官的心态是矛盾的：一方面，他们认为不论为自己还是为道统都应该出仕；另一方面，在他们的观念中，入仕即意味着失节、投降异族，因此难免产生痛苦和悔恨。这种矛盾的心态可以说是元代学官普遍存在的一个难以解开的心理症结。

四、结论

元朝是中国历史上第一个由少数民族建立的全国性的统一政权，元朝的统一促进了中国统一多民族国家的发展。但就宋代形成的江南儒士集团来说，改朝换代给这个靠读书科举为官而崛起的阶层以沉重

---

① （元）戴表元：《剡源戴先生文集》卷27，四部丛刊初编本。
② （元）王义山：《稼村类稿》卷29，文渊阁四库全书本，集部第1193册，第209页上、下。

的打击，以往的社会地位、经济特权不复存在，科举制度的废除又使得他们入仕无门，因此，元初江南儒士的处境非常困难。在不利的情况下，大部分儒士开始适应新的环境，重新选择生活道路，出仕、做学官成了多数儒士最后的归宿。于是，学官成了江南儒士在元朝的新的社会角色。这种新的社会角色的形成，是由元朝政权对江南统治的特点决定的。蒙古统治者不信任南人，限制其进入中央和地方的决策机构，做学官是江南儒士不得已的选择。这既限制了江南儒士政治才能的发挥，也给元朝国家机器的正常运转带来不利的影响。但总的来看，元初江南儒士社会角色的转变，在当时仍然具有重要的历史意义，它不仅为元代儒学教育的恢复和发展创造了条件，保证了汉文化在元代的传承和发展，也有利于江南社会的稳定和经济文化的发展。江南儒士社会角色的转变，还反映出中国传统文化在不利的环境中顽强的生存能力，对探讨中国传统文化数千年以来生生不息以及中华民族凝聚力产生的原因，提供了一个典型的个例。

（原载《史学月刊》2003年第9期，这次收录做了部分修改）

宋元乡饮酒礼考

乡饮酒礼是我国古代比较盛行的一种礼制，《周礼》中就有关于乡饮酒礼的记述，说明它在西周或西周以前就已经在我国广泛存在。关于乡饮酒礼的内容，唐朝学者贾公彦在《仪礼注疏》中解释道：

> 凡乡饮酒之礼，其名有四。案此宾贤能谓之乡饮酒，一也；又案乡饮酒义云，六十者坐，五十者立侍，是党正饮酒，亦谓之乡饮酒，二也；乡射，州长春秋习射于州序，先行乡饮酒，亦谓之乡饮酒，三也；案乡饮酒义，又有乡大夫士饮国中贤者，用乡饮酒，四也。①

从以上记述的乡饮酒礼的四种形式可以看出，乡饮酒礼是一种在地方举行，以主张宾贤、敬老、谦让为主要内容，推广教育、教化的礼仪制度。乡饮酒礼与选举、教育、教化有密切的关系。由于乡饮酒礼在社会稳定方面的特殊作用，中国汉代以后的王朝，都有举行乡饮酒礼的记载。汉朝以后，"国学之法立，而乡射饮酒、合乐、

---

① （汉）郑玄注，（唐）贾公彦疏：《仪礼注疏·原目》，文渊阁四库全书本，经部第102册，第6页上。

养老、考艺、选言之政，皆于是乎出"①。于是，乡饮酒礼逐步和太学、地方教育联系起来，在学校中进行。宋元时期，乡饮酒礼成为地方儒人社会的大事，是巩固儒人社会、增强儒士之间凝聚力的重要手段。特别是元朝，在儒士阶层地位下降、儒士处境恶化的情况下，乡饮酒礼无疑成为儒士自立、自强，维系儒学文化传承和发展的重要因素。

宋元乡饮酒礼是一个重要的研究课题，目前还没有引起学术界对这一领域的重视，还没有这方面的研究成果，本文对宋元两代乡饮酒礼进行考察，不足之处，请学界同仁批评指正。

一

据史料记载，西汉时，诸儒就"修其经艺，讲习大射、乡饮之礼"②。至东汉，"上始率群臣躬养三老、五更于辟雍，郡、县、道行乡饮酒于学校"③。晋武帝于泰始六年（270）冬十一月，"幸辟雍，行乡饮酒之礼"④。另外，一些地方长官为了稳定社会秩序，也举行乡饮酒礼。如东汉李忠任丹阳太守时，"丹阳越俗不好学，嫁娶礼仪，衰于中国，乃为起学校，习礼容，春秋乡饮"⑤。

隋唐时期，随着科举的兴起和繁荣，教育得到迅速发展，乡饮酒礼逐步与地方学校联系起来，在各级学校举行，形成了固定的制度。据《隋书·礼仪志》："隋制，国子寺每岁以四仲月上丁，释奠于先圣先师。年别一行乡饮酒礼。州郡学则以春秋仲月释奠，州郡

---

① （元）程郇：《慈溪县儒学》，见（元）王元恭：《至正四明续志》卷7《学校志》，宋元方志丛刊本，第7册，第6544页下。
② 《史记》卷121《儒林列传》。
③ 《后汉书》志4《礼仪上》。
④ 《晋书》卷3《世祖武帝纪》。
⑤ 《后汉书》卷21《李忠传》。

县亦每年于学一行乡饮酒礼。"唐朝贞观六年（632），唐太宗诏天下行乡饮酒礼。① 于是，各地乡饮酒礼的举行逐步增多，如唐大历年间李椅任福州都督府都督，每岁终，"（州学）博士以逊业之勤惰，覃思之精粗，告于公，敛其才，进其等而贡之于宗伯。将进，必以乡饮酒礼礼之。宾主三揖，受爵于两壶之间，堂下乐作，歌以发德，《鹿鸣》、《南陔》、《由庚》、《嘉鱼》、《南山有台》，以将其厚意。由是海滨荣之，以不学为耻。州县之教，达于乡党，乡党之教，达于众庶矣"②。裴耀卿在任地方官时，"率当州所管县，一一与百姓劝导行礼，奏乐歌，至《白华》、《华黍》、《由庚》等章，言孝子养亲，及群物遂性之义，或有泣者，则知人心有感，不可尽诬"③。唐朝乡饮酒礼虽然开始在地方举行，但"唯有贡举之日，略用其仪，闾里之间，未通其事"④。乡饮酒礼只是在科举时举行，影响不大。

北宋朝乡饮酒礼最初也是在科举时举行，"后世腊蜡百神，春秋习射，序宾饮酒之仪，不行于郡国。惟贡士日，设鹿鸣宴，犹古者宾兴贤能，行乡饮之遗礼也"⑤。在地方，则存在一种岁末会拜之习，"以岁之元日或冬至，太守率乡之士大夫，释菜于先圣先师，而后会拜堂上，长幼有序，登降有仪，摈介有数，仿古乡饮礼"⑥。宋楼钥记述道："时正旦，合乡之士夫于邑庠，谒先圣先师及先贤之祠，序齿讲拜，升堂举酒，略如乡饮之仪。"⑦ 在文化比较发达的明州（也称四明，元朝为庆元路，位于今浙江省宁波市），这种会拜的习俗由来已久，"凡岁之元日、冬至，必相与谒先圣先师，而后以序拜于堂上"。建炎末年，金

---

① 《新唐书》卷2《太宗纪》。
② （唐）独孤及：《毗陵集》卷9《福州都督府新学碑铭》，四部丛刊初编本。
③ （唐）裴耀卿：《请行礼乐化导三事表》，见（宋）姚铉编：《唐文粹》卷25，四部丛刊初编本。
④ 同上。
⑤ 《宋史》卷114《礼志十七》。
⑥ （元）胡榘：《宝庆四明志》卷2《学校·乡饮酒礼》，宋元方志丛刊本，第5册，第5018页下。
⑦ （宋）楼钥：《攻媿集》卷108《朝请大夫吴公并硕人姚氏墓志铭》，文渊阁四库全书本，集部第1153册，第648页下。

军攻入江南，焚毁当地儒学（这里的儒学指地方官办学校），从此"礼废不讲"①。不久，郑耕老（字谷叔）教授明州学，"科举之外者，更营学区，取田以供乡饮费"②。绍兴八年（1138），明州府新儒学建成，太守仇悆"复举故事，益以酒三行之礼"，以示庆贺。两年以后，仇悆以官田一百〇六亩作为此后举行乡饮酒礼的费用开支来源。③后来郡人林保"登朝取式以奏"④，得到批准，绍兴十三年（1143），南宋政府"颁乡饮酒仪于郡国"⑤，并且以"国子祭酒高闶，草具其仪"⑥。绍兴十七年（1147），又命州县每三岁一行乡饮酒礼。⑦于是，乡饮酒礼"遂行它郡"。但是，南宋乡饮酒礼的举行并不顺利，绍兴二十六年（1156）四月，南宋政府宣布"罢乡饮酒举士法"⑧。乡饮酒礼举行九年即遭罢弃。

南宋罢行乡饮酒礼，其中原因并不难发现。乡饮酒礼只是地方儒士之间的一种会拜、交流活动，在当时国家的礼制体系中不占重要地位。乡饮酒礼将地方众多儒士会聚起来，虽然有利于提高儒士在社会中的地位，对地方社会的稳定也有积极作用，但如此众多儒士会聚，如果他们议论政治得失、抨击时政的话，也会对朝廷形成非常大的压力。因此，就南宋朝廷看来，乡饮酒礼有得有失。更为重要的是，举行乡饮酒礼花费不菲，各地财政情况不同，如果划一，是必给一些地方造成负担。事实上，南宋朝廷颁布行乡饮酒礼的诏令以后，很多地方并没有举行。鉴于这种情况，南宋朝廷进行了灵活的处理，在诏罢乡饮酒礼的同时，宣布"州县犹听其便"⑨。

---

① （宋）王伯庠：《乡饮酒记》，见（元）袁桷：《延祐四明志》卷14《学校考下》，宋元方志丛刊本，第6册，第6342页上。
② （宋）叶适：《水心先生文集》卷15《奉议郎郑公墓志铭》，四部丛刊初编本。
③ （宋）王伯庠：《乡饮酒记》，见（元）袁桷：《延祐四明志》卷14《学校考下》，宋元方志丛刊本，第6册，第6342页上。
④ （元）袁桷：《延祐四明志》卷14《学校考下》，宋元方志丛刊本，第6册，第6342页上。
⑤ 《宋史》卷30《高宗纪七》。
⑥ 《宋史》卷114《礼志十七》。
⑦ 《宋史》卷30《高宗纪七》。
⑧ 《宋史》卷31《高宗纪八》。
⑨ （宋）王伯庠：《乡饮酒记》，见（元）袁桷：《延祐四明志》卷14《学校考下》，宋元方志丛刊本，第6册，第6342页上。

明州乡饮酒礼的情况此后经历了一些曲折。宋朝宣布罢乡饮以后,"明州行之如初",不久,仇悆将所置田产用于养士,乡饮酒礼遂辍。乾道三年(1167),张津为明州太守,积极推动乡饮酒礼的恢复。次年,他以鄞、昌国二县没官之田二百六十亩、山地二百四十九亩归州儒学,作为恢复乡饮酒礼的物质保障。这一年年底,乡饮酒礼恢复举行。嘉定七年(1214),太守程覃"辍楮券二千缗,附定海水军库,岁责称贷之息侑费"。时隔不久,又出现了财力不足的情况,乡饮酒礼虽然照样进行,但"无复旧典"。到宝庆三年(1227)年底,太守胡榘议行乡饮酒礼时,有关经费只有八百缗,郡儒士、官吏、百姓捐资相助,乡饮酒礼才得以顺利举行,但"升歌合乐之仪",还是"未遑搜举"。淳祐六年(1246),太守颜颐仲"搜举旧典,增造礼器",明州乡饮酒礼才兴盛起来。①

景定五年(1264)正月,宋理宗重新下诏郡邑行乡饮酒。②这时南宋已经到了末期,内部矛盾激化,北方元朝南侵的压力越来越大,宋朝此举的目的可能是利用乡饮酒礼稳定地方,延缓其灭亡。这一时期乡饮酒礼的情况,目前还不清楚。

南宋除了明州的乡饮酒礼普遍举行以外,其他地区也有一些有关乡饮酒礼的记载,现将有关记载列举如下:

北宋元丰年间,楚州山阳人王积(字仲车)"尝患乡饮之礼世久不见,率郡守举行其仪,闾巷乡老皆使与饮"③。

北宋时,王沿知成德军,"建学校,行乡饮酒礼"④。

元丰八年(1085),杨存(字正叟,一字存之)为循州长乐县令,"长乐,二广穷处也,士不知学,公首延士子,修学校,与诸生行乡

---

① (元)胡榘:《宝庆四明志》卷2《学校·乡饮酒礼》,宋元方志丛刊本,第5册,第5018页上、下。
② 《宋史》卷45《理宗纪五》。
③ (宋)徐积:《节孝集》卷32《左朝散郎徽猷阁待制提举杭州洞霄宫赐紫金鱼袋王资深撰行状》,文渊阁四库全书本,集部第1101册,第980页上。
④ 《宋史》卷300《王沿传》。

饮酒礼，民风一变，声最诸邑"①。

绍定年间，孙子秀知金坛县，崇学校，明教化，行乡饮酒礼。②

宝庆年间，洪天锡知古田县，行乡饮酒礼。③

绍兴年间，龚茂良为广东提刑，"置番禺、南海县学，既成释奠，行乡饮酒以落之"④。

嘉定初年，魏了翁知眉州，"乃尊礼耆老，简拔俊秀，朔望诣学宫，亲为讲说，诱掖指授，行乡饮酒礼以示教化，增贡士员以振文风。……俗为之变"⑤。

绍兴十年（1140），向子贲宰安福，"因射、乡饮酒，而识尊卑长幼之序"⑥。

乾道四年（1168），吏部官钱某至庐陵（吉安），"乃修故事，举坠典，以乡饮酒礼设宾主，陈俎豆，合乐张宴，歌《鹿鸣》之诗，叙长少焉"。

绍兴十三年（1143），桐川新学告成，知军洪兴祖（字应善）"肃宾佐生师耆老，行乡饮礼落之"⑦。

嘉定十二年（1219），纪极（字极之）知乐平邑，"下车修乡校，训生徒，行乡饮酒礼，使知长幼之序，兴礼逊之教，人以为迂，久而皆化之"⑧。

庆元六年（1200），梅州贡院建成，十二月朔，太守刘涣行乡饮酒礼。⑨

---

① （宋）杨万里：《诚斋集》卷122《中奉大夫通判洪州杨公墓表》，四部丛刊初编本。
② 《宋史》卷424《孙子秀传》。
③ 《宋史》卷424《洪天锡传》。
④ 《宋史》卷385《龚茂良传》。
⑤ 《宋史》卷437《魏了翁传》。
⑥ （宋）王庭珪：《卢溪文集》卷35《安福县重修学记》，文渊阁四库全书本，集部第1134册，第259页上。
⑦ （宋）葛盛仲：《丹阳集》卷8《军学记》，文渊阁四库全书本，集部第1127册，第486页上。
⑧ （宋）刘宰：《漫塘集》卷33《纪通判行述》，文渊阁四库全书本，集部第1170册，第757页上。
⑨ （宋）周必大：《文忠集》卷58《梅州贡院记》，文渊阁四库全书本，集部第1147册，第620页下—621页上。

乾道七年（1171），龚茂良为广州太守，重修广州府学，"释菜、乡饮礼以落之"①。

南宋初年，叶颙（字子昂）为兴化军仙游县县令，"诏行乡饮酒，是礼久废，县官无习闻者，公举行之，登降献酬，少长有序，得三代遗意"②。

绍兴二十六年（1156），"朝廷行乡饮酒礼，（江西新淦）县君黄君钺，与人士约试毕而后行礼"③。

嘉定十三年（1220），余杭行乡饮酒礼。④

从以上所列举的乡饮酒礼举行的情况可以看出，宋代乡饮酒礼在地方儒学中进行，是地方上以儒士阶层为主的活动，因此，它与地方儒士社会群体之间有着密切的关系。宋代各地文化发展不一，儒士的数量、影响也有一定差别，再加上乡饮酒礼确实需要不小的花费，因此各地乡饮酒礼的举行情况也有较大差别。

二

关于宋代乡饮酒礼的礼制，据《宋史》：

> （绍兴）十三年，比部郎中林保乞修定乡饮仪制，遍下郡国。于是国子祭酒高闶，草具其仪，上之。⑤

但高闶制定的礼制遭到很多儒士的质疑。庆元中，朱熹以《仪礼》为根据改定，学者皆尊用之。⑥ 具体的仪式是：

---

① （宋）王十朋：《梅溪王先生文集·后集》卷26《广州重建学记》，四部丛刊初编本。
② （宋）杨万里：《诚斋集》卷119《宋故尚书左仆射赠少保叶公行状》，四部丛刊初编本。
③ （宋）杨万里：《诚斋集》卷130《夫人邹氏墓志铭》，四部丛刊初编本。
④ （宋）黄榦：《勉斋集》卷21《赵季仁习乡饮酒仪序》，文渊阁四库全书本，集部第1168册。
⑤ 《宋史》卷114《礼志十七》。
⑥ 同上。

其主，则州以守、县以令，位于东南；宾，以里居年高及致仕者，位于西北；僎，则州以卒、县以丞或簿，位东北；介，以次长，位西南。三宾，以宾之次者；司正，以众所推服者。相及赞，以士之熟于礼仪者。

其日质明，主人率宾以下，先释菜于先圣先师，退各就次，以俟肃宾。介与众宾既入，主人序宾祭酒，再拜，诣罍洗洗觯，至酒尊所酌实觯，授执事者，至宾席前，跪以献宾，宾酬主人，主人酬介，介酬众宾，宾主以下各就席坐讫。酒再行，次沃洗，赞者请司正扬觯致辞，司正复位，主人以下复坐。主人兴，复至阼阶楣下，僎从宾介复至西阶下立，三宾至西阶立，并南向。主人拜，宾介以下再拜。宾介与众宾先自西趋出，主人少立，自东出。宾以下立于庠门外之右，东乡；主人立于门外之左，西乡。僎从主人再拜，宾介以下皆再拜，退。①

从以上乡饮酒礼的仪式可以看出，乡饮酒礼的主要人物是主人与宾客，主人一般为地方正官充任，宾客则是由民间耆老、致仕官员、一般儒士担任。参加主持仪式的还有僎、介、三宾、司正、赞者等，由官府佐吏或地方儒士充当。举行乡饮酒礼以前，地方官一般要召集地方耆老讨论具体的礼仪，然后要召集有关人员习礼，筹集所需资金，进行必要的物质准备。最后是行礼，举行具体的仪式。宋人李昂英对广州进行乡饮酒礼的过程进行了详细的记述，内容如下：

方公大琮之镇南服也，一年政优，二年化周［州］，将古饮其州，命宾佐日在泮，与领袖士讨论之。……始定宏纲，细节必考……起人习之，咸说未旬而熟。谋宾介，得顾君梅、陈君应辰，

---

① 《宋史》卷114《礼志十七》。

偼则常平使者王公铎。……乃二月十有二日，质明，凡在位者颧其幅巾，粲其深衣，大带垂垂，方屦几几，以次即其席。……惟献者、酢者、酬者、执其事者交际应接……主人拜凡七十有奇，爵于上筐焉，取于东荣焉，洗于尊前焉，实于席前焉，授与其他，进退升降无算，手献宾主人之党二百三十人，辩，又疑立观二百三十人，旅酬辩，既彻［撤］俎，始膝席座以燕。漏过三十刻，强有力者犹不胜，公静专肃庄，以至送于庠门。①

从目前的史料看，宋代乡饮酒礼主要有三种类型：

第一，在春节时由地方官主持，地方儒士、耆旧参加的乡饮酒礼，一般在元日，即正月初一进行，参加者多，场面壮观。嘉定九年（1216），镇江金坛县举行乡饮酒礼，"即具为书，尽致乡党之士，期以岁三日，毕会于学。是日辛巳，质明冠带而会者凡若干人，自耆老缙绅，皆入门而鞠躬，就列而祗肃，闻戒而警息，熏然其和，秩然其序，退而充充然如有得"②。孙应时对绍兴的乡饮酒礼记述道："方春之中，风和日明，搢绅韦布，闾闾济济，卒事无阙，观听肃然。"③乾道三年（1167），明州举行乡饮酒礼，"是日也，教授率三老侑坐，献酬于守佐。礼成拜既，风动千里，莫不砥砺澡涤"④。宝庆三年（1227）十二月，四明郡守胡榘议定与正月人日（初七）行乡饮酒礼，届时"六邑风动欢愿，齿列凡一千五百余人"。淳祐六年（1246），四明再行乡饮酒礼，参加者达三千余人，花费官币五万四千七百七十贯。可见当时规模之宏

---

① （宋）李昴英：《文溪集》卷1《广帅方右史行乡饮酒记》，文渊阁四库全书本，集部第1181册，第118页下—119页上。
② （宋）刘宰：《漫塘集》卷19《乡饮酒仪序》，文渊阁四库全书本，集部第1170册，第531页下。
③ （宋）孙应时：《烛湖集》卷10《余姚乡饮酒仪序》，文渊阁四库全书本，集部第1166册，第636页上。
④ （宋）王伯庠：《乡饮酒记》，见（元）袁桷：《延祐四明志》卷14《学校考下》，宋元方志丛刊本，第6册，第6342页上。

大。① 就是儒学并不发达的嘉兴,"明年(绍兴十三年)春,行乡饮酒礼,预者百余人"②。

对于儒士等参加者来说,参加如此宏大的圣典,应该是非常激动和自豪的,一些人欣然赋诗以记之。四明郡守颜颐仲在淳祐六年(1246)的乡饮酒礼中写道:

王春人日喜阴晴,文物衣冠萃四明。礼乐几年今一见,主宾百拜酒三行。人心天理顿兴起,士习民风悉变更。太守自惭才德薄,纲维全赖老先生。③

刘宰在乡饮酒礼之后也激动地写道:

大夫举酒属青衿,八十衰翁亦许临。要向席间明厚意,敢辞酒半效狂吟。持身勿使亏名义,学古还须探圣心。元日习乡君解否,须知齿发易骎骎。④

宋人孙应时也有诗道:

壁宇尘埃四十年,满堂还喜会群贤。是非不用论今昨,礼乐从知有后先。酒外山川如动色,诗成金石迭相宣。分阳令尹强人意,乡饮彬彬更可传。⑤

---

① (元)胡榘:《宝庆四明志》卷2《学校》,宋元方志丛刊本,第5册,第5018页下。
② (元)徐硕:《至元嘉禾志》卷23《重修学记》,宋元方志丛刊本,第5册,第4587页上。
③ (元)胡榘:《宝庆四明志》卷2《学校》,宋元方志丛刊本,第5册,第5018页。
④ (宋)刘宰:《漫塘集》卷2《代谭与可谢石大夫乡饮酒》,文渊阁四库全书本,集部第1170册,第305页下。
⑤ (宋)孙应时:《烛湖集》卷18《壬子元日遂安县学讲书齿饮前此四十三年钱建为令尝有此集题名在壁是日詹本仁有诗余和其韵》,文渊阁四库全书本,集部第1166册,第737页上。

对于那些有资格参加乡饮而由于其他原因没有参加的儒士来说,后悔、愧惜的心情就特别强烈,儒士李彭在安慰因足疾未能参加乡饮的儒士杨某的诗中写道:

> 云汉昭回泮水边,诸生拜舞鳝堂前。老翁七十荷衣绿,弟子三千桂魄圆。乐正足伤何必虑,伏生口授尚能传。墨池载酒容他日,门外侯芭也可怜。①

第二,儒学、贡院新建或改建完成,为了庆贺而举行的乡饮酒礼,还包括地方官上任,为振兴士风而临时举行的乡饮酒礼。由于是临时举行,所以没有固定的时间,礼仪稍显简略,上面所列举的乡饮酒礼中,相当一部分就属于这种类型。此外还有一些例子,陈造记述了高邮贡院落成时,当地举行乡饮酒礼的盛况:

> 高邮贡院既成,太守陈公与客落之。五月七日,合见大夫与寓公二十二人,粤[阅]二日,郡邑学职、贡士二十八人行乡饮酒礼。设肴,齐豆笾,备揖逊,仪矩翼翼,肃肃怡怡如也。集以午,散以酉。主客得醉,乐不失节。校士有所创见,于今而是集之盛,岂徒尔哉!②

王十朋也兴奋地记述了一次在县学进行的乡饮酒礼的情况:"新学告成,祀事既毕,贤大夫与邑之多士,讲乡饮酒礼,无愧鲁泮风,真一时伟观也。"③李弥正记述了绍兴年间无锡县学建成后当地乡饮的

---

① (宋)李彭:《日涉园集》卷8《泮宫曝书恭览御书故事行乡饮酒礼诸老率诸生皆在杨先生病足独不至赋诗见寄次韵答之》,文渊阁四库全书本,集部第1122册,第680页下。
② (宋)陈造:《江湖长翁集》卷23《高邮贡院落成诗序》,文渊阁四库全书本,集部第1166册,第293页上。
③ (宋)王十朋:《梅溪王先生文集·前集》卷2《县学落成百韵》,四部丛刊初编本。

盛况:"里之大夫士释菜于先圣,退乡饮酒于讲堂。主宾遵升降献酬,耆耋壮稚,成叙在位,俎豆静,嘉殽核,旅美扬觯,致戒情文具尽,礼成,拜,送于庠门之外,观者如堵,嗟咨欢欣,喜王化之复行。"①宋人刘一止有诗记录了会稽太守到任后在儒学举行乡饮酒礼的情况:

> 清晓传呼振戟衣,泮林云日炫旌旗。风尘贴妥投戈后,色笑雍容劝学时。先世流芳今有继,圣暇图旧正畴咨。王褒愿草得贤颂,可但中和宣布诗。②

第三,宋代英宗治平二年(1065)正式确立了三年一次的贡举之法,贡士期间举行乡饮酒礼。由于席间必奏《鹿鸣》之乐,所以也称鹿鸣宴(筵)。参加者包括贡士、考官、地方官等,三年一次,比较有规律。宋人王庭珪记录了乾道年间,庐陵举行的一次这种类型的乡饮酒礼情况:

> 乾道四年戊子,宾兴之秋,乃遇临安钱侯,吏部绾铜虎,适至,阅仕版,见峨冠侈袂争锋而入棘围者至八千人,拔其尤而升者六十八人。侯乃修故事,举坠典,以乡饮酒礼设宾主,陈俎豆,合乐张宴,歌《鹿鸣》之诗,叙长少焉。太守即席赋诗,乡先生胡侍讲、周舍人、贡首刘怀英等六十八人,皆属和。州民耆老聚观,以为荣,咸称颂太守之美,使此州文物益大张阐,真稀阔盛事,前所未有。③

宋代乡饮酒礼盛于南宋,南宋乡饮酒礼则以浙江东部的四明为

---

① (宋)李弥正:《无锡县学之记》,见(元)佚名:《无锡县志》卷4中,宋元方志丛刊本,第3册,第2289页上。
② (宋)刘一止:《苕溪集》卷5《谢会稽守翟内相临学行乡饮酒之礼》,文渊阁四库全书本,集部1132册,第26页上。
③ (宋)王庭珪:《卢溪文集》卷50《跋钱吏部燕举人诗》,文渊阁四库全书本,集部第1134册,第340页上。

最。除了四明诸郡县的乡饮酒礼成为制度,经常举行以外,南宋其他地区只是偶尔行之,并没有形成固定的制度,主要原因还是缺乏固定的资金来源。绍兴年间,四明开始设立专门的土地,以其收入作为乡饮酒礼的主要经费。即使这样,还经常需要政府出钱或乡人、地方官集资才能举行,宝庆三年(1227)四明举行乡饮酒礼时,专门经费只有八百缗,由乡人厉氏助钱五十缗,郡士助百缗,地方官蔡范助百缗,典礼才得以顺利进行。四明是宋代商品经济和海外贸易发达的地区,经济基础雄厚。同时,这一地区也是南宋文化发达地区,儒士数量多,儒学教育发达,因此能基本保证乡饮酒礼的供应。其他地区举行乡饮酒礼恐怕就要困难一些。嘉定九年(1216)镇江举行乡饮酒礼时,"凡供帐咸出赵氏大夫"之门①,典礼才得以举行。其他如广州等边疆地区,举行乡饮酒礼恐怕就更加困难。不过,乡饮酒礼在地方教育、教化、风俗以及社会稳定等方面的积极作用是明显的,这一点宋代各级官僚都有共同的认识,宋人李昂英就指出:"若夫乡饮酒,昔人岁时讲之常,尚贤而人趋善,先齿而人兴逊,俗以懿,世道以升,此礼更千万世当如一日。"②所以,尽管举行乡饮酒礼困难很大,宋代地方官还是在很多场合举行之。

三

元朝的统一,使中国社会发生了深刻的变化,对乡饮酒礼也产生了非常大的影响。从北方来看,蒙古在灭金的过程中,实行残酷的掳掠、屠杀政策,金代儒士被杀、被掳的很多。蒙古灭金以后,虽然

---

① (宋)刘宰:《漫塘集》卷19《乡饮酒仪序》,文渊阁四库全书本,集部第1170册,第531页下。
② (宋)李昂英:《文溪集》卷1《广帅方右史行乡饮酒记》,文渊阁四库全书本,集部第1181册,第118页下。

采取措施，编订儒户户籍，免除儒士徭役等，但有元一代，北方儒户总数大致为三千八百户，地位和处境更是大不如以前，因此已经没有举行乡饮酒礼的条件。就江南来说，虽然江南有儒户近十万户，但元代儒士集团的衰落已经非常明显。统一战争对江南儒士造成一定程度的冲击，统一以后，元朝异于以往汉族王朝的统治方式，使儒士处境大大恶化。江南儒士属于元朝政治地位最低的南人，在政治上受到歧视。科举长期废除，断绝了江南儒士与元朝国家政权的联系，一般儒士只能做江南地方政府的吏员或学官，大量的儒士因为入仕无门而隐居乡里，流落民间。在这种情况下，以往科第、仕宦之家纷纷破产，相当一部分儒士陷入贫困的境地，一些只好改业务农、经商，或从医、占卜等。这就使南宋时举行起来就比较困难的乡饮酒礼，在元代更加艰难。

即使这样，元代仍然有一些有关乡饮酒礼的记载，现将元代乡饮酒礼的情况，分三个方面探讨如下：

（一）元代官方举行的乡饮酒礼

正如以上所言，元代中国社会发生的巨大变化，使乡饮酒礼的举行遇到很大困难。由于长期荒废，乡饮酒礼成为少数儒士的美好回忆，庆元路奉化儒士戴表元写道："余自龆龀，实尝从父兄居游庠序间，见魁儒巨公无虑百数，皆修衣冠，隆阀阅。岁时燕髦序座，谈古今久近文献，亦或雌黄当世人物。孩稚辈立听不倦，归必充然有得。以余之愚，至今犹能缕缕记忆本末如昨日也。"① 在大多数地区，乡饮酒礼已经被遗忘。元人吴师道在谈到他的家乡婺州路兰溪县的乡饮酒礼时，失望地指出：

> 比年诸父沦丧，衣冠道消，出里闬无言与儒者。时时翻阅故藏，则因近里中火后，散佚已多，俯仰四十年，欲质其事而无从。

---

① （元）戴表元：《奉化州学兴筑记》，见光绪《奉化县志》卷8《学校上》，中国方志丛书本。

或子孙仅存者,率迁业变习,问之茫然,反笑怪其不切,尝发策校庠,举数人为问,亦无有能言之者,可胜叹哉!①

虽然出现这样的情况,一些地方官、儒士还是在为举行乡饮酒礼而努力和奔走。元初,王恽在向元世祖所上奏章中指出:"敦之以礼让,谨之以庠序,观之以乡饮,教之以冠婚丧祭,民将目击而心谕,安行而有得。"②在这里,王恽提出了举行乡饮酒礼的问题。儒士熊禾在给当地肃政廉访使严某的诗中写道:"南方尚秉礼,文风未云衰。释奠古雅乐,乡饮旧汉仪。表章在正学,舍鲁将安之。愿言假良遇,制作逢昌时。"③同样提出来举行乡饮酒礼的建议。所以元朝初中期,虽然很多地方乡饮酒礼遭到废弃,但仍有一些地方举行乡饮酒礼的记载。现将有关记载列举如下:

元初,孙泽(字润甫)为兴化路总管,当时战争刚过,"过军屯聚,毁斋舍为马厩,书籍焚荡无遗。公下车禁止,驱出兵卒,泛扫堂宇,招延秀异,分汰学职,刊补书版,就道化堂行乡饮酒礼,与乡之父兄子弟,幅巾深衣,从容于俎豆之间。观者太息,以为复睹升平"④。

元初,无锡县学荒废,地方官以儒士虞荐法为县学学官,虞荐法上任后,"乡饮酒久废,赞使邑长行之"⑤。

元初,乌古孙泽为兴化路总管,他"兴学校,召长老及诸生讲肄经义,行乡饮酒礼,旁郡闻而慕之,兴化故号多士,士咸知向慕"⑥。

---

① (元)吴师道:《礼部集》卷15《敬乡前录序》,文渊阁四库全书本,集部第1212册,第193页下。
② (元)王恽:《秋涧先生大全文集》卷35《上世祖皇帝论政事书》,四部丛刊初编本。
③ (宋)熊禾:《勿轩集》卷7《上严廉访十首·其九》,文渊阁四库全书本,集部第1188册,第820页上。
④ (元)陆文圭:《墙东类稿》卷12《中大夫江东肃政廉访使孙公墓志铭》,丛书集成续编本,第108册,第577页。
⑤ (元)韩性:《薇山先生虞公墓志铭》,见(元)佚名:《无锡县志》卷4下,宋元方志丛刊本,第3册,第2307页上、下。
⑥ 《元史》卷163《乌古孙泽传》。

元初,周仁荣(字本心)署美化书院山长,"美化在处州万山中,人鲜知学,仁荣举行乡饮酒礼,士俗为变"①。

元初,王元善为庆元路昌国县尹,"始至,即修学宫,行乡饮酒礼"②。

至元二十年(1283)春,肃政廉访使马德昌,在吉安路庐陵行乡饮酒礼。③

元贞元年(1295)八月,处州路总管李多尔济任内,"与士与民罔不尽乃心力,如旷举乡饮,使郡人知有礼让"④。

大德十年(1306)闰正月间,"盱(盱眙?)庠奉宪令,将以姑洗行乡饮"⑤。

大德十一年(1307)五月,江西廉访副使蒋元祚,在江西行省吉安路行乡饮酒礼。⑥

至大四年(1311)正月初五日,奉化州判官程时敏,根据浙东道廉访副使赵宏伟的建议,"于儒学讲行斯礼(乡饮酒礼),礼毕,各为歌诗以记之"⑦。

至大二年(1309),马致远为庆元路奉化州知州,"二月既望,申明乡饮,佥举宾介,尊德尚齿,合七百余人,会于泮宫,俎豆铣铣,衣冠济济,以陶成士君子之风然"⑧。

元朝初中期的乡饮酒礼是在儒士处境恶劣、地位下降以及地方儒学教育发展困难的情况下举行的,对提高儒士的社会地位、改善儒士

---

① 《元史》卷190《儒学传二》。
② (元)邓文原:《巴西集·故建昌路南城县尹王君墓志铭》,文渊阁四库全书本,集部第1195册,第522页上。
③ (宋)刘辰翁:《须溪集》卷7《乐丘处士墓志铭》,文渊阁四库全书本,集部第1186册。
④ (元)张伯淳:《养蒙文集》卷3《处州演政堂记》,文渊阁四库全书本,集部第1194册,第453页下。
⑤ (元)刘壎:《水云村稿》卷13《乡饮酒议》,文渊阁四库全书本,集部第1195册,第491页上。
⑥ (元)刘将孙:《养吾斋集》卷15《吉州路重修儒道碑记》,文渊阁四库全书本,集部第1199册。
⑦ (元)袁桷:《延祐四明志》卷14《学校考下》,宋元方志丛刊本,第6册,第6342页下。
⑧ 光绪《奉化县志》卷8《学校上·建尊经阁增置学田记》,中国方志丛书本。

的处境以及发展地方儒学教育都有积极意义,因此得到广大儒士的好评,成为地方儒士的一大盛事。王恽在乡饮后写道:"春晚衡门厌雀罗,临流来咏舞雩歌。喜从多士明乡饮,趁此春风扇物和。"① 反映了当时的儒士对乡饮酒礼的高度评价。儒士刘将孙记录了江西行省吉安路在大德十一年(1307)举行乡饮酒礼的盛况:

> 大德十一年丁未五月乙酉……江西廉访副使南阳澹然蒋公元祚,分治吉、赣、南安,适留庐陵,吉蠲月望,捐奉展牲,府侯寮寀,骏奔走在庙,荐邕致告,以昭崇丕,显休命。暨礼成,合燕堂上,文武髦俊、山谷衣冠列坐先后者,百数十人。盖礼严于蜡宾,而事巨于乡饮,则是岁之腊也,在泮之士,乃赓载歌。②

刘将孙在乡饮期间写诗赞叹道:

> 皇华嘉惠礼行嘉,坐觉东风转柳芽。诸老如归周北海,穷乡相会鲁东家。豆笾自古称为圣,风雅遗音诵敢哗。莫笑陈人衰已久,雍容宾席岂非华。③

吉安路乡饮酒礼的举行,使当地儒士颇受鼓舞,一些前朝遗民、隐士也以到场为荣。如当地隐士梅所王公,是南宋景定年间进士,宋亡,"公杜门不纳,自是栖遁浮沉,无意人世。前后廉车屡选教诸邑,不肯起。独为乡饮一来,公风致端粹,表里如一,言若不出口,而怡然顺理"④。

---

① (元)王恽:《秋涧先生大全文集》卷18《和韵三首》,四部丛刊初编本。
② (元)刘将孙:《养吾斋集》卷15《吉州路重修儒道碑记》,文渊阁四库全书本,集部第1199册,第131页上、下。
③ (元)刘将孙:《养吾斋集》卷6《和马金事乡饮韵》,文渊阁四库全书本,集部第1199册,第49页下。
④ (元)刘将孙:《养吾斋集》卷31《梅所王公墓志铭》,文渊阁四库全书本,集部第1199册,第302页下。

元朝后期，特别是至正年间，各种矛盾日益尖锐，农民起义大规模爆发，元朝对江南的控制能力大大削弱。在这种情况下，元朝中央和地方政府开始逐步认识到儒士集团在社会稳定中的重要作用，力图通过乡饮酒礼等形式，争取江南儒士的支持，稳定在江南的统治。至正初年，宣文阁学士、经筵官巙巙"请行乡饮酒于国学，使民知逊悌"①。于是，乡饮酒礼在元末的江南表现出复兴的迹象。现将元末乡饮酒礼的情况列举如下：

至正元年（1341），蒙古伯牙吾氏泰不华（字兼善）为绍兴路总管，他"行乡饮酒礼，教民兴让，越俗大化"②。

至正二年（1342），庆元路总管王元恭在庆元路学行乡饮酒礼。③

至正三年（1343），绍兴路总管兼善达公"以礼币招行乡饮"④。

至正四年（1344），浙东道宣慰都元帅兼蕲县翼上万户府谔勒哲图，拜浙东道宣慰使都元帅，他"行乡饮以敦礼让之风"⑤。

元末，东阳县"礼行乡饮，事宾有主，诗歌合乐，献酬明序"⑥。

元末，礼部侍郎台哈布哈（泰不华）出守越，作新学校，行乡饮酒礼。⑦

元末，"余姚州守郭侯文煜、州长哇公，方以尊贤下士为务……明年举行乡饮酒礼，士风为之丕变"⑧。

元末乡饮酒礼的情况还可从庆元路（四明）乡饮的复兴得到说明。

进入元朝以后，庆元路乡饮酒礼制度遭到破坏。仅有昌国州、奉化

---

① 《元史》卷143《巙巙传》。
② 《元史》卷143《泰不华传》。
③ （元）程端礼：《畏斋集》卷3《庆元乡饮小录序》，丛书集成续编本，第109册。
④ （元）程端礼：《畏斋集》卷1，丛书集成续编本，第109册，第9页下。
⑤ （元）程端礼：《畏斋集》卷6《故中奉大夫浙东道宣慰都元帅兼蕲县翼上万户府达鲁花赤谔勒哲图公行状》，丛书集成续编本，第109册，第82页上。
⑥ （元）陈樵：《鹿皮子集》卷1《东阳县学晖映楼赋》，文渊阁四库全书本，集部第1216册，第644页下。
⑦ （元）黄溍：《金华黄先生文集》卷35《明威将军管军上千户所达鲁花赤逊都台公墓志铭》，四部丛刊初编本。
⑧ （明）乌斯道：《春草斋集·文集》卷5《嘉兴学正李君文衍墓志铭》，文渊阁四库全书本，集部第1232册，第246页下。

州各举行过一次乡饮酒礼的记载。由于乡饮酒礼"旷未举行,每岁但于正月二日序拜,仍置酒三行"。元朝末年,用于乡饮的土地"或至埋没,积弊既深,古意浸泯"。至正元年(1341),庆元路总管王元恭命令讨论乡饮酒礼仪式,参加讨论的有当时著名学者程端礼、郑觉民、王叔载等。① 经过讨论,程端礼的意见被采纳,乡饮酒礼于至正二年(1342)正月人日(初七)举行。②程端礼对当时行礼的盛况记述如下:

> (至正二年正月)郡庠会者近千人,齿德先后之有序,献酬揖让之有仪,《鹿鸣》、《鱼丽》、《关雎》、《鹊巢》之合奏间歌,衍衍秩秩,乐备礼成,莫不感动欢嗟,以为自有耳目,未之见闻。归以相语,孝弟之心,油然而生。③

此后,庆元路还有一些有关乡饮酒礼的记载。如至正十一年(1351),江南浙西道肃政廉访使酬德,镇守鄞县,"增乡饮田以敦礼让"④。巡盐万户郝某到庆元路,"行乡饮酒礼,侯为傧,揖让升降,动容周旋,皆中仪则,礼成乐备,观感悦服"⑤。

这种由政府官员举办的乡饮酒礼,规模大,影响面广泛,深得儒士的称赞。儒士程端礼在至正三年(1343)参加了由绍兴路总管举办的乡饮酒礼后,兴奋地写诗赞叹道:

---

① 元人黄溍《金华黄先生文集》卷33《将仕佐郎台州路儒学教授致仕程先生墓志铭》中有:"先生归后,郡守王侯元恭踵门礼请先生为学者师,帅阃及旁郡广行乡饮酒礼,皆俟先生讨论而后定。"明人贝琼《清江诗集》卷28《求我集序》中指出:"故处州路儒学教授四明郑公觉民……至正中,太守王元常(恭)议行乡饮酒礼,公与同里王叔载共定其仪,习而行之。"
② (元)王元恭:《至正四明续志》卷8《学校》,宋元方志丛刊本,第7册。
③ (元)程端礼:《畏斋集》卷3《庆元乡饮小录序》,丛书集成续编本,第109册,第40页上。
④ (元)贡师泰:《玩斋集》卷9《江南浙西道肃政廉访使酬德公德政碑》,文渊阁四库全书本,集部1215册,第681页下。
⑤ (元)程端礼:《畏斋集》卷3《送巡盐万户郝公序》,丛书集成续编本,第109册,第44页下—45页上。

礼成发会稽，主送宾筵秋。雪晴宿霭收，诸峰春笋出。舟下七里滩，帆张如箭疾。圆月正高悬，极目天水一。柔橹和欸乃，净练破荡漾。真同泛剡情，不羡承槎术。共载得才彦，剧谈夜连日。史册三千年，毫厘穷得失。饮江酌北斗，浩气逾崒嵂。兹游不可忘，后会那能必。①

一些儒士则将乡饮酒礼与风化、斯文联系起来，阐述对乡饮酒礼的观点。元人舒頔有诗写道："青衿济济集学宫，坫爵升堂典则同。历代相传乡饮酒，清朝复继古人风。衣冠礼乐从先进，齿序耆髦喜再逢。立懦厉顽敦薄俗，斯文矜式藉群公。"② 这反映了元代儒士希望通过乡饮酒礼化民成俗的愿望。

（二）元代民间儒士举行的乡饮酒礼

元代虽然乡饮酒礼长期不举行，一些儒士对之仍然非常向往，"能追忆乡饮堂事如昨日"③，于是，一些地方又恢复了岁末儒士会拜的仪式。除了以上所述的庆元路以外，镇江路也有岁末入学会拜之俗。④ 除了这种儒士自发地举行较大规模的会拜以外，元代民间儒士还有自发举行乡饮酒礼的情况。这种类型的乡饮酒礼只有少数儒士参加，规模和影响都不能与地方政府举办的乡饮酒礼相比，但它反映了儒士在处境不利的情况下，坚定信仰，以道自任的乐观态度。这种形式的乡饮例子在北方和江南地区都能找到一些。如解州儒士岐裕斋，至元之

---

① （元）程端礼：《畏斋集》卷1《至正癸未春，绍兴总管兼善达公，以礼币招行乡饮。回至七里滩舟中，同陈君王叔载、郑以道、孙子材、任季武、王敬中，取山谷诗"一江明月趁渔船"之句为韵》，丛书集成续编本，第109册，第10页上。
② （元）舒頔：《贞素斋集》卷7《郡庠乡饮酒赋唐仲实》，文渊阁四库全书本，集部第1217册，第658页下。
③ （宋）牟巘：《牟氏陵阳集》卷14《觉非斋说》，文渊阁四库全书本，集部第1188册，第126页上。
④ （元）俞希鲁：《至顺镇江志》卷3《风俗·岁时》，江苏地方文献丛书本。

初，隐居不仕，以学行鸣于时，人称为裕斋先生。他"尝于所居西南，建孔、颜、曾燕居堂及学，岁时率乡人修祀事，习礼仪，叙乡饮少长之节，教树畜，敦行谊，乡人翕然臻向"①。家铉翁为南宋官员，至元十二年（1275）以"祈请使"的身份出使元朝，后被软禁于河间路（位于今河北省保定市附近），他在一篇文章中记述了至元十五年（1278）他在大都附近看到的乡饮酒礼的情况：

> 岁戊寅，自燕徙瀛（按：瀛州为元河间路的古称）三阅寒暑，与其里人游。纵观其俗，尚所异尊老贵德，崇俭尚让，而好学其俗然也。岁正月，父老凤戒里中子弟，少长咸集，乃推其父祖行者俾坐中席，相与罗拜于前，既又推其兄行者俾坐右席，复相与罗拜于左。拜已，奉觞为寿，更劝酬，莫不尽敬。长者不嫌其为傲，少者不以为卑屈，有古者乡饮之遗意焉。②

类似的例子还可以在元人余阙的记述中找到，他在《梯云庄记》一文中记载了山西一带民间儒士举行乡饮酒礼的情况：

> 晋地土厚而气深……其为俗，特不尚儒。周行郡邑之间，环数百里、数百家之聚，无有一人儒衣冠者。独杨黄许氏，以儒称于乡，三时力田，一时为学，褒衣博带，出入里巷之间。其族数十家化之，皆敦于礼，每岁时上冢，族人各具酒馔，群至墓下，推长者一人主祀，以次奠荐。既竣，长者坐，少者以序罗拜之，然后皆坐，相与行献酬之礼。子弟有为小不善者，则长者进而诸让之，众皆进曰："长者言然，请改是乃已。"至于再，至于三，

---

① （明）冯从吾：《元儒考略》卷1，文渊阁四库全书本，史部第453册，第771页下。
② （宋）家铉翁：《则堂集》卷1《近古堂记》，文渊阁四库全书本，集部第1189册，第285页下。

而终不能改也,则众相与摈绌之,不与同祭祀。如是者已三世矣。①

郑玉对类似的乡饮酒礼也有记载,他在《荆山乡饮酒序》一文中指出:

> 邑东坦头汪氏,以每岁暮春率其乡人子弟,携尊俎,载酒肴,会于荆山惠果之精舍,酒行既毕,分韵赋诗,且名之曰乡饮焉。②

这种乡饮酒礼形式一般仅限于家族、邻里之间。此外,也有儒士同志者之间的乡饮酒活动,元人郝经在《率义会序》一文中记述道:

> 兵乱以来,三十余年生聚,教育将复治平之旧。俊茂辈出,往往露头角,以气相许,而合为君子之朋。一日,相率过余曰:"我辈十余人,欲以古井田乡饮之义,岁时群聚,凡吉凶宾嘉,相侑而不相悖,不尚华靡,不为骄奢,义则相勉,而过则相告。其有不如约者,则会义而合攻,是可行乎?"余应之曰:"是相率而为义者,其谁曰不可?"乃名之曰率义会。③

元代北方儒士的这种乡饮活动,在江南同样可以见到。如儒士陈善,"遇宗族以仁厚,与同闬诸老,月为乡饮以相乐,扁所居堂曰'庸斋'"④。儒士蒋玄(字子晦),"每岁冬至,杀牲置酒,会长老俊乂行乡饮礼,府君为之讲说嘉谟伟行,使听之,曰为父兄子弟当如是,

---

① (元)余阙:《青阳先生文集》卷3《梯云庄记》,四部丛刊续编本。
② (元)郑玉:《师山集·遗文》卷1《荆山乡饮酒序》,文渊阁四库全书本,集部第1217册,第73页。
③ (元)郝经:《郝文忠公陵川文集》卷30《率义会序》,北京图书馆古籍珍本丛刊本,集部第91册。
④ (元)杨维桢:《东维子文集》卷26《元故陈处士墓志铭》,四部丛刊续编本。

乡民莫不化服"①。儒士陈文昭,于昌国州创立岱山书院,"严师弟子之职,暇日复与其里人,聚石为台,陈簠簋爵斝,盛升降揖让如乡饮酒礼,父老见而荣之,争令子弟为学"②。

除了这种定期举行的儒士之间的乡饮活动以外,元代儒士举行的不定期的乡饮活动更多,儒士燕饮、集会非常普遍。其中,一些燕饮就可以看作儒士之间的乡饮活动,元人揭傒斯记述了一次发生在大都的乡饮活动:

> 城南兹集,得朋之义盖备焉。以仆愚憨,亦俾在列。肴核维旅,酒醴惟旨,威仪有数,长幼有节。举盏更属,以亲以友,比往风后,若劝若惩,杂以谈谐,终归雅则。残月既堕,白露在庭,觞酌未阑,赋诗斯举。饮者既不知其醉,而不饮者若素嗜焉。宾既不知其主,而主者亦自忘焉。居而殊方,出乃合辙,新知旧好,吻然靡间。③

元人王恽记述了南塘地区的儒士行射礼(古代乡饮酒礼的一种)的活动:

> 近岁南塘诸君于二仲月肄诸射事,予虽不敏,亦从事其间。呜呼!乡饮废而长幼之序乖,大射废而君臣之义缺。今之去古也远矣,欲人之知礼也,难矣!兹射也,匪曰嬉游为乐,将少长是序。匪曰侥幸为得,将心体是正。匪曰致远为功,将中鹄为善。匪胜己是怨,反诸己为贤。匪酒醴是嗜,而辞让为恭。匪多算为能,而进退可度。夫如是,其于修盛德,远不肖,习威仪,复乡饮而适世用,不由斯而有渐乎?④

---

① (明)宋濂:《宋学士文集》卷75《东阳贞节处士蒋府君墓铭》,四部丛刊初编本。
② (元)戴良:《九灵山房集》卷23《元中顺大夫秘书监丞陈君墓志铭》,四部丛刊初编本。
③ (元)揭傒斯:《揭文安公全集》卷8《城南宴集诗后序》,四部丛刊初编本。
④ (元)王恽:《秋涧先生大全文集》卷41《南塘诸君会射序》,四部丛刊初编本。

元朝各地儒士在社会地位下降，处境不利的情况下，自发举行乡饮酒礼，反映了他们希望恢复中国古代传统、振兴儒学的强烈愿望。儒士们对传统文化的向往和执着，是元朝儒学在不利的情况下，仍然能够传承和发展的重要原因。

（三）元代科举时举行的乡饮酒礼

乡饮酒礼与科举关系密切，唐宋以来，科举发榜之日举行乡饮酒礼（也称鹿鸣宴）成为定制。元朝统一后，科举废除，与科举有关的乡饮酒礼也完全废除。皇庆二年（1313），元仁宗下诏举行科举，次年，科举的乡试在全国范围内举行，这在全国产生了很大的反响，与科举有关的乡饮酒礼也开始举行。参加乡饮酒礼的主要是与乡试有关的举人、考官、地方官，所以，与地方岁末举行的乡饮酒礼相比，规模不大，影响也不如前者。但是，因为元代科举曾经长期中断，恢复以后，科举的名额很少，再加上四族群等级观念的影响，汉人和南人受到很多限制，科举的竞争对他们来说非常激烈。因此，想要科举成功，取得参加乡饮的资格非常困难，这样，对举办乡饮酒礼的地方官以及进入乡试的儒士来说，乡饮酒礼的分量更加沉重。

延祐元年（1314），江浙行省乡试，庆元路有二人中选，元人程端礼记述了当时庆元路举行乡饮酒礼的情况：

> 是岁，浙帅马公铸，命郡守酌古今之礼，盛燕享于泮宫，以宾兴之。方伯连帅、文武僚佐与学之耆德咸在，工歌《鹿鸣》，琴瑟笙磬，雍雍秩秩，有三代遗风，观者啧啧嗟异，谓数十年无此举，而他郡亦无有礼仪如是之盛也。①

---

① （元）程端礼：《畏斋集》卷4《四明鹿鸣宴序》，丛书集成续编本，第109册，第62页上。

程端礼还记录了庆元路在至正元年（1341）举行的另一次乡饮酒礼的情况：

> 五月二十三日，集二州四县之士，试于泮，以入优等者十人，暨考官而次一十四人，宴于泮。礼意优渥，即席以"纵横礼乐三千字，独对丹墀日未斜"分韵为诗。①

很明显，上面这次考试并不是江浙行省的乡试，而是庆元路范围内的选拔考试，考试结束后仍有乡饮酒礼的举行，反映了元末这种礼仪的流行。

元朝末年爆发了大规模的农民起义，在社会动乱的情况下，乡试以及乡饮酒礼仍然照常进行。至正十八年（1358），江浙行省会试，选中"左右两榜凡三十有六人，备榜十有五人，郡守谢节，既以鹿鸣典故宴士"②。

乡试以后，各考区乡贡进士至京师会试。由于乡饮酒礼只是在乡试时举行，会试和殿试以后，元朝中央要安排进士参加恩荣宴，官方庆祝活动结束以后，旅京的同乡、亲友也要举行盛大的类似乡饮酒礼的庆祝活动。程端礼记述道：

> 至正十一年春，天下乡贡进士云会于京师，群试于礼部。于时，江浙行省与计偕者四十有三人，前举二人，由胄监者六人。既试，江浙之仕于朝及客于京师者，相率持金钱，具牢礼，张国西门外咸宜里之荣春堂，以燕劳之。喜国家之得贤，乐郡县之多士，敦契好，昭斯文也。乃二月九日，春和景明，道无流尘，襜衣峨冠，车马阗咽。主宾升堂，揖让有礼，斑白在上，俊彦就列，

---

① （元）程端礼：《畏斋集》卷4《宴贡氏诗序》，丛书集成续编本，第109册，第62页。
② （元）杨维桢：《东维子文集》卷5《乡闱记录序》，四部丛刊初编本。

杯行乐作，气酣情乎。服轩冕者不以崇高自矜，被韦布者能以德义相尚，雍雍愉愉，恳款深厚，有古乡饮酒之遗风焉。①

虽然典礼是在京城进行，但是参加者都是同乡人士，仍然具有乡饮的色彩。

四

乡饮酒礼是一种以儒学为中心的祭祀制度，也是一种社会文化活动，其功能是多方面的。元人郑玉写道：

> 使其乡之人，知古人之为乡饮酒也，非专为饮食也，宾主有揖让之仪，乐歌有出入之度，听政有坐立之分，笾豆有多寡之数，其义各有在也。其于酬酢之间，议论之际，尊者所以语其卑，老者所以告其少，必有以明乎敬让之道，而发其孝悌之心，则亦庶乎其可矣。②

郑玉在这里论述了乡饮酒礼对形成尊贤、敬老、礼让等社会风气的作用。这是乡饮酒礼的最基本的功能，历代统治者举行乡饮酒礼，目的就是发挥乡饮酒礼的这一功能。其次，乡饮酒礼为地方官与儒士之间的交流提供了机会，有利于加强地方政权与地方儒士社会之间的联系，从而提高儒士的社会地位，推动地方文化、教育等事业的发展。最后，乡饮酒礼可以振奋士气、士风，提高儒士的自豪感和自信心。

---

① （元）程端礼：《畏斋集》卷3《江浙进士乡会小录序》，丛书集成续编本，第109册，第40页上、下。
② （元）郑玉：《师山集·遗文》卷1《荆山乡饮酒序》，文渊阁四库全书本，集部第1217册，第73页下。

地方官以主人的身份与地方儒士行揖让之礼,对一般儒士来说,确实是莫大的鼓舞。特别是在元朝儒士地位下降、处境困难的情况下,乡饮酒礼在这一方面的作用更加明显。

(原载《史学月刊》2005年第2期)

元代的粉壁及其社会职能

中国古代的粉壁指经过简单粉刷和修饰，用于书写或绘画的墙壁。① 由于粉壁具有书写、绘画功能，它成为中国古代信息传播的重要媒体。不仅历代官府利用粉壁宣传国家政策、法令，民间学校、寺庙、道观也经常利用粉壁宣传自己的思想和教义，一些民间百姓也利用粉壁表达自己的政治观点。因此，粉壁在中国古代的社会信息传播体系中居于比较重要的地位，具有丰富的社会职能。元朝是蒙古贵族建立的统一的多民族政权，元朝统治者在继承了唐宋王朝利用粉壁作为官民沟通的重要媒介的同时，更加重视粉壁在管理、宣传、惩戒、社会教化等方面的特殊作用，赋予粉壁更加丰富的社会职能。另外，在元代民间社会生活中，粉壁的社会功能也更加多样化，可以说，粉壁是观察和理解元代政治和社会生活的一个重要窗口。

有关粉壁的研究成果不多，高柯立《宋代粉壁考述——以官府诏令的传布为中心》探讨了宋代以及宋代以前粉壁在官府和民间沟通联系的途径和实际状况。② 关于元代的粉壁及相关问题，目前学术界还没有专门的研究成果。本文拟在前人研究的基础上，考察元代的粉壁及其社会职能问题，并以此探讨元代通过粉壁进行社会信息传播的情况和特点，请学界方家批评指正。

---

① 汉代尚书省称为粉署，尚书省皆用胡粉涂壁，画古今贤人烈女，粉壁之说可能起源于此。
② 高柯立：《宋代粉壁考述——以官府诏令的传布为中心》，《文史》2004年第1期。

一

粉壁是中国古代非常普遍的一种信息传播媒体，元代粉壁的使用更加突出，出现了各种类型的粉壁。

首先，元代分布最广的粉壁为"排门粉壁"，即挨家挨户设立的粉壁。中统二年（1261）五月，中书省讨论钞法，宣抚杨果提出："但令比户粉壁，严伪造之禁。"① 这是蒙元王朝较早的关于使用粉壁的记载。马可波罗对元初杭州排门粉壁的情况记述道：

> 此城市市民及其他一切居民皆书其名、其妻名、其子女名、其奴婢名以及居住家内诸人之名于门上，牲畜之数亦开列焉。此家若有一人死则除其名，若有一儿生则增其名，由是城中人数，大汗皆得知之，蛮子、契丹两地皆如是也。
>
> 一切外国商贾之居留此种地域者，亦书其名及其别号，与夫人居之月日，暨离去之时期，大汗由是获知其境内来往之人数，此诚谨慎贤明之政也。②

上述记载反映了元朝将全国户口信息进行排门粉壁的情况，这种粉壁一般写在门上或门前墙壁上，内容一般是户口或政府禁令。有关排门粉壁的记载还有很多：

至元十七年（1280）七月，鉴于江南出现的社会动荡，元政府发布诏令："百姓每今后作歹的人，为头儿处死，财产、人口断没。安主、

---

① （元）王恽：《秋涧先生大全文集》卷81《中堂纪事中》，元人文集珍本丛刊本，台北新文丰出版公司1985年版，第2册，第375页上。
② 冯承钧译：《马可波罗行纪》第151章，上海书店出版社1999年版，第352—353页。

两邻不首,同罪。……这般各家排门立粉壁,明白的省会禁约。"①

至元二十九年(1292),湖广行省澧阳县民廖救儿等,将男童卓罗儿打死,分尸祭鬼。元政府下令严禁这种陋习,"行移合属,排门粉壁,严行禁治"②。

大德五年(1301),五月,元政府颁布禁止砍伐果树的禁令:"遍行随处官司,自今而后,严切禁约,排门粉壁,仍许诸人捉拿首告,将犯人痛行断罪陪偿[赔偿]。"③

大德十年(1306),江浙行省鉴于江南人口买卖的盛行,"遍行所属,排门粉壁晓谕"④。

至大元年(1308),元政府颁布禁止隐匿逃亡人口的禁令。"不拣谁休隐藏者,隐藏的每有罪过者,逃走的人拿住呵,转送与他本主者。么道,完泽秃皇帝圣旨有呵,外处行了文字,交排门粉壁了来。"⑤

延祐四年(1317)五月,元政府发布禁止百姓集会、赌博的禁令:"近为诸处城邑、村坊镇店,多有一等游手末食之民,不事生业,聚集人众祈赛神社,赌博钱物,已常遍行禁治。……行移合属排门粉壁,严加禁治。"⑥

以上是针指对全国或某一地区内所有百姓设立的排门粉壁,此外,元代还有在特定的职业群体中设立的排门粉壁。儒士刘壎在元初的上书中,谈到船户逃避差役的问题时指出:

> 至如船居之户,规避差发,则宜印烙其船,及依土居粉壁例,置立粉版,开写户贯人口,官为置籍,时常点视,非止官府得

---

① 《大元圣政国朝典章》41《刑部三·诸恶·谋叛·禁约作歹贼人》,第1531页。
② 《大元圣政国朝典章》41《刑部三·诸恶·不道·禁采生祭鬼》,第1552页。
③ 《大元圣政国朝典章》23《户部九·栽种·禁斫伐桑果树》,第1015页。
④ 《大元圣政国朝典章》57《刑部十九·诸禁·禁诱略·禁乞养过房贩卖良民》,第2045页。
⑤ 《大元圣政国朝典章》56《刑部十八·阑遗·孛兰奚·孛兰奚逃驱不得隐藏》,第2032页。
⑥ 《大元圣政国朝典章》57《刑部十九·诸禁·禁赌博·赌博钱物》,第2078页。

以役使，而奸盗不至窝藏，此又一举而两利也。①

这种粉壁，是针对特殊的流动职业群体设立的，因为船户以船为家，只能以"粉版"代替粉壁。这种大规模排门粉壁的情况，说明元朝政权非常注意利用排门粉壁，将统治触角深入到地方社会，提高统治的效率或成效。

其次，元朝还有针对农村游手好闲之人以及为非作歹的豪民设立的粉壁。至元二十八年（1291），元朝发布"立社"诏令，其中，对于农村游手好闲之人规定：

> 若有不务本业，游手好闲，不遵父母兄长教令，凶徒恶党之人，先从社长叮咛教训，如是不改，籍记姓名，候提点官到日，对社众审问是实，于门首大字粉壁书写"不务本业，游惰凶恶"等名称。如本人知耻改过，从社长保明申官，毁去粉壁，如是不改，但遇本社合着夫役，替民应当，候悔过自新，方许除籍（申请除去粉壁）。②

大德七年（1303），江浙行省发布的另一则文件规定：

> 有一等哗徒，专务把持官府为生……甚是不便，合无行移各处禁治。……其奸豪滑吏把持官府者，置立板榜，所在官司悬挂，仍大字书写粉壁，再犯断罪移徙，以惩后来。③

上述两条史料所说的粉壁是专门为惩治特定人户设立的，立于犯过错之人的门首，以红泥装饰而成，取其醒目的特点，让犯过错之

---

① （元）刘埙：《水云村稿》卷14《讲究提备湖寇事宜状》，文渊阁四库全书本，集部第1195册，第12页下。
② 《大元圣政国朝典章》23《户部九·农桑·立社·劝农立社事理》，第997页。
③ 《大元圣政国朝典章》48《刑部十·诸脏·杂例·罗织清廉官吏》，第1767页。

人受到社会舆论的谴责，感到耻辱，以达到惩戒的目的。类似的记载还有很多，《元史·刑法志》记载："诸造谋以已卖田宅，诬买主占夺，胁取钱物者，计赃论罪，仍红泥粉壁，书过于门。"[1]"诸哗强之人，辄为人伪增籍面者，杖八十七，红泥粉壁，识过其门。"[2]"诸无赖军人，辄受财殴人，因夺取钱物者，杖八十七，红泥粉壁，识过其门，免徒。诸先作过犯，曾经红泥粉壁，后犯未应迁徙者，于元置红泥粉壁，添录过名。"[3]

再次，是元代在邸店、渡口、驿站、市场等处设立的粉壁。大德七年（1303），为了杜绝官物在运输过程中的损失，元朝规定：在官物运输"经过村坊店户之家，排门粉壁，无得寄顿籴买官物"[4]。大德九年（1305）四月，元成宗的圣旨中有这样一段文字：

> 旧贼每不流远的上头，作贼的多了……此等愚顽之人，不知新定体例，误入这般罪过去有。如今怎生般诸路里行榜文，仍于村坊镇店排门粉壁，晓谕诸人呵，旧作过的人每也改了有，别个人每也怕有，不作罪过有。么道，呈的上头，俺商量来，怎生般依他每呈来的行榜文，交立粉壁的，省官人每识者。[5]

上述史料所反映的就是元朝时在村坊邸店等处设立的粉壁。这种粉壁属于公共媒体的范畴，一般设在村坊邸店的显著位置或交通要道，目的是让更多的人得到粉壁所传递的信息，引起民间百姓的重视。

最后，是元代中央和地方各级官署设立的粉壁。官署设立粉壁，是中国古代的传统，元人黄溍认为："昔太史公于汉之将相名臣，不

---

[1] 《元史》卷103《刑法志二·职制下·户婚》。
[2] 《元史》卷105《刑法志四·诈伪》。
[3] 《元史》卷105《刑法志四·杂犯》。
[4] 《通志条格》卷18《关市·和雇和买》，见方龄贵校注：《通制条格校注》，第531页。
[5] 《大元圣政国朝典章》49《刑部十一·诸盗一·强窃盗·断贼徒例粉壁晓谕》，第1779页。

皆立传而为之表，悉著其氏名、岁月，使览者尚论其世而有以知其人。后世官寺之题名实本于此，故虽偏州下邑，无不记诸其厅壁。"① 这里的厅壁，就是在各级官署设立的粉壁，主要记录各级官署"隆替废置、前后职员之名氏"②。这种粉壁的内容很多刻成石碑，流传下来，成为后世修撰史书、方志的重要材料。另外，古代在官署"大门东西壁皆画耕织图，使民得而观之"③。这种类型的粉壁主要是为了劝课农桑。

元代各级官府对粉壁都比较重视，元初翰林院建成后，"不可以不纪其创置之始，以备异日史策之采择焉，某官某人（任职）月日，书于院之厅壁"④。至元二十四年（1287），卫州重修录事司，"恐迤久为有力者豪据，致虚劳民力，官失恒处，于人心大无所校，幸宪使惠顾，文本末于石，将陷置厅壁，使观者取重，知改作匪易，不致妄有异议"⑤。至元二十三年（1286），常州路无锡县建立厅壁，当时提调学校官员杨蔚写道："圣元平宋之后十有余载，莅官于此，历举数人，意！皆才德兼备，优于为政者。漫无壁记可考，良谓缺典。"⑥杨蔚将县署没有厅壁视为"缺典"，反映了元代官署厅壁存在的普遍性。除了厅壁以外，元代官署大门两边的粉壁同样存在。至正十三年（1353），潴州官署建立清白堂，桑时燧撰写的《州治清白堂记》就写在州署仪门右壁。⑦

从现有史料看，元代的厅壁不仅仅记载官署兴废情况和有关官

---

① （元）黄溍：《黄文献公集》卷8《江浙行中书省题名记》，丛书集成初编本，第259—260页。
② （元）胡祗遹：《紫山大全集》卷9《国史院厅壁记》，文渊阁四库全书本，集部第1196册，第175页下。
③ （元）虞集：《道园学古录》卷30《题楼攻媿耕织图》，四部备要本，第213页。
④ （元）胡祗遹：《紫山大全集》卷9《翰林院厅壁记》，文渊阁四库全书本，集部第1196册，第174页下。
⑤ （元）王恽：《秋涧先生大全文集》卷38《重修录事司厅壁记》，元人文集珍本丛刊本，第1册，第522页上。
⑥ （清）缪荃孙：《江苏省通志稿·金石十九·常州路无锡县题名记》，辽金元石刻文献全编本，第2册，第19页下。
⑦ （清）熊象阶：《潴县金石录》卷下《州治清白堂记》，辽金元石刻文献全编本，第3册，第1022页上。

员题名,其他有关政治生活的内容也会写在厅壁上。胡祗遹有篇奏章,谈到元初地方官员行政效率低下对百姓的危害,他建议:"乞赐遍示天下,将此情弊断例省谕府州司县,大字真书于各衙厅壁,以示惩诫。"①将官场不良现象写在官署的厅壁上,督促改正,不失为一种提高官府行政效率的简便易行的办法。另外,据陶宗仪《南村辍耕录》记载,周景远为南台御史,"分治过浙省,每日与朋友往复,其书吏不乐,似有举刺之意,大书壁上曰:'御史某日访某人,某日某人来访。'"②这里,御史台书吏对周景远每日会友不满,将其会友的情况写在御史台(南台)粉壁上,作为日后弹劾他的根据。

元代第五种粉壁是在儒学、寺庙、道观、祠堂等场所普遍设立的粉壁。儒学(包括医学、书院、义塾、社学)是中国古代教育机构,元代教育的特点是庙学合一,因此,与教学和祭祀有关的内容被写在或画在学校的粉壁上,为教学和祭祀服务。庚子年(1240),杨惟中在燕京建立太极书院,"刻《太极图》及《通书》、《西铭》等于壁"③。至元十年(1273),绛州太平县儒学"图七十子肖像于壁",作为祭祀之用。④大德九年(1305),山西潞城县重建儒学,孔庙塑先圣、四配、十哲像,而"七十子之徒,诸大儒复绘于壁"⑤。元代沁州铜鞮县麟山儒学属于元代乡村的社学,由乡人李玉捐资倡众建立,"素〔塑〕宣圣像,以兖公、邹公配,壁绘十哲"⑥。曹州士人朱仲敏建立的乡学——朋习书塾,

---

① (元)胡祗遹:《紫山大全集》卷21《官吏稽迟情弊》,文渊阁四库全书本,集部第1196册,第379页上。
② (元)陶宗仪:《南村辍耕录》卷10《御史五常》,元明史料笔记丛刊本,第119页。
③ (元)郝经:《郝文忠公陵川文集》卷26《太极书院记》,北京图书馆古籍珍本丛刊本,集部第91册,第14页下。
④ (清)胡聘之:《山右石刻丛编》卷25《绛州太平县重建文庙贤廊碑》,辽金元石刻文献全编本,第1册,第284页下。
⑤ 光绪《潞城县志》卷4《金石记·重修孔子庙记》,辽金元石刻文献全编本,第3册,第986页上。
⑥ (清)胡聘之:《山右石刻丛编》卷35《麟山孔庙记》,辽金元石刻文献全编本,第1册,第519页。

也是将孝、友、睦、姻、任、恤六行"志于壁,以为书塾之规"①。延祐年间,江西宜黄县建立医学,"书《儒行篇》于壁,以励来学"②。

元代寺庙与道观等宗教场所的粉壁分布十分广泛,既有书写经文教义的粉壁,也有描绘宗教故事的画壁。泰定二年(1325),衢州重建大中祥符寺,"创东西庑,画善财所参五十三善知识两壁间"③。至大元年(1308),郭畀游杭州,曾到杭州太平寺"观壁上画"。他游妙行寺时,看到"两边画壁,以屋暗不可细览"。在杭州佑圣观,郭畀"看雍壁二十四堵,皆新画也"④。郭畀后来到长州县的冲真观,同样观看了那里的画壁。⑤寺庙、道观利用粉壁为媒体,通过绘画等手段宣扬宗教思想,这种情况直到今天依然存在。

最后,元代民间还存在各种各样的粉壁,其中士人、学者用于自警、自励的粉壁,史料记载颇多。如鄱阳士人朱明普"取古语大书屋壁",以教育子孙。⑥胡祗遹在自述中写道:"祗遹汝今六十矣……安能不惑知命乎?既自知之,凡《语》、《孟》、六经中所谓为学,一字一段细书于壁,日究日行,庶几未死之前,少有所知,不负天地父母之生汝。"⑦丰城儒士洪某,号永斋,晚年喜好邵雍易学,"揭《先天方员[圆]图》于屋壁,扁曰'环中'"⑧。南丰州判官葛某,在家中建存与堂,"求训戒之语,置之堂壁,俾葛氏之子孙往者有所惩,

---

① (元)吴澄:《吴文正公集》卷22《朋习书塾记》,元人文集珍本丛刊本,台北新文丰出版公司1985年版,第3册,第402页上。
② (元)吴澄:《吴文正公集》卷21《宜黄县三皇庙记》,元人文集珍本丛刊本,第3册,第381页上。
③ (元)黄溍:《金华黄先生文集》卷11《衢州大中祥符寺记》,四部丛刊初编本。
④ (元)郭畀:《云山日记》卷上,台北学生书局1973年版,第42、47页。
⑤ 同上书,第70页。
⑥ (元)黄溍:《黄文献公集》卷8《鄱阳朱君墓志铭》,丛书集成初编本,第344页。
⑦ (元)胡祗遹:《紫山大全集》卷26《语录》,文渊阁四库全书本,集部第1196册,第474页下。
⑧ (元)吴澄:《吴文正集》卷22《丰城洪先生文集序》,文渊阁四库全书本,集部第1197册,第238页上。按:明成化刻本无此篇,因此,这里用的四库全书本。文中其他关于吴澄的材料,均出自《吴文正公集》,元人文集珍本丛刊影印明成化二十年刊本,台北新文丰出版公司1985年版。

来者有所劝,朝夕思念前人植立之艰,庶几世世能存其所与"①。金溪县尹侯有(字仲方,平阳人),"尝书廉、勤、公、慎、恕五字于壁"以自警。②学者程端礼在建德路学读书时,也"以朱子'小人惟思甜者,君子惟思苦者'之语,书于壁以自警"③。这种粉壁虽然属于私人空间的范畴,但它向个人或家族传递着为人、为学的重要信息,也可以影响周围看到此种粉壁的人。

元代存在的上述六种形式的粉壁,几乎涵盖了从中央到地方、从官府到民间政治、经济和社会生活的主要方面,反映了元代粉壁分布之广泛,各种各样的粉壁自然有利于元朝社会信息的畅通和信息交流的开展。

二

元代粉壁种类多,空间分布广泛,其社会功能当然也是非常丰富的,对当时的政治、文化和社会生活都有多方面的影响。

第一,元代粉壁有辅助社会管理功能。

元朝疆域广大,人口众多,民族成分复杂,给国家管理带来诸多难题。因此,元政府比较重视利用粉壁这一无所不在的媒体资源,作为国家管理的辅助手段。前面列举《马可波罗行纪》记载的史料,以及刘壎上书的史料,都说明元朝政府利用粉壁,辅助管理全国的固定民户以及各民族、各种职业的流动人口。元政府还利用粉壁,进行民间赋税的征收以及义仓的辅助管理。至元二十八年(1291)六月,元朝中书省发布文件:

---

① (元)吴澄:《吴文正公集》卷23《存与堂记》,元人文集珍本丛刊本,第3册,第408页上。
② (元)吴澄:《吴文正集》卷35《廉吏前金溪县尹李侯生祠记》,文渊阁四库全书本,集部第1197册,第376页上。
③ (元)程端礼:《畏斋集》卷6《苦斋铭》,丛书集成续编本,第109册,第9页上。

> 诸科差税，皆司县正官监视人吏置局科摊，务要均平，不致偏重，据科定数目，依例出给花名印押由帖，仍于村坊各置粉壁，使民通知，其比上年元科分数有增损不同者，须据缘由，明立案验，以备照勘。①

这则史料比较详细地记载了元政府利用粉壁管理赋税的规定。在元代社会生活中，这样的例子也可以发现。大德四年（1300）王东岩为广德路建平县尹，"先是户无定名，田无定数，令民粉壁自实就收，草检为册，民不敢欺而赋役至此均"②。另外，元杂剧中也可以找到类似的证据，马致远杂剧《破幽梦孤雁汉宫秋》中有一则唱词云："你便晨挑菜，夜看瓜，春种谷，夏浇麻。情取棘针门，粉壁上除了差法[发]。"③这里的"粉壁上除了差法发"，就说明元代在农村的粉壁上写有关于赋税的内容。

设立义仓以备荒年，是元朝推行的重要政策，元代各地都有设立义仓的记录，义仓的管理则是利用粉壁作为辅助手段。至治元年（1321）二月，元朝一则文件规定：

> 各乡依例设置义仓一所，于门首竖立绰屑大书，雕刊"义仓"二字，以表眉目。吏置粉壁，开写某年、某乡、某人粮米若干。官司另置文簿二扇，依上开写，用印关防，官司收掌一扇，里正收掌一扇，里正每季将见在稻米开申本州。④

---

① 《通制条格》卷17《赋役·科差》，见方龄贵校注：《通制条格校注》，第495页。
② （元）程端礼：《畏斋集》卷3《东岩王公集后序》，丛书集成续编本，第109册，第8页下。
③ （元）马致远：《汉宫秋》第一折《金盏儿》，见王季思主编：《全元戏曲》第2卷，人民文学出版社1999年版，第112页。
④ 《大元圣政典章新集·户部·仓库·义仓·点视义仓有无物斛》，第2273—2274页。

粉壁是一种信息传递的媒体，不会直接进行社会管理，但它作为一种媒介或手段被各级官府利用，提高了行政管理的效率。这种管理方式在明朝仍然被采用，明初李东阳经过三河县时，有诗写道："满县柴扉半不开，纷纷车马动浮埃。连延粉壁题官户，尽属风云感会来。"① 这里的"连延粉壁题官户"，就是明初仍然使用粉壁管理国家户口的最好说明。

第二，元代粉壁有政治宣传的功能。

政治宣传是一般媒体的基本职能，粉壁作为中国古代重要的传媒工具，在官和民之间架起了一座信息传递的桥梁，承担了政治宣传的社会功能。作为一个疆域广大、人口众多、民族成分复杂的统一政权，元朝比较注意利用粉壁宣传国家法令、禁令，以维护国家的政治稳定。从史料看，元朝政府对于与一般百姓生活密切相关的政策、禁令以及有关盐法、钞法、军事等重要问题的政策、禁令，都采取张榜和粉壁相结合的方法进行宣传，让一般百姓通晓、执行。

妄造妖言，煽惑人众，是严重危害社会稳定的行为，元朝对这一行为处罚非常严厉。大德五年（1301）八月，段丑厮等造谣惑众案件破获，其"同情及闻知不首之人并行处斩，妻子藉没，首捉事人各与官赏讫"。为了杜绝类似案件发生，元政府将此案件"排门粉壁晓谕……仍令社长、里正、主首、各处官司、肃政廉访司常加体察，毋致愚民冒触刑宪"②。盗贼同样影响到社会稳定，元朝利用排门粉壁的形式进行宣传。延祐三年（1316）三月，元朝规定："比年以来未获盗贼起数尚多……故将元定盗贼轻重罪名开列于后，仰所在官司多出文榜，排门粉壁，明白晓谕，毋致违犯。"③

元朝作为一个少数民族统治的政权，对汉人集会、聚集活动非常

---

① （明）杨士奇：《东里集·续集》卷61《过三河县》，文渊阁四库全书本，集部第1239册，第534页上。
② 《大元圣政国朝典章》3《圣政二·明政刑》，第101页。
③ 《大元圣政典章新集·刑部·诸盗·总例·盗贼通例》，第2365页。

敏感，通过一系列法令禁止，这些法令通过排门粉壁的形式宣传。延祐四年（1317），元政府发布禁止聚众、祈赛神社等禁令，要求各地"行移合属，排门粉壁，严加禁治"①。延祐六年（1319）九月，元朝通过取消民间集场的法令，指出"集场买卖，人民、商旅、听唱人等，皆系蚩蚩愚民，事干人众，俱难一概论罪"，要求各地方官"排门粉壁，晓谕禁约"。②

元代河南行省南部、湖广等地盛行采生祭鬼，残害人口的陋习，影响了百姓日常生活，元朝于是通过法令禁止，并通过排门粉壁的形式广为宣传。元贞元年（1295），元政府照会湖广行省，"合属常切严行禁治，及排门粉壁，晓谕人民，递相觉察，告捕到官，照依强盗例结案"③。延祐三年（1316），元政府再次通过禁令，要求河南省荆湖北道"排门粉壁禁约，廉访司严加体察"④。

婚嫁关系到一般百姓的生活，因此，元朝颁布有关婚嫁方面的法令以后，用排门粉壁的方法宣传。至元七年（1270）四月，元政府有关婚嫁的法令规定：

> 今后嫁娶只就白日至禁钟以前宴会，除聊备按酒外，饮膳上中户不过三味，下户不过二味，无致似前费耗。外据其余筵会亦同此例。行下太原路遍行所属，出榜张挂，置立粉壁，省谕施行。⑤

印制伪钞是元朝严加防范的违法行为，元朝利用排门粉壁宣传这方面的禁令。大德七年（1303），元政府通过禁治伪钞的法令："令

---

① 《大元圣政国朝典章》57《刑部十九·诸禁·禁聚众·祈赛神社》，第 2095 页。
② 《大元圣政国朝典章》57《刑部十九·诸禁·禁聚众·禁罢集场》，第 2099 页。
③ 《大元圣政国朝典章》41《刑部三·诸恶·不道·禁治采生蛊毒》，第 1553 页。
④ 《大元圣政国朝典章》41《刑部三·诸恶·不道·禁治采生蛊毒》，第 1554 页。
⑤ 《大元圣政国朝典章》30《礼部三·礼制三·婚礼·禁夜筵宴例》，第 1142 页。

有司严加禁治，略节具书罪赏，排门粉壁，使民知惧，递相觉察。"①

盐是中国历代王朝的专卖商品，元代盐法非常严密，禁止私贩，民间商人贩盐，需要通过政府指定的牙人购买盐引。对于牙人的不法行为，元政府通过排门粉壁的形式进行惩戒。大德四年（1300），元政府规定："敢有私充盐牙，及已罢牙人，结揽盐商，私相交易者，决杖六十七下，门前粉壁，毋令再犯。"②对于已经抓获的私盐犯人，为了监督其不再犯罪，大德四年（1300）十一月元政府规定：

> 今后犯盐经断贼徒，各于门首粉壁，大字书写"犯盐经断贼徒"六字，官为籍记姓名，责令巡尉、捕盗等官，每月一次点名抚治，务要改过，别求生理。出入往回，须使邻佑得知，三日之外不归者，即报捕盗官究问。三年不犯，邻佑保举，方许除籍。③

此外，对于越界贩盐，延祐六年（1319）元朝通过禁令："遍行合属，于各管盐界首要路村店安立碑额，大字直书某盐不得犯界，使民易避。"④这里的"立碑额"而不是粉壁，说明元政府对盐法的重视，粉壁容易模糊或被擦去，刻在石碑则保留时间长久，因此也可以说石碑是粉壁的一种特殊形式。

元朝对有关军事的事务非常重视，排门粉壁被广泛用在有关军户政策的宣传方面。元代蒙古军、汉军一般有依附的驱口，供给其出征的费用。蒙古军、汉军军户屯驻江南以后，针对一些军驱逃亡的现象，大德五年（1301）元成宗发布圣旨："遍行诸路，排门粉壁，远年近日，应有在逃躯丁，拘刷得见，取问根脚，就发合属官司给主，不致消乏

---

① 《大元圣政国朝典章》20《户部六·钞法·伪钞·禁治伪钞》，第795页。
② 《大元圣政国朝典章》22《户部八·盐课·新降盐法事理》，第897页。
③ 《大元圣政国朝典章》22《户部八·盐课·新降盐法事理》，第890页。
④ 《大元圣政国朝典章》22《户部八·盐课·犯界食余盐货》，第933页。

军户气力。"①至大元年(1308)三月元武宗发布的圣旨中也有:"(逃驱)不拣谁休隐藏者,隐藏的每有罪过者,逃走的人拿住呵,转送与他本主者。……省谕众人,交排门粉壁呵。"②

上面通过排门粉壁方式宣传对逃驱的政策,目的是为了使士兵安心服役。对于士兵本身的逃亡现象,元朝更加重视,同样将禁令排门粉壁,广为宣传。大德元年(1297)闰十二月,针对江南新附军出现的逃亡现象,元政府下令:"责令捕盗官司,督责里正、主首人等,排门粉壁,无致停藏。"③延祐六年(1319)四月十五日,针对军人逃亡日众的现象,元仁宗再次发布圣旨:

> 军户气力消乏,逃避他处,圣旨到日,限五十日,各处管奥鲁官人每,多出榜文,排门粉壁,根刷限内自出首者,与免本罪。元抛事产,依数给付,仍免三年差役。限外不行出首,隐匿逃军之家,依先圣旨例,要罪过者。④

另外,为了保证军户土地不被侵害,大德七年(1303)元政府规定:"约束管民官司,不得打量军户地亩……令每社置一粉壁,其上只写'不得言告军户地亩数字',如此则当军之家,皆得免其逼胁侵扰之患。"⑤

第三,元代粉壁有惩戒职能。

中国古代刑法中有羞耻刑,主要通过阉割生殖器(也称宫刑、腐刑)、刺字、示众等方式使罪犯感到羞耻,进而达到惩罚的目的。元代以粉壁作为一种对犯过错人的惩戒方式,即在其门首红泥粉壁,书写过错名目,取红泥鲜艳醒目的特点,让过错者受到社会舆论的谴责,产生羞耻感,

---

① 《大元圣政国朝典章》34《兵部一·军驱·拘刷在逃军驱》,第1290页。
② 《大元圣政国朝典章》34《兵部一·军驱·拘刷在逃军驱》,第1293—1294页。
③ 《大元圣政国朝典章》34《兵部一·逃亡·逃军窝主罪名》,第1301—1302页。
④ 《大元圣政国朝典章新集·兵部·军制·整治军兵·拘刷逃军及代替军役》,第2343—2344页。
⑤ 《大元圣政国朝典章》24《户部十·租税·军兵税·不得打量汉军地土》,第1036页。

以便改正过错,这种惩罚方式应属于羞耻刑的范畴。

元朝政府严禁地方豪民欺压良善、把持官府,对于此种豪霸之民,一般在法律惩处的同时,还要红泥粉壁,进行羞辱惩罚。大德八年(1304)元政府通过的一则法令规定:

> 今后,但有把持公事并妄告官吏之人,初犯,枷项,于犯人门首示众,痛行断罪,红粉壁书写过名。所在官司,标附籍记,令充夫役三年,改过,方许除籍。如是不悛,再犯,加等断罪,移徙边远。①

至大二年(1309)元武宗圣旨中也有这样一段文字:

> 行凶的泼皮每,一遍撒泼皮呵,要了罪过,他的门首泥写红粉壁;第二遍、第三遍撒泼皮呵,要了罪过,交曳车配役呵。②

上述惩治豪民的法令在元代确实得到执行,这从元代的许多案例中可以得到证明。延祐元年(1314)三月,万载县民萧瑀、黄鼎元,因为"把持官府,起灭词讼,两经断罪,泥置粉壁"。皇庆元年(1312)十二月,江西豪民王逢、王达卿、王南卿,因"殴打张万户,欺官罔民,合于门首红泥粉壁,标示过名,再犯依例迁徙"③。至治元年(1321)三月,建宁路建安县豪民魏智夫父子,残害驱奴魏子十夫妇。建宁路断讫,对罪犯"红泥粉壁,以彰过恶。本人迁往辽阳肇州屯种"④。这种案例在其他史料中也可以找到,至顺二年(1331)苏天爵为南台御史时:

---

① 《大元圣政国朝典章》57《刑部十九·诸禁·禁豪霸·札忽儿歹陈言三件》,第2083页。
② 《大元圣政国朝典章》57《刑部十九·诸禁·禁豪霸·禁治行凶泼皮》,第2086页。
③ 《大元圣政国朝典章新集·刑部·禁奸恶·把持人再犯禀例迁徙》,第2451—2452页。
④ 《大元圣政国朝典章新集·刑部·诸殴·富强残害良善》,第2406页。

> 澧之齐氏，沅之曹氏、骆氏，靖之唐氏，并雄于资，而善持吏短长为民害。齐因湖泊官不听其扑买而诬以他事，曹与骆有罪，例当施粉壁著其过恶，遂藏去省檄，以灭其迹。唐以白身为黄平府判官，追夺之令下而拒不纳。公至，吏始克举其法，无所避。①

另外，据《万姓统谱》记载，苏耀素在元朝至正年间为平谷县尹，"民有善词律挟害善良者，耀素召至，取其情状，书诸粉壁，其人遂改行，由是政声日著"②。

对于赌博诈骗之人，元政府在依法处罚的同时，同样给予红泥粉壁的处罚。大德十年（1306）七月，杭州民人蒋文贵等"以挑伪钞装诬客人"，杭州总管府将文贵杖八十七下，在其家门首红泥粉壁。至大二年（1309）六月，蒋文贵又与徐三开赌坊，擅自去除家门首红泥粉壁。"事发到官，将各人断讫七十七下。"③另外，对于犯盗贼罪的罪犯，刑满以后，为了对其进行监控，避免再次犯罪，元朝政府规定了以充警迹人和红泥粉壁为主的惩罚监督办法，大德五年（1301）的一则法令规定：

> 断放强切盗贼，发付元籍，官司籍记，充警迹人。门首置立红泥粉壁，开写姓名所犯，每上下半月赴官衙贺，令本处社长、主首、邻佑，常加检察，但遇出处、经宿或移他所，须要告报得知，违者即便申官追究。④

---

① （元）黄溍：《黄文献公集》卷7上《苏御史治狱记》，丛书集成初编本，第257页。
② （明）凌迪知：《万姓统谱》卷12《上平声·苏耀素》，文渊阁四库全书本，史部956册，第259页下。
③ 《大元圣政国朝典章新集·刑部·禁赌博·赌博赦后为坐》，第2455页。
④ 《大元圣政国朝典章》49《刑部十一·诸盗一·警迹人·警迹人转发元籍》，第1830页。

第四，百姓发表政治观点和官民之间的信息交流职能。

粉壁既为官府管理、宣传、惩戒等行为的实施创造了条件，也为儒士、下级官吏和一般民众讽议政治、发表政治主张提供了便利的信息平台。他们通过官府政治宣传得到官府信息，同时也通过粉壁对官府的政策、统治方式等发表意见，从而推动了官民之间的信息交流。元代由于粉壁引起的官民互动比较明显。

据陶宗仪记载，元代后至元年间，伯颜专权，"剡王彻彻都、高昌王贴木儿不花皆以无罪杀。山东宪吏曹明善时在都下，作《岷江绿》二曲以风之，大书揭于五门之上。伯颜怒，令左右暗察得实，肖形捕之"①。曹明善在京城五门门壁上书写反对伯颜的词，意在利用粉壁表达对于时政的观点。伯颜专权失败以后，"左迁南恩州达鲁花赤，至隆［龙］兴卒，寄棺驿舍。滑稽者题于壁云：'百千万锭犹嫌少，垛积金银北斗边。可惜太师无运智，不将些子到黄泉。'"② 这则写于龙兴路（今江西省南昌市）驿站粉壁的打油诗，反映了百姓对权臣伯颜贪财聚敛的讽刺。类似例子还有很多，元初士人梁栋以诗名，一日登大茅峰，题壁云："大君上天宝剑化，小龙入海明珠沉。安得长松撑日月，华阳世界收层阴。"一道士诉于句容县，以为谤讪朝廷，有思宋之心。县上于郡，郡达于行省，行省闻之都省，直毁屋壁，函致京师，囚梁公于狱。③

元初士人对处境不满，通过粉壁写诗展示政治抱负，元政府则通过粉壁之诗了解到这一情况，毁屋壁并采取镇压措施。这是元代官民信息交流的一个典型例子。当然，官方的粉壁属于主流媒体，官民之间进行的信息交流并不是对等的。

---

① （元）陶宗仪：《南村辍耕录》卷8《岷江绿》，元明史料笔记丛刊本，第103页。
② （元）陶宗仪：《南村辍耕录》卷27《讥伯颜》，元明史料笔记丛刊本，第341页。
③ （元）孔齐：《至正直记》卷2《梁栋题峰》，第64页。

第五，元代粉壁有社会教化功能。

粉壁所传播的社会教化方面的信息，有利于社会教化的推行，前面引述的有关史料里面，将农村不务正业之人以及欺压良善的豪民排门粉壁，就是粉壁在社会教化方面功能的表现。在实际生活中，利用粉壁推行社会教化的例子还有很多，陶宗仪《南村辍耕录》记载了一个有趣的故事：

> 嘉兴白县尹得代，过姚庄，访僧胜福林，间游市井间。见妇人女子皆浓妆艳饰，因问从行者，或答云："风俗使然，少艾者，僧之宠，下此，则皆道人所有。"白遂戏题一绝于壁云："红红白白好花枝，尽被山僧折取归。只有野蔷颜色浅，也来钩惹道人衣。"胜见，亟命去之，然已盛传矣。①

这里白县尹对僧人、道士狎妓现象不满，在寺院粉壁上写诗以讽之，虽然这首诗被擦去，但此信息很快在当地流传，使这种违背社会道德的现象，受到社会舆论的谴责。

元末社会动荡，战乱频仍，一些节妇诗开始在民间流行。陈友谅部下邓某攻陷江西某县，掠妇女兰氏，逼与其成亲。兰氏先杀子，后啮指血书壁曰："经纬难分浊与清，此身不幸厄红巾。孤儿未忍更他姓，列妇何曾嫁二人？白刃自挥心似铁，黄泉欲到骨如银。荒村日落猿啼处，过客闻之亦惨神。"书罢，即自刎。至正二十年（1360），嵊县剡溪妇女胡妙端，嫁给同邑祝某，此年春，"苗獠虏至金华县，将妻之，义不受辱，乘间啮指血题诗壁上，已，赴水而死"。②

中国古代民间妇女能写诗的并不多，上述事例中的节妇诗可能是当时文人的代笔，不过这种诗歌通过民间粉壁广为流传，有利于以

---

① （元）陶宗仪：《南村辍耕录》卷28《白县尹诗》，元明史料笔记丛刊本，第348页。
② （元）陶宗仪：《南村辍耕录》卷15《胡烈女》，元明史料笔记丛刊本，第182页。

儒家正统思想为代表的社会教化的推行。

最后，作为一种分布广泛的社会媒体，元代粉壁的社会功能非常丰富，不仅仅表现在上述几个方面。元初，尚书省左右司员外郎韩仁（字义和）弃官为道士，他钻研医书，成为名医。他将一些重要的药方"遍书里巷壁间。京师物繁，岁多奇疾，赖公起死者不胜纪"①。这则史料说明，元代粉壁还具有传播医学知识，辅助治疗民间疾病的功能。另外，据记载，元代杭州属邑有一巨室，恃财挟势，虐害良善……众不可堪，走讼宪府，巨室逃匿。"宪使怒，督责有司，示罪赏，揭大迨，且家至壁白，隐藏者罪连坐，首捕者赏万缗。"②这里的"家至壁白"实际上就是排门粉壁，反映出元代的粉壁还具有通缉罪犯的职能。

上述有关粉壁社会功能的考察，充分反映了粉壁这一信息传播媒体在元代社会各个方面的重要作用。元代对粉壁的充分利用说明，元朝政权是一个对社会信息比较重视的政权，在元朝的统治过程中，表现出蒙古统治者重视实用、重视行政效率的特点。

三

从有关元代粉壁形式及其社会功能的考察可以看出，元代通过粉壁进行的信息传播分为两个层面：一是由官到民的主流信息传播，即将国家和地方政府的各种政策、法令、禁令，通过排门粉壁或对特定地区、特定社会群体粉壁的形式，由中央到地方的官府传到民间。元朝非常重视由官到民的信息传递，一般有关政权运行、社会稳定的政策和法令都能通过粉壁的形式传到基层社会，一些禁令和惩戒的信息

---

① （元）王恽：《秋涧先生大全文集》卷60《大元国故尚书省左右司员外郎韩公神道碣铭》，元人文集珍本丛刊本，第2册，第187页下。

② （元）陶宗仪：《南村辍耕录》卷24《王一山》，元明史料笔记丛刊本，第295页。

也可以通过粉壁的形式在民间广泛传播，反映了元政权较高的行政效率。同时，虽然官方属于信息发布的强势一方，民间也不是完全被动接受，民间在接收到官府信息以后，会通过粉壁，以讽议时政的形式进行回应，从而形成官民之间并不对等的信息交流。二是民间信息传播，这种传播形式包括民间公共空间的社会信息交流、文化信息扩散、各种思想传播和属于民间私人空间的自励、自警等。元代这种类型的信息传播比较活跃，反映了元朝社会的发展和活力。

粉壁是现代传媒发明以前，中国社会重要的信息传播媒体之一。粉壁分布广泛，基本不需要投入较大的人力、物力进行专门建设，因此其种类繁多，社会功能丰富。元朝统治者充分利用了粉壁的自身特点，通过粉壁推行一些社会管理、政治宣传、惩戒犯罪以及社会教化方面的工作。元代民间士人、百姓也充分利用粉壁发表政治见解、创作文学作品、宣传儒学或宗教思想以及传播文化知识。元代粉壁的活跃，成为元代社会发展活力的重要表现之一。同时，通过对元代粉壁不同形式和社会功能多样化的考察，我们还可以得出结论，元朝是一个社会信息比较畅通和信息交流比较活跃的王朝，元朝政权也是一个比较重视统治效率的成熟的封建政权。

(原载《中国史研究》2008年第1期，收入中国人民大学复印报刊资料《宋辽金元史》2008年第3期)

元代儒士许衡的社会网络

儒士也称士大夫，是两宋以来通过科举形成的一个社会集团，与以前的士族靠出身和对学术文化的垄断保持自己的精英地位不同，儒士作为一个社会集团，更多地靠其建立的社会网络，维持个人或家族的政治地位和对地方社会的控制能力。两宋以来，儒士内部成员之间以及儒士与其他社会成员之间，一般都保持一种互动关系。这种互动关系的存在，在儒士的周围形成了一个由血缘、地域、婚姻、同僚、师生等关系构成的社会网络。儒士可以通过其社会网络，在社会活动中得到支持和帮助。同时，社会网络也制约和规范儒士的社会活动。每个儒士都有其特定的社会网络，儒士在仕宦、社会活动、文化学术等方面的成功与否，在很大程度上与他所营造的社会网络有关。蒙古灭金以后，中国北方儒士的处境急遽恶化，不仅靠科举进入社会统治阶层的途径被断绝，而且个人的生存问题也面临着严峻的挑战。在这种情况下，中国北方的儒士更加注意通过建立和营造社会网络，来融入蒙古政权，取得生存条件，并且通过促使蒙古政权"行汉法"的方式改造蒙古政权，使它符合儒家治国理想。许衡可以说是这种类型的北方儒士的典型代表。

许衡（1209—1281）是元初著名的思想家、教育家，他的一生对元代理学在北方的传播、元代教育的发展产生了重要的影响，对元初汉地式的中央集权国家制度的建立同样功不可没。另外，他通过教育活动，对元朝初年的政治发展也产生了重要影响。正是由于许衡在元初政治、教育、文化等方面的贡献，长期以来，关于他的研究成为学术界关注的热点之一，一些专著和论文相继发表，专著有：台湾学者王民信的《许衡》（商务印书馆1978年版）、袁国藩《元许鲁斋评述》（商务印书馆1972年版）；论文有：张帆《〈退斋记〉与许衡、刘因的出处进退——元代儒士境遇、心态之一斑》（《历史研究》2005年第3期）、丁昆健《元许衡的教育思想》（《华学月刊》1983年第134期）、林锦云《许衡对元初中统之治的贡献》（台湾大学历史研究所硕士学位论文，1968年）等。另外，姚大力《金末元初理学在北方的传播》（《元史论丛》第2辑）、萧功秦《元代理学散论》（《中国哲学》1985年第13期）、么书仪《元代文人心态》（文化艺术出版社2001年版）等也涉及许衡的研究。近年来出版的一些有关教育史的通论性的专著，大多也涉及许衡的教育思想、教学方法等问题，如毛礼锐、沈灌群主编《中国教育通史》（第3卷，山东教育出版社2000年版）、李才栋等《中国教育管理制度史》（江西教育出版社1996年版）、陈学恂《中国教育史研究》（宋元分卷，华东师范大学出版社2000年版）等。前人有关许衡研究的重点是许衡的教育思想、许衡与元初政治、许衡的教学理论、许衡与理学的传承以及许衡仕元的心态等问题，可以说，一些研究已经比较深入。本文在前人研究的基础上，对元代许衡的社会网络进行初步探讨，目的是通过对许衡社会网络的考察和分析，反映元朝政权由以草原为中心的大蒙古国向以中原为中心的中国传统王朝的转变过程中，以许衡为代表的北方儒士的生活状况以及他们为改造蒙古政权做出的努力。

一、生平

许衡,字仲平,怀孟路河内县(今河南省沁阳市,当时也称覃怀)人。金末避兵,许衡之父许通举家南徙新郑(今河南省新郑市),许衡即出生于此。元太宗壬辰年(1232),许衡随家北徙至大名(今河北省大名县),后又南迁至卫辉路(今河南省卫辉市)定居下来,后来许衡辞官又回到河内。

许衡自幼聪明好学,七岁入学,受学于乡学师,"凡三易师,所授书辄不忘"。对于所学知识,许衡表现出强烈的求知欲望,尝问其师曰:"读书欲何为?"师曰:"应举取第尔。"曰:"如此而已乎?"师大奇之。于是"每从质句读训解,必问其旨义"。以至于其师不能胜任,辞其父母曰:"此儿颖悟非常,它日必有过人者。流离之际,吾聊以遣日,岂能为之师乎?"师卒遁去。许衡幼年生活在金末蒙金战争的动荡年代,"学校废弛","民皆转徙,无从师授,亦无书籍",这种情况下,不可能得到较好的教育环境。此后,为了在乱世中求得生存,许衡父母命之习吏、习医、习占卜之术。虽然他在习吏时注意"考求立法用刑之原"①,但他真正感兴趣的还是儒家学问,"刻意坟典,考求古者为治为学之序,操心行己之方",在十分艰难的情况下,学到了儒家的基本知识。

蒙金战争以后,金朝灭亡,北方统一于大蒙古国政权。虽然这时战争的破坏并没有得到恢复,社会萧条,但毕竟有了一个相对安定的环境。许衡最早的讲习师友是窦默和姚枢,当时许衡、窦默同居于魏(今河北省魏县),二人时常危坐终日,探讨学问。姚枢早年投靠杨惟中,战后不满色目人牙老瓦赤的统治方式,归辉县(今河南省辉县市)苏

---

① (元)苏天爵辑撰,姚景安点校:《元朝名臣事略》卷8《左丞许文正公》,第165—166页。

门山务农,得知窦默、许衡的情况后,也"过魏相与聚居"①。当时姚枢已经从江汉先生赵复处得到程朱理学典籍②,壬寅(1242)许衡到苏门访求,尽录以归。得到程朱典籍是许衡一生中的重要事件之一,这位对学术有浓厚兴趣和孜孜追求的年轻学者(当时许衡三十三岁)很快被理学的魅力所征服,聚学者曰:"曩所授受皆非,今始闻进学之序。若必欲相从,当尽弃前习,以从事于《小学》、《四书》为进德基。不然,当求他师。"③此后,许衡的教育活动发展到一个新的阶段。庚戌(1250)许衡生病还乡,经过卫辉路,听说家乡怀孟路政治苛虐,于是在苏门定居下来,与姚枢为邻居,授徒为生。这一时期,许衡对现实生活基本上是满意的,他庆幸自己在社会动乱中生存下来。他在《偶成》一诗中写道:

万物备吾身,身贫道未贫。观时见物理,主敬得天真。心爽星辰夜,情新草木春。自怜斫丧后,能作太平民。④

他在不久写给好友窦默的信中也写道:"乱后虽处小庠,实出僭妄,比年竭力经营,田庐庶覆前日之非。"⑤这说明许衡在蒙古统一北方之后,授徒为业的生活逐步走向正轨,这种相对安定的生活持续了十年左右。

辛亥(1251)以后,许衡好友姚枢、窦默接受蒙古政权之召北上,许衡也面临是否出仕的抉择。此时,忽必烈已经受封京兆(今陕西省西安市)分地,甲寅(1254)王府派人于大名召许衡为京兆教授,许

---

① (元)苏天爵辑撰,姚景安点校:《元朝名臣事略》卷8《左丞姚文献公》,第157页。
② 据元人苏天爵《元朝名臣事略》卷8《左丞姚文献公》,元太宗七年(1235)姚枢与杨惟中一起从诸王阔出征南宋,蒙古军攻破德安,江汉先生赵复被俘欲自杀,为姚枢所救,于是赵复尽出程、朱二子性理之书付姚枢。
③ (元)苏天爵辑撰,姚景安点校:《元朝名臣事略》卷8《左丞姚文献公》,第157页。
④ (元)傅习辑:《皇元风雅·前集》卷1,四部丛刊初编本。
⑤ (元)许衡:《鲁斋遗书》卷9《与子声义之》,文渊阁四库全书本,集部第1198册。

衡应召前往。乙卯（1255）廉希宪为京兆宣抚，任命许衡为京兆提学，许衡力辞不受，他在《辞免京兆提学状》中说：

> 窃闻提学官，师表之任也，仪刑多士，检正学业，实风化人才之所自缘。某早年羁旅，学无渊源，于举业功夫，未至成就，若不量度，叨冒宠荣，取四方之讥，辱王府之命，不止为罪于一身也，事有所系，义在必辞。①

这里，许衡推辞说他不能任职的原因是资历不够，这不过是一个托词，主要原因还是许衡在心理上还没有做好出仕蒙古政权的准备。儒家思想特别是后来的程朱理学讲究君臣之道、夷夏之防，许衡生于金朝，虽然没有在金朝做官和中科第，但他毕竟来自金朝，从道义上说不应该出仕。另外，蒙古毕竟是北方蛮族，到蒙古政权中做官，不符合儒家道德伦理。为了说明自己不愿出仕的态度，许衡还跟刘秉忠（仲晦）、张易（仲一）写信，反复陈说自己不能出仕的原因：

> 两君子执事……某山野鄙人，虚名过实，不胜愧负。仲一过京兆，以稠人中不克款附所怀。继荷仲晦公特书慰勉，使某宽而居，安而待。……所以解之，非二君子其谁可者？……某之寡陋，先生素知，使依先所降恩，命教人家子弟，已愧不称；况提学之职，必习知举业、场屋有声者，可得为之，而某蹇浅昏昧，一无所晓，何以当此？苟强颜为之，不唯取笑四方，为士友所责，亦恐用非其人，为当路诸公之累。②

从这封信的内容可以看出，许衡在给刘秉忠、张易的信中仍然

---

① （元）许衡：《鲁斋遗书》卷9《辞免京兆提学状》，文渊阁四库全书本，集部第1198册。
② （元）许衡：《鲁斋遗书》卷9《与仲晦仲一》，文渊阁四库全书本，集部第1198册。

强调他没有资格做京兆提学官,这与他写给好友的送别诗中观点不同。
窦默北上,许衡在送别诗中写道:

> 初来识君面,此行见君心。匡时有长策,虑远忧且深。俗亲取近效,雅意入幽沉。人生贵所依,所依贵知音。知音得长布,身将比黄金。我本贫贱士,多思委相寻。未得办一饭,胡为遽分襟。征鸿出远塞,西风动辣林。去去渺万里,何年酒同斟。含情望无极,白云障孤岑。①

诗中,许衡一方面对窦默的应召表示赞赏,另一方面却将自己比作贫贱士,温饱问题尚没有解决,不能出仕做官。世祖忽必烈继位后,召窦默至京,窦默以许衡相荐,许衡得知后在写给窦默的信中,责备窦默不应该向忽必烈推荐他,他宁愿过一种隐居生活。信中说:

> 或者横加己意,欲先天而开之,拂时而举之,是揠苗也,是代大匠斫也。揠苗则害稼,代匠则伤手,是岂成己成物之道哉?即其违顺之多寡,乃其吉凶悔吝之多寡也。平生拙学,认此为的信而守之,罔敢自异。今先生真欲以助长之力,挤之伤手之地,是果相知者所为耶?无益清朝,徒重后悔,岂交游之浮,不足为之虑耶?抑真以樗散为可用之材也,相爱之深,未应乃尔。若夫春日池塘,秋风禾黍,夏未雨蚕老麦收,冬将寒困盈仓积,门喧童稚,架满琴书,山色水光,诗怀酒兴,拙谋或可以辨此也。是以心思意向,日日在此,安此乐此,言亦此,书亦此,百周千折,必期得此而后已。先生不此之助而彼之助,是不可其所可,而可其所不可也。其可哉,将爱之实害之,万惟恕察,言不能隐括,

---

① (元)许衡:《鲁斋遗书》卷11《送窦清叔》,文渊阁四库全书本,集部第1198册。

悚息待罪。①

以上史料，反映出许衡的矛盾心理，一方面认为从道义上说不应该出仕，担心"贾祸而召怨"②；另一方面，从儒家"出世"、"外王"的角度看，他从内心深处并不反对出仕。许衡是一位有很强的社会责任心的学者，看到战争中人民流离失所的场面以及战后社会萧条的社会现实，他又强烈地感受到应该凭自己的力量改变这种状况。蒙古政权的统治虽然与儒士理想的政治相差很远，但他可以借助蒙古政权的力量改造当时的社会，或利用儒家治国理论改造蒙古政权，使其符合"儒治"理想。这种矛盾的心态可以说在许衡的一生都有表现，对以后许衡的出处进退产生了重要影响。

中统元年（1260），忽必烈继位，许衡应召至上都。上面已经说明，许衡被忽必烈召见，窦默的推荐起了重要作用。苏天爵记载了许衡与忽必烈第一次会见的情况：

> 入见，问所学，曰："孔子。"问所长，曰："虚名无实，误达圣听。"问所能，曰："勤力务农，教授童蒙。"问科举何如，曰："不能。"上曰："卿言务实，科举虚诞，朕所不取。"③

此次会见就这样平淡结束。中统二年（1261），王文统奏封许衡太子太保，不受，后改为国子祭酒，拜命，以疾辞，九月还怀孟。这次北上召见，忽必烈对许衡并没有产生很好的印象，许衡对当时王文统当政时期的朝政也不满意。不过，忽必烈对许衡的学识以及耿直的性格还是印象颇深，以后许衡被多次召见，可能部分出于这方面的原因。

---

① （元）许衡：《鲁斋遗书》卷9《与窦先生》，文渊阁四库全书本，集部第1198册。
② （元）许衡：《鲁斋遗书》卷9《与子声义之》，文渊阁四库全书本，集部第1198册。
③ （元）苏天爵辑撰，姚景安点校：《元朝名臣事略》卷8《左丞许文正公》，第168页。

中统三年（1262），许衡第二次被召至大都，至元元年（1264），正月辞还怀孟路。

至元二年（1265）十月，忽必烈第三次将许衡召至大都，十二月奉旨入省议事，以疾辞，引起忽必烈不满。至元三年（1266），忽必烈在檀州后山召见许衡，不客气地对许衡说：

> 窦汉卿独言王以道（即王文统），当时汝何为不言？岂孔子教法使汝若是也？汝不尊孔子教法自若是耶？往者不咎，今后勿尔也。是云是，非云非，可者行，不可者勿行。我今召汝无他，省中事前虽命汝，汝意犹未悉，今面命汝。人皆誉汝，想有其实。汝之名分，其斟酌在我，国事所以无失，百姓所以得安，其谋谟在汝。谓汝年老未为老，谓汝年小不为小，正当黾勉从事，毋负汝平生所学。①

四月，许衡至上都，奏《时务五事》，不久，辞官养病。

至元四年（1267），许衡第四次奉诏至大都议定官制。至元七年（1270），拜中书左丞。时阿合马专权，朝政混乱，许衡于是辞于殿，忽必烈不允。此年五月，随中书省赴上都，面斥阿合马"专权无上，蚀国害民"。不久，以病辞官，丞相安童不许。

从中统元年许衡初次受召，到至元七年被任命为中书省左丞的十年间，是许衡在元朝的从政时期。从屡辞屡召的情况来看，许衡的从政并不成功，除了议定官制以外，许衡在这一时期对当时的政坛并没有产生明显的影响，元世祖忽必烈对许衡也不甚赏识。许衡也认识到依靠儒家理想改造元政权并不是他本人的努力所能做到的，于是，他开始将主要精力用于教育，试图通过培养通晓"儒治"的人才，逐步

---

① （元）苏天爵辑撰，姚景安点校：《元朝名臣事略》卷8《左丞许文正公》，第169页。

改变元朝政权。这种机会在至元八年（1271）出现了。

此年，忽必烈授许衡集贤大学士、国子祭酒，令教蒙古生员数人，在大都城南原金朝枢密院旧址设立国子学。许衡于是奏请召旧弟子散在四方者十二人为国子学伴读，目的是通过伴读，熏陶浸润没有儒学基础的蒙古、色目生员，提高教学水平。关于许衡在国子学的教学活动，元人苏天爵在《左丞许文正公》中进行了详细的记载，这里不再详细叙述。从至元八年（1271）到至元十年（1273）的三年间，许衡为国子学教育的发展可谓呕心沥血，在他的努力下，国子学教育取得了很大的成功，苏天爵评论说：

> 国学之置，肇自许文正公……文正自中书罢政为之师，是时，风气浑厚，人材朴茂，文正故表章朱子《小学》一书以先之，勤之以洒扫应对，以折其外，严之以出入游息，而养其中，掇忠孝之大纲，以立其本，发礼法之微权，以通其用。于是数十年彬彬然号称名卿才大夫者，皆其门人也。①

元人王恽也评价说：

> 窃见至元七年，朝廷立国子学，命许衡为祭酒，选朝右贵近子弟，令教授之。不满五岁，其诸生俱能通经达礼，彬彬然为文学之士。及其入仕，皆明敏通疏，果于从政。如子谅侍仪之正大，子金中丞之刚直，康提刑之仕优进学，弟亲臣之经明行修，坚童君永之识事机，子亨待制之善书学，企中客省之贞干，扬历省台，蔚为国用，岂小补哉？②

---

① （元）苏天爵辑撰，姚景安点校：《元朝名臣事略》卷8《左丞许文正公》，第175—176页。
② （元）王恽：《秋涧先生大全文集》卷90《议复国子学》，四部丛刊初编本。

从元人的评价中,可以看到许衡的国子学教育对元朝历史发展的重要影响。

至元十年(1273)许衡辞官还乡,在怀孟简绝人事,课童仆,事耕垦。前面已经说明,许衡出仕元朝的心态是矛盾的,所以对做官兴趣并不大,对当时元朝的统治方式也不赞赏。他之所以倾全力投身国子学教育,目的是以培养人才改变元朝统治,实现其"儒治"理想。所以在晚年疾病缠身的情况下,他非常希望辞官回家,过上安定的生活。他在《病中杂言》诗中写道:

> 春来秋去客中情,转首光阴十岁经。学苦炼成心下赤,愁多消却鬓边青。眼前世事翻棋局,梦里家山忆画屏。何日归同林下友,笑谈书史有真馨。①

他在《病中有感》诗中也写道:

> 十载天涯客寄身,今年憔悴不堪闻。病来与死传消息,老去无家遗子孙。故里欢游频入梦,春城凝眺独消魂。如何藉我知音力,五亩耕归沁北村。②

所以,辞官回乡以后,许衡对乡间平淡的生活非常满意,他在一封信中提到:"后南归,得守邱垄,殊适所愿。老来情思,苦厌喧杂,课督儿童,种田读书,虽拙谋,心自喜。幸农夫野叟,日夕相遇,与之话言,固不尽晓要其中,无甚险阻,是可尚矣。"③他的《赵氏南庄》一诗大概反映了他居家生活的心情:

---

① (元)许衡:《鲁斋遗书》卷11《病中杂言六首》,文渊阁四库全书本,集部第1198册。
② (元)许衡:《鲁斋遗书》卷11《病中有感》,文渊阁四库全书本,集部第1198册。
③ (元)许衡:《鲁斋遗书》卷9《与人》,文渊阁四库全书本,集部第1198册。

> 晓起北窗凉，清谈戢羽觞。入帘花气重，落纸燕泥香。梦里青山好，吟逃白日长。秋风载书籍，相对筑茅堂。①

至元十三年（1276），元朝修订历法，第五次召许衡至京。至元十七年（1280）二月，《授时历》成，八月，许衡病重还家。至元十八年（1281），许衡病情加剧，不久去世。

许衡晚年受到了社会舆论的压力。他最后一次应召时，东平儒士王旭写《上许鲁斋先生书》，劝他不要应召。②学者刘因则在《退斋记》一文中③，对许衡进行嘲讽，认为他是以"老氏之进退"，"以术欺世"④。许衡的《病起》诗表达了他对外界舆论的态度，诗中写道：

> 花透香风入短棂，草抽新绿倚柴荆。正忧多病作身累，且喜幽居见物情。花为可观遭夭折，草因无用得欣荣。世间巧拙都相半，不许区区智力争。⑤

不过，在外界舆论的压力下，许衡心态比较悲凉，他在去世前对其子说："我平生虚名所累，竟不能辞官，死后慎勿请谥、立碑，必不可也，但书'许某之墓'四字，使子孙识其处足也。"⑥一代思想家、教育家就这样悲凉地离开人世。

---

① （元）傅习辑：《皇元风雅·前集》卷1，四部丛刊初编本。
② （元）苏天爵编：《元文类》卷37，国学基本丛书本。
③ （元）苏天爵编：《元文类》卷28，国学基本丛书本。
④ 张帆：《〈退斋记〉与许衡、刘因的出处进退——元代儒士境遇、心态之一斑》，《历史研究》2005年第3期。
⑤ （元）许衡：《鲁斋遗书》卷11《病起》，文渊阁四库全书本，集部第1198册。
⑥ （元）苏天爵辑撰，姚景安点校：《元朝名臣事略》卷8《左丞许文正公》，第177页。

二、社会网络

社会网络是指社会成员通过地缘、血缘、姻亲以及社会活动、社会交往等方式所形成的社会关系的总和。由于每个社会成员的社会经历各不相同,其社会网络也会各有特点。下面从几个层面考察许衡的社会网络。

(一) 讲习师友

就许衡来说,他出身于一般百姓之家,幼年又遇大规模的战乱,因此没有条件接受较好的教育,只是从一些乡学师中得到基本的文化、经学教育。在金末动乱的环境中,他主要通过自学或师友之间的相互讲习、问辩,逐步掌握了传统文化知识以及理学的有关理论,因此,师友关系是许衡的社会网络中最早出现的内容。从史料看,在中统元年(1260)许衡五十一岁以前,非常注意与怀孟路、卫辉路、大名路一带的儒士或乡学师建立社会网络。通过这种社会网络,许衡一方面可以与这些儒士、乡学师切磋学术、探讨社会问题,另一方面也可以相互照顾和提携,凭教书、授徒维持温饱。即使许衡以后出仕做官,他与一些儒士或乡学师之间仍然保持一定的联系,维持这种最初的社会网络。许衡与之建立师友关系的主要有下列儒士或乡学师:

窦默(1196—1280),字子声,初名杰,字汉卿,广平路肥乡(今河北省肥乡县)人。少习儒业,金末避兵河南,以教读为业。后流落德安府孝感县(今湖北省孝感市),孝感县令授之以《语》、《孟》、《中庸》、《大学》等儒家典籍。金朝灭亡,返回家乡,以经术教授邑人。[①]后来窦默隐居于魏,结识许衡,二人成为知己,"每相遇,则危坐终日,

---

[①] (元) 苏天爵辑撰,姚景安点校:《元朝名臣事略》卷8《内翰窦文正公》,第151—152页。

出入经传，泛滥释老，下至医药、卜巫、诸子百家、兵刑、货殖、水利、算术之类，靡不研究"①。中统元年（1260），窦默被忽必烈召至上都，许衡在送别窦默的诗中写道：

  西山山下觅幽村，水竹邻居拟卜君。岂意天书下白屋，便收行李入青云。功名准自英贤立，得失防因去就分。万里风沙渺南北，请归消息几时闻。
  莫厌风沙老不禁，斯民久已渴商霖。愿推往古明伦学，用沃吾君济世心。甫治看将变长治，呻吟亦复化讴吟。千年际会真难得，好要先生着意深。②

许衡在诗中一方面对窦默"便收行李入青云"表示祝贺，另一方面勉励窦默用所学知识，为国家做贡献。在上都，忽必烈请窦默推荐善于直言的人才，窦默以许衡对。许衡应召至大都后，二人仍然保持较好的关系，许衡"凡权贵豪右延请，皆不往，惟姚、窦二公时时相过，始终如一"③。

姚枢（1203—1280），字公茂，号敬斋，又号雪斋，营州柳城（今辽宁省朝阳市）人，后迁洛阳，又随父宦居于许（今河南省许昌市），自幼力学。太宗四年（1232），许被蒙古军攻破，姚枢投靠杨惟中。太宗七年（1235），随杨惟中于军中求儒、道、释、医、卜等人才，得江汉先生赵复，赵复赠之程朱理学典籍。太宗十三年（1241），因不满色目人牙老瓦赤的统治，弃官归卫辉路苏门山隐居讲学。结识窦默、许衡等，许衡于是到苏门山，尽录程朱之书以归。庚戌（1250），许衡举家来到苏门山，与姚枢为邻，许衡有诗反映二人为邻的情况：

---

① （元）苏天爵辑撰，姚景安点校：《元朝名臣事略》卷8《左丞许文正公》，第166页。
② （元）许衡：《鲁斋遗书》卷11《赠窦先生行》，文渊阁四库全书本，集部第1198册。
③ （元）苏天爵辑撰，姚景安点校：《元朝名臣事略》卷8《左丞许文正公》，第166页。

去去迷途莫问津，来还惟恐不知真。因时用舍固有命，与道卷舒宜在人。百尺竿头愁据险，一庵床下乐为邻。孰轻孰重何须论，梦想故园桑柘春。①

次年，姚枢应召北上，许衡独居苏门山。后来许衡也应召北上，与姚枢一直保持着密切的关系。许衡有《送姚敬斋》诗，写作年代不详，但反映了他对姚枢的评价，诗中写道：

凛凛姚敬斋，风节天下奇。终焉托君侯，君侯贤可知。人生贵得友，得友真朋龟。责善善无遗，辅仁仁克推。仁善既皆有，受福将自期。我来歌吉祥，真情寄荒诗。一祈仁政苏民疲，一祈善政赒民饥。丰功伟绩镌长碑，千年万年感激，人心无了时。②

刘德渊（1209—1286），字道济，内丘（今河北省刑台市内丘县）人。少"餍饫史学，为专门之业"。金亡，赴戊戌试，魁河北西路。中统元年（1260）授翰林待制，不久，归于家乡隐居著述。据王恽记载，"许鲁斋每道邢，必式闾，致恭而去"③。反映了二人之间的密切关系。

王得与（1219—1292），字载之，号西轩，高平（今山西省高平市）人，为当地知名学者，其"教者学者必以为法"。"所友皆天下士，自许鲁斋而下，咸候问相，及达官贵人求谒，未尝趋走承奉。"④中统元年（1260），为奉元路（今陕西省西安市）提举学校官。至元十二年（1275），许衡已辞去国子祭酒回到家乡，王得与"归自覃怀，过鲁斋先生，留

---

① （元）许衡：《鲁斋遗书》卷11《和姚先生韵》，文渊阁四库全书本，集部第1198册。
② （元）许衡：《鲁斋遗书》卷11《送姚静斋》，文渊阁四库全书本，集部第1198册。
③ （元）王恽：《秋涧先生大全文集》卷61《故卓行刘先生墓表》，四部丛刊初编本。
④ （元）蒲道源：《闲居丛稿》卷14《西轩王先生传》，文渊阁四库全书本，集部第1210册，第679页下。

止旬日，鲁斋深叹赞之"。明年，以目疾力辞提举职。"海内之士道同心契者，鲁斋许氏、潜斋杨氏，有疑，不惮远而相与订正焉。"① 从上述史料中，可以发现许衡与王得与的密切关系。许衡在《与提学》的信中提到"念昔相与邻居接壤，课督儿辈，种田读书，徜徉山水"②，可能就是写给王得与的。

谭彦清，生平不详，许衡有《留别谭彦清序》一文，文中说他"辞气温雅，自始识窃有慕焉。既又见读吾圣人书，虽馆传暮夜，手不暂释，益使人叹仰，又接其论议，则尚慕古人，以敦本抑末实学为己任，雍容乐易，大有以畏服人者"③。从许衡的记述中可以看出，谭彦清属于学者或乡学师。

孙伯玉，生平不详，许衡《与孙伯玉》一文中说："老得吾友，相与邻居，实夙昔所愿。方率儿辈结茅树桑，为读书计，不意有此行也。"④ 说明许衡在晚年与他关系密切。

吴行甫，生平不详，教书为业。许衡《与吴行甫》一文中说："伏惟行甫先生，德堪模范，学究渊源，已烦善诱之勤，先著小成之效，远图可望。"⑤ 说明许衡对他比较尊敬。许衡亦有诗与吴行甫相唱酬，他的《吴行甫韵》写道："老作民区百岁翁，托身终不羡陈宫。山田随分有生业，俭德养廉真古风。五亩桑麻舍前后，两行花竹路西东。幽人自爱幽居好，未肯埋身利害中。"⑥ 这首诗直率地表达了许衡辞官务农后的感受，也反映出二人的亲密关系。

另外，许衡在诗中还提到了贾玉，认为"贾君清介士，吾辈鲜能群"，表明他也是有才华的儒士。诗的结尾说："何日寻先约，青灯

---

① （元）蒲道源：《闲居丛稿》卷26《西轩王先生行实》，文渊阁四库全书本，集部第1210册，第773页上、774页上。
② （元）许衡：《鲁斋遗书》卷9《与提学》，文渊阁四库全书本，集部第1198册。
③ （元）许衡：《鲁斋遗书》卷8《留别谭彦清序》，文渊阁四库全书本，集部第1198册。
④ （元）许衡：《鲁斋遗书》卷9《与孙伯玉》，文渊阁四库全书本，集部第1198册。
⑤ （元）许衡：《鲁斋遗书》卷9《与吴行甫》，文渊阁四库全书本，集部第1198册。
⑥ （元）许衡：《鲁斋遗书》卷11《吴行甫韵》，文渊阁四库全书本，集部第1198册。

共夜分。"① 这表明许衡与贾玉也是好友。

（二）官场同僚

许衡在官场虽然屡次进退，但毕竟在中书省、国子学任官多年，并且直接参与主持了定官制和定历法这两件大事，因此，官场同僚成为许衡社会网络的重要内容之一。这些官场同僚基本上都是主张实行汉法的各级官员，许衡与他们建立社会网络，一方面能增加元朝内部汉法派的力量和影响，另一方面他本人也能从这个网络中得到支持和帮助，加强他在元政权中的地位和影响。在许衡以官场同僚组成的社会网络中，既有蒙古、色目高官，也有汉人、南人各级官僚，现将有关这一社会网络的主要成员介绍如下：

安童（1245—1293），蒙古札剌儿氏，木华黎四世孙。至元二年（1265），由宿卫官拜中书省右丞相。此年十月，许衡至京师，安童"就访于行馆，与语。既还，念念不释者累日"。至元三年（1266），忽必烈召许衡到檀州后山，对他说："安童尚幼，苦未更事，谨辅导之。汝有嘉谋，先告安童，以达于我，我将择焉。"许衡回答说："安童聪悟，且有执持，告以古人言语，悉能领解，臣不敢不罄愚衷。"许衡的回答，反映了他对安童的良好印象。安童对许衡也比较敬重，他将"丞相史天泽、左丞许衡、姚枢、参政商挺，皆引置左右，同辅庶政"②。至元七年（1270），许衡因与阿合马的矛盾，辞职归隐，安童不许③，反映了安童对许衡的推崇。

杨恭懿（1225—1294），字元甫，号潜斋，高陵（今陕西省高陵县）人，知名儒士。据姚燧为杨恭懿写的神道碑记载，许衡与杨恭懿的交往开始于元宪宗四年（1254），此年许衡受忽必烈潜邸之命教授京兆，

---

① （元）许衡：《鲁斋遗书》卷11《忆贾君玉》，文渊阁四库全书本，集部第1198册。
② （元）苏天爵辑撰，姚景安点校：《元朝名臣事略》卷1《丞相东平忠宪王》，第9、10、13页。
③ （元）苏天爵辑撰，姚景安点校：《元朝名臣事略》卷8《左丞许文正公》。

杨恭懿"往见之",对许衡的道德学问非常佩服,慨叹:"世乌有斯人之伦!"此后,杨恭懿对许衡敬之如师,许衡也是"友之亦至,分庭而行,抗席而坐,一遇讲贯,动穷日力,而所造益深"。二人相处六年以后,许衡东归。此间,许衡在与廉希宪的信中,向他推荐杨恭懿。①后来许衡应召到元朝为官,恭懿守志不仕。许衡为中书省左丞以后,再次向丞相安童推荐杨恭懿,"日誉公贤"②。至元十六年(1279),杨恭懿与许衡一起应召至京师,修订《授时历》,成为许衡的同事。许衡为杨恭懿之父撰写了墓志铭③,可见二人关系之密切。

张文谦(1217—1283),字仲谦,邢州沙河(今河北省沙河市)人。早从刘秉忠学习术数,忽必烈潜邸之臣。中统元年(1260)为中书左丞。④许衡被召至大都,仲谦"屡请执弟子礼,先生拒之而止"。每当许衡进退之际,他"必往返达上意,挽之留之",说明了许衡与张文谦之间的密切关系。至元六年(1269)许衡奉旨议官制,张文谦也参与了元初议定官制的工作。

商挺(1209—1288),字孟卿,号左山,曹州济阴(今山东省菏泽市)人。中统元年(1260)金陕西行省事,至元元年(1264)拜中书省参政。商挺与姚枢、窦默、王鹗、杨果纂《五经要语》凡二十八类以进,说明他与朝中许衡等儒士关系密切。商挺长子琥(字台符)在至元十四年(1277)以姚枢、许衡推荐,拜江南行御史台监察御史,说明许衡与商挺之间有一定的交往。⑤

王恂(1235—1281),字敬甫,中山府唐县(今河北省唐县)人。中统二年(1261)官太子赞善。许衡收集唐虞以来嘉言善政,为书以

---

① (元)许衡:《鲁斋遗书》卷9《与廉宣抚》,文渊阁四库全书本,集部第1198册。
② (元)姚燧:《领太史院事杨公神道碑》,见(元)苏天爵编:《元文类》卷60,国学基本丛书本,第868页。
③ (元)许衡:《南京转运司支度判官杨公墓志铭》,见(元)苏天爵编:《元文类》卷51,国学基本丛书本。
④ 参见《元史》卷157《张文谦传》。
⑤ 参见《元史》卷159《商挺传》。

进,世祖尝令恂讲解,且命太子真金受业,并且择勋戚子弟使学于恂。恂从太子真金抚军青海,乃以诸生属之许衡,说明王恂与许衡之间的密切关系。至元十三年(1276),王恂荐许衡能明历法之理,召之命主持修改历法。王恂子宽、宾均师从许衡。①

王恽(1227—1304),字仲谋,号秋涧,卫辉路汲县(今河南省卫辉市)人。好学能文,姚枢聘之为东平路详议官。②中统初年召为翰林修撰,至元五年(1268)拜监察御史,至元九年(1272)御史满秩,除平阳路判官。王恽任职前,曾拜访许衡,以"临民处己之教为请"。许衡告诉他:"临政譬之二人对弈,机有浅深,不可心必于胜,因其势而顺导之。同僚间勿以气类匪同而有彼此,或有扞格,当以至诚感发,无所争矣。"③许衡辞世,王恽有诗相挽,对许衡评价甚高,诗中说:

> 经纶根极自朱程,小学从容到大行。安汉固当烦绮聘,要汤初不待伊烹。辩奸素有批鳞直,旌墓当书积善铭。两夜天官台下梦,分明危坐话平生。④

廉希宪(1231—1280),字善甫,号野云,畏兀儿族。忽必烈潜邸之臣,笃好经史。中统元年(1260),廉希宪宣抚京兆,"少暇,则延访耆宿,如鲁斋许公、雪斋姚公,咸待以师友,荐许公于潜邸,充京兆提学,俾教育人材,为根本计"⑤。许衡虽然没有做京兆提学官,但与廉希宪建立了友谊,他在《与廉宣抚》的信中,向廉希宪推荐好友杨恭懿。信中许衡称廉希宪为兄(实际上许衡比廉希宪大

---

① 参见《元史》卷164《王恂传》。
② 参见《元史》卷167《王恽传》。
③ (元)王恽:《秋涧先生大全文集》卷45《政问》,四部丛刊初编本。
④ (元)王恽:《秋涧先生大全文集》卷23《挽中书左丞鲁斋许公》,四部丛刊初编本。
⑤ (元)苏天爵辑撰,姚景安点校:《元朝名臣事略》卷7《平章廉文正王》,第125页。

二十二岁）①，反映了许衡对他的敬佩。

刘秉忠（1216—1274），字仲晦，邢台（今河北省邢台市）人。博学多艺，忽必烈潜邸之臣，世祖继位，参领中书省事。许衡在《与仲晦仲一》信中写道，他应召以前，刘秉忠曾"特书慰勉，使某宽而居安，而待其时"。廉希宪荐许衡为京兆提学，许衡不受，写信向他解释推辞的原因②，说明二人的密切关系。至元七年（1270），许衡与刘秉忠、孛罗、徐世隆一起制定朝仪，成为同事。③

郭守敬（1231—1316），字若思，邢台人。刘秉忠学生，与许衡一起修订《授时历》。④

陈思济（1232—1301），字济民，号秋冈，柘城（今河南省柘城县）人。忽必烈潜邸之臣，中统三年（1262）廉希宪入中书，以陈思济掌核奏，"事无巨细，悉就准绳，姚枢、许衡皆器重之"⑤。

赵与𤫊（1242—1303），字晦叔，号方塘，台州黄岩（今浙江省台州市黄岩区）人。宋宗室，"时至京师"，与许衡探讨理学，许公深然之。⑥许衡死后，"昔时门人亲闻其言者，皆以为伊洛源委，惟赵公为真侣"⑦。

许楫，字公度，太原忻州（今山西省忻州市）人。幼从元好问学，年十五试儒中选，河东宣抚司举为贤良方正，至京师，平章王文统命为中书省掾，以不任簿书辞。改知印，丞相安童、左丞许衡深器重之。⑧

李德辉（1218—1280），字仲实，通州潞县（今属北京市）人。

---

① （元）许衡：《鲁斋遗书》卷9《与廉宣抚》，文渊阁四库全书本，集部第1198册。
② （元）许衡：《鲁斋遗书》卷9《与仲晦仲一》，文渊阁四库全书本，集部第1198册。
③ 《元史》卷7《世祖纪四》记载，至元七年二月丙子，"帝御行宫，观刘秉忠、孛罗、许衡及太常卿徐世隆所起朝仪，大悦，举酒赐之"。
④ 《元史》卷164《郭守敬传》。
⑤ 《元史》卷168《陈思济传》。
⑥ 《元史》卷168《赵与𤫊传》。
⑦ （元）袁桷：《清容居士集》卷32《翰林学士嘉议大夫知制诰同修国史赵公行状》，四部丛刊初编本。
⑧ 《元史》卷191《良吏传一》。

中统元年（1260）为燕京宣抚使，至元十四年（1277）领西行枢密院事，被诬陷为越境邀功，械于长安狱，将诛之。许衡弟子吕端善"适以事至京师，言于许衡，衡白留守贺仁杰，遂奏释"。许衡得知李德辉被诬陷，马上联系在忽必烈身边做宿卫的贺仁杰相救，说明他与李德辉的关系密切。

此外，《皇元风雅前集》卷一收录了张仲畴的《送许鲁斋归山》，不知张仲畴是"张仲谦"之误，还是另有其人。

（三）门徒

在元代的多族士人网络中，师生关系是其中最重要的一环，这一点萧启庆先生在《元代多族士人网络中的师生关系》一文中进行了详细的论证。[①] 作为一个成功的教育家，许衡一生最重要的社会活动是教育，他在五十一岁应召出仕，此前他主要在民间从事教育。至元八年（1271）到至元十年（1273）的三年间，许衡以国子祭酒的身份掌管国子学。他将散居四方的旧弟子召到国子学做伴读，有人对许衡这一举动表示异议，提出："先生何不博选时俊，而独用其门生？"许衡反驳说："我但教人而已，非用人也。方以我之拙学教人，他人从否，未可知也。"[②] 这里，许衡表面上是谦虚之言，实际上反映了他建立社会网络的良苦用心。在中国封建社会，国子伴读意味着高官显位，飞黄腾达，许衡将得意弟子推荐到国子学学习，就是要求他们日后做官，以儒家治国思想改造元政权，改良社会。许衡的努力确实收得了非常明显的成效，以至于数十年以后"彬彬然号称名卿才大夫者，皆其门人也"。于是，许衡的门人弟子组成了一个具有重要社会影响的社会网络，成为元初主张实行汉法的中坚力量。现将其主要成员情况考察如下：

---

① 萧启庆：《元代多族士人网络中的师生关系》，《历史研究》2005 年第 1 期。
② （元）苏天爵辑撰，姚景安点校：《元朝名臣事略》卷 8《左丞许文正公》，第 173 页。

1. 国子学伴读

上文已经说明，许衡于至元八年（1271）将前弟子十二人推荐为国子伴读，十二人中"王梓自汴，韩思永、苏郁自大名，耶律有尚自东平，孙安、高凝与燧、燉自河南，刘季伟、吕端善、刘安中自秦，独公（白栋）自太原"①。他们应该是许衡弟子中的佼佼者，是许衡门徒网络的中心。

白栋（1244—1289），字彦隆，太原人。"徒行至河内，致其父书（与）鲁斋先生，愿游其门，未有介也。乃因吾友翰林侍读高凝得操几杖，主凝家二年而归侍其亲。"至元八年（1271），许衡为国子祭酒，召旧弟子散居四方者，白栋自太原北上。至元十年（1273），许衡辞官，推荐耶律有尚与白栋为国子助教。后擢监察御史，弹劾阿合马不法，"峻风节者咸伟之"。出佥陕西汉中道提刑按察司事，改佥河南河北提刑按察司事、佥燕南河北道提刑按察司事，有政声。至元二十六年（1289）卒。②王恽《白签事彦隆哀辞》一诗对白栋一生评价说：

> 素庵一气本龙佟，心苦时违揉与同。强仕有怀三品料，发言都是四书功。愁随野草忧春雨，恨满山城对学官。谁为鲁斋兴起地，古共门外便秋风。③

姚燧（1238—1313），字端甫，号牧庵，柳城人。三岁而孤，在其伯父姚枢家长大，姚枢初隐居苏门山，教姚燧读书，"督之甚急，燧不能堪"。杨奂驰书止之，认为"燧，令器也，长自有成尔，何以急为？"杨奂还将女儿嫁给姚燧。姚燧十三岁时见许衡于苏门山，十八岁在京兆受学。至元八年（1271），许衡为国子祭酒，姚燧被召

---

① （元）姚燧：《牧庵集》卷26《河南道劝农副使白公墓碣》，文渊阁四库全书本，第1201册。
② 同上。
③ （元）王恽：《秋涧先生大全文集》卷19《白签事彦隆哀辞》，四部丛刊初编本。

为国子伴读。姚燧初为秦王府文学,后授陕西、四川等地提举学校官。至元十七年(1280)为陕西提刑副使,至元二十四年(1287)为翰林直学士,大德九年(1305)拜江西行省参知政事。①

耶律有尚(1236—1320),字伯强,东平须城(今山东省东平县)人,出身于契丹官宦世家。甲寅(1254),许衡以廉希宪之荐教授京兆,耶律有尚"逾弱冠,艰关数千里,赢粮往从之游。文正公见其学苦而志笃,深器异之"。中统元年(1260),许衡北上京师,有尚还东平,姚枢辟为幕僚。至元八年(1271),许衡主国子学,耶律有尚被召为伴读。"既至,日与诸生相共讲学。"至元十年(1273),许衡辞官,诸生饯于都门之外,许衡曰:"他日能令师道尊严,惟耶律某能之,汝等当以事我之礼事之可也。"不久,有尚为国子助教,主国子学。②后拜监察御史,不赴,除秘书监丞,出知蓟州。耶律有尚前后五居国学③,对元代国子学教育发展做出了贡献。

姚燉,柳城人,姚燧弟。至元八年(1271),与姚燧一起被许衡选为国子伴读,后官至江西湖东道提刑按察司事。④

高凝,字道凝,河内人。少年时代学于许衡,许衡《高凝字说》指出:"命之凝,欲生之以厚自成也,以正自守也,犹鼎之峙焉。……欲生之博文约礼,日笃于人道之常,犹鼎之享帝养人之用。"⑤至元八年高凝为国子伴读,至元十六年(1279)任南台御史,好友魏初有诗相送。⑥大德五年(1301)为南台侍御史,后任翰林侍读学士。⑦

---

① 参见《元史》卷174《姚燧传》;(元)姚燧:《牧庵集》附录《年谱》,文渊阁四库全书本,第1201册。
② (元)苏天爵著,陈高华、孟繁清点校:《滋溪文稿》卷7《皇元故昭文馆大学士兼国子祭酒赠河南行省右丞耶律文正公神道碑铭》,第102—103页。
③ 《元史》卷174《耶律有尚传》。
④ (清)黄宗羲原著,全祖望补修,陈金生、梁运华点校:《宋元学案》卷90《鲁斋学案》,第3015页。
⑤ (元)许衡:《鲁斋遗书》卷8《高凝字说》,文渊阁四库全书本,集部第1198册。
⑥ (元)魏初:《清崖集》卷2《赠高道凝》,文渊阁四库全书本,集部第1198册。
⑦ (清)黄宗羲原著,全祖望补修,陈金生、梁运华点校:《宋元学案》卷90《鲁斋学案》,第3014页。

刘季伟，号存斋，秦人，任官四川宪副。①

吕端善（1237—1314），字伯充，河内人。金末避乱，徙家京兆（今陕西省西安市）。廉希宪宣抚京兆，聘许衡教授生徒，吕端善从衡学，衡为国子祭酒，举为伴读。至元十年（1273）许衡辞官，吕端善也回到京兆，被荐为陕西道按察司知事。至元十四年（1277）授四川行枢密院都事，升四川行省左右司郎中，至元三十年（1293）为华州知州，皇庆元年（1312）召为翰林侍读，延祐元年（1314）卒。②

其余韩思永、苏郁、孙安、刘安中、王梓等五人生平不详。

2. 蒙古、色目门徒

至元八年（1271），许衡为国子祭酒，"令教蒙古生四人，后又奉旨教七人"。此后"四方及都下愿受业者，俱得预其列"③。许衡认为："蒙古生质朴未散，视听专一，苟置之好伍曹中，涵养三数年，将来必能为国家用。"鉴于这种认识，许衡非常注意蒙古学生的教育，教授他们学算术、儒家经典。在读书之暇，许衡"令蒙古生年长者习拜及受宣拜诏仪，释奠、冠礼时亦习之。小学生有倦意，令习跪拜、揖让、进退、应对之节，或投壶习射，负者罚读书若干遍"④。元代蒙古人有很高的社会地位，一般贵族子弟都可以做高官，在蒙古子弟中培养"儒治"人才，对于改造元政权，改良社会，意义更加重大。许衡在蒙古子弟的教育上煞费苦心，可能就是认识到了这一点。后来，一些色目人也加入到许衡弟子的行列，蒙古、色目生员成为许衡社会网络中一个重要的组成部分，在元初的政坛上产生了重要影响。许衡的主要蒙古、色目门徒如下：

坚童，字永叔，蒙古薨里吉氏，阔阔子。十岁即从王鹗游，既长，奉命入国学，复从许衡游。弱冠入宿卫，授侍仪奉御，迁同修起居注。

---

① （清）黄宗羲原著，全祖望补修，陈金生、梁运华点校：《宋元学案》卷90《鲁斋学案》，第3014页。
② （元）苏天爵著，陈高华、孟繁清点校：《滋溪文稿》卷7《元故翰林侍读学士赠陕西行省参知政事吕文穆公神道碑铭》。
③ （元）苏天爵辑撰，姚景安点校：《元朝名臣事略》卷8《左丞许文正公》，第173页。
④ 同上书，第173—174页。

至元二十三年（1286）授礼部尚书，迁吏部尚书，秩未满，特授御史台侍御史。至元二十八年（1291）为燕南河北道肃政廉访使，遂拜河南行省平章政事。①

秃忽鲁（1256—1303），字亲臣，康里氏。自幼入侍世祖，命与也先铁木儿、不忽木从许衡学。"帝一日问其所学，秃忽鲁与不忽木对曰：'三代治平之法也。'帝喜曰：'康秀才，朕初使汝往学，不意汝即知此。'"不久，除蒙古学士，历官兵部郎中、金太史院。至元十二年（1275）迁中书右司郎中，后任吏部尚书、湖广行省左丞、江浙行省右丞、枢密副使等官，大德七年（1303）卒。②

也先铁木儿，与秃忽鲁、不忽木一起受学于许衡，官陕西行省平章，大德元年（1297）为中书平章政事。③

刘容，字仲宽，其先西宁青海人，后徙云京（疑为云州，在今河北省张家口市东北）。容幼颖悟，稍长喜读书。中统初年，以国师荐，入侍皇太子真金于东宫，掌库藏。"每退直，即诣国子祭酒许衡，衡亦与进之。"至元七年（1270），世祖闻容知吏事，命为中书省掾。至元十五年（1278），奉旨使江西，抚慰新附之民。后为广平路总管。④

不忽木（1255—1300），一名时用，字用臣，康里人，燕真之子。初事太子真金于东宫，从师于太子赞善王恂，王恂随真金北征，乃受学于许衡。"日记数千言，衡每称之，以为有公辅器。"⑤"谓公必大用于世，名之曰时用，字之曰用臣。"⑥至元十三年（1276），与同舍生坚童、太答、秃忽鲁等上书兴学。至元十四年（1277）授利用少监，出为燕南按察副使，升正使，至元二十二年（1285）为吏部尚书，历官工部尚书、刑部尚书、中书平章。成宗时拜昭文馆大学士，平章军国重事。不忽

---

① 《元史》134《阔阔传》。
② 《元史》卷 134《秃忽鲁传》。
③ 《元史》卷 19《成宗纪二》。
④ 《元史》卷 134《刘容传》。
⑤ 《元史》卷 130《不忽木传》。
⑥ （元）赵孟頫：《松雪斋文集》卷 7《封鲁国公谥文贞康里公碑》，四部丛刊初编本。

木一生政绩斐然，成为元朝名臣之一，王恽写诗赞叹道：

> 汉相规随有典刑，赞书今傍太微星。甄陶品汇均元化，业履貂蝉自六经。养浩以刚邹孟直，诚心无愧鲁斋铭。细倾东阁梅花酿，长对西山未了青。①

买哥，畏兀儿氏，从许衡学，任富州达鲁花赤。②

3. 其他门徒

许衡一生大部分时间都在从事教育，门徒众多，除了上面介绍的两种类型的学徒以外，其他学徒数量更多，他们中间很多人做了元朝中央和地方的各级官吏，形成了一个更为庞大的社会网络。一方面它使许衡的影响扩展到更加广阔的范围；另一方面，生徒们也因为许衡的影响而得益良多。这种社会网络中比较有名的成员有：

徐毅（1254—1314），字伯弘，平阳赵城（今山西省临汾市）人。父徐德举，官至太原路盐使司提举。徐毅幼颖异，受业于许衡，"以清方劲正为众所严惮，莫不以远大期之"。弱冠辟掾，调同知檀州事。至元间为监察御史，大德间为枢密院经历、中书左丞郎中，出为陕西廉访使，至大间为佥枢密院事，仁宗时为南台侍御史、西台中丞。延祐六年（1319）卒。③

潘泽（1238—1292），字泽民，宣德府（今河北省宣化县）人。家资雄厚，长大以后拜许衡为师，尽改故习，气质大变。受刘秉忠推荐，为太府监知事，转左藏库副使。后知弘州兼诸军奥鲁，有政声。历官弘州知州、兴中州知州、监察御史、辽东宪佥、御史台都事、淮西宪

---

① （元）王恽：《秋涧先生大全文集》卷21《寿右平章不忽木》，四部丛刊初编本。
② 万历《南昌府志》卷15，万历十六年刊本。
③ （元）黄溍：《黄文献公集》卷10《御史中丞赠资政大夫中书右丞上护军追封平阳郡公谥文靖徐公神道碑》，丛书集成初编本，第494页。

副、浙西宪副等职。①

　　刘宣（1233—1288），字伯宣，太原人。自幼喜读书，有经世之志。宣抚张德辉至河东，见而器重之，还朝荐为中书省掾。刘宣"暇则往从国子祭酒许衡，讲明理学"。初为河北河南道巡行劝农副使，至元十二年（1275）为中书户部郎中，改行省郎中。官至南台御史中丞。②

　　许扆，字君黼，一名忽鲁火孙，曲沃（今山西省曲沃县）人。从其父许国祯侍世祖于潜邸，进退庄重，世祖喜之。"俾从许衡学，入备宿卫。"后以中书右丞署太常院事，改陕西行中书省右丞。③

　　畅师文，字纯甫，南阳人。幼警悟，家贫无书，手录口诵，过目辄不忘。弱冠拜许衡为师，与衡门人姚燧、高凝皆相友善。丞相安童辟为右三部令史，官拜翰林学士。④

　　刘世常，字平父，许衡弟子，大德八年（1304）守无锡。⑤家中藏书万卷。⑥

　　许蒙泉，生平不详，许衡弟子，为徽州路总管，居三年，民大悦服。⑦

　　张介福，字子祺，覃怀人，后徙吴县。少从许衡游。自以不及养，不敢禄仕。"伪吴兵入其家，危坐不为起，斫面仆地，久苏，复取冠戴之，坐自若。"⑧

　　李文炳，许衡学生，得到许衡喜爱。文炳生病回家，许衡曾去看望，文炳病逝，许衡亲往吊唁⑨，反映了许衡与学生之间的深厚感情。

---

① （元）姚燧：《牧庵集》卷22《浙西廉访副使潘公神道碑》，文渊阁四库全书本，第1201册。
② 《元史》卷168《刘宣传》。
③ 《元史》卷168《许国祯传》。
④ 《元史》卷170《畅师文传》。
⑤ （元）白雄飞：《故惠泉散更显翁先生李府君墓志铭》，见（元）佚名：《无锡县志》卷4下，宋元方志丛刊本，第3册。
⑥ 《白虎通德论》卷首《张楷序》，元大德九年刻本。
⑦ （元）唐元：《筠轩集》卷11《题前徽守高公守拙诗卷》，文渊阁四库全书本，集部第1213册。
⑧ （清）查继佐：《罪惟录》卷22《列传二十三》，四部丛刊三编本。
⑨ （元）许衡：《鲁斋遗书》卷8《祭李生文炳文》，文渊阁四库全书本，集部第1198册。

王宾，字子立，王恂幼子，"初从祭酒许文正公游，《小学》、《四书》悉能通其大旨"①。

王宽，王恂长子，从许衡游。恂卒，官至兵部郎中，知蠡州。②

李铨，字平叔，朔州（今属山西省）人。父卒，家益困。长大，以远大自励，有以其名闻于世祖皇帝，诏习儒业，入国子学，师从许衡。后为彰德路铁冶提举、归德府同知。元贞元年（1295）为翰林待制，历官广平铁冶提举、工部员外郎、治书侍御史、秘书卿等。③

李之复（1249—1308），字希颜，京兆人。受学于许衡、李庭。以府学生贡为按察书吏，辟安西王府掾。历官陕西省掾、鄜州同知、峡州路判官、甘州路判官等。④

李善甫，沁州人，受学于许衡。"其为学也，内而修身齐家，外而事君治民，一以文正为归。"至大四年（1311）任江西行省检校，仁宗时为沁州知州。⑤

王都中（1278—1341），字元俞，号本斋，福宁人，寓居吴县。父积翁仕宋为宝章阁学士、福建制置使。至元十三年（1276），南宋灭亡，以全闽八郡图籍入觐世祖，授金虎符、中奉大夫刑部尚书、福建道宣慰使兼提刑按察使，寻除江西行省参知政事。王都中"幼留京师，及拜许衡，即知所趋向，中年尤致力于根本之学"⑥。

冯善主，字君协，右北平石城人。初学于张简之，闻许衡以经学

---

① （元）苏天爵著，陈高华、孟繁清点校：《滋溪文稿》卷10《秘书少监王公墓志铭》，第161—162页。
② （清）黄宗羲原著，全祖望补修，陈金生、梁运华点校：《宋元学案》卷90《鲁斋学案》，第3016页。
③ （元）袁桷：《清容居士集》卷32《李司徒行述》，四部丛刊初编本。
④ （元）萧㪺：《勤斋集》卷3《元故承直郎甘州总管府判官李侯墓志铭》，文渊阁四库全书本，集部第1206册。
⑤ （元）程钜夫：《雪楼集》卷15《送李善甫知沁州序》，文渊阁四库全书本，集部第1202册，第204页上。
⑥ （元）黄溍：《金华黄先生文集》卷31《正奉大夫江浙等处行中书省参知政事王公墓志铭》，四部丛刊初编本；《元史》卷184《王都中传》。

教胄子，徒步至京师从之，许衡叹其淳笃。许衡去世，千里赴吊于怀孟路。至元二十五年（1288），以耶律有尚荐，任平滦路儒学正，历冀州、辽阳儒学教授，"所至，以君出许先生门，争从之游"。后为兴州宜兴主簿，政化大行。大德十一年（1307）卒。①

贺胜，字真卿，一字举安，小字伯颜，京兆人，贺仁杰子。十六岁入宿卫，凝重寡言，世祖甚器重之。尝从许衡游，通经传大义。②

马充实（1233—1292），字士辉，怀孟路河内人。幼丧父，从继父居高昌，习诸国语言。后还乡，许衡见其"笃厚温谨"，收为弟子。许衡受召北上，忽必烈问其弟子孰为诚实，许衡以马充实对，忽必烈于是召见之。马充实以儒服入见于柳林，以国语回答忽必烈提问，忽必烈大喜，授怀孟路蒙古学教授，再授襄阳路钧州判官。后隐居乡里，授官河渠使、蒙古翰林学士等，皆不受。至元二十九年（1292）卒。③

许约，许衡门人，皇庆二年（1313），诏以许衡从祀孔庙，许约撰写祭文。④

曹某，许衡门人，蒲道源有诗写道："鲁斋授受得精微，已际风云见发挥。平昔功夫该体用，只今事业信光晖。吏民与我倾心久，人物如公屈指稀。前日泮宫聆一话，情知吾道有依归。"从诗中可看出，他也是一位以"儒治"见长的官吏。

赵矩，字义臣，大都人。南乐县尹，劝农养士，称循吏。⑤

---

① （元）程钜夫：《雪楼集》卷18《故登仕郎蔚州安定县主簿冯君墓碣》，文渊阁四库全书本，集部第1202册，第255页上。
② 《元史》卷179《贺胜传》。
③ （元）袁桷：《清容居士集》卷27《翰林学士嘉议大夫马公神道碑》，四部丛刊初编本。
④ （元）许约：《鲁斋先生升从祀祭文》，见（元）苏天爵编：《元文类》卷48，国学基本丛书本。
⑤ （清）黄宗羲原著，全祖望补修，陈金生、梁运华点校：《宋元学案》卷90《鲁斋学案》，第3013页。

三、结论

许衡出身于一般百姓之家,没有高官显宦的社会背景,其姻亲对象也是一般百姓,在血缘和姻亲方面没有一个相对强大的社会网络作为他从事社会活动的支撑。许衡舅父做过一般县吏,许衡曾跟他学过吏业,但这段经历并没有给许衡以后的社会活动带来影响。因此,许衡的社会网络主要依靠他本人的社会活动和社会交往建立起来。具体地说,许衡的社会网络分为三个层面:

首先,是许衡与其弟子之间的社会网络,这是许衡一生最重要的社会网络。许衡一生的大部分时间在从事教育,在教学过程中,他不仅传授知识,还注意传授学生做人、做官的方法和平时谋生的手段,深得弟子的敬仰。元人苏天爵记述道:

> 先生之教人也,恩同父子,义若君臣,因其所明,开其蔽而纳诸善,时其动息而张驰之,慎其萌蘖而防范之。其日渐月渍,不自知其变也,日新月盛,不自知其化也。其言谈举止,望而知其为先生弟子,卒皆为世用也。[1]

许衡这种重视实用、面向现实的教育,虽然受到后来一些学者的批评[2],然而对元朝政治、社会的影响是明显的。从前面的考察就可以看出,许衡弟子在出仕以后,基本上都能以天下为己任,成为元初汉法派的中间力量。元初忽必烈对儒臣、儒治并不重视,忽必烈后期甚至将儒臣排挤出朝廷,多次重用理财之臣。但以理财见长的阿合

---

[1] (元)苏天爵辑撰,姚景安点校:《元朝名臣事略》卷8《左丞许文正公》,第175页。
[2] 明朝学者王守仁就认为:"许鲁斋谓儒者以治生为先之说,亦误人。"参见(明)王守仁:《王文成全书·传习录》卷1,四部丛刊本。

马、卢世荣、桑哥虽然横行一时，但都是以失败被杀告终，元政权基本上没有离开中国传统政治的轨道。可见，元初汉法派的影响还是对元朝政治起着决定作用，因为汉法派中不仅有汉人，还有安童、不忽木、坚童、廉希宪等蒙古、色目人，这与许衡的教育和影响是分不开的。元人许有壬在谈到许衡对蒙古子弟的教育和影响时说：

> 世祖皇帝用许鲁斋为国子先生，当时蒙古生员教育成材者何限？至于集赛、鹰房，皆知所谓三纲五常。①

这充分说明了许衡对于蒙古弟子的影响。可以说，许衡的门徒在元初已经形成了一个强大的社会网络，对元初的政治运行产生了重要的影响。所以元人苏天爵在谈到许衡的贡献时也说：

> 其后成德达才，布列中外，大而宰辅卿士，小则郡牧邑令，辅成国家之政治者，大抵多成均之弟子也。是则文正兴学作人之功，顾不大欤？②

其次，是许衡在官场同僚之间建立的社会网络，这是对许衡的政治生涯影响较大的一个社会网络。元初，政权内部形成了汉法派（主张以汉法治国）和理财派（主张以回法理财）两个政治团体。由于许衡的学术和影响，他成为汉法派的主要代表之一，他也非常注意与主张汉法的官员同僚建立社会网络，以取得广泛的支持。从史料看，忽必烈对许衡的政治才能并不赞赏，但他却能在屡次辞职以后，仍屡次被忽必烈召见任官，这与汉法派诸人对他的推崇和支持有关。

---

① （元）许有壬：《至正集》卷77《公移·正始十事》，文渊阁四库全书本，集部第1211册，第542页上。
② （元）苏天爵著，陈高华、孟繁清点校：《滋溪文稿》卷7《元故翰林侍读学士赠陕西行省参知政事吕文穆公神道碑铭》，第93页。

最后，是许衡与讲习师友形成的社会网络，这同样是许衡一生不可或缺的社会网络。许衡没有高贵的出身，没有受到过良好的教育，他的知识来源、学术水平的提高，很大一部分得自于师友讲习。特别是姚枢和窦默对许衡的一生产生了较大的影响。对于一般的民间儒士、乡学师，许衡也乐于交往，从相互交往中得到知识和生活的乐趣。

许衡是元初的大教育家，他的贡献不仅在教育和文化传承方面，他对元初政治发展的贡献同样是巨大的。元人张养浩评价说：

（伊洛之学）至我朝则大备，然而圣圣相承，前后百有余年，魁人硕士衮然辈出，其传圣人道者，乃惟覃怀许衡氏寥焉一人，何邪？盖尝考夫许氏之学，其所拳拳者，《小学》、《四书》，未尝以博洽称焉，未尝以能文辞称焉，未尝以多才艺称焉。其所守至简，其用力至省，而其究乃杰然穷出一世之表，而从祀于圣人，何哉？盖彼所以剧且劳，卒不克蜕，凡近者从事于技也；此所以简且省；顾日跻高明者，从事于心也。心焉者，言行慥慥，不弛于冥，不饬于显，穷达祸福，一无所挠；技焉者，则忘己而役于物，外观若美，中实无所持。故儒有君子，有小人，有为己、为人之不同者，此也大哉。①

这里张养浩谈到的是许衡在教育及文化学术传承方面的贡献。下面两首诗则反映了许衡在政治方面的贡献。元人魏初写道：

鲁斋天下士，高弟数君侯。立学心恒切，居官行益修。旱苗方渴雨，健翮正横秋。尊酒何年夜，陈登百尺楼。②

---

① （元）张养浩：《归田类稿》卷4《莱芜县三皇庙记》，文渊阁四库全书本，集部第1192册，第511页上。
② （元）魏初：《青崖集》卷1《送某学士》，文渊阁四库全书本，集部第1198册，第698页上。

元人张光弼也写道：

> 许衡天遣至军前，未丧斯文赖此传。《大学》一编尧舜事，致君中统至元年。①

可见，有关许衡对中国历史的贡献，元人就已经有定论，无待后人评说。

（原载《许衡与许衡文化》下卷，中州古籍出版社2007年版）

---

① （元）张光弼：《张光弼诗集》卷3《辇下曲》，四部丛刊续编本。

元代应昌古城新探

元朝是中国历史上空前统一的王朝，这一时期，中国长城南北的广大地区真正融合在一起，中原文化也被蒙古贵族移入以前游牧民族生活的草原地区，在蒙古草原上形成了和林、上都、应昌、全宁等草原城市。

元代应昌古城位于今内蒙古自治区赤峰市克什克腾旗的西北部达里湖西岸，是元代著名的草原城市之一。1961年李逸友等学者就对应昌古城进行了实地调查①，周清澍、白拉都格其等学者的研究都涉及应昌古城②，笔者在2005年7月参加中国蒙古史学会会议期间，也曾对应昌古城遗址进行了实地考察。本文主要根据有关文献资料并结合部分实地考察资料，对元代应昌古城进行探讨，以解开应昌古城的神秘面纱，不足之处，请学界同仁批评指正。

一

元代应昌城位于蒙古弘吉剌部封地的中心。弘吉剌部是蒙元时

---

① 李逸友：《元应昌路故城调查记》，《考古》1961年第10期。
② 参见周清澍主编：《内蒙古历史地理》，内蒙古大学出版社1993年版，第122页；《中国大百科全书·中国历史·元史》"应昌"词条；白拉都格其：《成吉思汗时期斡赤斤受封领地的时间和范围》，《内蒙古大学学报》1984年第3期。

期显赫的蒙古部族之一,在元太祖成吉思汗时期,弘吉剌部诸王按陈"以佐命元勋,有分地,约世婚"①。弘吉剌部在蒙古诸部中的地位,仅"亚于国姓(即黄金家族)"②。1214 年,成吉思汗对漠南蒙古草原进行分封,弘吉剌部分到今赤峰市所辖范围的大部分牧场。这里有一望无际的达里湖(元代称答儿脑儿、达儿海子、鱼儿泺)以及由于火山爆发形成的低山,水草肥美,风景如画。早在成吉思汗时期,这里就"有人烟聚落,多以耕钓为业"③。按陈之子斡陈于戊戌年(1238)被封万户,娶国王木华黎之女也速不花,称驸马,他为公主也速不花在达里湖东岸修建了离宫。丁未年(1247),张德辉应忽必烈之召赴其漠北行帐,路过这里,他在《岭北纪行》中记述道:

> 过鱼儿泊,泊有二焉,中有陆道,达于南北。泊之东涯有公主离宫,宫之外垣高丈余,方广二里许,中建寝殿,夹以二室,背以龟轩,旁列两庑,前峙眺楼,登之颇快目力。宫之东有民匠杂居,稍成聚落。④

从上面史料可以看出,在应昌城建立之前,达里湖沿岸已经比较繁荣,既有繁华的宫殿,又有民匠杂居的聚落,这为应昌城的建立和发展提供了有利的条件。

应昌城创建于元朝初年,据《元史·特薛禅传》,至元七年(1270),诸王按陈之孙斡罗臣万户及其妃囊加真公主(忽必烈之女)请于朝廷:"本藩所受农土,在上都东北三百里达儿海子,实本藩驻夏之地,可建城邑以居。"元世祖从之,名其城为应昌府。工程在次年开始动工,

---

① (元)程钜夫:《应昌路报恩寺碑》,见(元)苏天爵编:《元文类》卷 22,国学基本丛书本,第 278 页。
② 罗福颐:《满洲金石志》卷 4《张公先德碑》,辽金元石刻文献全编本,第 3 册,第 812 页上。
③ (元)李志常:《长春真人西游记》卷上,丛书集成初编本,第 6 页。
④ (元)张德辉:《岭北纪行》,见贾敬颜:《五代宋金元人边疆行记十三种疏证稿》,中华书局 2004 年版,第 342 页。

地址选在达里湖和岗更湖之间,天都山东北、金山西南的地方。整个城市,"天都抚其坤,维金山拱乎艮,大泽二,泓渟浩瀚,相距左右,号东西海",位置非常重要。①最初的应昌城仅修建了城郭、府属、宫室等建筑。此后,应昌城的建筑规模逐步增大。至元二十二年(1285),元政府升应昌府为应昌路。成宗继位,封弘吉剌驸马蛮子台为济宁王。大德十一年(1307)六月,武宗继位,封弘吉剌部驸马琱阿不剌为鲁王。②于是,王府的宫殿、王傅府及相关建筑也建立起来。应昌城的其他建筑,还有佛寺、儒学、文庙以及司狱司、兵马司、转运司、仓库等。根据实地调查资料,应昌古城平面呈长方形,东西宽约650米,南北长约800米,今通称鲁王城。整个城市分两部分:宫城和外城。宫城位于城市中心,外城位于宫城四周。城东北和西南有高10米的土岗。③

宫城呈正方形,边长约240米,面积约57 600平方米。宫城四周有围墙,开东、南、西、北四门,以南、北宫门为中轴线,由南向北依次有三座大殿:文华殿、勤政殿、汉白玉宫。东西两侧有方形建筑十座,北部为后妃居所。大殿东西两侧的空地上,至今还有一些用火山岩雕刻而成的雕塑,估计为当时王宫花园里的装饰品。

文华殿在宫城南部,是鲁王召见文武百官、外国使节和举行朝会的宫殿。至正三十一年(1371),皇太子爱猷识理达腊在此继位④,改元宣光,建立北元。勤政殿是鲁王召集文武大臣商讨军国大事的宫殿,每年的"只孙宴"在这里举行。永乐二十二年(1424),明成祖朱棣北征蒙古,曾在这里设宴招待群臣,"命中官歌太祖御制词五章"以鼓舞士气。⑤汉白玉宫是鲁王为元顺帝建立的离宫。至正二十八年(1368)顺帝北逃上都,次年来到应昌,洪武三年(1370)在此殿

---

① (元)刘敏中:《中庵先生刘文简公文集》卷3《敕赐应昌府罔极寺碑》,北京图书馆古籍珍本丛刊本,集部第92册。
② 参见《元史》的《世祖纪》、《成宗纪》。
③ 参见李逸友:《元应昌路故城调查记》,《考古》1961年第10期。
④ 《明史》卷2《太祖纪二》。
⑤ 《明史》卷7《成祖纪三》。

病死。①

应昌外城面积较大,主要是国家机关和市民、手工业者居住的地区。这里的主要建筑有:

冈极寺:建立于至元八年(1271),是应昌城最早的建筑之一。有正殿、周庑、碑楼等建筑,四周有围墙,有大门以及斋庐、庖库等,整个寺庙"金碧上下,辉映绚烂,诸佛像设妙极庄严"。又"聘梵僧有德业者,诵持祝厘,祈年其间"②。

报恩寺:位于宫城东北部,是为了报答元朝廷对弘吉剌贵族的优待之恩而建立的佛寺。据《元史·成宗纪》,元贞元年(1295)五月,"以鲁国大长公主建佛寺于应昌,给钞千锭,金五十两"。说明早在元贞元年,鲁国大长公主就请求在应昌建立报恩的佛寺。不知什么原因,报恩寺直到至大二年(1309)才开始动工建造。由于报恩寺建造的特殊目的,其位置选在宫城东北部,是离宫城最近的建筑。包括殿堂、庑门、庖寮、库庾、庋经之室、栖碑之亭等,整个寺庙"金碧焜华,棼橑宏密,缭以周垣,亘以修涂"。鲁王还请高僧智心主持报恩寺,"日帅其徒诵演祝赞",为蒙古皇帝"告天祝寿"。③

文庙与儒学:元代教育制度的特点是庙学合一,庙和学的建筑一般糅合在一起,或以庙为学。元代草原古城一般都建有儒学和文庙,如上都文庙位于城东南部④。和林城孔子庙由丞相哈剌哈孙建于武宗时期,延祐年间苏志道任岭北行省左右司郎中,孔子庙最后完工。⑤泰

---

① 《元史》卷47《顺帝纪十》。
② (元)刘敏中:《中庵先生刘文简公文集》卷3《敕赐应昌府冈极寺碑》,北京图书馆古籍珍本丛刊本,集部第92册。
③ (元)程钜夫:《雪楼集》卷5《应昌路报恩寺碑》,文渊阁四库全书,集部第1202册,第58页下。
④ 贾洲杰:《元上都调查报告》,见叶新民、齐木德道尔吉编著:《元上都研究文集》,中央民族大学出版社2003年版,第55页。
⑤ (元)虞集:《道园类稿》卷44《岭北行省左右司郎中苏公墓碑》,元人文集珍本丛刊本,台北新文丰出版公司1985年版,第6册。

定二年（1325）全宁也创办庙学。①应昌庙学建立的情况虽不见史料记载，不过现在的应昌古城遗址上，保留下来已经断为两截的《元代应昌路新修儒学碑》，证明了儒学及文庙的存在。文庙柱基较粗，表明其建筑的高大宏壮，目前碑文已经漫不可考，但文中有"泰定"的字样，估计建立于元朝泰定年间。元朝任命儒士做儒学的学官，负责教育生员和管理学校，应昌路儒学学官见于记载的有罗元友、罗元发以及康仁叔。

范梈《赠别罗元友教授之应昌》一诗中写道：

翩翩郡博士，骑马涉长道。居庸关门北，仲夏绵茂草。应昌信殊僻，宅近今丰镐。虽当清冽乡，足以消热恼。天家振文治，造士克国宝。延揽必时髦，如何恋芹藻。惊风吹过雨，川水白浩浩。但祝慎驰驱，归来颜色好。②

程钜夫则有《送罗元发教授应昌》：

携书别帝京，王国得儒生。路出开平远，云连绝漠横。凤瑶飘夕吹，龙海夹寒城。善教无南北，因成万里名。③

另外，王旭有《送康仁叔序》，文中说济宁路儒士康仁叔接到"驸马应昌公"的聘币，请他到应昌任教④，估计他也到了应昌的儒学。

此外，目前应昌古城的遗址中还没有发现应昌城创建道观的记载，不过，确实有一些道士受聘到过应昌，主持道教活动。至元

---

① 罗福颐：《满洲金石志》卷4《全宁路新建庙学记》，辽金元石刻文献全编本，第3册。
② （元）范梈：《范德机诗集》卷2《赠别罗元友教授之应昌》，四部丛刊初编本。
③ （元）程钜夫：《雪楼集》卷29《送罗元发教授应昌》，文渊阁四库全书本，集部第1202册，第434页下。
④ （元）王旭：《兰轩集》卷11《送康仁叔序》，文渊阁四库全书本，集部第1202册。

二十七年（1290），杭州道士殷元燧就"跟随皇姑大长公主前去全宁、应昌两路承应"①。

上述应昌城的建筑布局情况，明显地呈现出元代多元文化并存的特点，在这个面积不大，人口也较少的草原城市中，汇聚了蒙古贵族的宫殿、佛教寺庙、儒学、孔子庙等建筑。这里既有佛教僧人在"诵持祝厘，祈年其间"，又有儒士在教授孔孟之道，还有杭州道士在这里"承应"，充分体现了蒙古统治之下多元文化发展、融合的特点。

二

应昌城建立以后，成为塞外草原上与上都、和林等并立的草原城市。从城市职能上看，中国古代的城市大多是政治和军事中心，应昌由于其特殊的地理位置，除了具有政治、军事的职能以外，还处在岭北行省至两都（大都、和林）间的交通要冲，沟通漠南、漠北的帖里干（蒙语，意为车）驿道由此通过，因此具有交通中心的职能。另外，由于应昌周边有元朝政府设立的屯田所，有一定规模的农业，城市还有商业区，有寺庙和儒学，因此，其经济、文化职能也比较突出。正因为具有上述综合职能，应昌城的发展对蒙古草原的经济、文化发展以及社会稳定具有重要意义。

据《元史·世祖纪》记载，至元七年（1270）八月，元政府设置应昌府。由于应昌城到至元八年（1271）才动工兴建，直到至元十六年（1279），应昌府才得以"依例设官"。至元二十二年（1285），元朝升应昌府为路，为了表示对弘吉剌贵族的优待，元朝规定：应昌路自达鲁花赤、总管以下诸官署，弘吉剌贵族"皆得专任其陪臣，而王

---

① （清）阮元：《两浙金石志》卷17《元灵应观甲乙住持札付碑》，辽金元石刻文献全编本，第2册。

人不与焉"。除了应昌路官署以外,应昌城还"复有王傅府","自王傅六人而下,其群属有钱粮、人匠、鹰房、军民、军站、营田、稻田、烟粉千户、总管、提举等官,以署计者四十余,以员计者七百余"①。

仅王傅府有关的机构就有官吏七百人,可见应昌城官僚机构的庞大。这些官吏少数是元政府指派,如江西人杨拱吾就被任命为应昌府判官,刘诜在为其送别的诗中写道:

> 风流通守诚斋孙,政事文章俱有谱。盛年得此未为远,回首都门犹尺五。茫茫烟草低牛羊,中有李陵降泪土。请君饱食应昌酥,有酒不须酹今古。②

不过,大部分王府官吏还是鲁王的"陪臣",即使应昌路的达鲁花赤、总管一类官职,鲁王也可以通过奏请皇帝,推荐人选。如太原名医宋超因给鲁王夫妇治好病,"(公)主、(鲁)王皆感其更生,奏以为应昌总管。……告归,不许,为留者二年"③。

掌管王傅府的鲁王"陪臣"中,有蒙古人也有汉人,蒙古人如竹温台,原为鲁国大长公主媵臣,后改弘吉刺姓,定居全宁。"鲁王以其才可大用,一府中亦交称其贤。"于是奏为管领随路打捕鹰房、诸色人匠等户钱粮都总管府副达鲁花赤,"居府中十余年,货无悖入,亦无滥出,岁节财用五十余万缗,公室以富,民生以遂"④。汉人最典型的是张应瑞家族,张氏为全宁路汉人,世为全宁大家。父张伯祥为纳陈所知,担任宿卫,"事必咨问"。张应瑞在王府中长大,成为纳陈

---

① 《元史》卷118《特薛禅传》。
② (元)刘诜:《桂隐诗集》卷3《送杨拱吾应昌府判》,文渊阁四库全书本,集部第1195册,第278页下。
③ (元)程钜夫:《雪楼集》卷8《太原宋氏先德之碑》,文渊阁四库全书本,集部第1202册,第98页上。
④ 罗福颐:《满洲金石志》卷4《中顺大夫达鲁花赤竹君碑》,辽金元石刻文献全编本,第3册,第817页下。

的宿卫，深得信任，历侍纳陈、斡罗臣、琱阿不剌三代，长期担任王府傅。其子住童任王府怯怜口都总管、提调中兴武功库兼监随路都总管府同知。次子大都闾也任应昌路总管。①

至元十四年（1277），应昌城出现只儿瓦觩"构乱"事件，在当时产生了较大的影响。虞集《句容郡王世绩碑》称："四月，只儿瓦觩构乱应昌，脱脱木以兵应之，与我军遇，将决战，脱脱木惧而引去，遂灭。"②姚燧《平章政事忙兀公神道碑》也称："十四年，遣平叛王只里斡带于应昌。"③从史料看，元朝平叛军队兵分两路，一路以统帅土土哈率领，击败脱脱木并夺回所掠大帐而归④；另一路元军以博罗欢统领，直接攻打只里斡带，前线指挥是当时的中卫亲军总管元臣。《元史·移剌捏儿传》称，至元十四年（1277），只儿瓦台叛，围应昌府。时皇女鲁国公主在围中，"元臣以所部军驰击，只儿瓦台败走，追至鱼儿泺，擒之。公主赐赉甚厚，奏请暂留元臣镇应昌，以安反侧"。

上述史料中的只里斡带与只儿瓦觩、只儿瓦台应属一人，关于他的个人情况，《元史·土土哈传》只称其为"应昌部族"，具体情况并没有记载。不过，《满洲金石志》收录的《皇元敕赐故赠荣禄大夫辽阳等处行中书省平章政事柱国追封蓟国公张氏先茔之碑》，对这一事件记载比较详细，可以补充《元史》记载的不足，该碑称：

> 俄驸马之弟只儿瓦叛，挟驸马北去，并窃太祖皇帝所赐券，公与俱往，思有以脱驸马于难。驸马既遇害，并困辱公，楚毒百至。公曰："吾闻主辱臣死，吾不难一死，以从主于地下，顾吾死主冤孰白者？"伺守者懈，得乘还。讼其事于上，事下有司，罪人

---

① 罗福颐：《满洲金石志》卷4《皇元敕赐故赠荣禄大夫辽阳等处行中书省平章政事柱国追封蓟国公张氏先茔之碑》，辽金元石刻文献全编本，第3册，第814页上。
② （元）苏天爵编：《元文类》卷26，国学基本丛书本，第329页。
③ （元）苏天爵编：《元文类》卷59，国学基本丛书本，第859页。
④ 《元史》卷128《土土哈传》。

斯得，而主仇竟复。①

这则史料给我们带来更多的有关这次叛乱的信息，史料中的只儿瓦与前面的只里斡带、只儿瓦䚟、只儿瓦台应该是一人，其人是驸马斡罗臣之弟，因与其兄争夺爵位发动叛乱。受到元朝军队打击后，只儿瓦䚟并没有如前面史料所说被擒，而是挟持驸马斡罗臣北逃，并且杀害了他。侍臣张应瑞乘间逃脱，上诉于元世祖忽必烈，后来为其主人复仇。

另外，《元史·张立传》记载，至元十四年（1277）春，张立率步卒千人运粮至和林，"道出应昌，会酋帅畔换谋不轨，以射士三千踵其后，欲乘间夺其资粮，立觉其有异，急命环车为栅以备之"，经过激烈战斗，保住了官粮。②这一事件正好发生在至元十四年（1277）只儿瓦䚟叛乱期间，抢夺粮食的酋帅"畔换"，史料中不见记载，估计是只儿瓦䚟的同党或者就是他本人的属下。

此后直到元朝末年，应昌城没有出现大的事件。据《元史·顺帝纪》，至正年间，元朝曾罢应昌路的建制，"以拨属鲁王马某沙王傅府"。后来因为"有司以为不便"，至正十四年（1354）复之。③

三

从古代城市发展来看，城市手工业、商业、周边农业的适当发展以及一定的人口数量，是其发展的必要条件。由于史料的限制，目前我们还很难清楚地知道元代应昌城手工业、商业及周边农业的发展情况，应昌城区及周边人口数量，也不见记载，因此，本节只能根据

---

① 罗福颐：《满洲金石志》卷4，辽金元石刻文献全编本，第3册，第814页上。
② 《元史》卷165《张立传》。
③ 《元史》卷43《顺帝纪六》。

现有资料对应昌城的经济职能进行简单的推测。

前边已经介绍，在成吉思汗时期，达里湖沿岸就有定居的汉族农民，此后来到应昌的人口主要以驻防或屯田的士兵为主。类似的记载可以在史料中发现，《元史·兵志·镇戍》载，至元年间，诏发东京（即金朝辽阳府）、北京（即金朝大定府）军人四百人往戍应昌府，其应昌旧戍士卒，悉令散归。《元史·成宗纪》也记载，元贞二年（1296）"以虎贲三百人戍应昌"。此外，随着应昌周边屯垦农业的开展，内地到这里耕种的农民可能很多，只是目前还没有发现这方面的证据。

其次，应昌城市人口中，手工业者、商人和从事服务业的人员也应该占不小比重。从今天应昌古城的遗迹来看，应昌外城的市肆、民宅古迹犹存，不难看出这里曾街道纵横，是典型的商业区。此外，应昌城人口还应该有：路总管府以及王傅府各级官吏、鲁王私属人员、直属护卫军队、僧人、道士、儒学学官及生员等，总人口估计应该有数千人。

应昌周边农业得到一定程度的发展，元朝在应昌设立屯田所，管理应昌附近的农业生产。应昌城附近的屯田人数和屯田数量都不见记载，不过我们可以通过元政府在这里实行和籴的情况，来估计元代应昌周边农业发展的情况。和籴指官府向民间强制征购粮食或其他实物的制度，元代应昌地区的和籴多见于史料记载。据《元史·世祖纪》，至元十三年（1276），元朝就在应昌设立和籴所。至元二十二年（1285）十月，元政府以钞五千锭和籴于应昌府。至元二十五年（1288），元政府以钞五千锭往应昌和籴军储。可以说，和籴成为元朝政府在应昌征收粮食、草料等产品的主要形式。至元二十五年（1288）六月，桑哥曾向世祖提出："自至元丙子（1276）置应昌和籴所，其间必多盗诈，宜加钩考。扈从之臣种地极多，宜依军站例，除四顷之外，验亩征租，并从之。"① 说明此后除了和籴以外，元政府还在应昌附近征收农业税。

---

① 《元史》卷15《世祖纪十二》。

上述情况反映了应昌地区农业确实有了一定的发展，其农产品除了供应当地消费以外，基本能满足元政府和籴和征税的要求。除了和籴和征税以外，元政府还经常从应昌征调粮食。如至元二十五年（1288）十二月，元政府命应昌府运米三万石给弘吉剌军。至元二十七年（1290）六月，元政府命应昌府以米一千二百石给诸王亦只里部曲。这种征调粮食的情况，同样间接地反映了应昌地区农业的发展。

周边农业发展是城市繁荣的条件之一，元人刘诜在《送杨拱吾应昌府判》一诗中描述了应昌城的繁荣：

> 昔年金宋通盟处，今日春风花满路。轻裘走马江南人，高髻弹弦河北女。水肥鱼美如截肪，争压蒲［葡］萄留客住。①

诗中说应昌城既有游宦或经商的"走马江南人"，也有从事娱乐行业的"弹弦河北女"，反映了应昌城的繁华景象。

应昌周边农业在元代得到发展，这一点是毋庸置疑的，不过，应昌周边农业发展的水平不会太高，与内地更是有很大差距，这一点可以从两个方面得到证实。首先，元代史料中有很多赈济应昌的记载。据《元史》记载，至元七年（1270）八月，元政府赈应昌府饥。大德元年（1297）四月，又以米二千石赈应昌府。泰定三年（1326）二月，元政府以钞六万锭赈济鲁王所部贫民。元文宗时期，鲁王所部三万人告饥，元政府发钞万锭、粮二万石赈济之。这些赈荒的记载，说明元代应昌农业生产的脆弱性。其次，元朝在应昌严格实行禁酒令。至元二十五年（1288）六月，禁上都、桓州、应昌、隆兴酒。大德七年（1303）闰五月，成宗诏上都路、应昌府、亦乞列思、和林等处，依内郡禁酒。禁酒令看似与农业发展无关，但酿酒的原料是粮食，元政府在这里禁

---

① （元）刘诜：《桂隐诗集》卷3《送杨拱吾应昌府判》，文渊阁四库全书本，集部第1195册，第278页上。

酒，反映了这里粮食的缺乏，这从另一侧面反映了元代应昌农业发展的落后。元代江南儒士陆文圭到过应昌，他在应昌的驿站作诗曰：

> 卢龙迤北道应昌，八月飞雪六月霜。阴风萧飒百草僵，牛羊陇坂狐兔冈。破邮古庙人鬼静，傍植巨木百尺强。孤根绵绵蛰幽土，枝干直上凌穹苍。①

这首诗反映了元代应昌城的冷清与荒凉。

四

作为蒙古贵族建立的草原城市，应昌城的发展随着元朝蒙古贵族统治的瓦解而走到尽头。至正二十八年（1368），元政权在农民起义的打击下瓦解，大明军队已经逼近大都，七月，京城红气满空，如火照人，不久又黑气弥漫，百步内不见人②，这种现象预示着元朝的灭亡。闰七月，顺帝在清宁殿，召后妃、皇太子、太子妃同议避兵北行。左丞相失烈门及知枢密院事黑厮、宦者赵伯颜不花等坚决反对。赵伯颜不花恸哭谏曰："天下者，世祖之天下，陛下当以死守，奈何弃之？臣等愿率军民及诸怯薛歹出城拒战，愿陛下固守京城。"这种哭诉并没有打动元顺帝，夜半，顺帝开健德门北奔。③

顺帝首先到达上都，次年来到应昌。顺帝及元朝皇室的到来，使这座安静的草原城市突然热闹起来，然而好景不长，洪武三年（1370），元顺帝因痢疾死于应昌。洪武四年（1371）正月，皇太子爱猷识理达腊继位，改元宣光。不久，大明将军李文忠即率军追到这里，明军夜

---

① （元）陆文圭：《墙东类稿》卷16，文渊阁四库全书本，集部第1194册，第758页上。
② 《元史》卷47《顺帝纪十》。
③ 同上。

袭应昌，克之，爱猷识理达腊率数骑逃走，其子买的里八剌及两宫后妃、宫人以及玉册金宝等皆被俘获。①

应昌城在被明军攻破以后受到严重破坏，但其建筑并没有完全被毁。前面提到，永乐年间明成祖北伐蒙古，在应昌城的勤政殿招待诸将，说明这时应昌的主要建筑犹在。明成祖以后，明朝再也没有能力组织对蒙古的北伐，应昌又回到蒙古族控制的范围之内，但没有人在这里重建政权，应昌城被彻底废弃了。先是城内及周边定居人口在战火中灰飞烟灭，后来断垣残壁在自然力的作用之下，逐步消失在草原的茂草之中。

应昌古城是元代草原地区经济、文化发展的历史见证，也反映了蒙古统治者包容和吸收中原文化的宽广胸怀。在应昌城存在的一百余年的时间里，它确实对草原地区经济、文化的发展以及蒙古族的社会进步做出了一定的贡献，这一点应该得到肯定。今天，应昌古城的废墟静静地躺在风景如画的达里湖畔，漫步在古城废墟，凭吊历史，元代诗人杨允孚的《滦京杂咏》仿佛在耳边回荡：

东城无树起西风，百折河流绕塞通。河上驱车应昌府，月明偏照鲁王宫。②

（原载《内蒙古大学学报》2006 年第 5 期）

---

① 《明史》卷 2《太祖纪二》、卷 126《李文忠传》。
② （清）顾嗣立编：《元诗选·初集》卷 54，文渊阁四库全书本，集部第 1469 册，第 437 页下。

宋元明时期关羽崇拜新探

关羽崇拜是中国古代一个重要的文化现象，宋元明时期是其发展的重要时期。除了民间和国家政治生活中逐步盛行关羽崇拜以外，宋朝开始，士人利用儒家思想对关羽形象进行重塑，构建了以"忠"、"义"、"勇武"为主要特征的"关公文化"。各种因素相互影响和促进，使这一时期的"关羽崇拜"达到新的阶段。关羽从士人的赞誉，到宋元明王朝的推崇、褒封，再到民间百姓的崇拜、祭祀，逐渐完成了从人到神的转换。关羽崇拜现象的发展过程，实际上是精英文化向民间扩散，最后形成大众文化潮流的过程。关羽崇拜是由文化精英发起的，最后被下层民众接受。关羽崇拜现象是在传统文化受到北方少数民族文化严重挑战的情况下产生的，是汉族文化精英民族意识觉醒的表现，也是传统文化对"义勇"、"忠义"等精神的诉求。关羽崇拜给中国传统文化加入了新的内容，是对传统文化的丰富和发展。

有关关羽崇拜的研究一直受到国内外学术界的广泛关注，中国社会科学院文学研究所的胡小伟先生近年来发表的五卷本关羽研究系列专著，对历代关羽崇拜情况进行了比较全面系统的考察论证。[①] 中国社会科学院文学研究所萧为、乐闻的《关羽目录初编》辑录了有关

---

① 胡著五卷分别是：《伽蓝天尊——佛道两教的关羽崇拜》、《超凡入圣——宋代儒学与关羽崇拜》、《多元一统——元代关羽崇拜》、《护国佑民——明清关羽崇拜》、《燮理阴阳——〈关帝灵箓〉祖本及其研究》，香港科华图书出版公司2005年版。

关羽的研究论文二百八十四篇。近年以来举行的"海峡两岸关公文化学术研讨会"及一些刊物也提交和发表了相关学术论文多篇。这些研究成果，比较全面地反映了海内外关羽崇拜的研究状况。① 从前人的研究成果来看，国内外学者就关羽事迹、"关公文化"、关羽在文学戏曲中的形象、佛教与道教的关羽崇拜、关羽崇拜发展的起源及过程、台湾及海外关羽崇拜的发展情况等方面，对关羽与"关公文化"进行了全面的研究，一些问题已经形成定论，无须再写文章讨论。不过，目前就有关宋元明时期关羽崇拜的研究来看，前人成果存在明显不足，大部分研究成果缺乏深度，研究内容则集中在明清时期②，元代关羽崇拜现象有待进一步探讨。明代关羽崇拜问题尽管有一些研究成果涉及，但由于史料分布广泛，不易收集，多数论文所论还较简略，不能真正反映明朝关羽崇拜的实际情况，一些资料特别是流传至今的许多石刻资料尚没有引起学界的重视。更为重要的是，虽然一些学者注意到宋朝以后关羽形象的转变③，并认识到

---

① 近年来国内学术界发表了一些关羽研究的新成果，《关羽目录初编》未收的有：吴松、易素贞《关羽崇拜现象形成的原因探析》（《华北科技学院学报》2002年第4期），蔡东洲《关羽现象与儒、释、道三教》（《中华文化论坛》1994年第2期），刘海燕《关羽形象与关羽崇拜的传播与接受》（《南开学报》2006年第1期），王菊艳、陈岳英《汉民族文化心理的鲜明折射——从关羽被历代加封谈起》（《北方文物》2003年第4期），柴继光、柴虹《论关羽崇拜的社会文化心理》（《运城高专学报》1995年第1期），黄忠晶《论关羽的神化——兼评李存葆的〈东方之神〉》（《江南大学学报》2004年第2期），杨旺生《论关羽形象的"类神化"》（《江苏教育学院学报》1998年第1期），黄旭涛《民间传说对关羽神化的影响》（《社会科学辑刊》1995年第3期），尹韵公《正史里的关羽与演义里的关公》（《光明日报》1994年6月13日），陈同方《义士·忠臣·帝神——关羽形象的演化及其文化涵义》（《淮北煤师院学报》1996年第2期），佘正松、蔡东洲《宋元文学艺术与关羽信仰的形成》（《文史哲》2003年第4期），郭小霞《儒生与关羽崇拜》（《株洲师范高等专科学校学报》2003年第6期）。
② 具体情况参见郭松义《论明清时期的关羽崇拜》（《中国史研究》1990年第3期）、文廷海《论明清时期"关羽现象"的演变和发展》（《四川师范学院学报》1999年第6期）、刘永华《关羽崇拜的塑成与民间文化传统》（《厦门大学学报》1995年第2期）、王齐洲《论关羽崇拜》（《天津社会科学》1999年第6期）、蔡东洲《关羽现象探源》（《中华文化论坛》1999年第1期）、李惠明《试论关羽神圣化的历史过程》（《上海师范大学学报》1996年第4期）。
③ 参见刘海燕《关羽形象与关羽崇拜的传播与接受》，《南开学报》2006年第1期；郭小霞《儒生与关羽崇拜》，《株洲师范高等专科学校学报》2003年第6期。

从宋朝开始,关羽崇拜产生了质的变化与飞跃[①],但目前还没有研究者对宋朝以来士人对关羽崇拜的改造和重建现象进行专门探讨。一般研究只是把关羽崇拜的发展作为民间和宗教信仰推动的结果[②],忽略了帝制后期中国士人对"关公文化"的重建以及传统文化对"忠义"、"勇武"文化的整合。鉴于此,本文在全面占有资料的基础上,对宋元明时期关羽崇拜的情况进行新的考察与探讨,从而展现这一时期士人、国家政权、民间百姓进行关羽崇拜的情况,以及三条线索相互影响和促进,使关羽崇拜发展到新的阶段的历史过程。不足之处,请方家批评指正。

一、宋(金)元明时期士人对关羽形象的重塑

从《三国志》对关羽的记载来看,历史上的关羽是一个有明显缺点的武将,非常勇武,但缺乏智慧,最后失荆州,兵败麦城,被敌人杀害;重义,拒绝效命曹操而辅佐当时实力不济的刘备;心胸狭窄,好大喜功。关羽被杀以后,他的形象是一个面目狰狞的"厉鬼",后来佛教和道教将他吸收进来,作为玉泉山等地的保护神。这种"厉鬼"形象存在于湖北襄阳、当阳和山西解州等地的民间信仰之中。从宋朝开始,士人对关羽的形象进行了改造和重塑,关羽的形象被赋予儒家文化的光环,并日臻完美。

(一)宋(金)元明时期关羽形象的重塑

宋金时期,士人开始了对关羽形象的重塑,人们以儒家思想为标准,将其作为改善关羽形象的根据。宋人郑咸认为:

---

① 参见李惠明:《试论关羽神圣化的历史过程》,《上海师范大学学报》1996年第4期。
② 目前学术界一般认为,关羽崇拜来自民间信仰和宗教信仰的推动,最后得到国家和精英文化的认同,如刘海燕、刘永华、王齐洲、蔡东洲等。

> 方汉之将亡，曹孟德以奸雄之资，挟天子以据中原，虎视邻国……独先主（刘备）区区欲较其力而与之抗，然屡战而数败矣。士于此时怀去就之计者，得以择主而事之，苟不明于忠义大节，孰肯抗强助弱，去安而即危者？……侯（关羽）以孟德名为汉臣，实汉仇也，而先主固刘氏之宗种，侯尝受汉爵号矣，苟为择其所事，则当与曹乎？与刘乎？曹刘之不敌，虽愚者知之，巴蜀数郡以当天下之半，其成功不可待也，而侯岂以此少动其心哉？侯之忠义凛然，虽富贵在前，死亡居后，不可夺也。①

金人张开也认为：

> 义勇武安王（关羽），世祖解人……辅蜀先主佐汉立功。伏以大王勇略天资，英谋神授，尽忠义于先主，不避艰难，弃富贵于曹公，岂啬爵禄？②

从上面两则史料可以看出，宋金士人对关羽评价最高的一点是关氏识大体、知大义，不顾个人得失，弃实力雄厚的曹操而投靠实力弱小的刘备，这一点与宋代的社会思潮有关。宋朝与北方相邻民族契丹、女真建立的政权——辽、金等长期对峙，受到契丹、女真政权强大的军事压力，因此，宋代的士人从欧阳修开始更加强调"夷夏之辩"，重视正统问题。刘备具有汉朝天子的血统，在宋人看来是三国时期的正统所在，关羽投靠刘备受到宋代士人的称赞，恰恰就是因为这一行动符合宋人的正统观。

---

① （宋）郑咸：《重修武安王庙记》，见雍正《山西通志》卷202《艺文二十一》，文渊阁四库全书本，史部第549册。
② （清）胡聘之：《山右石刻丛编》卷21《汉关大王祖宅塔记》，辽金元石刻文献全编本，第1册，第175页下。

元明时期，士人对关羽形象的重塑和关羽崇拜的改造继续发展，关羽的形象逐步达到了儒家标准的完美，从而形成了"关公文化"。

元明士人在赞颂关羽忠勇的同时，尽力以儒家文化的标准，美化关羽的形象。元人张潜文认为：

> 当汉之末，三国五湖南北之乱，人惟趋利附势，孰肯从汉祖十七世孙之孤邪？惟王（关羽）自亡命与（张）飞从之，为御侮，及为别部司马，分统部曲，寝则同床，恩若兄弟，周旋其间，不避艰险。其所以尊正统，明大义，则名正言顺，使天下之人皆知尊汉之为义，此非有义勇，能如是乎？……王曾读《春秋》，知其义，故扶持劬劳，其间攻敌无坚，城守必完，临危蹈难，吁欷感发，乘机应会，捷出神怪，不畏义死，不荣幸生。故事君无疑行，事上无间言，御众以礼，使民以义，是有大勋德于国民。及卒，君民尽哀，亦可见其为人矣。①

这里，关羽除了识大体、明大义以外，还被赋予"读《春秋》"以及"御众以礼，使民以义"的儒将的光环，与史书《三国志》所载关羽心胸狭窄、有勇无谋的实际形象已相去甚远。另外，《春秋》是体现儒家"微言大义"的代表，关羽"读《春秋》，知其义"，说明他熟悉儒家关于正统的观念。以上说明这时关羽的形象正在被儒家化。

明代儒士祝允明则将关羽的勇武行为发挥得淋漓尽致，以勇猛善战来美化关羽的形象。他在一篇文章里说：

> 若夫雄壮威猛，称万人敌，为世虎臣，当其没七军，降于禁，斩庞德，下群盗，（曹）操议徙避，威震华夏。与夫刺人于万众

---

① （元）张潜文：《重修武安王庙碑并阴》，见（清）法伟堂：光绪《益都县图志》卷28《金石志下》，辽金元石刻文献全编本，第3册，第58页下—59页上。

之中，割臂于谈笑之顷，则其绝勇，天授不假言矣。故知敌忾者，以武勇为骨干，而忠识为断裁，斯不易之势也。①

对于关羽的个人缺点和军事失误，元明时期的儒士则尽力替他辩护，将责任推给别人。牟巘在一篇评诗的文章里面写道：

范君《定史》一诗，乃归首恶于（孙）仲谋，以其雠蜀袭杀关公，盗贼之靡，而篡夺之助也。义例新，辞旨励，读之耸然。方关公至破曹仁，降于禁，斩庞德，威声震撼，（曹）操至欲徙避之，汉事几集。关公死，荆州陷，蜀势孤，汉望绝。②

在这里，牟巘通过范天碧之口，将关羽失荆州和败走麦城的惨败原因，归咎于孙权（字仲谋），同时对关羽战死以后，蜀汉复兴无望的历史表示感慨，反映了生活在元朝的宋朝遗民的复杂心情。明人王世贞则把关羽失荆州归咎于刘备：

关公之失荆州，以为公之失，余以为非公之失，而昭烈（刘备）之失也。昭烈之失在委公以与（曹）操角，而不为之后继也，其不备吴则次之。夫操，猾虏也。割天下之三垂，而以戎马据其吭。公虽胜，获于禁七军，能保操之不自至乎？操至，公保其能胜乎？即胜，能孤军乘而深入乎？不胜其何以退乎？夫胜而不能退，是自纵敌也；不胜而不可以退，是委公敌也，俱非所以有荆州之道也。当是时，昭烈或自出，或以委孔明、翼德率三万之众而驻荆、襄为公声援，公进而可以藉其威而胁操退，而可以有所就而不坏散，隐然夺蒙逊之狡谋，而江陵固于泰山矣。夫以昭烈之明、孔明之

---

① （明）祝允明：《怀星堂集》卷14《蜀前将军关公庙碑》，文渊阁四库全书本，集部第1260册。
② （元）牟巘：《牟氏陵阳集》卷17《跋范天碧定史诗》，文渊阁四库全书本，集部第1188册。

智而计不能及此,孰非天也?①

除了对关羽的缺点和失误进行辩护以外,一些儒士还明显地贬低诸葛亮和张飞而抬高关羽。明人徐阶写道:

> 世或疑孔明、翼德与王(关羽)同事昭烈,则其忠义亦同,而庙祀之盛皆不及王,以为事同而报异者。夫翼德非王比也,孔明之事,著在刘耳。王始见执于(曹)操,其刺颜良,舍而归蜀,魏之人举能言之。至降于禁,斩庞德,操欲徙都以避,而吴之君臣日夜谋王,以忠之得获为快。王殁,操日以强,吴亦遂臣于魏。识者于是咎陆逊而思鲁肃之虑远,则吴之人又无不知王者,父老子弟转思告语,传之四海,流及后世,各有激秉彝之良,此王所以著于孔明者欤?②

明人唐顺之在批评孙权的同时,也贬低诸葛亮和刘备的形象,抬高关羽声望。唐氏认为:

> 先儒有言,人皆谓曹操为汉贼,不知孙权真汉贼也。按侯(关羽)所事与所同事,当时所谓豪杰明于大义者,先主、孔明而已。孔明犹以为吴可与为援,而不可图,先主亦甘与之结婚,而不以为嫌。惟侯忿然绝其婚,骂其使,摈不与通。窃意当时能知吴之为汉贼,志必灭之者,侯一人而已。③

另外,对于关羽羞于出口的事功,元明时期的士人也极力辩护,

---

① (明)王世贞:《弇州四部稿》卷110《史论二十首·关公》,文渊阁四库全书本,集部第1280册。
② (清)陈诗:嘉庆《湖北通志》卷95《金石八·重建义勇武安王庙碑》,嘉庆九年刻本。
③ (明)唐顺之:《荆川先生文集》卷12《常州新建关侯祠记》,四部丛刊初编本。

以关羽的忠义掩盖其并不出众的事功。元人宋超就认为：

> 君子论王（关羽）忠义耿耿，能择所从，光于萧（萧何）、曹（曹参），班于吴（吴起？）、贾（贾谊？），而雄武远过之。然萧、曹、吴、贾犹各得忠于当时，而王世世歆，祀千载之下，凛然有生气，民思其义耳。①

元人同恕持与上述相类似的观点，认为："盖侯（关羽）之奇功伟烈，载诸信史者，固不能以遽数。而精忠大义，炳如日星，虽曹操奸雄诡秘，挟天子以令诸侯之势，甘诱百至，卒不能毫发移其心。于事昭烈者，艰难险阻，竟以战死。此其刚明正大之气，得诸天地者若是其多，则其遗灵余响，助发人心于无穷，岂容与寻常随起随灭者一概论哉？"②元人鲁贞也认为："关、张之意，以为大丈夫不出则已，出则必择其主，苟非其主而事，是不义也。曹操，汉之逆贼也；孙权，汉之叛臣。彼荀（荀彧）、马（司马懿）、周（周瑜）、吕（吕蒙）之徒以之为主，而致其勇，而不知事非其主之为非义也。先主虽弱，事之则中兴汉室，岂非义哉？"③明人方孝孺观点更加鲜明：

> 人多谓侯（关羽）特武夫之勇，非有损益于世，此非知侯之心者。当侯之时，势莫完于曹操，力莫强于孙权，昭烈败亡之余，削弱为特甚。操欲诱侯为己用，毅然不从，权欲为子请婚，骂辱其使如狗彘，左右昭烈，誓复汉室，此其忠义之气，固足以服天下，而岂一世之雄哉？使侯不死，与孔明戮力，孔明治内，侯治其外，汉贼可诛，孙氏可虏，而高祖（刘邦）天下可复矣。

---

① （元）宋超：《忠义武安王庙记》，见雍正《山西通志》卷204《艺文二十三》，文渊阁四库全书本，史部第549册。
② （元）同恕：《榘庵集》卷3《关侯庙记》，山西古籍出版社2003年版。
③ （元）鲁贞：《桐山老农集》卷1《武安王庙记》，文渊阁四库全书本，集部第1219册。

然则侯之存,岂惟蜀人赖之,海内实赖之。①

宋元明时期的士人除了美化关羽的形象以外,还对关羽神灵的力量津津乐道。金人张开写道:"当时志气,曾分主上之忧;今日威灵,犹赐生民之福……伏愿神灵降佑,一境之中万事清吉,风调雨顺,国泰民安。"②宋儒士黄茂才《武安王赞》中除了赞扬关羽的高贵品质,对其"祷而应,弭灾荒"的超自然力量也是大加赞赏:

> (关羽)气盖世,勇而强,万众中,刺颜良。身归汉,义益彰,位上将,威莫当。吴人诈,失不防,质诸心,吾何伤?严庙貌,爵封王,佐我宋,司雨旸。祷而应,弭灾荒,名与泽,蒙泉长。③

从以上材料可以看出,宋元明时期士人对关羽形象的重塑实际上是将关羽的形象用儒家思想加以改造,使其符合当时的社会需要,为宋元明王朝的统治提供新的思路和方法。士人们对关羽形象重塑的结果,初步形成了"关公文化",其主要表现在以下几个方面:

第一,忠义文化。从前面所引的资料来看,"忠"就是对"正统"国家尽忠;"义"就是勇于担负社会责任和牺牲个人利益。这与儒家的基本思想是一致的,也与宋朝以后盛行的"精忠报国"的思潮相符。

第二,勇武文化。关羽在战场上表现出的勇武,得到士人的普遍赞扬,表现了这一时期的士人对抵抗外侮、视死如归精神的向往。士人们通过弘扬关羽的勇武,激励士兵在战场英勇杀敌,保家卫国。

第三,敬神佑民。士人从"民间关羽"崇拜和"宗教关羽"崇拜中吸收了将关羽作为保护神的思想,相信关羽的神明能够保佑个人、

---

① (明)方孝孺:《逊志斋集》卷22《关王庙碑》,四部丛刊初编本。
② (清)胡聘之:《山右石刻丛编》卷21《汉关大王祖宅塔记》,辽金元石刻文献全编本,第1册,第175页下。
③ 雍正《山西通志》卷216《艺文三十五》,文渊阁四库全书本,史部第550册。

家庭和国家平安，可以为百姓解除痛苦。新的"关公文化"既有对以往关羽崇拜的继承，也有在新的历史条件下对关羽形象象征意义的改造和发展，推动了关羽崇拜在全国范围的进一步扩展。

（二）宋元明时期士人对关羽崇拜的推动

宋元明时期的士人在重塑关羽形象、构建"关公文化"的同时，还不遗余力地推动关羽崇拜在全国的开展。一些儒士在文章中阐明关羽崇拜的合理性。元儒士张潜文写道："惟王（关羽）之谓矣，是以佐蜀绍汉而取有功者也……故国人思慕，乃严庙貌，饰金碧，而恪祀不忘勋德。后人因而承祀，盖生则为民除害就利，死则为民福善祸淫被邪。"① 明人徐阶也认为："王（关羽）感人以忠义，其庙祀遍天下，固宜也。"②

除了在言论方面宣扬以外，在标榜"惟怪神之事，儒所不言"③的士人之中，也开始出现关羽崇拜的现象。士人（包括士人出身的官员）崇拜关羽的例子在宋元期间还不多见，明朝以后就比较普遍，类似的例子可以列举很多。如明朝士人陈与郊之子陈皋"坐盐徒事，陷冤狱"，与郊"上书武安王（关羽）"，求为其子洗冤。④ 士人杨爵刚直不阿，因反对明世宗宠信道士而入狱，杨氏在狱中自述："予入狱中四十一月，梦关义勇武安王与予遇者三，亦有无言时，亦有数相语时。"⑤ 明季士人沈錬因反对权臣严嵩专权受到迫害，其子沈襄也受牵连入狱，受到酷刑折磨，在狱中襄"烦冤苦渴，几毙矣。梦寐恍忽间，见武安王关神衣绿袍，凭空而下，左手持瓜，右手持刀，

---

① （元）张潜文：《重修武安王庙碑并阴》，见（清）法伟堂：光绪《益都县图志》卷28《金石志下》，辽金元石刻文献全编本，第3册，第58页下—59页上。
② （清）陈诗：嘉庆《湖北通志》卷95《金石八·重建义勇武安王庙碑》，嘉庆九年刻本。
③ （清）张仲炘：《湖北金石志》卷14《义勇武安英济王碑》，辽金元石刻文献全编本，第3册。
④ （清）永瑢等：《四库全书总目》卷179《集部三十二·别集类存目六·隅园集十八卷蘖川集八卷》，中华书局1965年版，第1613页。
⑤ （明）杨爵：《杨忠介集》卷6《语录》，文渊阁四库全书本，集部第1276册。

呼襄曰：'尔忠臣子也，后当必昌。'遂剖瓜食襄，因得不死，及苏，口吻犹有瓜涎。时盖冬月，非瓜时也"①。儒士马理（字伯循，号溪田，陕西三原人）因反对皇帝南巡，得罪明武宗，"正德三年戊寅，值武庙将南巡，与黄伯固等伏阙极谏，杖于廷。未几，送嫡母还乡，乃设教于武安王祠，藩臬为建嵯峨精舍以居生徒"②。明末清初儒士钱谦益谈到自己年轻时崇拜关公的情况："谦益为举子时，梦谒帝（关羽）北台上，取所乘赤兔马挥送，锡銮之声醒犹震耳。厥后涉更闵凶，诏告不绝。"③

上述例子中，不论是儒士上书关庙，求助关公主持正义，还是关公显灵救助忠臣之子，以及儒士梦谒关羽、儒士在关庙教授生徒等，都反映了儒士对关羽的崇拜与信仰。甚至于个人生活中的一些事，某些儒士也要祈求关羽的帮助。钱谦益就记录了儒士王某笃信关羽的例子：

> 丁酉腊月，余自金陵遄归，王学士（字无咎）藉茅过别，述关圣帝君灵感事而有请，曰：孟津城中有帝君庙，土人号关爷庄。壬辰冬，亡兄无党病剧，无咎徒跣谒帝，撞钟伐鼓，请以身代。十二月十五日，兄殁。十七日，无咎复撞钟伐鼓，泣告帝曰：亡兄已矣，妾有娠四十日，一线血胤，男女未可知也。无咎未有子，而二妾皆有娠。倘徼惠于帝，无咎生二女，亡兄生一男，则亡兄不馁矣。无咎愿终身无子，且捐三千金修庙，以答神贶。壬辰腊月廿四日，长女光生；癸巳六月十四日，次女串生；闰六月三十日，亡兄子之凤生。无咎捐金修庙，斥三楹为七楹，崇台绰楔，肖然改观。乙未腊月，无咎出司浙臬，举一子。丙申元日，别帝而祷曰：无咎故不愿有子，而亡兄之子弱，如不能两存也，

---

① （明）沈錬：《青霞集》卷12《年谱》，文渊阁四库全书本，集部1278册。
② （清）黄宗羲著，沈芝盈点校：《明儒学案》卷9《三原学案·光禄马溪田先生理》，中华书局2008年版，第165页。
③ （明）钱谦益：《牧斋有学集》卷27《河南府孟津县关圣帝君庙灵感记》，四部丛刊初编本。

愿殇已子。而长兄子撞鼓号咷，津人见者皆泣。四月抵浙，六月无咎子殇，亡兄子头角崭然，如有神相。今年无咎复举一子，非所敢祈也，请夫子为之记。①

宋朝以来，士人在政治、文化领域非常活跃。由于这一时期北方游牧民族频繁入侵与统治中原，士人以儒家思想重塑关羽形象，表现出一种民族意识的觉醒，其目的是强调汉族王朝的正统地位，丰富儒家传统文化的内涵，为封建国家的统治提供借鉴。这一时期，儒家思想观念不仅表现在各级政权的统治方式上，也表现在百姓的日常生活中。因此，这种新的"关公文化"对当时的关羽崇拜现象，肯定会产生重要影响。

二、宋元明时期国家政治生活中的关羽崇拜

宋元明时期，关羽崇拜在国家政治生活中逐渐盛行，并逐步扩展到中央和地方政治生活的许多方面，其表现在宋元明各朝有不同的特点。

（一）宋朝国家政治生活中的关羽崇拜

宋朝国家政治生活中的关羽崇拜主要表现在朝廷对关羽的册封方面。北宋统治稳定以后，从真宗开始，举行大规模的封禅活动，强调赵宋王朝的正统地位，关羽也在宋王朝的封禅之列。崇宁元年（1102），宋朝封关羽为忠惠公。大中祥符七年（1014），"解州盐池水干，召龙虎山张天师治之。天师符神往，数日，盐池水赤，神斩蛟，持其首出水中，盐池复故。诏立庙坚泉山，赐额曰'义勇'，封武

---

① （明）钱谦益：《牧斋有学集》卷27《河南府孟津县关圣帝君庙灵感记》，四部丛刊初编本。

安王"①。建炎三年（1129），朝廷改封关羽为"壮缪义勇王"。淳熙十四年（1187），封关羽为"壮缪义勇武安英济王"。宋孝宗册封关羽的敕文写道：

> 生立大节，与天地以并传；没为神明，亘古今而不朽。荆门军当阳列神壮缪义勇武安王，名著史册，功存生民，一方所依，千载如在。凡有祷于水旱雨旸之际，若或见于焄蒿凄怆之间，英烈岩岩，可畏而仰，庙貌奕奕，虽远益新。爰启王封，仍加美号，岂特显尔威德之盛，亦以慰此邦父老之情，尚祈灵助，服我休显，可特封壮缪义勇武安英济王，奉敕如右牒行。淳熙十五年十一月二十一日。②

上述四次对关羽的册封，反映了宋朝关羽崇拜的发展。其中，大中祥符七年的册封明显受到道教关羽崇拜的影响。淳熙十四年的这次册封则是与荆州当阳一代的民间信仰有关。

（二）元朝国家政治生活中的关羽崇拜

元朝是蒙古统治的王朝，蒙古人对佛、道、儒、伊斯兰和天主教等宗教都采取支持和优待政策，为关羽崇拜的发展提供了良好的社会环境。关羽首先被藏传佛教介绍给蒙古皇帝。至元七年（1270）以后，元朝每年在大都和上都举行盛大佛事，与众生祈求福祉，谓之"游皇城"。在游行的队伍中，有关羽的神轿参加③，说明关羽崇拜已被元朝蒙古政权接受。元文宗天历元年（1328）九月，"加封汉将军关羽为显灵义勇武安英济王，遣使祠其庙"④。文宗加封关羽为"大元敕封

---

① （元）鲁贞：《桐山老农集》卷1《武安王庙记》，文渊阁四库全书本，集部第1219册。
② （清）张仲炘：《湖北金石志》卷12《加封英济王敕》，辽金元石刻文献全编本，第3册。
③ 《元史》卷77《祭祀志六》。
④ 《元史》卷32《文宗纪一》。

齐天护国大将军、检校尚书、守管淮南节度使兼山东河北四门关镇守招讨使兼提调诸宫庙神煞无分地处检校官、中书门下平章政事、开府仪同三司、驾前都统军、无宁侯、壮穆义勇武安英济王、护国崇宁真君"①。关羽封号已达八十七字,反映了元朝朝廷对关羽崇拜的重视。

除了元朝中央政权对关羽的崇奉以外,元朝地方各级官吏之间的关羽崇拜开始盛行。从一些史料中可以看到,元朝一些地方官政绩未备时,往往求助于关羽保佑。中统四年(1263),汲县主簿聂元"擒诘强御,未即厥事,假灵于神,已而如所愿,遂即治左复庙而貌之"②。同时,如果地方官员执政期间一切顺利,政绩显著,"五事"(元朝对官员政绩的判定标准是"五事",即户口增、田野辟、诉讼简、赋役平、盗贼息)俱备,他们则往往将这种成绩归于关羽的保佑。如至元二十三年(1286),刘聚为县主簿,"以游击有功,田里颇安,不敢居其能,越神明是归,遂以起废为己任",修葺这里的关庙。③ 开化县尹李某,在职期间"令行禁止,百里之内,恩威兼济,囹圄生尘,人复旧业,百废并举,于是始作武安庙于县之东"④。

朝中的蒙古官员,也对关羽神灵深信不疑。天历年间,"倒剌(沙)叛,王使也先帖木率众击之,宣言关王附身,及平,故我朝亦有'显灵英济'之赠"⑤。虽然这只是"用兵一时之权谋",但也反映了蒙古官员对关羽的崇拜。在最危险的时刻,元代一些官员也会祈求关羽的保佑。至正十九年(1359),朱元璋军队围攻杭州,"大军势益炽,皆致死,将登城。御史大夫庆童(康里氏,色目人)率官僚祷城隍祠及武安王庙"⑥。虽然杭州很快被朱元璋攻陷,但康里庆童等人祷

---

① (清)沈涛:《常山贞石志》卷20《武安王封号石刻》,辽金元石刻文献全编本,第3册。
② (元)王恽:《秋涧先生大全文集》卷39《义勇武安王祠记》,四部丛刊初编本。
③ 同上。
④ (元)鲁贞:《桐山老农集》卷1《武安王庙记》,文渊阁四库全书本,集部第1219册。
⑤ (元)张潜文:《重修武安王庙碑并阴》,见(清)法伟堂:光绪《益都县图志》卷28《金石志下》,第59页上。
⑥ (元)徐勉之:《保越录》(不分卷),丛书集成初编本。

告关庙之举,反映了元朝官员的关羽崇拜。即使在平时断案、洗冤等政治生活中,关羽的影响也是无处不在。元人梁遗记录了一个更加离奇的关羽断案的事情:

> 元统甲戌夏四月,六盘山都提举案牍张庸款门告遗曰:"庸以延祐庚申,蒙中政院委充提领所副提领,职掌催纳粮租,岁办贡税千余石,例投提举司库使阎文彬收掌,验数给付,岁终考较官凭准。岁壬戌,朝廷差官陈署丞,驰驿纂计本司上下季分楮币租税,诘庸出纳数弊。庸赍所给收付为照,丞曰:'殊无印符,难为凭准。'遂问库使阎文彬,从而隐匿。丞曰:'国朝有何负尔,敢如是耶?'令卒隶囹圄,责监承限逋纳。庸曰:'冤甚!'料无申诉,越明日,庸祷于英济王庙,跪拜未已,锁械自释。监卒见,怖以告,署丞大怒,命执厅下,督责益急,饬监卒重锁固卫。言讫,俄空中闻发矢声,锁械复陨于地。丞曰:'若信兹而缓法,恐未宜。'仍饬监锁。次日,推鞫官吏咸列左右,忽锁械碎犹砂砾,观者莫不震惧。官吏谏丞曰:'此事不可测,莫若并库使监锁之。'丞如所谏。又一日,庸与文彬约誓于王庙,焚誓词,倏有神雀翔至,集文彬首,用爪抓其发,举翼击其面,鸣声啾啾然,若指诉状。文彬昏聩如痴,良久方苏,自责曰:'我等不合欺心,致召此报。'雀即飞去,既从其家搜得日收册照一卷,与给庸付数吻合。官吏白丞,丞乃释庸而治文彬之诬。丞曰:'至诚可以格天地,动鬼神,盟金石,殆信然欤。'庸追思感召,赫赫明明,若无毫发爽者。爰罄俸钱,葺修祠宇,今将竣工矣,勒石志异,窃愿有请。"①

这则故事听起来有些离奇,但碑文的作者梁遗"闻之悚然",并

---

① 张维:《陇右金石录·元·重修英济王庙碑》,民国三十二年甘肃省文献征集委员会校印本。

认为这是关羽神灵在"觉世牖民",可以看出当时官员中间的关羽崇拜现象。

元朝官员的关羽崇拜,还可以从他们积极主持修建关羽庙的行动中表现出来。这样的例子很多,这里仅举数例:

巩昌府仁寿山关羽庙始建于金朝,元初巩昌大族汪氏某父子两代人修建关庙,"义武陇右王汪便宜都总帅(汪德臣),神交千载,慨遗构毁撤,首营正殿于后,忠烈授兵告伐,应接如响。贞肃公(汪惟正,德臣子)敬成先志,有严像设,躬荐苹藻。文贞公(汪惟和,德臣第三子)又绘东西序,今中丞监郡日偕都总帅汪延昌、同知总帅祁闾哥、征西镇抚王□□□□蒲□,概捐资益加"①。

元太宗窝阔台汗丁酉年(1237),权帅府事苑德于定兴县鸡水南湖之右,为关羽创建新庙。②

后至元四年(1338)冬,少府胡某捐资建应山县关庙。③

后至元五年(1339)十一月,蔚州州佐那海建关庙。④

从以上可以看出,元朝关羽崇拜更多表现在地方政府官员的行动中,反映出这一时期对关羽的崇拜在全国扩散的情况。

(三)明朝国家政治生活中的关羽崇拜

明朝国家政治生活中关羽崇拜的盛行超过了元朝,不仅中央政权对关羽的祭祀成为制度,地方政治生活中关羽崇拜的现象也更加突出。

明朝中央政权对关羽的祭祀形成了制度,大多数明朝皇帝在位之时,都有派太常寺官员祭祀关羽。现将《明实录》中的有关记载列

---

① 张维:《陇右金石录·元·仁寿山关侯庙碑》,民国三十二年甘肃省文献征集委员会校印本。
② (元)郝经:《汉义勇武安王庙碑》,见(清)杨晨:光绪《定兴县志》卷20《金石篇下》,光绪十六年刻本。另外,郝经《郝文忠公陵川文集》(明正德二年刻本)卷33收入该篇,不过文中后半部分与碑文有些差异。
③ (清)张仲炘:《湖北金石志》卷14《义勇武安英济王碑》,辽金元石刻文献全编本,第3册。
④ (清)杨笃:光绪《蔚州志》卷9《金石志上·元关帝庙碑》,光绪三年刻本。

表统计如下：

明朝中央政权祭祀关羽统计表

时间	内容	出处
洪武二十七年（1394）正月	建汉寿亭侯关羽庙于鸡鸣山之阳	《明太祖实录》卷231
建文四年（1402）七月	遣江阴侯吴高祭汉寿亭侯之神	《明太宗实录》卷10
永乐二十一年（1423）四月	修大祀坛墙垣及汉寿亭侯庙	《明太宗实录》卷280
宣德二年（1427）十二月	山西解州奏：汉寿亭侯关羽庙在祀典，岁久损坏，俟农隙具材修葺。从之	《明宣宗实录》卷34
天顺七年（1463）十一月	命修南京历代帝王、真武、汉寿亭侯庙	《明英宗实录》卷359
武宗时期	遣太常寺官祭汉寿亭侯	《明武宗实录》卷63
武宗时期	遣太常寺官祭汉寿亭侯之神	《明武宗实录》卷75
正德二年（1507）三月	赐山东登州府关王庙额为"忠义武安王庙"	《明武宗实录》卷24
正德四年（1509）正月	太监刘瑾请于陕西兴平县马嵬镇建义勇武安王庙，赐额"忠义"	《明武宗实录》卷46
武宗时期	祭汉寿亭侯之神	《明武宗实录》卷125
世宗时期	祭汉寿亭侯之神	《明世宗实录》卷149
穆宗时期	遣太常寺官祭汉前将军寿亭侯	《明穆宗实录》卷8
穆宗时期	遣太常寺官祭汉前将军汉寿亭侯	《明穆宗实录》卷20
穆宗时期	遣太常寺官祭汉前将军汉寿亭侯	《明穆宗实录》卷57
神宗时期	遣太常寺官祭汉前将军寿亭侯	《明神宗实录》卷161
万历二十三年（1595）七月	立汉前将军寿亭侯关羽庙于所生地解州西门外，赐额曰"英烈"	《明神宗实录》卷287

明代地方官员的关羽崇拜现象在军事方面表现比较明显。明朝中后期以后，东南沿海倭寇猖獗，给当地百姓生活带来严重危害，官

军虽尽力剿捕，效果不佳。于是一些官员试图通过宣扬关羽的"勇武"精神，激励士兵同仇敌忾，英勇杀敌，并且借助关羽的神灵，保佑剿灭倭寇成功。

明世宗嘉靖初年，扬州一带倭寇猖獗，将军石某奉命征讨，他"祷于圣（关羽）以行，而伏圣威灵，奋击殆尽……自是卜地扬城之北，而祠以祀之"①。嘉靖三十一年（1552），句容县出现了关公显灵的传说："海倭入寇，骚扰吴下……诏梦神人为予索刀以平倭寇"，战斗中"我军中有红衣者甚勇猛，是以怯也，若与梦兆所感相应"。于是，福建按察司经历某在嘉靖三十五年（1556）率当地百姓于县城西门外建立关公庙。②嘉靖三十四年（1555），督察赵文华统师讨倭，"师驻嘉兴，军中若见关侯灵响助我师者，已而师大捷。赵公请于朝，立庙于嘉兴以祀侯，事具，公所自为庙碑。明年，倭寇复乱，赵公再统师讨之。师过常州，军中复若见侯灵响如嘉兴，赵公喜曰：'必再捷矣！'未几，赵公协谋于总督胡公宗宪，渠魁徐海等悉就擒。赵公益神侯之功，命有司立庙于常州"③。不久，郡守金豪择地于常州建立关公庙。据说常州关公庙修成以后，"倏忽若侯降止，郡人来观，莫不喜跃，强者贾勇，弱者思奋，抵掌戟手，若神期之"④。万历四十一年（1613），江苏太仓一带倭寇猖獗，"岛寇内讧，挣髡我郛郭，而睥睨之间，若有摄其魄而祛之者。诸将吏士人归德于公（关羽）之神，稍稍饰庙貌"⑤。

当然，上述抗倭战场上的关公显灵现象实际上是不可能出现的，应该说是地方军政官员杜撰出来的，"所以作郡人敌忾之气，以待寇

---

① 桂邦杰：民国《甘泉县续志》卷15《金石考·重修关圣庙碑记》，民国十年刻本。
② （明）唐顺之：《荆川先生文集》卷12《常州新建关侯祠记》，四部丛刊初编本。
③ 同上。
④ （清）杨世沅：《句容金石记》卷8《义勇武安王创建神祠记》，辽金元石刻文献全编本，第1册。
⑤ （明）王世贞：《弇州续稿》卷61《前将军汉寿亭侯关公庙记》，文渊阁四库全书本，集部第1282册。

者"①,反映了明朝官员中间关羽崇拜的盛行。关公庙修建以后,"规制既定,祀事用彰,凡暨会期,顶炷而叩圣宫者,不啻万万人,而车尘马迹,遍走邻邑,无不愿觌圣颜为快者"②。毋庸讳言,这种祭祀的盛况对激励军民同仇敌忾,确实起到了明显的作用。

明成祖以后,蒙古政权鞑靼部和瓦剌部割据长城以北,对明朝构成严重威胁,双方冲突不断,于是,明朝长城沿线关羽崇拜盛行。位于河西走廊的张掖县山南关是当时一个重要关口,明军派重兵把守。嘉靖二十七年(1548),山南关建立关公庙,"即关城之中构屋一楹,敬塑(关)公像,饰以丹青,蔽以帏幕,左钟右鼓,百尔咸备。轮兵三十人戍之,官一人领之,兼以司神之香火云"③。这里,关公庙有士兵把守,设官领之,反映了关羽崇拜的严重程度。在明朝边疆重镇兰州,同样存在这种情况。官员吴钺督理陕甘等地粮储,"初至兰,遍谒境内祀典神祠,次于王庙",并"诣庙卜于王(关羽),而果以吉献"。不久,吴氏重修兰州关羽庙,"兰之军民商贾,割牲焚献者无虚日"④。

明朝末年,东北女真政权后金兴起,辽东一带战火再起,于是对关羽的崇拜在辽东前线盛行。这里的文武官员坚信:"大小武公,非公(关羽)之忠勇无所矜式;远近属国,非公之威灵无以震慑。"⑤嘉靖二十八年(1549),钦差巡抚辽东地方兼赞理军务都察院右副都御史蒋应奎、镇守辽东地方总兵官左军都督府署都督佥事李琦、钦差总理辽东粮储兼理屯种户部郎中王抚民等在辽东北镇建立关公庙,目的是"军旅取生气、从吉意也"⑥。万历十三年(1585),锦州游击王汲倡建关公庙,新庙"廊庑森严,墙垣缭绕,丹青与山色齐辉,铃铎共河声

---

① (明)唐顺之:《荆川先生文集》卷12《常州新建关侯祠记》,四部丛刊初编本。
② 桂邦杰:民国《甘泉县续志》卷15《金石考·重修关圣庙碑记》,民国十年刻本。
③ (清)张维:《陇右金石录·明·山南关碑》,民国三十二年甘肃省文献征集委员会校印本。
④ (清)张维:《陇右金石录·明·武安王庙记》,民国三十二年甘肃省文献征集委员会校印本。
⑤ 乾隆《钦定盛京通志》卷113《历朝艺文五》,文渊阁四库全书本,史部第503册。
⑥ 罗福颐:《满洲金石志补遗·移武安王祠碑》,民国二十六年石印本。

相答，跂如翼如，巍然焕然，视昔盖改观哉"①。

在明朝远离战火的内地，地方官对关羽信仰同样虔诚。广平府威县知县何园自述道："余夙钦侯（关羽）义，每事必奉以周旋，向侯亦往往示灵异于梦卜之间，感兹明贶，思社而稷之久矣。"② 一些地方官将关羽崇拜与社会教化联系起来。万历四十年（1612），何园捐俸禄，置地于县治之南，建立关公庙，他在关公庙建成后的碑文中写道："即有奸回仰睹遗像，内顾生平，亦必报然销沮，惧为侯吐弃。其所以阴愋人心，扶翼世教者，岂其微哉？故今之庙以位神，匪真为报，永以为教焉耳。"③

明朝地方官祭祀关羽的记载也有很多，在广东番禺县的关公庙中保存了广东巡抚刘继文在平定当地反叛活动以后，主持祭祀关羽的祭文，全文如下：

> 维万历十七年岁次己丑三月戊辰朔，越六日癸酉，钦差总督、两广军务兼理粮饷、带管盐法兼巡抚广东地方、兵部右侍郎兼都察院右佥都御史刘继文，谨以牲醴庶羞之仪，致祭于敕封义勇武安王之神，曰：维神天纵英豪，性成忠义，正直无私，威灵特异，驱逐群雄，匡扶汉季，历代表扬。我明封谥，徽号武安，庇庥社稷。继文谫薄，后生晚辈，夙仰高风，道孚心契，宅傍元宫，钦崇罔替，精神感通，时形梦寐。溯昔及今，感恩曷既。兹者承乏，边疆攸系，澳酋叛抚，猖狂无忌，请兵征讨，问仙筹计，蒙神俯降，开明指示，许兵默佑，荡平斯易，寇息民安，德施宏济，敬陈牲醴，聊申谢臆，祈神来格，鉴兹诚意。④

---

① 乾隆《钦定盛京通志》卷113《历朝艺文五》，文渊阁四库全书本，史部第503册。
② 尚希宾：民国《威县志》卷18《汉寿亭侯关公祠碑记》，石刻史料新编本，第3辑，第25册。
③ 同上。
④ （清）史澄：同治《番禺县志》卷31《金石四·刘继文关武安王祭文》，同治十年刻本。

最后，明朝官员的关羽崇拜还表现在积极修建关羽祠庙方面，这方面的记载颇多。宣德年间，苏州关公庙圮坏，"主庙道士张嗣宗，与庙傍民何渊等谒告于太守况公，公欢然出俸金三十两，并谕长洲、吴二县共出金数如之，付道士为倡，俾募众鼎建之"①。成化二十年（1484），李大芳为开化县令，"人复旧业，百废俱举，于是作武安王庙于县之东"②。嘉靖十八年（1539），当阳关羽庙圮坏，"司礼太监黄公、太保都督陆公出其禄赐之余，得白金二千五百两，属守备太监张公撤而新之"③。万历年间，灵石县知县白夏，于县治郭家沟桥北重修关羽庙。④ 万历五年（1577），扬州卫同知石如壁"捐俸出囊，首倡建神庙于（扬州）北城门左"⑤。万历三十九年（1611），新城县学官平若砥、县令陈某、县尉刘希宠等修建关羽庙。⑥ 万历年间，户部官员张大猷"榷关浒墅，重修汉前将军汉寿亭侯壮缪庙"⑦。即使声名狼藉的太监刘瑾，也在其家乡建立关羽庙，以"侈大乡间，夸诩荣宠"。正德四年（1509），他又"请于陕西兴平县马嵬镇建义勇武安王庙，赐额'忠义'，令有司岁供祀事，仍乞颁敕防护，立碑，镌祭器、房屋之数，以禁侵盗"⑧。

明朝关羽崇拜在国家政治生活中已经占据一定的地位，流行于边疆前线到内地的广大地区。在关羽崇拜发展的过程中，各级官府的重要性明显反映出来。

---

① （清）陈诗：嘉庆《湖北通志》卷95《金石八·重建义勇武安王庙碑》，嘉庆九年刻本。
② （明）祝允明：《怀星堂集》卷14《蜀前将军关公庙碑》，文渊阁四库全书本，集部第1260册。
③ （清）嵇曾筠：雍正《浙江通志》卷224《祠祀·衢州府八》，文渊阁四库全书本，史部第525册。
④ 雍正《山西通志》卷164《祠庙一》，文渊阁四库全书本，史部第548册。
⑤ 桂邦杰：民国《甘泉县续志》卷15《金石考·武安王纪碑》，民国十年刻本。
⑥ 王树枏：民国《新城县志》卷17《地物篇·金石·明·汉前将军关侯祠记》，石刻史料新编本，第3辑，第23册。
⑦ （明）钱谦益：《牧斋初学集》卷27《浒墅关重修关壮缪庙碑铭》，上海古籍出版社1985年版，第843页。
⑧ （明）王世贞：《弇山堂别集》卷94《中官考五》，中华书局1985年版，第1800页。此条记录亦见《明武宗实录》卷46"正德四年正月甲辰"条。

三、宋元明时期民间关羽崇拜

宋元明时期，关羽崇拜在民间逐步盛行，下面探讨这一时期民间关羽崇拜的情况。

（一）宋金民间关羽崇拜

宋金时期，关羽崇拜开始向全国扩展。政和二年（1112），章丘县建关羽庙，李端临记录了当时的情况：

> 政和二年春，邑人喜其岁大有……男有盖藏，女多纺绩，咸欲报神之庆，新（庙宇）以奉之。于是想象威灵，万口一词，赴功之日，属邑民大合……父诏子行，兄趋弟往，疲癃幼稚，旁午络绎，雍雍熙熙，无有怠倦。……卜筮涤濯，且吉且蠲，相与击鼓吹竽，以奉神栖。①

这则记载，反映了北宋民间关羽崇拜的情况。在各地关羽崇拜开始盛行的同时，一些关羽庙在这一时期建立起来。据笔者不完全统计，宋金时期兴建的关羽庙见下表：

宋金时期关羽庙统计表

时间	地点	出处
宋以前	解县	郑咸《重修武安王庙记》，见《山西通志》卷202《艺文·宋二十·记二一》
宋大中祥符七年（1014）	河曲县	雍正《山西通志》卷164《祠庙一》
宋大中祥符年间	安庆府	赵宏恩《江南通志》卷41《舆地志·安庆府》

---

① （宋）李端临：《关帝庙碑》，见（清）曹楙坚：道光《章丘县志》卷14《金石录》。

续表

时间	地点	出处
宋政和二年（1112）	章丘县	李端临《关帝庙碑》，见道光《章丘县志》卷14《金石录》
宋建炎年间	夔州府	李贤《明一统志》卷70《夔州府》
宋绍兴三十二年（1162）	杭州	潜说友《咸淳临安志》卷73《祠祀三》；吴自牧《梦粱录》卷14《祠祭》
宋淳熙三年（1176）	苏州	祝允明《怀星堂集》卷14《蜀前将军关公庙碑》
宋淳熙十五年（1188）	当阳县	张仲炘：《湖北金石志》卷12《加封英济王敕》
金大定年间	巩昌府仁寿山	同恕《榘庵集》卷3《关侯庙记》
宋绍熙元年（1190）	荆州	周应合《景定建康志》卷48《孝悌传》
金明昌年间	固安县	《钦定日下旧闻考》卷124《京畿·固安县》
金泰和年间	汲县	王恽《秋涧先生大全文集》卷39《义勇武安王祠记》
金正大四年（1227）	乐平县	宋超《忠义武安王庙记》，见雍正《山西通志》卷204《艺文二十三》
金代	河内县	道光《河内县志·金石志下·元重修武安王庙记》
金代	定兴县	郝经《汉义勇武安王庙碑》，见光绪《定兴县志》卷20《金石篇下》

关羽庙的建立，反映了宋金时期民间关羽崇拜的产生与初步发展，为元明关羽崇拜的发展奠定了基础。

（二）元代民间关羽崇拜

元代民间对关羽的崇拜已经比较盛行，时人的记载颇多，引述如下：

元人宋超记述道："义勇武安王祠遍天下。"①

元人同恕记载："蜀汉前将军壮缪侯关公距今千数百年，世虽有异，而人心之归无改也。上焉有国封之为武安王，庙之为义勇、为显烈；下焉郡邑乡井，绘而为图，众以时享，偶而为像，宇以常尊。至僧廛道聚，

---

① （元）宋超：《忠义武安王庙记》，见雍正《山西通志》卷204《艺文二十三》，文渊阁四库全书本，史部第549册。

亦皆寓香火。此所以祠宇独遍九区，而非他神专食一方之所比也。"①

元集贤待制冯子振记载："长河之北，大江之南，陋之而偏州，迁之而僻县，枵然数十家之聚，辄裒金券地，畚土伐水，宁鹑衣百结，不敢虚丹臛于云长之祀事；宁蜗涎一角，不敢乏牲酒于云长之庙宫，矧夫大邦剧邑，人物充斥之乡乎？"②

元广平路总管邢兴礼认为："自汉迄今垂及千载，其（关羽）行祠遗庙，在在有之，虽庸人孺子，咸知其名，以至佛宫道院、市肆家庙、巫觋杂色，莫不设像绘形而祀之。呜呼！自古忠臣烈士，生有益于民，死能传于后，为人所崇奉仰慕之者，未有王之如斯之盛也。"③

元人郝经认为："（关羽）英灵义烈遍天下，故所在庙祀，福善祸恶，神威赫然，人咸畏而敬之，而燕赵荆楚为尤笃。"④

上述记载反映了元代民间关羽崇拜的普及情况。除此以外，元代民间建立关公庙的例子也很多。至元三十年（1293），定兴县观音镇有神井，常泛滥，立观音庙镇之，僧人刘洪秀主持在观音庙内建关羽祠堂，"祗庙貌严整，俨然使人望而畏之"⑤。同年，大宁路义州乡民"卜地于城南三里"建立关公庙，"义人信之甚笃，敬之甚专，献香致祭，如或见之"⑥。大德八年（1304），由于"辽阳介在东陲，未有庙祀"，"由是郡人魏明之等，自至元辛巳相与率财"，于辽阳县西门外建立关帝庙。⑦延祐元年（1314），山西乐平县退休官员瞿公辅"创建（关羽）新庙……落成而祭，神既顾享，人亦慰畅，

---

① 张维：《陇右金石录·元·仁寿山关侯庙碑》，民国三十二年甘肃省文献征集委员会校印本。
② （清）汪鋆：《十二砚斋金石过眼录》卷18《显灵义勇武安英济王碑》，光绪元年刻本。
③ （清）方履篯：道光《河内县志·金石志下·元重修武安王庙记》，道光五年刻本。
④ （元）郝经：《汉义勇武安王庙碑》，见（清）杨晨：光绪《定兴县志》卷20《金石篇下》，辽金元石刻文献全编本，第2册。
⑤ （元）陈起潜：《固129龙泉井碑》，见（清）杨晨：光绪《定兴县志》卷17《金石》，辽金元石刻文献全编本，第2册。
⑥ 罗福颐：《满洲金石志外编·元·义勇武安王庙碑》，民国二十六年石印本。
⑦ 罗福颐：《满洲金石志》卷4《关帝庙碑》，辽金元石刻文献全编本，第3册。

岁乃大穰"①。至正七年（1347），益都县青社从政乡张庄民张彦，"素礼神，创（关羽）庙塑像，欲镌石，不克而卒……其子荣与孙张深，思先父未就志而终……乃卜良月吉日，不数旬而庙成"②。大德十一年（1307），河内县清期乡南岳村社长郭信率众建立关羽庙，"落成之日，郭信具牲酒，率耆老享神"③。

除了上面列举的例子以外，元代兴建关羽祠庙的地方还有很多，具体情况见下表：

元代关羽庙统计表

时间	地点	出处
壬子（1252）	大定府西关	《钦定热河志》卷82《寺庙六》
至元二十一年（1284）	寿光县	民国《寿光县志》卷13《金石志·元孟过重修龙兴寺碑》
至元二十七年（1290）	莱州	《山左金石志》卷24《关帝庙碑》
元贞元年（1295）	山西乡宁县	《山右石刻丛编》卷28《后土庙重修记》
泰定四年（1327）	莘县定海门外	《山左金石志》卷23《重修关帝庙碑》
元统二年（1334）	彰德路城西北	《安阳金石录》卷10《创建武安王庙记》
元统二年（1334）	高唐州	《山左金石志》卷23《重修关帝庙碑》
至正十六年（1356）	晋宁路	《山右石刻丛编》卷39《重修坤柔庙记》
元代	京兆九耀街	李好文《长安志图》卷中
元代	泽州阳城县	《山右石刻丛编》卷34《大元泽州阳城县新修清风亭记》

---

① （元）宋超：《忠义武安王庙记》，见雍正《山西通志》卷204《艺文二十三》，文渊阁四库全书本，史部第549册。
② （元）张潜文：《重修武安王庙碑并阴》，见（清）法伟堂：光绪《益都县图志》卷28《金石志下》，辽金元石刻文献全编本，第3册，第59页上。
③ （清）方履篯：道光《河内县志·金石志下·元重修武安王庙记》，道光五年刻本。

元朝关羽庙普遍建立以后，成为"官僚香火之场"和"士庶祈祷之所"①。百姓相信关羽庙关系到"一境内岁丰民安，雨旸时若"②，就是百姓的日常生活也需要关羽神灵的保佑。如在偏远的辽东，"城市村居，士女俗尚，每岁五月十三日咸若囚系状谒（关羽）庙，以求自赎。维圣王以神道设教天下，俗相沿不废焉"③。元人郝经记述了元朝定兴县祭祀关羽的情况：

（大德八年）夏五月十有三日、秋九月十有三日，则大为祈赛，整仗盛仪，旌甲旗鼓，长刀赤骥，俨如王生，千载之下，景仰向慕。④

（三）明代民间关羽崇拜

明代民间关羽崇拜的发展，首先表现在关羽庙的广泛分布方面。有明一代，关羽庙已经广泛建立，"其庙侯而尸祝之者，自都会以至一井一聚，且遍天下"⑤。由于关羽祠庙的分布广泛，它已经"几与学宫、浮屠比"⑥。

明代关羽庙的广泛建立，可以通过一些史料反映出来。在苏州太仓县，关羽庙就"亡虑十数"⑦。杭州关羽庙也很多，据雍正《浙江通志》记载：

杭城庙祀极盛，一在孤山，名照胆台，向贮玉篆一，文曰"汉

---

① （清）胡聘之：《山右石刻丛编》卷28《后土庙重修记》，辽金元石刻文献全编本，第1册。
② （清）胡聘之：《山右石刻丛编》卷39《重修坤柔庙记》，辽金元石刻文献全编本，第1册。
③ 罗福颐：《满洲金石志补遗·移武安王祠碑》，民国二十六年石印本。
④ （元）郝经：《汉义勇武安王庙碑》，见（清）杨晨：光绪《定兴县志》卷20《金石篇下》，辽金元石刻文献全编本，第2册。
⑤ （明）唐顺之：《荆川先生文集》卷12《重修解州关侯庙开颜楼记》，四部丛刊初编本。
⑥ （民国）李熙：民国《琼山县志》卷16《汉两伏波将军祠记》，民国六年刻本。另外，王世贞《弇州续稿》卷61《前将军汉寿亭侯关公庙记》一文中也有"故前将军汉寿亭侯关公之祠庙遍天下，几与学宫、浮屠埒。"
⑦ （明）王世贞：《弇州续稿》卷61《前将军汉寿亭侯关公庙记》，文渊阁四库全书本，集部第1282册。

寿亭侯印"。一在跨虹桥北,岳王坟左,万历十五年建。一在钱塘门月城内,万历二十六年建。"清波"、"候潮"两门月城内,亦皆有庙,一在吴山通元观,一在布政司前,一在城北隅,一在佑圣观内,一在灵应观侧,一在羲和坊。相传为神祖庙,宋嘉定间建,一在千步廊,一在万安桥,有东西二庙。①

明代除了关羽庙分布广泛以外,民间出资为关羽建庙的记载也很多。嘉靖二十三年(1544),师庄镇(属长治县?)"镇人郭大儒建危楼三楹于其东,择僧绍云,捐地二亩,给而守之"②。也是嘉靖年间,云南定远县县民孟继祥虔奉武安王,"继祥客广东,念其母妻,欲归,梦王以刀柄导之归。及旦,径到家,与母妻相对无恙,因舍宅为庙"③。明中期,三原县民员大,"以施地建武安王庙,为邑著姓"④。万历二十一年(1593),太平县修关羽庙,"民人孙楠,献有祭田陆亩壹分,坐落叁拾陆都一二图新兴圩,每年该租银二两,五月十三日王诞考也,取以供祭"⑤。万历四十六年(1618),昌乐县朱留店修建关羽庙,县民"因故为新,众工齐事"⑥。

其次,明代民间关羽崇拜还从百姓对关羽的虔诚信仰方面表现出来。"侯(关羽)之祠,穷荒下邑,在在有之,即田间愚夫愚妇,相与磔鸡刺豷,伏腊而祀之者相望也。"⑦在宁海县,"故有侯庙,邑人虔奉如侯尚存"⑧。在关羽的家乡解州,"解人之慕侯尤深,蒸尝伏腊,

---

① (清)嵇曾筠:雍正《浙江通志》卷217《祠祀一》,文渊阁四库全书本,史部第525册。
② (明)任环:《山海漫谈》卷1《师庄镇重修义勇武安王祠记》,文渊阁四库全书本。
③ 《嘉庆重修一统志》卷480《楚雄府·祠庙》,四部丛刊续编本。
④ (明)温纯:《温恭毅集》卷11《明员伯子墓志铭》,文渊阁四库全书本。
⑤ 徐乃昌:《安徽通志稿·金石古物考八·重修武安王庙碑记》,石印本。
⑥ (民国)赵文琴:民国《昌乐县续志》卷17《金石志·重修兴福寺关王庙记》,民国二十三年铅印本。
⑦ 尚希宾:民国《威县志》卷18《汉寿亭侯关公祠碑记》,石刻史料新编本,第3辑,第25册。
⑧ (明)方孝孺:《逊志斋集》卷22《关王庙碑》,四部丛刊初编本。

尤虔以勤者"①。在新城县,"是邦之人……事唯谨,其疾病患苦,若脱若解,则手额而曰:'赤颊而髯者,神也。'"②关羽崇拜在民间的发展使关羽的形象与故事被百姓广泛接受,"自缙绅先生与小孺子,皆能道之,赫赫若目前事"③。

明代关羽崇拜的事例也很多,新城县东岱里民刘宗波(号北冈)就是很好的例子,据记载:

> (刘北冈)读孙、吴兵法,学万人敌,每诵唐人"宁为百夫长,胜作一书生"之诗,击节悲歌,盖燕赵慷慨之风也……常语人曰:圣人神道设教,岂远于人者哉?如玄帝、武安王皆宇宙内正神,吾人呼吸之气,相与流通,安得以眇茫视之?公朝夕斋屋焚香奉武安,复于西舍特建王祠舍,北建玄帝庙,皆倾资独成,不求檀越。④

雍正《山西通志》记载了一则当时流传很广的故事,反映了山西百姓的关羽崇拜情结:

> 洪武时,解州下马村有于保儿者,娶本村汪氏女,甫三日而戍南海。汪氏家居,以纺绩为业,孝事舅姑,竭尽其力,每饭辄留米一匙,积至月朔,市香纸谒武安王庙,以乞夫回。久之,岁在丁卯三月二十三日,时保儿在彼为总戎牧,昏暮时,王谓保儿曰:"汝思家否?"泣而告曰:"仆离乡万里,而瀚海隔绝,

---

① (明)唐顺之:《荆川先生文集》卷12《重修解州关侯庙开颜楼记》,四部丛刊初编本。
② 王树枏:民国《新城县志》卷17《地物篇·金石·明·汉前将军关侯祠记》,明清石刻文献全编本,第2册,第749页。
③ (明)唐顺之:《荆川先生文集》卷12《重修解州关侯庙开颜楼记》,四部丛刊初编本。
④ 王树枏:民国《新城县志》卷17《地理篇·金石·明·刘北冈暨元配王氏继配田氏墓表》,明清石刻文献全编本,第2册,第750页。

何以能到?"王曰:"吾亦解人,寓官于此,今而西还,即欲往,当偕行。"遂带于马后,瞬息间坠于下马村之东垄,遍体沾湿,筋骸疼痛。及旦,乃匍匐而叩诸耕者,始知至家。见父母与妻,相持而哭,备道回家之由,乃知王神力之佑,汪氏至诚之感。伍中随报逃,即保儿还家之明日也。事闻,遂蠲厥役,至今虽童儿皓叟皆能道之,而汪、于二家尚有人焉。①

民间对关羽的崇拜一般总是与一些被杜撰出来的灵异之事纠缠在一起,使人难辨真伪,这正体现了古代民间信仰的特点,关羽的灵异当然也是如此。不过,从明朝民间流传的与关羽有关的这些故事可以看出,关羽崇拜在明朝已经广泛深入百姓的日常生活。

四、宋元明时期的关羽祭祀与关羽庙

宋元明时期,虽然有国家派太常寺官员祭祀关羽庙的记载,不过,《宋史·礼志》、《元史·祭祀志》、《明史·礼志》中都没有祭祀仪式的具体记载,反映了这一时期关羽虽然得到朝廷与官府的尊崇,但其地位还不是很高。元朝国家祭祀关羽见于记载的仅一次。②明朝朝廷虽然于万历二十二年(1594)晋封关羽为"帝",庙号英烈③,但明朝对关羽祭祀的时候,仍是按照"侯"(寿亭侯)的规格,并没有将关羽的祭祀等级提高。天启二年(1622)二月,太常寺少卿李宗延就对这一现象感到迷惑,上书说:"近睹汉寿亭侯改封大帝,然本寺职掌未有遵承,尚果系皇祖加恩,不妨命阁臣撰制,颁之本寺,然后通行

---

① 雍正《山西通志》卷230《杂志三》,文渊阁四库全书本,史部第550册。
② 《元史》卷23《文宗纪一》。
③ (清)赵翼:《陔余丛考》卷35《关壮缪》,中华书局点校本,第757页。

天下。"①李宗延的上书看样子并没有得到皇帝及权臣们的回应,所以,关羽祭祀有明一代没有达到"帝"的规格。

宋代的章丘已经出现民间"相与击鼓吹竽,以奉神栖"②的祭祀关羽现象,而元代地方祭祀关羽的例子也多有记载,本文在前面已经列举了定兴县祭祀关羽的"祈赛"。另外,河内县的关羽庙也是"岁时有祭奠之奉"。大德十一年(1307),这里的关羽庙修整一新,"落成之日,郭(郭信,主持修庙之人)具牲酒,率耆老享神"③。元大宁路的义州人对关羽"信之甚笃,敬之甚专,献香致祭,如或见之"④。

有关关羽祭祀的时间,宋朝河曲县在大中祥符七年(1014)建关羽庙以后,"祭以四月八日"⑤。元朝郝经记载关羽祭祀一年两次,为五月十三日和九月十三日。⑥也有一些地方是每年一次,一般为五月十三日,只有巩昌府为五月二十三日。⑦

明代对关羽的祭祀已经制度化。据《明史》记载,明太祖洪武二十七年(1394)规定:"关公庙……以四孟岁暮,应天府官祭;五月十三日,南京太常寺官祭。"⑧弘治三年(1490),朝廷"立春秋二祀"⑨。不过,检索《明实录》发现,朝廷派太常寺官员祭祀关羽的时间一般都是五月十三日,估计上文所谈春秋二祀的制度没有得到执行。民间祭祀关羽一般也是选在五月十三日,如太平县就是"五

---

① 《明熹宗实录》卷6,续修四库全书影印历史语言研究所1962年校印本。
② (宋)李端临:《关帝庙碑》,见(清)曹楙坚:道光《章丘县志》卷14《金石录》。
③ (清)方履篯:道光《河内县志·金石志下·元重修武安王庙记》,道光五年刻本。
④ 罗福颐:《满洲金石志外编·元·义勇武安王庙碑》,民国二十六年石印本。
⑤ 雍正《山西通志》卷167《祠庙四》,文渊阁四库全书本,史部第548册。
⑥ (元)郝经:《汉义勇武安王庙碑》,见(清)杨晨:光绪《定兴县志》卷20《金石篇下》,辽金元石刻文献全编,第2册。
⑦ 张维:《陇右金石录·元·仁寿山关侯庙碑》,民国三十二年甘肃省文献征集委员会校印本。
⑧ 《明史》卷50《礼志四》。据王瑛曾的乾隆《重修凤山县志》,这里的"四孟岁暮"指四月的朔日和岁暮的除夕日。
⑨ 雍正《山西通志》卷167《祠庙四》,文渊阁四库全书本,史部第548册。

月十三日,王诞考也,取以供祭"①。除了固定的祭祀以外,平时官员、百姓自发的祭祀也很多。如兰州的关羽庙,"军民商贾,割牲献祭者无虚日"。嘉靖五年(1526),吴钺到兰州督理陕甘固粮储,"诣庙卜于王,而果以吉献"②。

有关关羽庙的建筑,在元明时期,一般包括中堂、寝堂、庙门、两庑、围墙等部分。中堂塑置关羽像,规模较大,后为寝堂,两边为两庑,外为庙门、围墙。如元代开化县的关羽庙,"隆栋凌空,飞檐缭雾,高堂爽垲,二亭对峙。西曰'三义',所以明神之与刘、张友善也;东曰'一览',所以览山川之胜也。庙之两旁翼以屋二间,庙之后种桑百株"③。太仓关公庙"前有门,门有绰楔,入复为门,门之内为广除,宏恺朗洞,左右两庑翼然,绘公之存殁履历甚详。中堂巍然,穹窿靓深,公之神与裨将之像在焉。最后为寝,制稍杀于堂,两庑称之"④。

除了专祀关羽的庙宇以外,宋元明时期还有一些附在其他庙宇中的关羽祠堂。如元代山西乡宁县创建于金朝大定年间的后土庙中,就有"武安王之祠"⑤。元代寿光县的龙兴寺中,也有"护法武安王庙"⑥。元代晋宁路的坤柔庙(祀后土),也有"坤隅三楹,位英济王"⑦。明初兰州城北黄河之上造桥以通,以兵守之,桥的北面建城驻军,城中有"汉寿亭侯祠"⑧。嘉靖三十三年(1554),栾城县建立三义庙,将刘备、关羽、张飞放在一起祭祀,"居昭烈于中,而以武安王、桓侯侍坐"⑨。

---

① 徐乃昌:《安徽通志稿·金石古物考八·重修武安王庙碑记》,石印本。
② 张维:《陇右金石录·明·武安王庙记》,民国三十二年甘肃省文献征集委员会校印本。
③ (元)鲁贞:《桐山老农集》卷1《武安王庙记》,文渊阁四库全书本,集部第1219册。
④ (明)王世贞:《弇州续稿》卷61《前将军汉寿亭侯关公庙记》,文渊阁四库全书本,集部第1282册。
⑤ (清)胡聘之:《山右石刻丛编》卷28《后土庙重修记》,辽金元石刻文献全编本,第1册。
⑥ 邹允中:民国《寿光县志》卷13《金石志·元孟过重修龙兴寺碑》,辽金元石刻文献全编本,第3册。
⑦ (清)胡聘之:《山右石刻丛编》卷39《重修坤柔庙记》,辽金元石刻文献全编本,第1册。
⑧ 张维:《陇右金石录·元·河桥记》,民国三十二年甘肃省文献征集委员会校印本。
⑨ (清)张惇德:同治《栾城县志》卷14《碑碣·明建三义庙记》,同治十一年刻本。

宋元明时期，一些关羽庙甚至有少量的土地作为收入来源。如元代开化县关羽庙，"开田五亩，命邻人收其岁入，以为朝夕香灯之资"①。元代仁寿山关羽庙，于泰定三年（1326）"以余□买田，俾永给庙费"②。

从以上关羽祭祀和庙堂建筑等情况可以看出，虽然这一时期关羽崇拜在官方和民间都已经比较盛行，但关羽在社会中的影响还比较有限，不仅关羽祭祀的祀典规格不高，关羽庙即使在全国已普遍存在，但也大多比较简陋，并且物质基础薄弱，维持困难，还有一些只附在其他神庙中，以祠堂的形式存在。所以明人认为关羽庙已经"几与学宫、浮屠比"，属于夸大之词。其实，在关羽崇拜风气盛行的同时，反对进行关羽崇拜的呼声也可以听到。明人贺士谘在上书中就有这样的话：

> 关公之庙，只宜建于（关公）生长之方、有功之处，岂宜遍祀于天下？若以为关公平生忠义可为世法，则古之忠臣义士，较功度德而远过公者多矣，何独于公乃宜如此哉？③

这种观点反映了明代部分士人对关羽崇拜现象的反思。

五、结论

宋元明时期是关羽崇拜发展的重要时期，就本文的考察来看，宋元明时期的关羽崇拜具有如下特点：

首先，宋元明时期关羽崇拜得到士人的重构与推广。士人用儒家的正统思想（忠）、社会观念（义）以及关羽英勇无畏的品质来重构

---

① （元）鲁贞：《桐山老农集》卷1《武安王庙记》，文渊阁四库全书本，集部第1219册。
② 张维：《陇右金石录·元·仁寿山关侯庙碑》，民国三十二年甘肃省文献征集委员会校印本。
③ （明）贺士谘编：《医闾集》卷8《奏稿·辞职陈言疏》，文渊阁四库全书本，集部第1254册。

关公形象，并吸收了民间和佛道关羽信仰中的"灵异"、"佑民"等观念，逐步形成了"关公文化"。这种文化从宋朝开始构建，元朝继续发展，到明朝逐步形成，并对清朝以后关羽崇拜的盛行产生了重要影响。这种关羽形象的重构，从士人精英开始，后逐步扩展到民间，改变了民间原始关羽信仰的内容和方式，成为中国古代精英文化向民间扩散，逐步接近大众文化的绝好个案。

其次，宋元明时期关羽崇拜在国家政治生活中的表现日益突出。宋朝关羽崇拜主要表现在国家对关羽的册封，元朝时期的关羽崇拜则已经在地方官员中流行，明朝时期关羽崇拜则是在东南沿海、东北、西北边疆以及内地广泛流行。国家对关羽的封号也由"寿亭侯"到"义勇武安王"再到"关圣帝君"，愈加尊崇。

再次，宋元明时期关羽崇拜在民间逐步深入。宋金时期民间崇拜开始在华北等地扩展。元朝扩散到全国，在"长河之北，大江之南，陋之而偏州，迁之而僻县"都出现了关羽崇拜的现象。在明朝，关羽崇拜除了向边疆地区扩散以外，民间也出现了大量关羽显灵、救危扶弱的故事，反映了关羽崇拜已经深入下层社会，关羽成为大多数民间百姓"有求必应"的神灵。

宋元明时期的关羽崇拜在得到士人改造和重构的同时，也在国家政治生活和民间中继续发展，这三条线索是相互影响、相互促进的。由士人重构的"关羽文化"，无疑对国家政治生活中的关羽崇拜提供了舆论支持和思想根据，推动国家对这一现象的提倡和推广。民间原始关羽崇拜受到佛教、道教以及宋朝以前的关羽民间形象影响较大，但士人提倡的"关公文化"、国家中央政权对关羽的册封、地方官员对关羽的祭祀和褒扬，无疑会对民间关羽崇拜的内容和形式产生重要影响，从而官民之间在关羽崇拜的问题上达到统一。因此，可以说，关羽崇拜现象的发展过程，某种程度上是士人精英文化通过各级国家政权向民间扩散，最后形成大众文化潮流的过程。

就"关公文化"的形成来看,关羽崇拜现象是在传统文化受到北方少数民族入侵造成的文化挑战的情况下,由这一时期的士人所构建,是汉族文化精英民族意识觉醒的表现,也是传统文化对"义勇"、"忠义"等精神的诉求。关羽崇拜给中国传统文化加入了新的内容,是对传统文化的丰富和发展。

(原载《人文论丛》2008年卷,中国社会科学出版社2009年版)

元皇太子真金的曲折命运

由蒙古族建立的元朝，依照传统，皇帝死后的继任者，必须经过宗亲忽里台大会的通过。1273年，世祖忽必烈第二个儿子真金被立为太子，这是中原王朝的储君制度，却不符合蒙古习俗。真金喜好儒学，向往儒家治术，引起朝中"汉法"与"回法"的激烈政争。支持真金的儒臣，更进而上书世祖，建议"禅位"皇太子，狂风骤雨的权力斗争，终使真金遭受沉重的打击，抑郁而终。

真金（1243—1285）为元世祖忽必烈的第二个儿子，1273年被立为太子，成为自成吉思汗以来第一个被立为太子的蒙古王子。他接触过儒、佛、道等当时最先进的文化教育，最后接受了儒学，成为元代主张"儒治"的代表人物。作为太子，他广泛地参加了元世祖时期的政治活动，但未及即位，就在权力斗争中死去。真金充满悲剧色彩的一生，是元朝初期跌宕起伏的历史进程的真实反映。

一、童年教育

1243年黄金家族诞生了一位新成员，其父为后来成为元世祖的忽必烈，其母为后来被封为昭睿顺圣皇后的蒙古弘吉剌氏察必。弘吉剌部是黄金家族的姻亲世家，这位"极美且媚，甚受宠爱"的弘吉剌氏理所当然地成为忽必烈的正妻，她所生的儿子也相应地为黄金家族的嫡子。忽必烈找到当时很有名气的海云和尚，为这位新生的儿子取名真金。忽必烈在真金之前已有一子朵尔只，但他身弱多病，"竟以慢性病卒"，所以忽必烈对真金的出世欢喜有加。

真金少年时，忽必烈对他的教育做了精心的安排。当时忽必烈在"潜邸"，思大有为于天下，广泛招集人才，一时北方精英之士尽聚于他的左右。他也深知学习各民族先进文化的重要性。他以知名儒人姚枢、窦默教真金读《孝经》，佛教喇嘛八思巴教真金读《彰所知论》（八思巴著）。另外，据可靠史料，忽必烈还给真金请来一位道士，向他传授道家思想。通过对不同文化的认识和比较，真金对儒学产生了浓厚的兴趣。他刻苦自励，一次，宗室子弟及鹰房人等携鹰犬至真金窗前，邀他打猎。真金无动于衷，尽逐之去。忽必烈对真金学习儒学大力支持，真金读完《孝经》，忽必烈设宴招待姚枢等人。

继姚枢之后为真金儒学师者是王恂。王恂，字敬甫，中山唐县（今河北省唐县）人，为忽必烈宠臣刘秉忠的弟子。1253 年，受忽必烈召见，进入金莲川幕府。忽必烈初命他为真金伴读，1261 年升太子赞善。王恂对真金要求比较严格，对其起居饮食慎为调护，非所宜接之人，勿使侍其左右。真金所读之书，也由名儒许衡亲自编写。王恂向真金讲述儒家三纲五常以及历代治乱兴亡之道，又以辽金二朝为例，启发真金对"儒治"的认识。在王恂等人的教育下，真金在青年时期逐渐接受了儒家思想及治国理念。儒家提倡的忠孝、节俭、爱民等观念，在一定程度上成为他此后的行为准则。至元初，真金至中书省"署敕"（办公），临行前乳母给他做了新衣服，他笑而却之曰："我怎么能追求外观之美呢？"真金有一件上衣，有一次被墨汁弄脏，他命侍臣重新染色后再穿，侍臣请易之，真金郑重地说："我想做新衣并不难，但这件衣服还没坏，不能丢。"他跟忽必烈视察宜兴（今河北省滦平县），忽闻母亲"暴得风疾"，当即悲泣，衣不及带而还。

二、中书太子

1262 年，忽必烈封真金为燕王，任命他为中书令。中书省为元代最高的行政机构，中书令即中书省之首脑，秩正一品，地位很高，可以说是一人之下，万人之上。不过，此时真金地位虽高，忽必烈并未给他参与国政的机会，只是让他"守中书"。1263 年，真金又被命为中书令兼判枢密院事，名义上负责中书省（行政）和枢密院（军事）两个方面的事务。第二年，真金开始到中书省"署敕"，每月两次，对必要的公文签字画押。据史料记载，这期间，真金亲自参加的政治活动有两次，一次是跟随世祖巡视宜兴（今河北省滦平县），另一次为 1270 年受世祖之命巡抚称海（今蒙古科布多以南）。虽然他还没有正式参与朝政，但仍表现出对治理国家的强烈兴趣。他对丞相史天泽说："我还年轻，不熟悉祖宗法则，但我执政以后，定要靠你们这些元勋老臣扶持呢！"这显示出他笼络大臣的才能。他巡抚称海时，也经常在闲暇时，与同行诸王札剌忽以及从官伯颜等讨论国修身之道。

元初，忽必烈在汉族儒臣的帮助下，相继打败了汗位的争夺者阿里不哥，平定了汉族世侯李璮的叛乱，从而稳定了其统治地位，他对儒学也有了新的认识。见真金聪明好学，他心中欢喜，产生了立其为继承人的想法，恰在此时，一些儒臣向忽必烈提出立太子的建议。1265 年，汉族官员张雄飞向忽必烈建议："太子天下本，愿早定以系人心。"1268 年，陈祐也上书，表达了类似的看法。这样，1273 年，在真金三十一岁时，元世祖将他立为太子，仍兼中书令、判枢密院事。忽必烈在册封诏书中说：

> 咨尔皇太子真金，仰惟太祖皇帝遗训，嫡子中有克嗣服继统者，豫选定之。……朕上遵祖宗宏规，下协昆弟金同之议，乃

从燕邸,即立尔为皇太子,积有日矣。比者,儒臣敷奏,国家定立储嗣,宜有册命,此典礼也。今遣摄太尉、左丞相伯颜持节,授尔玉册金宝。於戏!圣武燕谋,尔其承奉。昆弟宗亲,尔其和协。使仁孝显于躬行,抑可谓不负所托矣,尚其戒哉,勿替朕命。

以汉制观之,真金被立为太子符合传统中原王朝的通常做法。所以,朝中儒臣对他寄予厚望,认为真金已是储君,"儒治"的时代就要到来,汉人在元王朝中的地位会提高。但是,虽然忽必烈在册封诏书中以成吉思汗的遗训作为册封太子的根据,但这种确立储君的方式并不符合蒙古习俗。按蒙古习俗,新大汗确立,必须经过宗亲聚议的忽里台大会通过,才能成为合法大汗。因此,真金的太子之位至少在蒙古贵族中间是有争议的,南宋遗民郑思肖(字亿翁,又作忆翁,号所南)在《心史》中说:"忽必烈老而病废已久,屡欲传国与真金,族人俱不从,谓我家无此法。"正反映了这一点。另外蒙古习俗幼子守业,幼子在继承父亲财产、地位方面居于优先地位。忽必烈嫡子有四个,真金排第二,北平王那木罕为幼。1271年,忽必烈派那木罕进攻海都,结果兵败被俘。十年以后,当他回到大都,对忽必烈封太子一事大为不满,他曾问忽必烈:"彼若为合罕(合罕是蒙古大汗的另一种称呼,元代的皇帝有着中原皇帝与蒙古大汗的双重身份),不知彼等将称陛下云何?"忽必烈听后大怒,斥而逐之。这就说明真金虽被封为太子,其地位与中原王朝历代的储君并不一样,这种情况在他后来的政治生涯中多次表现出来。

三、汉回之争

真金初为太子之时,忽必烈对他是非常喜欢的。史料记载,真金有一次生病,忽必烈亲来探视,并亲自和药以赐之。忽必烈还拨出侍卫亲兵一万人让真金统镇领,以护东宫。真金此时也踌躇满志,为以后掌权理政作准备。他命心腹王庆瑞、董士亨统领这部分侍卫亲军,并选其勇者教以兵法,时而阅试。他还注意招揽人才,召何玮于易州、徐琰于东平,再加上王恂、白栋、李谦、郭祐、马绍、杨居宽、何荣祖、杨仁风等,逐渐形成了忠于自己的幕府班子。为了显示他的崇儒重道,真金在言行上尽量符合儒家道德规范。东宫的香殿建成,建筑师请垒石为池,如曲水流觞故事,真金不同意,他说古有肉林酒池,我怎么能效法商纣王呢?每当与诸王近臣习射之暇,真金即与他们讨论治国修身之道。

世祖忽必烈继位以来,由于连年用兵以及大规模分封亲王投下,财政紧张一直是困扰其政权稳定的一个重要问题。当时,中国北方刚经历战乱,百姓贫困,以许衡、姚枢等为代表的儒臣极力主张轻徭薄赋,藏富与民。这种观点与忽必烈扩大财政收入的愿望是相悖的,于是以"理财"自居的回回人阿合马,得到世祖重用。他把持朝政,任人唯亲,勋旧儒臣则受到排挤,儒臣们希望通过太子真金以限制阿合马。于是元朝廷中"汉法"与"回法"之争,在某种程度上演化成真金和阿合马之间的权力之争。

阿合马,回回人,初为察必皇后的家奴,"为人多智巧言,以功利成效自负"。世祖看中了他在理财方面的才能而大用之,他的做法不符合真金的"儒治"思想,所以真金对他非常反感,未尝少假颜色。史料记载,有一次真金以弓殴其首而伤其面。忽必烈见到后问他:"何故而伤其面?"对曰:"马踢使然。"真金时在座,愤然曰:"汝岂耻自言邪?此真金之所殴也。"此后,真金数次在忽必烈面前拳击阿合马,阿合马对之非常惧怕。

1279年,官员董文忠上书,请给太子参政的机会,他认为:

> 燕王自册为太子，累使明习军国之事，然十有余年，终守谦退，不肯视事，非不奉明诏也，盖朝廷处之不尽其道尔。夫事已奏决，而始启太子，是使臣子而可否君父之命，故惟有唯默避逊而已。……不若令有司先启而后闻，其有未安者，则以诏敕断之，庶几理顺而分不逾，太子必不敢辞其责也。

忽必烈听到这个建议以后，即日召集大臣，宣布以后奏事先启禀太子。实际上，儒臣们要求真金参政，旨在限制阿合马的权力。1281年，直学士李谦向真金陈十事，曰：正心、睦亲、崇俭、几谏、戢兵、亲贤、尚文、定律、正名、革弊等。不久，按察副使王恽又向真金进《承华事略》。这些言论虽旨在阐明儒家治国思想，但有一些如亲贤、革弊、去邪、崇儒等，其实是针对阿合马而发的。

1280年，礼部尚书谢昌元建议设立门下省，通过封驳制敕来限制阿合马的权力。忽必烈同意了这一建议，并拟以廉希宪掌之。真金马上派人对廉希宪说："上命卿领门下省，无惮群小，吾为卿除之。"阿合马看到门下省设立会限制其权力，坚决反对，设立门下省之议最后只好作罢。崔斌事件也反映了真金与阿合马之争。崔斌，字仲文，马邑人，忽必烈潜邸之臣，功劳很大。因在世祖面前极言阿合马奸佞，受到阿合马的嫉恨，1278年，崔斌为江淮行省左丞，阿合马诬构以罪而杀之。当时真金正在吃饭，投箸恻然，派人阻止，已经来不及。

真金与阿合马之争，实际上是元朝内部"汉法"和"回法"之争，也是儒臣的轻徭薄赋、藏富于民的统治观念同忽必烈的理财政策之争。忽必烈虽然允许真金参政，但并没有给他与其地位相应的权力。所以他与阿合马之争大多以失败而告终。1282年，真金随忽必烈至上都，千户王著与高和尚合谋，借太子真金之名将阿合马杀死。这样真金与阿合马之争始告结束。

四、力行"儒治"

阿合马死后，已经进入不惑之年的真金，执政的欲望更加强烈，他要抓住这个机会，力行其向往已久的"儒治"。当时和礼霍孙入中书为右丞相，真金鼓励他说："汝任中书，诚有便国利民者，毋惮更张。如有阻挠，我将大力支持你。"1282—1284年，真金利用其掌中书省的机会，开始力行其"儒治"。

首先，他安插自己的亲信入中书省。何玮被任命为参议中书省事，徐琰被任命为左司郎中，杨恭懿、董文用皆入省议事。何玮、徐琰即将上任时，真金勉励他们说："汝等学孔子之道，今始得行，宜尽平生所学，力行之。"

其次，经营其分地。1282年，忽必烈下诏，以江西行省的龙兴路（今江西省南昌市）为太子真金的分地。元制，诸王投下在全国均有分地，这些分地一般在行政建制上仍归政府管辖，诸王投下只是从中抽取一定数量的赋税而已。诸王一般有权派达鲁花赤管理分地的赋税等事务，也有的诸王投下不派达鲁花赤，应得赋税由政府代收，按比例分给他们。真金为了向忽必烈证实自己的统治才能，同时也在江南树立一个"儒治"的典型，让其他江南诸郡效法，亲自派人经营之。

再次，控制国子学。国子学既是培养国家官员的机构，也是朝中名士文人的荟萃之地，对国家推行"儒治"比较重要。因此，真金对国子学的发展比较关注，他派其近臣李栋、李谦等到国子学掌教事。1283年，他又聘请著名学者刘因于保定，任命刘因为国子祭酒，负责国子学的教育教学等事务。1285年，真金还以理学家许衡的学生、中书省长史耶律有尚为国子司业，负责国子学的教学。对于蒙古诸王的子弟，真金则极力劝他们学习汉文化，入国子学受业。

此外，真金还在日常生活和平时言行中，以身作则，力行"儒治"之道。真金分地在江西行省治所龙兴路，为了讨好他，江西行省官员以岁课羡余钞四十七万缗献给真金，真金怒而拒之，训斥说："朝廷令汝等安治百姓，百姓安，钱粮何患不足，百姓不安，钱粮虽多，安能自奉乎？"元朝官员有掠民为驱的现象，江西参政刘思敬以新掠民六十户献给真金，真金放之回原籍，并告诫刘思敬"毋失人心"。对于刻意言利之臣，真金必大加申斥和贬抑。卢世荣曾以言利进言于真金，真金斥之曰："财非天降，安得岁取赢乎，恐生民膏血竭于此也，这不光害民还将要害国。"对于有才德的儒人，真金则不论其地位高低，皆礼待之。

总之，真金在掌中书省期间，史称明于听断，四方州郡科征、漕运、造作等，凡是有关民之休戚者，闻之即奏，充分显示了其处理行政事务的能力。不过，总的来看，受元世祖的限制，他的权力是有限的，他的"儒治"只能在他力所能及的范围内进行，并不能对全局造成太大的影响。

元世祖忽必烈对真金太子的聪明干练是喜欢的，但父子对"儒治"的看法却存在着很大的差异。忽必烈作为一名蒙古皇帝，注重的是实用，他使用儒臣是有限度的，在儒臣的主张符合其政治目的或政策时，才放手使用之，一旦儒臣对现行政策（例如理财）提出批评时，他会毫不犹豫地抛弃之。真金自幼受到儒学教育，信奉儒家治国之道，他相信要治理国家，非"儒治"不可。在理财方面，真金信奉与民休息和藏富于民，反对过度搜刮，父子俩的观点更是不能相容，因此忽必烈与真金之间的分歧越来越严重。1284年，忽必烈任用卢世荣改组中书省，卢世荣又罢行御史台，以按察司掌诸路钱粮，大索天下，极尽搜刮之能事。同时，卢世荣还恃忽必烈的信任，肆无忌惮，滥杀无辜，造成朝中凛凛。儒臣们感到更加压抑，他们迫切希望真金出来主持政局，1285年出现的"禅位"事件，就是这种情绪的反映。

五、禅位事件

从真金来说,他有治理国家的强烈愿望,但一直没有实权,阿合马时期,他还可以凭自己太子的地位与之抗争,但卢世荣掌权以后,忽必烈理财的愿望更加强烈,政见的分歧已难以靠亲情弥补。从1284年忽必烈在卢世荣要求下改组中书省这一事件看,忽必烈做事并不考虑真金的意见,所以真金的处境也更加不利。

1285年江南行台御史给元朝中央一份奏折,大意是:世祖年事已高,应该禅位给皇太子,皇后不宜参与朝政。这种观点符合中原王朝的传统观念,但并不符合蒙古的习俗。按蒙古习俗,皇帝死后须经宗亲忽里台大会的通过才能成为大汗。新大汗选出以前,太后摄政,也有先例。所以江南行台御史的这个建议,在忽必烈及蒙古贵族看来是荒谬的,可能会引起忽必烈对真金的猜忌,从而给他带来杀身之祸,所以真金得知后非常恐惧。此时,尚文(字周卿,祁州深泽人)为御史台都事,他深知这道秘章关系重大,因而暗中藏之,以杜谗隙。不久,这件事为阿合马余党达即归阿散所知,他感到搞垮真金的时机已到,于是向忽必烈上奏说:"海内财谷,省、院、台内外监守,里魁什长率有欺蚀,请收内外百司吏案,大索天下埋没钱粮。"很明显,他这样做的目的是要找出那道秘章,将其公开。忽必烈批准了他的请求,并下令御史台配合。

于是达即归阿散封存了御史台档案,逐项排查,一时官吏、庶民罹井陷日众,人情危骇。尚文急忙将秘章之事,报告了当时右丞相安童及御史大夫月律鲁,拒不交出秘章。第二天达即归阿散将此事告知了忽必烈。忽必烈派大宗正薛尺玕亲自去御史台取秘章。形势万分危急,真金则更加恐惧,安童与月律鲁亦不知所措。尚文则较冷静，他分析达即归阿散目的在于上危太子，下陷大臣，流毒天下之民，但是，他们是阿合马余党，赃罪狼藉，所以应当采取先发制人之策，以夺其谋。于是，尚文到御史台查阅旧文案，查出达即归阿散一伙数十条罪状后，立即来到中书省，对安童和月律鲁说："丞相、大夫以勋贵忠贤，荷天宠，柱石廊庙，皇太子为天下本，固本安天下之任要靠你们了。现在最好的办法就是你们二人先去将秘章原委禀报世祖，使达即归阿散他们没有机会中伤太子。"安童及月律鲁于是进宫见忽必烈，忽必烈听了二人的陈述，果然大怒，质问二人："你们难道就无罪吗？"边说边颤抖不停。安童上前说："我们有不可推辞的罪过，但是达即归阿散这些人的罪状更加明确，如果处理不当，势必残害生灵，请皇帝选一有权威的大臣为首，尽快处理此事，以肃清纷扰。"忽必烈愤怒稍解，答应了二人的请求。安童及月律鲁出宫后，马上宣布暂停达即归阿散等人的排查活动，紧张的气氛缓和下来。不久，达即归阿散等人开始聚众闹事。忽必烈得知后，派人捕之，杀其元凶，旬日之间，中外清泰。危险虽然过去，但真金在这一事件中受到了沉重的打击，忧虑过度，于1285年底不治而死。

真金是中国历史上比较特殊的蒙古族皇太子，他的处境反映了元朝汉族儒臣的处境。他聪明、干练、胸怀治国大志，但始终未能实现其理想，真金之死，给后人留下了诸多的叹息和遗憾。

（原载台湾《历史月刊》第169期）

元朝末代皇后奇完者忽都

中国帝王时代，皇帝是一切权力的中心，皇后深居后宫，出头露面机会不多。不过，在特殊时期，她们仍能扮演政治上举足轻重的角色。元朝末代皇后奇完者忽都就是这样一位具有传奇色彩的皇后。她是高丽人，出身低微，后来却晋身为元朝的皇后，这在中国历史上可以说是绝无仅有。她任皇后期间，正是元朝即将灭亡之时，政治动荡、宫廷倾轧甚于中原历代王朝。她的一生是元末动荡历史的绝好反映。元朝灭亡后，她随元顺帝北遁，此后即不知所终，给人留下了诸多的疑问和迷惑。

一、第二皇后 高丽美女

奇完者忽都，高丽人，史书说她的父亲奇子敖，娶典书李行检女，生奇辙等五子，季女（奇完者忽都）选入元顺帝后宫，封第二皇后。这样看来，尽管在后来册封她为皇后的诏书中有"笃生名族"的说法，她其实出身于一般平民之家，否则，即使一般殷实人家的子女，也不会只身（被卖？）到遥远的中国去谋生。《元史·后妃传》中也说她"家微，用后贵"，可以作为佐证。元统元年（1333年），奇完者忽都在徽政院使秃满迭儿（宦官，高丽人）的推荐下，入为宫女。由于她天生丽质,美丽出众,再加上"性颖黠",不久即得以在宫中主持茶道,日见宠幸。然而,奇氏最初在宫中的处境并不佳,当时的皇后答纳失里是权相燕铁木儿之女,习于娇贵,又因顺帝年幼,在宫中专横跋扈。见顺帝宠奇氏,心中不平。据史料记载,答纳失里皇后"日夜捶楚奇氏,几不胜"。一天晚上,皇后"又跪奇氏于前,穷问其罪,加烙其体"。次日,司天上奏顺帝"昨夕火星犯后妃"。顺帝听后虽没有说什么,但心中对奇氏非常挂念。

不久,燕铁木儿死,其家族的权势也逐步丧失。后至元三年(1337),燕铁木儿的儿子唐其势以"谋不轨"罪被杀,皇后答纳失里因庇护其弟,被迁出宫,后来在开平(元上都,位于今内蒙古自治区锡林郭勒盟正蓝旗)民舍中被丞相伯颜毒死。答纳失里死后,奇完者忽都的处境有了很大的改善。这一年,元顺帝打算封奇氏为皇后,这一决定在朝廷中引起了轩然大波。首先,它违背了蒙古的"旧法"。早在奇氏入宫时,权衡在《庚申外史》中就写道:"世祖皇帝家法,贱高丽女子,不以入宫。至是,始坏祖宗家法,识者知天下之将乱矣。"元顺帝要以高丽女子为皇后,朝廷内外反对之声的强大是可想而知的。其次,当时正值伯颜专权之时,他罢科举、禁汉人、南人不得持寸铁,极力强化蒙古贵族的特权。因此,以出身卑贱的高丽女子为皇后,自然会遭到他的强烈反对。《元史》称:"帝欲立之,丞相伯颜争不可。"正反映了这一情况。此年,元顺帝屈从伯颜的压力,立弘吉剌氏、毓德王孛罗铁木儿之女伯颜忽都为皇后。

后至元六年(1340),伯颜被黜,发配广东阳春县,死于流放途中江西行省龙兴路治所(今江西省南昌市)附近的一个驿站。同年,沙剌班请立奇氏为第二皇后,得到顺帝批准,于是奇氏入居兴圣宫,将徽政院改为资正院以掌之。

奇氏成为元朝第二皇后的消息,在她的家乡高丽引起了极大的震动。郑麟趾《高丽史·李齐贤传》中就有"皇后奇氏生自小邦,上配至尊,庭毓元良,为天下所庆"的记载。需要指出的是,奇氏为元朝皇后一开始就存在争议,甚至在八年以后,监察御史李沁仍然上书说:"世祖誓不与高丽共事,陛下践世祖之位,何忍忘世祖之言,乃以高丽奇氏亦位皇后?"上述情况说明,即使伯颜已死,反对奇氏为第二皇后的仍然大有人在。之所以他们没能阻止奇氏被封为第二皇后,除了顺帝本人的意愿以外,地位尊崇的文定王沙剌班,在其中起了重要的作用。

沙剌班,字敬臣,号山斋,畏兀儿人,是元顺帝的业师之一,顺帝对他非常敬重。据陶宗仪《南村辍耕录》记载,沙剌班为翰林学士时,经常侍从顺帝左右,有一天,在宫中侍从顺帝时,偶感身体疲倦,于是在便殿之侧熟睡。顺帝发现后,以所坐方褥,"亲扶其首而枕之"。奇完者忽都得到这样一位皇帝宠臣的支持,确实对她成为皇后非常有利。

不久,奇皇后生一子,名爱猷识理达腊。此前,第一皇后伯颜忽都生皇子真金(元世祖忽必烈次子名真金,被封为太子,先于忽必烈而卒,跟这里的真金不是一人),二岁而夭。爱猷识理达腊的出生,使元顺帝欢喜有加,同时,母以子贵,奇皇后在皇宫中的地位也有了很大提高。

二、鲁班天子 贤淑皇后

尽管在中国和高丽的有关史料中,奇皇后被描述为一个擅权、自私的人物而受到非议,甚至被说成是元朝灭亡的罪魁祸首,但是无可否认的是,奇皇后在品行方面并不亚于中国古代的贤淑皇后。

早在大蒙古国时期,就有一些高丽女子被掳至中国。郝经《高丽叹》一诗中就有高丽女子"肌肤玉雪发云雾,罗列人肆真可怜"之句。有元一代，高丽女子以其美丽、贤惠和守妇道而博得中国北方官吏、富豪及一般百姓的青睐。迎娶高丽女子于是成为元朝时期的时尚。叶子奇《草木子·杂制篇》就有："北人，女使必得高丽女孩童，家僮必得黑厮，不如此谓之不成仕宦。"陶宗仪《南村辍耕录》中也有"高丽氏守节"的记载。

这种情况也影响到元朝的宫廷，元世祖时期就有高丽美女入宫为宫女，世祖曾将高丽女子配给其宠臣康里燕真。至元顺帝时，这种风气更甚于前，京师达官贵人必得高丽女，然后为名家。皇宫中给事使令大多为高丽女，甚至四方衣服鞋帽器物，皆依高丽样子。从史料来看，奇完者忽都完全具备元代高丽女子的优秀品德，也因此而得到宠臣沙剌班等人的支持。

据《元史·后妃传》记载，奇皇后平时无事，则取《女孝经》、史书，以历代皇后之有贤行者作为学习的榜样。四方贡献的物品，如果有美味佳肴，她一定要首先派人献之于太庙，然后才食用。至正十八年（1358），江南漕运不畅，京城大饥，奇皇后命手下官吏熬粥给饥民食用，她还拿出自己的金银粟帛，命资正院使朴不花在京都十一门外置坟茔，埋葬饥饿而死的遗骸十余万具，并命僧人建水陆大会以超度之。

元顺帝生活放荡，宫嫔进御无纪，配夫人、贵妃印者不下百数。权臣哈麻又向其献"大喜乐"法，以在宫中淫乐。据《元史·哈麻传》：最初，哈麻向顺帝推举西天僧人以运气术媚帝，顺帝习为之，号"演蝶儿法"。哈麻之妹婿亦推荐西蕃僧人伽璘真于顺帝，其僧善秘密法，顺帝又习之。于是帝日从事于其法，广取女妇，唯淫戏是乐，又选采女为十六天魔舞。君臣相与亵狎，甚至男女裸处，群僧出入禁中，无所禁止。丑恶秽行，著闻于外，虽市井之人，亦恶闻之。除了淫乐以外，元顺帝还沉溺于造作。至正十八年（1358），顺帝尝为近侍建宅，亲自画屋样，又削木构宫，高尺余，栋梁楹榱，宛转皆具。付匠者按式为之，京师遂称鲁班天子。奇皇后对顺帝的淫乐和造作均持反对态度。据《庚申外史》，奇皇后见造作不已，于是挽着顺帝的衣襟谏曰："你年纪大了，太子也已年长，应该稍息造作。况且诸位夫人事上足矣，圣上不要被天魔舞女之辈所迷惑，要爱惜自己的身体。"顺帝听后勃然大怒，两个月不到奇皇后的内宫。

奇皇后对皇太子爱猷识理达腊的教育也比较重视。陶宗仪《南村辍耕录》卷二的"后德"条中记述道，皇太子正位东宫，设谕德（教师），置端本堂，以供太子讲读。忽然有一天，帝师来见奇皇后说："向者太子学佛法，顿觉开悟。今乃受孔子之教，恐损太子真性。"奇皇后说："我虽居深宫，不知道德，常闻古今治天下者，须用孔子之道，舍此他求，即为异端。佛法虽好，乃余事耳，不可以治天下，安可使太子不读书？"帝师听后，惭愧地告退。

奇皇后还促成了其政敌脱脱的重新掌权，反映出她作为政治家的宽阔胸襟。脱脱，蒙古蔑里乞氏，后至元六年（1340）罢逐权臣伯颜，次年任中书省右丞相。他上任即对元朝政治进行改革，被誉为当时"贤相"，其改革措施被称为"更化"。脱脱对奇皇后之子爱猷识理答腊封为太子一事不以为然。中书省平章政事哈麻曾经与脱脱商议举行授皇太子册宝的典礼，脱脱不同意，认为："中宫（第一皇后）有子，将置之何处？"因此典礼久不能行。这件事虽然发生在至正十三年（1353）左右，但它说明脱脱任丞相以后，一向敬重第一皇后伯颜忽都，对奇皇后母子并没有看在眼里。这一点奇皇后肯定是十分清楚，但她并不以此为意，至正九年（1349）还帮助脱脱重新掌权。

至正四年（1344），脱脱罢相，居甘州侍亲。奇皇后曾经向顺帝说："脱脱好人，不宜久在外。"至正九年（1349），元顺帝曾与哈麻议论召回脱脱之事，奇皇后在屏风后偷听到这一消息，暗地里派人到甘州召回脱脱。不久，脱脱回到大都，趁夜晚入城。奇皇后得知后，趁顺帝高兴之时，将脱脱之子加剌张叫到顺帝面前，问道："你思念父亲吗？"加剌张说："思念。"顺帝说："脱脱在甘州，你怎么能让他们父子相见呢？"

奇皇后站起来，再拜，正色说："脱脱离开太久了，思念至尊，今闻其入城在某处矣。"顺帝于是派人去叫脱脱相见。脱脱至，顺帝在棕毛殿接见。入殿后，顺帝严厉地问："我让你在甘州侍亲，是谁召你进京的？"奇皇后听罢，大惊失色。脱脱平静地说："皇上使奴婢侍亲，今日幸亲终服阕，故来耳。"于是君臣二人始相与泣慰之，脱脱也有重新拜相之命。虽然脱脱能否重新掌权，主要取决于元顺帝，但是从以上所述可以看出，奇皇后在中间确实也起了一定的作用。

可以说，如果奇完者忽都生活在任何一个封建王朝的盛世，她完全可以作为一个贤淑皇后被后人称道。从元朝历史上看，至少在至正十四年（1354）脱脱被害以前，她也可以称得上一个贤淑皇后。此后，元朝进入末世，全国政局的动荡以及宫廷斗争的日益残酷，使她深陷其中而不能自拔。

三、密谋内禅　政争失败

皇后谋"内禅"，这在任何王朝都会被看成大逆不道的事情。奇皇后生活在元朝即将灭亡之时，政治腐败，天下大乱。元顺帝不思振作，沉溺于淫乐与造作之中，不理政事。因此，让太子即位，掌握大权，对元朝来说并不一定是坏事。《元史·后妃传》说"时帝颇怠于政治，后与皇太子爱猷识理答腊遽谋内禅"，也正是这个道理。但以奇氏母子的力量，"内禅"谈何容易！

至正十七年（1357），奇皇后首先打算利用当时的丞相贺太平实现"内禅"计划。他派宦官朴不花向贺太平表达奇皇后的意图，贺太平惧，不敢从。不久，奇皇后与太子爱猷识理达腊将贺太平召至宫中，设宴，以酒赐之。其间，奇皇后亲自将内禅计划向贺太平讲明，贺太平只是依违而已，并没有明确表态，这使奇氏母子非常不快。此后演化成太子与丞相贺太平之间的政争，虽然贺太平被逼自杀，但奇氏母子的内禅也以失败告终。其实，任何皇帝在有生之年，都不愿意放弃皇权，顺帝也是如此。当他听到有人说他年老了，应该将皇位传给皇太子时，气愤地说："朕头未白，齿未落，谓我为老矣?"据说当顺帝得知奇皇后的"内禅"意图后，怒而疏之，两个月都不与她见面。

就在奇皇后的"内禅"企图失败后，在奇皇后的家乡高丽，出现了奇氏兄弟被杀的事件。这对以后奇皇后的心态以及政治生涯产生了一定的影响。

奇完者忽都被封为皇后以后，元顺帝命翰林国史院、太常礼仪院拟定奇氏三代功臣的谥号、王爵，颁行天下，奇氏一家因皇后而贵。《庚申外史》说奇皇后宗族在高丽者，多蒙官爵封号，出则恃势骄横，强夺人田舍子女。《高丽史》对奇氏在高丽的不法之事记载更加详细。奇皇后之兄弟奇辙、奇辕、奇輈、奇轮倚后势纵恣，其亲党也恃势横行不法。奇辕曾经宴其母，器皿珍馐极其奢侈华丽，见者以为东韩以来所罕见。奇辙的妹婿敦韶，横行乡里，其家奴恃势抢夺人妻，矫王命强迫以归。奇辙的族弟奇三万恣行不法，夺人田土。奇辙还以亲戚腹心布列权要，阴树党援，约以举事以推翻高丽王政权。

奇氏家族的横行不法，使当时在极力加强王权的高丽恭愍王大为恼火。至正十六年（1356），恭愍王设计以请奇辙等人赴宴为名，埋伏壮士将奇辙等人杀死。这一事件对奇皇后的震撼是非常大的。早在数年以前，奇皇后的族弟奇三万因夺人田地，横行不法，被高丽官方下巡军狱死。奇皇后并没有太重视，元朝方面派工部郎中阿鲁、刑部郎中王朝弼到高丽了解情况，仅杖责了参与此案的十数人而已。而这一次，高丽奇氏兄弟全被杀死，使奇皇后看到了权力斗争的险恶。

大约至正二十二年（1362），奇皇后有一次对皇太子说："尔已年长，何不为我报仇!"奇皇后的责问，使皇太子产生了向高丽恭愍王政权兴师问罪的想法。不久，奇皇后谋废恭愍王，得到元顺帝批准。于是，当时在大都的恭愍王之弟塔思帖木儿（德兴君）被立为新的高丽国王。奇皇后还借口红巾军之乱后，高丽丢失国印，重铸新国印而用之，奇氏族子三宝奴被封为元子（长子），金镛为判三司事，崔濡（即崔铁木儿）为左政丞。凡是高丽人在大都的，均任命了不同的官职。接着，元朝发兵一万，渡鸭绿江，护送新国王入高丽。高丽恭愍王坚决抵抗，元军占领义州、宣州后，双方在隋州附近决战，元军大败，仅剩十七骑而还。奇皇后的复仇以失败而告终。

奇完者忽都在为自己家族复仇失败后，以全部的精力投入到元末残酷的权力斗争之中。当时皇太子爱猷识理达腊已掌握了很大的权力，奇皇后就通过皇太子把持朝政。她支持其亲信朴不花与丞相搠思监独揽大权。御史大夫、元顺帝的母舅老的沙企图弹劾朴不花，奇皇后即对皇太子说："朴不花是我资正院老火者，看家贫人也。台家何无情而欲逐之，汝不能为我主张耶？"太子说："阿婆无忧，我尽有主张。"于是，老的沙之党不久即被清洗，老的沙害怕被害，藏入河南平章孛罗铁木儿的军中。

至正二十四年（1364），孛罗铁木儿、老的沙以"清君侧"为借口，带兵进入大都，重新掌握大权。皇太子逃到太原，以孛罗铁木儿称兵犯阙，下令讨伐之。孛罗铁木儿怒，逼顺帝将奇皇后驱逐出皇宫，顺帝拒绝。至正二十五年（1365）三月，孛罗铁木儿将奇皇后驱逐出皇宫，幽禁于诸色总管府，并命姚伯颜不花负责看守。据说在此期间，孛罗铁木儿在夜晚巡逻时，曾在奇皇后处留宿。四月，奇皇后又被逼还宫，取印章，孛罗铁木儿伪造皇后书以召太子入京。此后，奇皇后仍回幽禁之所。据屠寄《蒙兀儿史记·后妃列传》，奇皇后百计求脱身，数纳美女于孛罗铁木儿，又许诺将公主嫁给他，厚置嫁妆。孛罗铁木儿以为迟，催促奇皇后先将公主送给他，然后再补嫁妆。成婚后，奇皇后才被释放，被幽禁百日之久。

孛罗铁木儿的胡作非为，引起了包括元顺帝在内的大多数官员的反对。七月，顺帝派人设计杀死了他。不久，皇太子爱猷识理达腊与扩廓铁木儿率大军逼近大都，孛罗铁木儿彻底失败。奇皇后利用这个机会，传令扩廓铁木儿以兵拥太子入城，以武力挟顺帝禅位。但是，扩廓铁木儿知道奇皇后的心思，并不支持她，兵至京城三十里外，即遣军还营，奇皇后的"内禅"又一次失败。

四、末代皇后　不知所终

奇完者忽都大约在后至元六年（1340）被立为"第二皇后"，在此后的二十六年中，她的身份一直是"第二皇后"。至正二十五年（1365）十二月，皇后伯颜忽都死去，中书省按惯例奏请为奇皇后正位。开始，顺帝不答应，后来中书省奏改资正院为崇政院，奇皇后主管崇政院和中政院，元顺帝才给奇皇后授册宝，册文曰：

> 坤以承乾元，人道莫先于夫妇；后以母天下，王化实始于家邦。典礼之常，古今攸重。咨尔肃良合氏，笃生名族，来事朕躬。儆戒相成，每侵于凤夜；恭俭率下，多历于岁年。即发祥元子于储闱，复流庆孙枝于甲观。眷若中宫之位，允宜淑配之贤。宗戚大臣，况佥言而敷请；掖庭诸御，咸倾望以推尊。乃屡逊辞，尤可嘉尚。今遣摄太尉某持节授以玉册玉宝，命尔为皇后。於戏！慎修壸政，益勉尔辅佐之心；昭嗣徽音，同报我延洪之福。其钦宠命，以衍寿祺。

这则册文发布在至正二十五年（1365）十二月，这时的元朝已经分崩离析，回天乏术。至正二十八年（1368）八月，大明军攻克大都

（今北京市），奇完者忽都随元顺帝北遁，至此不知所终。明洪武元年（1369），明军攻占应昌（今内蒙古自治区克什克腾旗西南）时，据说顺帝后妃并宝玉皆被获，不知被俘的人员里面有没有奇皇后。

　　奇完者忽都是元末历史上一个比较活跃的人物，对元末的历史进程产生了一定的影响。她由一个出身平庸的高丽女子，最后成为元帝国的皇后，实属不易。可以说，奇完者忽都是中国古代少有的成功女性，她的前半生可以称为中国古代的贤淑皇后之一。她在元朝末年做过一些不利于元朝统治的事情，这主要是当时残酷的权力斗争造成的，也可以说是当时的客观环境使然。

（原载台湾《历史月刊》第 184 期）

作者著述列表

一、学术专著

1.《理想、尊严与生存挣扎：元代江南士人与社会综合研究》，中华书局 2012 年版。

2.《元代教育研究》，武汉大学出版社 2007 年版。

二、学术论文

1.《元上都的江南士人》，《史学月刊》2012 年第 8 期。

2.《元代江南士人的日常生活——以郭畀为中心的考察》，见《皖北文化研究集刊》第 3 辑，黄山书社 2012 年版。

3.《元初江南士人的怀旧情结初探》，《武汉大学学报》2012 年第 2 期。

4.《元代江南民间义庄考述》，《中央民族大学学报》2009 年第 2 期。

5.《宋元明时期关羽崇拜新探》，见《人文论丛》2008 年卷，中国社会科学出版社 2009 年版。

6.《元代张瑄及其家族初探》，见《元史论丛》第 11 辑，天津古籍出版社 2009 年版。

7.《元代江南儒士游京师考述》,《史学月刊》2008 年第 10 期。

8.《元代的粉壁及其社会职能》,《中国史研究》2008 年第 1 期。

9.《元代庆元路书院考》,《南京晓庄学院学报》2007 年第 5 期。

10.《元代的浦江郑氏——中国古代同居共财家族的一个个案考察》,见《人文论丛》2005 年卷,武汉大学出版社 2007 年版。

11.《元代儒士许衡的社会网络》,见《许衡与许衡文化》(下卷),中州古籍出版社 2007 年版。

12.《元代应昌古城新探》,《内蒙古大学学报》2006 年第 5 期。

13.《元代游学初探》,《中国史研究》2006 年第 2 期。

14.《元代学官选注巡检考》,《中央民族大学学报》2005 年第 5 期。

15.《宋元乡饮酒礼考》,《史学月刊》2005 年第 2 期。

16.《元代江南隐士考述》,见《元史论丛》第 10 辑,中国广播电视出版社 2005 年版。

17.《元代文庙祭祀初探》,见《暨南史学》第 3 辑,暨南大学出版社 2004 年版。

18.《元初江南儒士的处境及社会角色的转变》,《史学月刊》2003 年第 9 期。

19.《元代江南儒学的小学与大学考》,《内蒙古大学学报》2003 年第 3 期。

20.《从社会交往看元代江南儒士的社会网络——以戴表元为例》,《武汉大学学报》2003 年第 4 期。

21.《元代江南儒学的管理系统考述》,见《元史及民族史研究集刊》第 16 辑,南方出版社 2003 年版。

22.《元代江南教官群体研究》,见《人文论丛》2003 年卷,武汉大学出版社 2003 年版。

23.《元代江南儒学的建筑布局考述》,见《暨南史学》第 2 辑,暨南大学出版社 2003 年版。

  24.《元朝末代皇后奇完者忽都》,台湾《历史月刊》第 184 期。

  25.《元代庙学考辨》,《内蒙古大学学报》2002 年第 2 期。

  26.《元皇太子真金的曲折命运》,台湾《历史月刊》第 169 期。

  27.《元代庆元路地区儒学考述》,见《元史论丛》第 8 辑,江西教育出版社 2001 年版。

后 记

《教育　士人　社会：元史新探》是我的第一部论文集，该书得到武汉大学文科基础学科振兴行动计划的资助，收入"珞珈史学文库"出版。新书付梓，总要心情激动一番，回顾自己的学术历程，更是感慨万千！

首先，感谢我的工作单位——武汉大学历史学院，珞珈山水人杰地灵，历史学院学术积累丰厚，人文环境自然、和谐，使每位在此工作的学者颇感自豪与荣幸。从2002年7月至今，我的教学、科研工作得到前辈学者朱雷先生和杨果先生、冻国栋先生的大力支持和帮助，历史学院的领导、同事们对我的支持和帮助也颇多，非常令人感动。

其次，感谢培养、教育我的老师和学界同仁。我在《元代教育研究》一书的《后记》中已经详细介绍了我的学术道路，这里没必要重复，但对我的老师内蒙古大学的白拉都格其教授、南开大学李治安教授的感激是永远言之不尽的。对于在我成长过程中给予我无私帮助的老师、朋友，这里不再列出一个长长的名单，一并感谢。

再次，这部论文集的出版还应该感谢我的家人，他们对我的大力支持和帮助是我在学术道路上勇于攀登的动力。这几年我越来越深刻地感到，我在学术上的每一个进步，收获的除了事业成功的喜悦，还有更加令人欣慰的亲情。

最后的感谢，献给对本书的出版做出了重要贡献的商务印书馆编辑张文华女士,她的辛勤劳动使本书增色不少。

人生有限,学术无涯,希望这本小书能成为我学术跋涉的一个新的起点。下一步我将会走向何方,我不能回答这个问题,但每次想到这里,心中便升起甜蜜的希望,但愿以后的世界会更加精彩!搁笔于此,是为后记。

2013 年 7 月 1 日于玉龙岛花园寓所